“十一五”国家重点图书
交通运输部西部交通建设科技项目支持

道路交通安全技术丛书

道路交通安全手册

Highway Safety Manual

唐琤琤　何　勇　张铁军　**等　编著**

人民交通出版社

内 容 提 要

本手册是作者在“公路交通安全手册研究”、“西部地区公路交通安全评价”等西部交通建设科技项目研究的基础上，综合国内外的相关研究成果编写而成的。

手册分四篇，共十五章，内容包括：第一篇概述，主要介绍手册的编写目的、适用范围、道路交通安全定义、衡量安全性的指标、影响交通安全的因素以及安全改善措施等；第二篇影响道路交通安全的道路因素，主要分析了路段、平面交叉、立体交叉、公铁道口、施工和养护区、路网、交通控制设施等涉及的设计要素对交通安全的影响；第三篇道路交通安全性预测方法，给出了双车道公路和高速公路的安全性预测方法及应用示例；第四篇安全改进技术，介绍数据采集，安全改进地点确定、安全问题诊断、安全改进对策、改造项目成本效益分析和项目优先排序等。

本手册可供道路规划、设计和运营部门，以及道路管理部门、相关研究机构的管理、技术人员使用，也可供相关专业大专院校师生学习参考。

图书在版编目（CIP）数据

道路交通安全手册/唐琤琤等编著. —北京：人民交通出版社，2009.6
（道路交通安全技术丛书）
ISBN 978-7-114-07776-0

I. 道… II. 唐… III. 公路运输－交通运输安全－手册 IV. U491.4-62

中国版本图书馆 CIP 数据核字（2009）第 091658 号

书　　名：道路交通安全技术丛书
道路交通安全手册
著 作 者：唐琤琤　何　勇　张铁军　等
责任编辑：沈鸿雁　刘永超
出版发行：人民交通出版社
地　　址：（100011）北京市朝阳区安定门外外馆斜街 3 号
网　　址：http://www.ccpress.com.cn
销售电话：（010）59757969，59757973
总 经 销：北京中交盛世书刊有限公司
经　　销：各地新华书店
印　　刷：北京交通印务实业公司
开　　本：787 × 1092　1/16
印　　张：19.25
字　　数：465 千
版　　次：2009 年 6 月　第 1 版
印　　次：2009 年 6 月　第 1 次印刷
书　　号：ISBN 978-7-114-07776-0
印　　数：0001 ~ 3000 册
定　　价：45.00 元

《道路交通安全技术丛书》

编写委员会

序

——为《道路交通安全技术丛书》而作

安全、能源、资源与环境构成了全世界共同关注的、人类可持续发展的四大支柱和热点问题。道路交通安全问题是现代道路业和汽车工业迅猛发展伴生出来的严重社会问题。预防和减少道路交通安全事故，是世界各国政府交通主管部门的重要任务。

在全面建设小康社会的伟大进程中，我国交通工作的重要任务是推进现代交通业的发展，到2020年基本建成更安全、更通畅、更便捷、更可靠、更和谐的交通运输服务体系，使交通发展的成果惠及城乡，人民共享。为此，必须坚持科学发展、安全发展、和谐发展的理念，既要加快建设并维护好一个四通八达、高效便捷的交通基础设施网络，还要建立并完善好一个安全畅通、保障有力的运输服务网络，达到安全、便捷、经济、舒适、环保的系统目标。

在这一系统目标中，安全是基础也是前提。只有安全得到有效保证，才能有助于实现便捷、经济、舒适、环保的诸多要求。尽最大可能地控制系统中人的不安全行为，最大限度地解决车、路、环境等诸要素的不安全状态，正是道路交通安全技术研究的核心内容。《道路交通安全技术丛书》以科学发展观为指导，从有效改善我国道路交通安全现状出发，综合运用交通工程、信息技术、材料科学、管理科学、气象科学等多学科知识，充分吸收借鉴国内外成功经验，对影响道路交通安全的人、车、路、环境四大要素进行了全面深入的研究评价，提出了一系列富有建设性的改进建议和技术措施，对于预防和降低交通事故具有重要的理论意义和应用价值。

由交通部公路科学研究院交通安全研究中心的中青年专家组织编写的《道路交通安全技术丛书》就要出版发行了。希望这套丛书的出版发行，对改善我国道路交通安全形势，提高我国道路交通安全水平发挥有益的作用。

二〇〇八年三月

丛书前言

安全、能源、资源和环境一起构成全世界共同关注的、人类可持续发展的四大支柱和热点问题。道路交通安全问题是现代道路交通业和汽车工业迅猛发展而伴生的严重社会问题。汽车是人类文明和技术进步的结晶,它改变了人类的出行方式,扩大了活动空间,提高了生活质量,推动了社会的文明进步,改变了人类的生活。在享受现代道路交通和汽车带来的舒适和便捷的同时,无情的交通事故正时刻吞噬着宝贵的生命。据统计,自有记录的交通事故发生以来,全世界死于道路交通事故的人数已近5000万。也就是说,自汽车发明一百多年来,全世界累计死于道路交通事故的人数已相当于两次世界大战的死亡人数。道路交通事故已成为人类几大死亡因素之一,成为世界最大公害,其给社会、家庭带来的危害是巨大和深远的。日益严重的道路交通安全问题成为全世界不得不面对的棘手难题。

二战结束后,西方国家致力于经济的发展并使社会达到了繁荣富强。伴随经济的快速增长,西方国家机动车迅猛增加,道路交通事故也不断攀升,并先后在20世纪六、七十年代达到高潮。在20世纪70年代,西方发达国家就认识到道路交通事故是影响国民经济和社会生活的国家重大问题,因而从人、车、路、环境等多方面着手,综合运用管理技术和科学技术研究治理道路交通安全问题,成效显著。其车辆保有量占全世界的2/3左右,但交通事故死亡人数却仅占全球总数的1/4。从70年代以来,西方发达国家的道路交通事故就趋于逐渐下降,虽在90年代有所反弹,但仍保持在较低的水准线下。

进入21世纪,国际社会对道路交通安全问题的关注,掀起了全球范围内对交通事故斗争的新一轮高潮。2003年5月22日,联合国大会通过了关于全球道路安全危机的第57/309号决议,其指出全球因道路交通死亡、受伤和致残者的人数正迅速增加,认识到发展中国家的死亡率偏高,注意到道路交通伤害对各国国民经济和全球经济的不利影响,期望各国政府提高对道路交通伤害问题重要性的认识。2004年4月7日,世界卫生组织(WHO)把世界卫生日的主题定为道路安全。在世界卫生日当天,世界卫生组织和世界银行联合发行了"预防道路交通伤害世界报告"。报告强调许多方面可以在预防道路交通伤害方面发挥作用,说明了预防道路交通伤害的基本概念,道路交通伤害的影响,主要的决定因素和风险因素,突出了有效的干预战略。联合国大会题为"加强全球道路安全"的第58/289号决议承认联合国系统需要努力解决全球道路安全危机。2004年世界卫生组织(WHO)同欧洲经济委员会和其他区域委员会密切配合,协助成立了联合国和其他国际道路安全组织的一个联合国道路安全协作机制。

中国的道路交通安全形势尤令世人注目。道路交通是我国最重要的运输方式，公路交通是我国多数县、乡、村与其他地区进行交流的主要交通方式。近20年来，中国道路交通事业得到了长足发展，道路建设无论在总量上还是在质量上都实现了重大突破，2007年底中国公路总里程达到357.3万公里，其中高速公路5.36万公里。中国仅用了20年时间就完成了发达国家50年时间所进行的公路建设目标，取得了举世瞩目的成就，公路交通已由制约国民经济的阶段向基本适应阶段转化。但同一时期，中国的汽车工业已跻身世界前三甲，中国已成为新兴和富有活力的汽车生产和销售大国。汽车工业的高速发展，车辆急剧增加，交通量增大，使道路建设发展仍然难以适应车辆增长的需求，交通拥挤，人车混行的交通环境仍大量存在，这必然造成道路交通事故频繁发生。道路交通事故已经成为近年来最影响中国公众安全感的重要因素之一。

建国以来，中国政府及各级政府主管部门一直较为关注道路交通安全问题。但长期以来，限于社会经济的发展状况和道路交通运输的发展程度，道路交通安全问题一直未能真正列入各级政府和政府主管部门的议事日程，全社会对道路交通安全的认识仍是粗浅和不完善的，因而对道路交通安全事故的处置仅是针对具体发生的事件。宣传教育多是零星的，而非长期的、系统的，而且宣传教育的深度不够，只是强调交通事故对家庭造成的危害等浅层次问题上。现阶段中国对道路交通事故的斗争仍处于起步阶段，套用联合国大会关于交通安全问题的决议中的一句话来说，道路交通安全问题在中国仍是一个被忽视、但却越来越重要的公共健康和安全问题。迄今为止，这一问题远没有得到同其重要性相等同的关注和资源。

安全、快捷、经济、舒适和低公害是道路交通这一动态系统的基本要求。其中，安全是诸要素的基础，只有保证了安全才能谈到快捷、经济、舒适和低公害的问题。要保障道路交通系统的安全，就应使其协调地运转。道路交通安全技术是研究道路交通系统中人、道路、车辆和环境的基本安全特性、相互依存关系和相互作用，尽最大可能控制系统中人的不安全行为和道路、车辆及环境的不安全状态，保障系统协调正常运行的交叉边缘学科。道路交通安全技术是以人的出行和物品的运输为核心，把人、道路、车辆和环境四大要素相互关联的内容综合在动态交通系统中进行研究，对系统的安全性、可靠性、经济性进行评价，寻求交通事故最少，交通伤害和损失最低的系统保障措施，达到安全、快捷、经济、舒适和低公害的系统目标。

交通部公路科学研究院所属交通安全研究中心暨国家交通安全设施质量监督检验中心是我国第一家全方位在道路交通安全、交通工程和交通管理领域从事研究、设计、计量检测、标准规范制订、交通事故司法鉴定和安全评价等咨询服务的单位，始建于1973年。在30多年不断发展壮大的历史中，完成了一大批具重大影响的国家级、省部级道路交通安全和交通工程领域科学研究、试验检测及标准规范制订工作。在道路安全评价、改造与设计，相关标准、规范制修订，道路安全设施产品及试验设备研发，道路安全监控预警系统开发与集成，道路交通事故分析与司法鉴定，道路运输和道路施工生产安全保障技术研究与推广应用等方面卓有建树。2004 年以来承担了交通部开展的全国公路安全保障工程的技术支撑工作，已完成数十条公路项目、累计几千公里路段的安全评价工作。在交通部主管部门和交通部西部建设科技项目管理中心的支持下，通过对公路交通安全评价、交通事故统计和成因分析、公路条件对行车安全性影响等方面开展深入系统的研究，开发出了适应我国道路特点的公路安全评价方法、道路安全性预测和评价系统，填补了国内相关领域的空白。

基于道路交通安全工作的重要社会意义，交通部公路科学研究院交通安全技术团队集结多年的科研和实践成果，创作完成了《道路交通安全技术丛书》，本丛书是上述研究和实践成果的结晶，也是交通部西部建设科技项目管理中心开展的一系列交通安全应用研究项目成果的具体体现。该套丛书兼具先进性与实用性，对道路交通安全技术的研究具有重要的理论意义和应用价值。

丛书有幸得到交通部冯正霖副部长的提序，感谢冯正霖副部长对道路交通安全工作的高度重视和对丛书的认可。正如他在序言中所说，“在全面建设小康社会的伟大进程中，我国交通工作的重要任务是推进现代交通业的发展，到 2020 年基本建成更安全、更畅通、更便捷、更可靠、更和谐的交通运输服务体系，使交通发展的成果惠及城乡、人民共享。”；“希望这套丛书的出版发行，对改善我国道路交通安全形势，提高我国道路交通安全水平发挥有益的作用。”

丛书在编写过程中，得到了交通部公路司戴东昌、李华、杨国峰、徐成光、赵延东，交通部科教司郑代珍，交通部西部建设科技项目管理中心刘家镇、陈国靖、魏道新、谢素华，交通部科学研究院王晓曼和交通部公路科学研究院王笑京、姚震中、张元方、杨志峰、任红伟等领导的鼎力支持，交通部公路科学研究院其他同仁、领导给予了大力配合和热情指导，在此表示衷心感谢！书中参阅了大量的国内外参考文献，引述文献已尽量予以标注，但难免存在疏漏，在此对各文献作者一并致谢！

21 世纪初叶，是我国社会经济发展的重要时期，同时也是我国道路交通从紧张和制约状态实现全面改善并迈向资源节约型、环境友好型可持续发展之路的关键时期，道路交通安全是实现环境友好、资源节约交通社会发展目标中重要且艰巨的组成部分。希望通过我们大家的共同努力，为我国交通安全事业的发展贡献微薄之力。

何　勇

2008 年 3 月

前　言

汽车工业的发展和道路的建设为实现快速、便捷的交通创造了必要的载运工具和基础设施，提高了人们的生活质量，极大地改变了人们的生活方式。然而随着汽车发展和道路建设，人们不得不面对日益严重的环境和道路交通安全问题。2004 年由世界卫生组织（WHO）和世界银行（WB）联合发布的《世界预防道路交通伤害报告》推测，到 2020 年道路交通事故伤害将有可能成为造成失能调整寿命年损失的第三大原因。报告还指出，道路交通事故和伤害是可以预防的，高收入国家的成功干预措施包括：限速和禁止酒后驾车、强制使用安全带和安全头盔、道路和车辆的安全设计和技术改进等。2007 年第 23 届世界道路大会上，世界道路协会道路安全技术委员会提交的执行报告认为：虽然绝大多数的事故是由于人的行为、车辆的条件造成的，而就此认为“道路设施对安全的作用很小、投入改善道路基础设施是不经济的”这种观点是不正确的。

规划设计出来的道路设施及其环境应该是“自解释”和“宽容”的。“自解释”是指通过一目了然的道路布局，道路规划和工程设计本身就能够引导道路使用者采取安全的行为；“宽容”是指道路工程设计应该是容错的，道路使用者发生错误时，道路设施应尽可能避免事故的发生，并降低事故发生的严重程度。所以，就道路设施本身而言，在其规划、设计、通车运营、养护过程中，工作的最优目标是：通过规划、设计、养护使道路满足其功能（干路、集散道路、居民区道路）的同时，道路是安全的。

但是，无论是新建一条道路，还是现有道路的安全改进，技术人员、建设部门、管理部门都面临相同的问题：什么是安全？安全如何度量？现有道路或道路的规划设计方案的安全程度如何？为了达到“安全”，如何权衡通行能力、资金、通达性？甚至有时会面临一些社会问题：现有道路或道路方案主要应该满足哪种交通出行方式？主要应该服务于哪一类道路使用者？

判断一条道路或者一个路段是否安全，哪种道路形式或者设计方案更加有利于道路的安全通行？哪种道路设施的设计和车流的组织形式更加安全？目前我们已有的知识和研究成果无法明确或定量回答这些问题。

以往的设计及技术规范主要是从满足车辆行驶要求出发，对人的因素考虑较少，各单项指标组合后对安全的影响的考虑也是不够的，安全问题远没有引起足够的重视。在很多决策中，安全问题被认为是一个抽象的概念，会很轻易地被忽视。现在越来越多的人已经认识到：符合规范的设计未必就是安全的设计；即使采用最低的设计指标的道路未必就是不安全的。

在西部交通建设科技项目“公路交通安全手册研究”，“西部地区公路交通安全评价”等研究项目成果的基础上，综合国内外的相关研究成果，我们编写了《道路交通安全手册》。一些国内研究成果没有涉及到的内容或者需要进一步研究的内容，暂时提供国外的相关成果。随着我国研究的积累和深入，交通部公路科学研究院交通安全研究中心将持续出版新的《道路交通安全手册》。

《道路交通安全手册》不等同于道路设计规范，也不是道路交通安全审计手册，更不是道路安全改善的项目指导。它包含的信息可用于新建道路的规划和设计中，避免安全缺陷，预防事故发生；也可用于对已有道路的安全管理与整治。它的主要用户是道路规划、设计和运营部门，也包括管理部门、研究机构和大专院校师生。

《道路交通安全手册》共十五章，第一章介绍手册的使用以及手册的组织；第二章道路交通安全概述；第三章介绍路段道路因素对安全的影响；第四章介绍平面交叉口对安全的影响；第五章介绍立体交叉对安全的影响；第六章介绍铁路与公路平交口的施工、养护的安全对策；第七章阐述路网规划中应考虑的安全问题；第八章建立双车道公路（无慢车道设置和有慢车道设置）安全性能预测方法；第九章建立高速公路交通安全性能预测方法；第十章介绍数据采集的方法；第十一章介绍安全改进地点的确定；第十二章事故多发点（段）的安全诊断程序和安全诊断清单；第十三章介绍安全改进对策；第十四章阐述改进方案优先排序的方法；第十五章介绍安全效果的经济评估方法。

本手册的体系适用于所有道路，但是公路和城市道路交通安全特点有些不同，基于目前可获得的经验和研究成果，本手册以公路为主，以后随着体现城市道路交通安全特征的成果丰富和积累，本手册再版时将进一步补充完善城市道路交通安全部分。

本手册由唐琤琤、何勇、张铁军等编著，第一章、第二章由唐琤琤、何勇、邬洪波编写，第三章由张铁军、唐琤琤、何勇编写，第四、第五章由陈瑜、何勇、黄斌编写，第六章由陈瑜、邬洪波、唐琤琤编写，第七章由邬洪波、唐琤琤、何勇编写，第八章由张铁军、唐琤琤、何勇编写，第九章由刘小明、孙小端、贺玉龙、钟连德、陈永胜编写，第十章、第十一章由张铁军、唐琤琤、何勇编写，第十二章、第十三章由邬洪波、何勇、唐琤琤编写，第十四章由罗俊鹏、何勇、唐琤琤编写，第十五章由张铁军、唐琤琤、罗俊鹏编写。

在手册的编写过程中，参阅了大量国内外的文献资料，所引文献已尽量予以标注，但难免存在疏漏，敬请谅解，在此向这些文献资料的原作者表示衷心的感谢！同时，本手册引用了西部交通建设科技项目《公路交通安全应用技术研究》的成果，向参与此项目研究工作的单位和个人一并表示衷心的感谢！手册的编写还得到了交通运输部科教司、交通运输部西部交通建设科技项目管理中心、交通部公路科学研究院及其交通安全研究中心等单位的大力支持，在此一并致谢！

由于编者水平有限，手册中疏漏或不妥之处在所难免，恳请读者和专家予以指正。

编　者

2008 年 8 月 23 月

目　　录

第一篇　概　　述

第二篇　影响道路交通安全的道路因素

第三篇　道路交通安全性预测方法

第四篇　安全改进技术

第一篇　概　　述

第一章 手 册 简 介

1.1 编 写 目 的

道路交通系统是由人、车、路和环境、管理等要素构成的动态系统。每一个要素自成子系统，这些子系统既相互独立又相互制约，它们本身的可靠性和相互之间的作用决定了这个复杂系统的运行状况和交通安全水平。交通事故的发生正是各子系统自身或相互作用失调而造成的。人们在分析事故原因时倾向于人为因素，而忽略了其他因素，尤其是道路因素。尽管由于道路缺陷直接造成的交通事故所占比例很小，但是与道路因素有关的事故所占比例却不容忽视。国外一些专家甚至认为不良道路条件的影响是70%道路交通事故发生的直接或间接原因。

道路管理部门的职责是提供并保证道路基础设施的正常运行和使用。如何在道路的规划、设计、运行、养护的各个阶段考虑整个系统的协调性，为道路使用者提供一个安全的道路环境是道路管理部门追求的最高目标。

《道路交通安全手册》（以下简称《手册》）为道路规划和设计人员、运营和养护管理人员、道路投资决策人员等提供了路网、道路及设施安全性的信息、安全性预测方法、道路安全改进决策方法等，从而促进在道路规划、设计、运营和养护过程中决策时能够更清晰地考虑其安全性，最终提高道路的交通安全水平。

1.2 适 用 范 围

《手册》提出了我国双车道公路（无慢车道设置和有慢车道设置）以及高速公路等的安全性描述和预测；并从路网角度基于事故分析提出了进行安全养护管理时提高路网安全性的决策方法。

针对道路的工程属性，安全性描述包括道路工程的技术指标等的安全性描述；安全性预测，包括数据采集、模型应用；针对安全改进的工程措施，养护管理包括安全改进地点的确定、安全诊断、对策（工程措施）选择，从效益最大化出发对路网各点的安全改进排定实施计划。

《手册》第一版将不细述道路使用者教育、驾驶员教育培训、法规执行、车辆安全、应急救援等技术及与之相关的内容，这些内容拟在后续的版本中加入。

1.3 适用读者

《手册》适用于从事道路规划、设计、运营、养护工作的管理、技术人员。包括交通规划人员、道路设计人员、交通工程师及其他相关人员。为其在分析、决策过程中进行合理的安全性分析。

《手册》也可供大专院校师生、科研技术人员及其他与道路交通安全相关的人员参考。

1.4 内容概要

《手册》包括四篇内容，第一篇概述，主要介绍了《手册》编写的目的、适用范围、道路交通安全的定义、衡量安全性的指标、影响交通安全的因素（从人、车、路、环境的角度）以及安全改善措施等；第二篇影响道路交通安全的道路因素，主要分析了路段、平面交叉、立体交叉、公铁道口、施工和养护区、路网、交通控制设施等涉及到的设计要素对交通安全的影响；第三篇道路交通安全性预测方法，给出了双车道公路和高速公路的安全性预测方法及应用示例；第四篇安全改进技术，构建了集安全改进地点判定、安全问题诊断、安全改进对策清单、改造项目成本效益分析和项目优先排序等为一体的交通安全管理技术。

1.5 实际应用

《手册》可以应用于以下工作或场合：

- 更加关注道路的哪些路段能够提高交通安全性；
- 更加关注道路的哪些属性有助于提高交通安全性，哪些方面的改进措施更有助于提高交通安全性；
- 同一个道路项目的不同设计方案，哪个方案的安全性相对更好；
- 一定的资金用于一个路网的安全改进，应优先改进哪些路段、采取哪些方面的改进措施，使整个路网的安全性得到最大程度的提高；
- 现有道路进行安全改进后的安全性评估等。

《手册》中所提到的“安全性改进”指工程对策、措施和设施。

《手册》是一个帮助公路规划、设计、运营过程中进行决策的所有专业人员进行决策时同时考虑交通安全性的工具。《手册》不可避免地会有与设计规范存在不协调的地方，当发生不协调时，宜遵守规范的相关规定。

交通安全性是进行交通方面的决策时需要考虑的一系列因素之一。其他因素包括机动性、交通运行（包括减少延误）、建设养护费用、环境影响、民众需求和期望等。应当认识到这些因素有时与安全性有“不协调”，如，从安全角度不应在路侧较大的净空范围内栽种树木，而政府有关主管部门却希望在中央分隔带和路侧附近多种树木，最终的决定可能是多种因素综合的结果。

因为《手册》只提供了安全性方面的研究成果，尤其在《手册》的第二篇分别阐述了道路设计因素、交通因素、控制因素等对道路交通安全的影响,在使用时应注意不能仅就某一因素的安全性研究结论而强调其重要性,或者仅考虑此一因素的安全性,从而忽略了其他因素对安全性的影响或者因此而引起其他相关地点安全性受影响。例如:上跨高速公路的跨线桥,其中墩对于高速公路行车是障碍物,对安全有影响,因此就采取上跨桥不设中墩方案。但随之而来的除了建设成本的增加外,可能因为上跨桥的线形等在上跨桥区段产生新的安全问题。

1.5.1 规划阶段

工程技术和管理人员可以参考第四章、第五章以及第七章提供的研究成果和工程经验,对规划阶段路线方案和设计标准的选择、交叉的位置和间距等进行优化,提升道路的安全水平。

1.5.2 设计阶段

第三章、第四章、第五章和第六章分析了道路线形、交叉、交通安全设施等对安全的影响;第八章、第九章和第十章还建立了不同类型公路的安全性预测方法。工程设计人员可以根据研究结论对设计指标进行相应的调整,并对设计路线进行安全性能预测,找出安全水平有待改进的路段,对设计作进一步的优化。

1.5.3 运营阶段

第十一章~第十五章主要涉及道路交通安全管理技术,包括安全改进地点的确定、安全诊断、对策、优先排序、效果后评价等内容。道路管理的决策人员、工程技术人员可以在运营阶段参考这些章节来判断现有路网或道路的安全性,有针对性地确定需要进行安全改善的路段,以有限的资金来最大限度地提高道路安全水平,保障人、车、路的协调。

第二章　道路交通安全概述

2.1　什么是道路交通安全

道路交通系统是人、车、路和环境、管理等要素构成的动态系统。安全是各要素协调运动达到的系统协调。

人是系统里最主动的要素，驾驶员在行车过程中对道路信息的加工是一个连续重复的过程，且受驾驶员自身个性心理特征的影响，如图 2-1 所示。首先由于驾驶员的注意，当前道路信息作用于人的眼睛、耳朵等器官，产生感觉信息；而后传入神经，将这些感觉信息传入中枢神

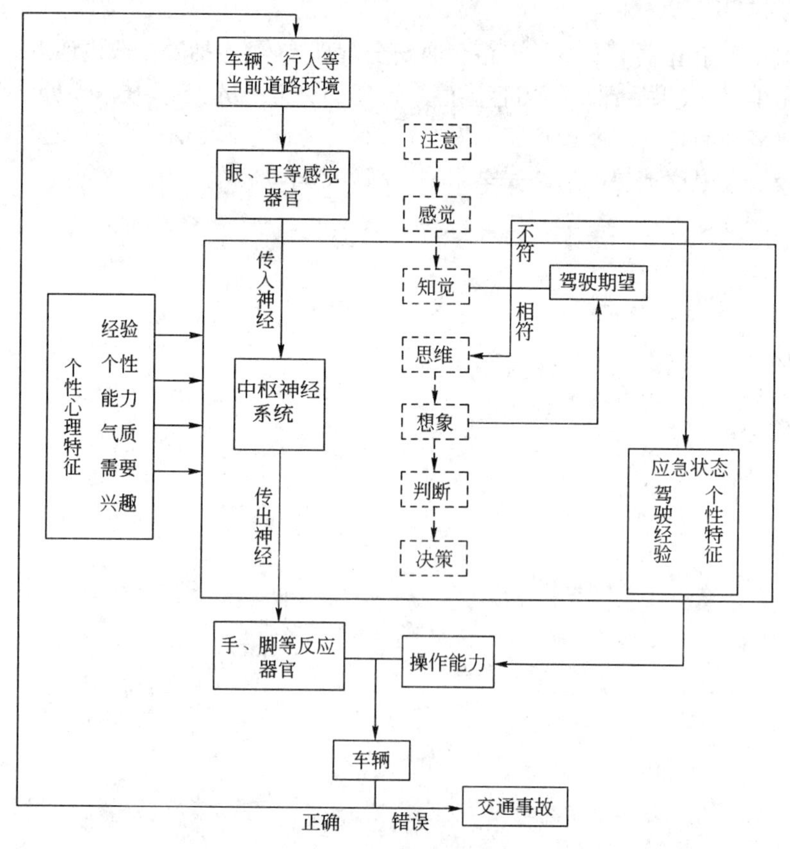

图 2-1　系统安全示意图

经系统(大脑)产生知觉,驾驶员将会对当前道路环境的知觉与先前形成的驾驶期望进行对比,若二者一致,则驾驶员会正常地作出判断与决策,操作车辆,并在此过程中形成对前方道路的驾驶期望;若当前道路环境与驾驶员先前期望不一致,则驾驶员进入一种应急状态(相对而言比较危险的状态),这时驾驶员良好的心理素质及以往的驾驶经验,就会成为决定驾驶员能否安全度过危险状态的重要因素。在两种不同的心理过程中,只要驾驶员稍有失误,就会导致其对车辆的错误操作,引发事故。

简言之,驾驶员从道路交通环境中获取信息并依据其驾驶经验综合形成"驾驶期望",指导着驾驶者采取相应操作行为。如果"驾驶期望"和实际道路环境一致,则驾驶员的行为是适当的,系统是安全的;如果"驾驶期望"和实际道路环境不一致,驾驶者难以及时采取正确的行为时,则容易导致事故的发生。

现有的公路工程技术指标,其最低设计标准来源于标准车型(中型货车)的操作需要和安全需要,如转弯半径、纵坡等。这样设计出来的道路是车路协调的系统。但实际上车辆在路上行驶时,驾驶员一般根据线形条件、路面条件、气候条件、环境条件(包括横向干扰)、交通流密度以及车辆的技术状况来不断调整行车速度。只要条件允许,驾驶员总是倾向于采用较高的行驶速度,如果设计时某些参数选取不当,往往会形成隐患,对行车安全构成威胁。因此从驾驶员期望的角度看,满足设计标准的路未必是人、车、路协调的系统。

图 2-2 所示是一条符合设计规范的公路,驾驶员在这条公路上可以在较长的一段时间里以较高的速度安全行驶,但前方如接一个符合规范的小半径曲线,则这个小半径曲线可能超出驾驶员的驾驶期望,如果驾驶员的经验不足、反应不够快,就可能发生车辆驶出路面的事故。这就是通常人们认识到的"符合规范的设计未必是安全的设计"。

但是,按照最低设计标准进行的设计也未必一定会导致较低的安全水平。图 2-3 所示是采用最低设计标准的公路,该条公路由几个连续小半径平曲线组成,其中多个平曲线半径值为公路工程技术标准规定的最小值。但由于驾驶员对道路线形情况期望较低,行车速度也相对较低,驾驶时保持注意力比较集中的状态,这样反而不易发生交通事故。

图 2-2　和驾驶期望不符的公路线形设计

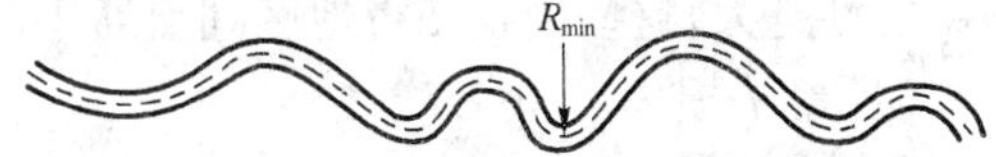

图 2-3　符合驾驶期望的公路线形设计

所以,从上述两个例子可以看出,我们需要从驾驶员出发,从驾驶期望角度对公路设计、运营中的公路的安全性进行审视。《公路工程技术标准》(JTG B01—2003)从车路协调角度出发制定技术指标的最低设计标准是合理的,符合《公路工程技术标准》(JTG B01—2003)的最低设计标准与系统安全无直接对应关系。以最低设计标准进行设计和盲目死守设计规范的情况应该引起我们的警觉,应对公路设计方案、运营公路进行驾驶期望的预测或评估,从而分析前方道路对于驾驶员是否"可读",从而判别其安全性。

从上述两个例子还可以看出,技术人员在实际工程设计时保持技术指标的一致性是保障公路基础设施运营安全的基本要求。

道路交通安全是系统协调,是系统组成要素互相适应。系统安全不是绝对的,瑞典提出的"零死亡"只是一个愿景。系统安全是相对的,是指系统风险最小,在道路寿命周期内达到可接受的安全程度。风险是危险、危害发生的可能性及危险、危害所造成损失的严重程度的综合度量。

2.2 如何衡量道路交通安全

衡量路网或路段的安全性的方法有两种:第一种为直接指标,直接通过对事故数、伤亡人数或事故造成的经济损失进行统计,以确定其安全性,包括绝对指标和相对指标;第二种为间接指标,采用其他指标如超速比例、闯红灯比例、交通冲突来间接表征路网或路段的安全性。

2.2.1 直接安全性指标

根据事故数、伤亡人数或社会经济损失统计来直接判断路网或路段的安全水平,包括绝对指标和相对指标。

1)绝对指标

道路交通安全水平普遍采用事故次数、死亡人数、受伤人数和经济损失这4项绝对统计指标来衡量。4个绝对指标分别从不同的角度表征区域路网或路段的交通安全整体状况,均具有较好的可测性,但可比性方面存在区别。

(1)事故次数

事故次数这一指标可比性不强,因为不涉及人员伤亡,所以在统计中被大量遗漏。即使在同一地区,由于交通警察主观因素的影响,统计中这类事故的遗漏程度也不同。

(2)死亡人数

涉及人员死亡的交通事故历来受到高度重视,因此在统计中很少遗漏,是最有可比性的指标。

(3)受伤人数

受伤人数的统计也存在着许多问题。主要是受伤统计中存在大量遗漏,伤势越轻被遗漏的可能性越大,这些因素使得地区间交通事故受伤人数的统计值缺乏可比性。

(4)经济损失

由于区域经济发展的不均衡,对交通事故所造成的经济损失的计量标准也有很大差别,因此经济损失也不是一个特别好的指标。

综上所述,交通事故死亡人数是最具有可比性的绝对指标。但由于各个地区的规模、人口、道路交通状况及经济发展水平的差异,仅用死亡人数的绝对值进行比较显然是不全面的,因而应配合采用死亡率这类相对指标。

2)相对指标

(1)单位人口死亡率。相对死亡人数,若把参照量选为所研究区域内的人口总数即

$$\text{单位人口死亡率} = \frac{\text{区域内交通事故绝对死亡人数}}{\text{区域内人口总数}} \tag{2-1}$$

该指标是常用的宏观指标,人口单位选10万人,即是10万人口死亡率。这一指标的可操作性好,考虑了不同区域的人口密度差异,具有一定的可比性,但其主要缺陷是没有反映与事故量相关性很大的机动化程度。

（2）单位车辆死亡率。相对死亡人数，若把参照量选为所研究区域的机动车保有量即

$$单位车辆死亡率 = \frac{区域内交通事故绝对死亡人数}{区域内机动车保有量} \tag{2-2}$$

若选取万车作为机动车的单位，则为万车死亡率，也是常用的宏观指标，它反映了区域内机动车密度的影响，可操作性好。在经济发展相近的地区，由于机动车保有量与出行的相关性很强，也具有一定的可比性。其主要缺点是不能反映人口密度，没有体现动态交通量的差异。

（3）单位行车里程死亡率。相对死亡人数，若把参照量选为所研究区域内所有车辆的行驶里程即

$$单位行车里程死亡率 = \frac{区域内交通事故绝对死亡人数}{区域内车辆行驶里程} \tag{2-3}$$

若行车里程的单位取亿车公里，则为亿车公里死亡率，也是常用的相对指标。由于它直接选择出行里程，反映了动态交通量，可比性强。虽然这一指标没有考虑不同地区的人口差异，但就目前而言，是公认的最有说服力的、较为合理的指标。

目前，国内外一些学者还提出了综合指标，相关知识可参考《道路交通安全评价》[1]的第三章 3.2.1 节。

有时我们需要预测路网或路段未来的安全性，这时就要在现有交通事故资料的基础上，整理出回归方程，然后将所求年度的参数代入，得到此年度交通事故死亡人数或事故次数的预计值。将此预测值和当年实际值进行比较，可以对安全状况的变化情况进行预估。在这些回归方程中，最著名的是英国的斯密德（schmidt）回归方程[1]。这些回归方程考虑的影响因素各不相同，往往对同一地区具有较高准确性。

为了利用上述指标衡量路网或路段的安全性，需要大量的事故数据。国外事故数据主要由交警、路政、医院、保险公司等提供。我国事故数据的来源主要从各级交警部门调研得到，路政部门也有一些相关数据。这些事故资料各有不完善之处，应互为补充。

2.2.2　间接安全性指标

上述指标都是采用事故数据、死亡人数或经济损失来表征路网或路段的交通安全性。很显然，简单的事故、伤亡统计通常不是表征道路交通安全性的完美指标。原因如下：

（1）事故或伤亡数受随机波动的影响。也就是说一个相对较短时间段里事故记录数的变化不足以反映长期的、潜在的安全性规律。

（2）事故和伤亡人数的官方统计报告是不完善的。这意味着依据事故数表现出来的变化有可能仅仅反映了报告给交警部门的事故数的倾向。

（3）即使用相对较长一段时间的事故数，这个数也无法说明事故原因。在某种程度上，事故数仅仅表明了某一点是否是危险点的偶然性。完全有可能的一种情况是：某一点很危险，幸运的是一起事故也没有发生过。

（4）为了制订出有效的对策以减少事故数或伤亡人数，必须分析导致事故的原因。

而且，对于一段路或一个点来说，事故是相对随机、偶然、稀少的事件。基于以上原因，事故数或伤亡数还需要其他交通安全性指标来补充说明。

欧洲交通安全委员会（ETSC）根据欧洲各国的实践和经验，初步提出道路交通安全性指

标，见表2-1，并建议全欧洲以此为起点进行数据采集，在此基础上开展国际性的研究合作工作[2]。

道路安全性指标　　表2-1

类别	项目	指标	说　明
行为	速度	违章率（%）	在全国范围内实施代表性的速度监测，使用分层抽样方法：不同车辆分类、不同道路分类。实际速度和路上的限速值和安全目标进行比较。数据采集规程需一致
	酒精	超标率（%）	为了监测酒后驾车可分类取样随机进行，由交警来实施。为便于国际间比较，数据采集规程要协调一致（可按道路使用者、道路类型、采集期等分类）。酒后驾车行为要和酒精标准和安全目标进行比较
	安全带	乘员使用率（%）	安全带使用数据要按：驾驶者、前排乘客、后排乘客、儿童座椅等区别抽检，监测要针对全国不同车辆、不同道路
车辆	被动安全	欧盟新车安全评价规程（EuroNCAP）	EuroNCAP为试验车辆碰撞安全性能并给予星级评价，一个国家各星级车辆比例表明其车辆被动安全的质量。欧洲标准建议每年测试1次
道路	道路设计质量	满足设计标准比率（%）	很多国家对不同等级道路都有设计指南，这个指标试图从现有标准和指南要求来评价现有道路网的质量。因为各国标准和指南要求不同，国家之间比较没有意义。即使同一国家也要区分不同等级道路
	路网质量	符合路网等级比率（%）	如果接受“道路功能等级”影响道路安全，就需要建立一个指标来说明路网的安全品质。建议我国应建立这样一个指标
创伤	到达时间	达到要求（%）	到达时间包括发现时间和反应时间，必须在一定时间（通常是法律规定的）内到达事故现场提供紧急服务和有资格的医生。将实际到达时间和这个“目标”标准时间进行比较从而表明创伤治疗系统的性能
	医疗质量	达到要求（%）	对于危及生命的事故，一个及时高质量的医疗护理和一个有效的专业的创伤中心同样重要。建议我国应建立一个指标表明重伤的医疗质量，这个指标不仅仅对道路交通，还适用于其他交通方式的乘员事故

这些间接安全性指标反映了人、车、路和环境、管理在系统中的作用和表现，和系统安全有一定的关系，从而应能够较完整地勾画出交通安全水平。

这些指标可以用于评价某一区域道路交通安全性或用于针对某一特定地点进行相应的评价，有助于制订政策、提出对策和建议。这些数据或指标比事故数含有更多信息，能够更快地用于某一区域或地点的安全分析，也更便于监测。

和上述指标不同的还有一些间接安全性指标，反映了人、车路和环境、管理等要素之间相互作用的协调性。

1）严重冲突

交通冲突是指不同的交通参与者之间在时间和空间上产生了相互干扰，并且迫使交通参与者采取避让行为的一种交通状况。交通冲突的判别标准是参与事件的双方中至少一方不愿意被牵涉进干扰之中，并且采取了有意识的避让行为。也就是说，在一次交通冲突过程中，至少有一个交通参与者的交通行为发生了变化，而这种变化是可以观测和记录的。

交通冲突和事故之间存在着某种相对关系。交通冲突本身的严重程度是不同的，只有最严重的那部分才是危险的交通状态。如果交通参与者没有及时作出正确的反应就会发展成为交通事故。能够反映安全状态的严重冲突（near-collision），也就是近似事故，仅占全部交通冲突很小的一部分，如图 2-4 所示。

因此，"严重冲突"是一个间接安全性指标。其定义为：不同的交通参与者之间在时间和空间上产生了严重的相互干扰，迫使至少一个交通参与者采取了避让行为，且冲突距事故发生的时间（TTC，Time to Collision）小于一定时间的一种危险的交通状况。

"严重冲突"的判别并没有一个标准。图 2-5 是瑞典冲突技术用于判断冲突严重程度的依据。一般冲突和严重冲突之间的界限值的确定是一个比较复杂的问题，随着交通条件的变化，界限值也应作相应合理的调整。我国关于"严重冲突"的定义及判别标准等尚未见相关研究成果及结论。

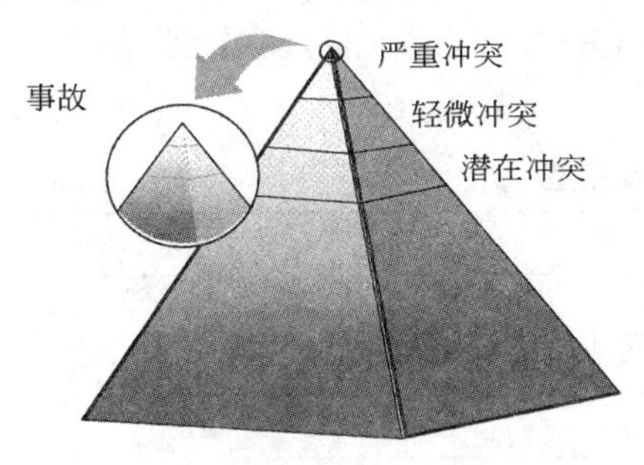

图 2-4　交通基本事件及其相互关系

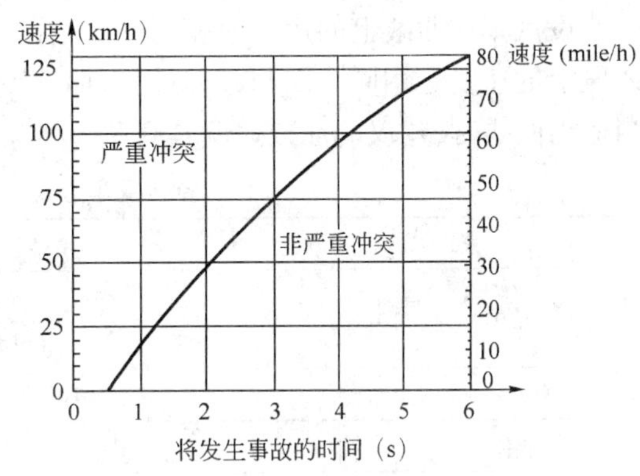

图 2-5　严重冲突判别标准

2）运行速度

驾驶者根据其对道路环境的理解和判断驾驶车辆在道路上行驶，运行速度是反映驾驶者驾驶期望的重要指标，因而成为反映系统安全的间接指标。

速度与安全的关系具体内容见本章 2.3 内容。速度与安全关系的核心是能量守恒定律。较高速度会相应减少驾驶员对危险情况的反应时间，降低车辆的横向稳定性，从而直接或者间接导致事故发生或增加事故严重性。车速越高，在发生碰撞事故时，要求急剧消耗的能量就越大，减加速度值也越大，对车辆和人的伤害也越严重。两运动车辆发生碰撞事故时，速度、车重的差异越明显，事故发生的可能性和严重程度越大。

道路实际特征与驾驶者的期望相一致，系统是安全的。驾驶者对道路相邻路段的期望是不要发生突然变化，如果发生突然变化，有可能导致事故发生。运行速度差反映了驾驶者驾驶期望的变化程度。

速度差与事故率之间的相关性较好，通过速度差可以表征系统安全性。国外使用运行速度预测值与设计速度的差 Δv_1（$|v_{85}-v_d|$）、相邻路段运行速度（实测值或预测值）的差 Δv_2（$|v_{85前}-v_{85}|$）来表征新建公路的设计方案或已有道路的安全性。（v_{85}：指在特定路段上，85% 的驾驶员不会超过的行驶速度。）

除个别情况下，判别标准如下：

（1）$\Delta v \leqslant 10$km/h，安全性好；

（2）10km/h $< \Delta v \leqslant 20$km/h，可以接受；

（3）$\Delta v > 20$km/h，安全性差。

我国的《公路项目安全性评价指南》(JTG/T B05—2004)[3]推荐的判别值也是采用上述标准,但由于我国道路上行驶车辆组成、性能等与国外有较大差异,另外,驾驶员和其他道路使用者的行为特征也有区别,直接引用国外的标准是否合适有待进一步的验证和研究。

已有道路采用实测运行速度,条件不具备时也可采用预测的运行速度。新建道路则采用预测的运行速度。

高速公路运行速度预测方法见《公路项目安全性评价指南》(JTG/T B05—2004)附录B。

双车道公路运行速度预测方法如下:

(1)世界道路协会(PIARC)《道路安全手册》推荐的方法一[4]

假设汽车在曲线上的运行速度是连贯的,表2-2所示为用回归方程计算相应数值的模型;直线段上的速度是用同一回归方程计算,曲率变化率CCR(Curvature Change Rate,gon/km)取0;当进出曲线时,建议的加减速度是0.85m/s^2。

乡村双车道公路运行速度模型 表2-2

国　家	模型(km/h)	限速(km/h)
德国	$v_{85}=\dfrac{10^6}{8.270+8.01\text{CCR}}$	100
澳大利亚	$v_{85}=101.2-0.043\text{CCR}$	90
加拿大	$v_{85}=e^{(4.561-5.27\times10^{-4}\text{CCR})}$	90
美国	$v_{85}=103.04-0.053\text{CCR}$	90
法国	$v_{85}=\dfrac{102}{1+346(\text{CCR}/63\,700)^{1.5}}$	90
希腊	$v_{85}=\dfrac{10^6}{101\,501+8.529\text{CCR}}$	90
黎巴嫩	$v_{85}=91.03-0.056\text{CCR}$	80

计算步骤如下:

第一步:计算表2-3中的参数;

参 数 定 义 表2-3

参　数	表　述	来　源
v_{C1}	曲线1上的运行速度	表2-2中的方程
v_{C2}	曲线2上的运行速度	表2-2中的方程
L_t	两条曲线之间的直线段长度	从定点/规划/资料中获取
v_{t85}	期望速度	表2-2中的方程　CCR=0
$\text{TL}_{\min}$	一辆车通过加减速(a为加速度,d为减速度)从初速度v_{C1}变化到最终速度v_{C2}所必需的长度	$\text{TL}_{\min}=\left\|\dfrac{v_{C1}^2-v_{C2}^2}{25.92\times a}\right\|$或$\text{TL}_{\min}=\left\|\dfrac{v_{C1}^2-v_{C2}^2}{25.92\times d}\right\|$
$\text{TL}_{\max}$	一辆车通过加速从初速度v_{C1}变化到期望速度v_{t85}或者通过减速减到最终速度v_{C2}所必需的长度	$\text{TL}_{\min}=\left\|\dfrac{v_{C1}^2-v_{t85}^2}{25.92\times a}\right\|+\left\|\dfrac{v_{t85}^2-v_{C2}^2}{25.92\times d}\right\|$
$v_{t\max}$	当直线段长度不足以使车辆达到期望的速度时所能达到的最大速度	$v_{t\max}=\sqrt{\dfrac{v_{C1}^2+v_{C2}^2+25.92\times a\times L_t}{2}}$

第二步:按照图 2-6 的流程进行计算;

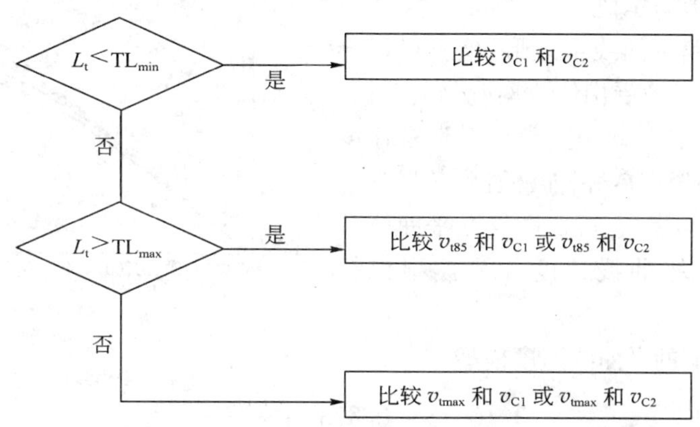

图 2-6　运行速度计算流程图

(2)世界道路协会(PIARC)《道路安全手册》推荐的方法二(西班牙研究成果)[4]

计算步骤如下:

第一步:根据式(2-4)计算曲线上 v_{99}

$$v_{99} = \sqrt{127R(0.25 + e)} \tag{2-4}$$

第二步:与曲线连接的直线上 v_{99} 是 D_t 的函数,先根据式(2-5)计算 D_t

$$D_t = D + D_a + D_s \tag{2-5}$$

式中:D——两个平曲线间的直线长度;

D_a——从曲线上速度 v_{99} 加速到连接直线上的距离,查图 2-7;

D_s——速度降低到研究对象曲线上 v_{99} 的距离,查图 2-8。

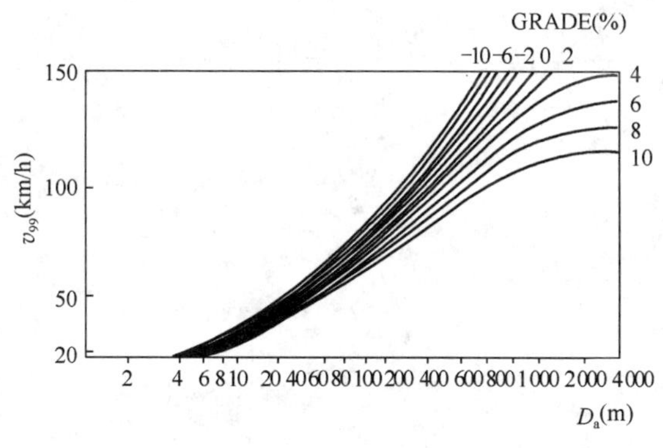

图 2-7　从曲线上速度 v_{99} 加速到直线的距离

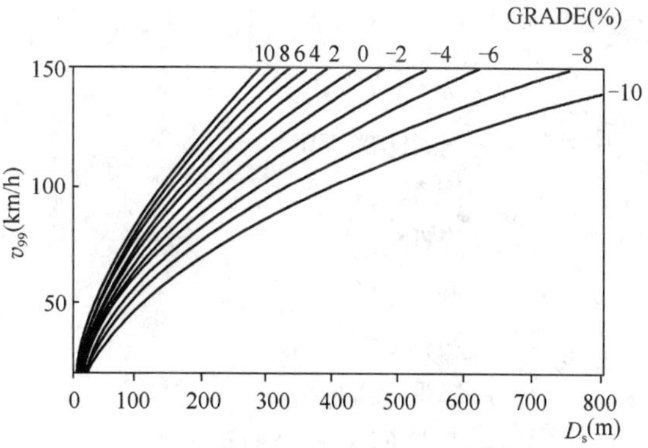

图 2-8　速度降低到研究对象曲线上 v_{99} 的距离

由 D_t 查图 2-9 得到连接直线上 v_{99}。

第三步:对比连接直线上 v_{99} 和曲线上的速度 v_{99}。

(3)我国西部交通建设科技项目《山区双车道公路路线设计参数的研究》成果[5]

该研究建立了山区双车道公路运行速度模型。把运行速度分为区间速度和点速度,对区间速度产生影响的因素有公路功能、公路环境、地形等。特征点运行速度有平曲线速度影响模型、纵坡速度影响模型、弯坡组合速度影响模型、直线段加、减预测模型、横断面尺寸的速度影响模型等。

①平曲线速度影响模型

山区双车道公路平曲线依地形、地物可以分为明弯和暗弯两种：暗弯受山体或构造物的遮挡，不具备良好的通视条件，视距因素会对运行速度产生影响；而明弯则通视良好，能够看到整个平曲线及其以外的道路环境，运行速度仅受平曲线几何参数影响。由此平曲线速度预测模型包括两种：

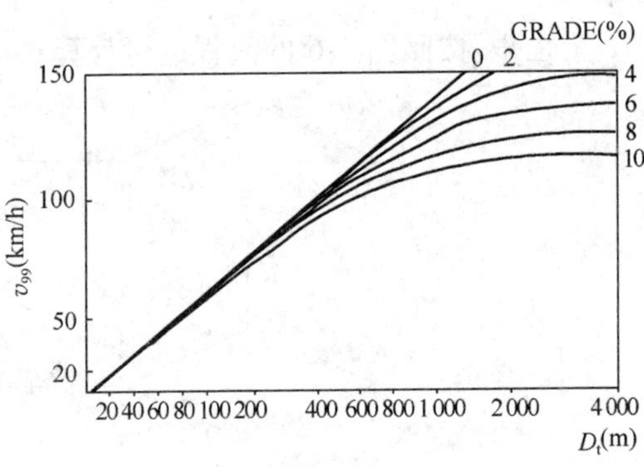

图 2-9 与曲线相连直线上的运行速度

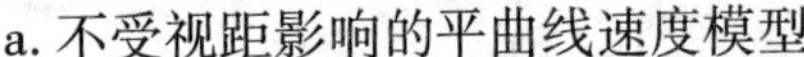

a. 不受视距影响的平曲线速度模型

$$S_c = 10.75 + 0.87S_a - \frac{1\,002.53}{R} \tag{2-6}$$

式中：S_a——入口速度，km/h；

R——平曲线半径，m。

b. 受视距影响的平曲线速度模型

$$S_c = 97.27 - 0.034S_a - \frac{2\,398.69}{R} - \frac{775.78}{\mathrm{ASD}} \tag{2-7}$$

式中：S_a——入口速度，km/h；

R——平曲线半径，m；

ASD——入口视距，m。

②纵坡速度影响模型

车辆在纵坡上任一点的速度按式(2-8)求解。

$$\frac{\overline{P}_U}{m} - \left(\frac{v_1 + v_0}{2}\right)\left[(f+i)g + \frac{KF\left(\frac{v_1+v_0}{2}\right)^2}{m} + (1+\delta_1)\left(\frac{v_1^2 - v_0^2}{2S}\right)\right] = 0 \tag{2-8}$$

式中：$\overline{P}_U$——平均功率，W；

m——汽车质量，kg；

K——风阻系数；

F——迎风面积，m^2；

i——坡度，%；

f——摩阻系数；

S——车辆回车质量换算系数。

③弯坡组合速度影响模型

车辆在弯坡组合路段，受平曲线和纵坡的共同影响，其影响为二者的线性组合，在弯坡组合模型中，分别选择表征平曲线和纵坡的几何特征的最主要参数，即平曲线半径和纵坡坡度，以两者为变量建立速度影响模型。

$$v_{RI} = 8.49 - 9.73\ln R - 0.000\,6\exp(i) \tag{2-9}$$

式中：i——坡度，%；

R——平曲线半径，m；

v_{RI}——平曲线中点速度。

④直线段加、减速预测模型

车辆加速度与车辆速度、期望速度及车辆的最大加速性能有关，多数情况，驾驶员多采用最大加速能力的73%，直线段的加速预测模型见式(2-10)。

$$a = 0.73a_0\left(1 - \frac{v}{v_s}\right) \tag{2-10}$$

式中：a——加速度，m/s^2；

a_0——车辆最大加速度，m/s^2；

v——速度，m/s；

v_s——期望速度，m/s。

⑤横断面尺寸的速度影响模型

公路横断面尺寸的影响，主要通过影响驾驶员的心理而体现在运行速度上。横断面尺寸指的是路面宽度和路侧净区两部分。基于上述两个因素的影响模型见式(2-11)。

$$v = 3.629w_1 + 6.688w_2 + 34.997 \tag{2-11}$$

式中：w_1——路面宽度，m，$w_1 \leqslant 10.5$m，当 $w_1 > 10.5$m 时，取 $w_1 = 10.5$m；

w_2——路侧净空，m，$w_2 \leqslant 1.5$m，当 $w_2 > 1.5$m 时，取 $w_2 = 1.5$m；

v——运行速度，km/h。

3）驾驶工作负荷

驾驶者驾车行驶在道路上，在不断地接收和处理道路环境带来的种种刺激信息，需要不断地作出各种反应，因而存在一定的“驾驶工作负荷”（driver workload）。如果不考虑驾驶技术与车辆机械，驾驶者在驾驶中的主要工作量是其处理道路交通环境信息，然后转化为指导驾驶行为的有效信息的工作负荷量。随着道路环境的变化，驾驶员所接收的信息量和承担的工作量不同，驾驶工作负荷也就不同。如果一条道路的实际状况和驾驶期望一致，则驾驶员驾车时的工作负荷就会较小，且变化不大，那么这条道路就具有较高的安全性和舒适性；反之，驾驶员就会时时处于一种应急的状态，极易导致生理和心理上的疲劳，从而容易发生事故，那么这条道路的安全性就较差。驾驶工作负荷是基于驾驶员考虑的一个反应道路安全性的间接指标。

测量工作负荷的方法众多，工程心理学中提到的主要有作业测量、生理测量和主观测量三类常用的技术。

作业测量又包括作业分析、作业绩效测定和事故研究。作业分析是对工作内容进行分析；工作绩效测定是对工作活动的成绩进行测定；事故研究则是对事故的频率、严重性和倾向性等进行调查和分析。但事故分析存在一些难以克服的问题，如事故与负荷水平之间的关系不是直接的，中间掺杂着许多因素，包括能力、工作责任心、个性特征和情绪状态等，且要采集到具有代表性的事故数据也是比较困难的。

鉴于作业测量存在一定的难度和问题，工作负荷的测量常通过对其生理和心理效应的测定作间接评估。也就是说，在从事各类活动时，人体的各种身心指标会发生相应的变化，如心脏跳动加快，血流增加，呼吸加剧，体内各种化学酶和激素的活性和数量增加，同时主观态度和体验也相应变化。由于上述各类变化的强度与工作负荷的水平存在规律性的关系，因此通过对工作中个体的实际生理和心理状况进行测评,可以确切了解当时工作负荷的状况,这就是前面提到的生理测量。由于生理测量具有一定的可操作性,因此该方法已在人机工程学领域广泛使用。

工作负荷的主观测量是指根据操作者的评判来评价心理工作负荷,该技术实施方便且比较容易为操作者所接受,但诊断性较低且无法获得确切的评价。因此,这种方法通常作为其他工作负荷测量方法的一个辅助方法。

生理测量中常用的驾驶工作负荷测量指标主要是一些生理指标:血压与脉搏,耗氧量、肺通气量和心率,肌电图,瞳孔直径,事件相关电位。

采用生理指标测量驾驶工作负荷,除成本高和测量、分析复杂外,还存在一个较大的缺陷,就是结果容易受其他因素的影响。

影响此间接指标应用的是驾驶工作负荷与道路和环境安全性的定量关系,但目前无公认成果。

2.3 道路交通安全要素

道路交通系统是一个由人、车、路和环境、管理构成的动态系统,道路交通事故的发生是该系统各因素配合失调的结果。比如道路和环境提供给人的信息不足或人对道路、环境和车辆信息判断失误而造成事故;车辆自身性能不足,在遇到恶劣道路条件时发生故障而造成事故;人的疏忽大意、驾驶疲劳等,也往往与单调的道路条件有一定联系。因此不能从单一因素来分析事故发生的原因。以下从人、车、路和环境、管理的角度剖析事故发生的原因。

1)人的因素

人(包括机动车驾驶员、非机动车驾驶员、乘车人、行人)是交通事故的核心。国内外的交通事故统计表明,80% ~90% 的交通事故是由人的因素造成的[6]。

交通参与者的交通行为受社会环境、守纪意识、安全意识影响较大。由于机动车驾驶员违章驾驶、注意力不集中、驾驶技术水平低,而引发的交通事故大量存在;尤其是超载、超车和超速等“三超”现象,更是引发重特大交通事故的主要原因。另外,非机动车驾驶员和行人缺乏交通安全意识,自我防范意识差,缺少基本自救知识和技能而造成的交通事故也为数不少。

根据 2006 年全国道路交通事故统计数据[7],2006 年因机动车驾驶人违法行为导致交通事故 323 715 起,造成 76 626 人死亡、374 109 人受伤,分别占事故总数的 85.46%、85.66% 和 86.77%;因非机动车驾驶人、行人、乘车人及其他人员违法导致交通事故 14 026 起,造成 4 572 人死亡、18 777 人受伤,分别占事故总数的 5.37%、5.11% 和 4.36%。可见,人的安全意识的提高以及安全行为的改善是减少道路交通事故、提高交通安全水平的决定性因素。

2)车辆因素

车辆本身技术状况,如转向系统、制动系统、行驶系统和电气系统的安全性能等是影响道路交通安全的重要因素。

机动车的转向系统是直接关系到车辆操纵性能的关键机构,对交通安全的影响最大。转向系统的零部件若发生异常,便有可能使车辆不能保持在正常车道内行驶,甚至造成翻车事故。

机动车的制动系统是降低车速或停止行驶的控制机构，是行车安全的核心部件之一。统计表明[8]，车辆因制动失灵或制动力不足致使制动距离延长、跑偏、侧滑而引发的事故占车辆事故总数的15%左右，而其中一半以上是由制动侧滑引起的。近年来，在一些连续下坡路段大型货车由于制动失效而导致的车毁人亡事故频繁发生，很大程度上是货车的车况存在一定的隐患。

机动车行驶系统中对交通安全影响最大的是车轮和轮胎，在行驶过程中，若轮胎爆裂、磨损严重、充气不足或车轮脱落都可能直接或间接地引发交通事故。

3）道路因素

大量的事故资料和研究表明交通安全水平和道路条件存在着密切的关系，据统计[9]，由道路条件直接或间接引发的事故大约占20%。主要表现为道路几何要素或线形组合不合理，交叉口缺少渠化或交通控制设施不足，路面存在病害或抗滑性能不足，交通安全设施缺乏或不足等。本《手册》通过对事故资料的统计分析和危险路段的现场踏勘、典型事故案例分析，总结出道路上存在的主要的不利于安全的情况如下：

（1）道路几何线形

①不一致的平面线形。如图2-10所示，在长直线的末端设置小半径平曲线，当汽车在长直线上行驶时，驾驶员容易高速驾驶汽车，直到接近急转弯处，才发现是急弯路线，不得不采取紧急措施降低车速，对行车安全不利，特别是雨天路面积水或冬天路面结冰的情况下，路面附着系数降低，汽车极易驶离原车道而发生交通事故。

②较低的纵面指标。道路的纵断面线形不仅决定着视距，而且决定着汽车动力性能的发挥。纵断面线形设计中的连续长大下坡是存在的主要安全隐患，这在山区公路中比较普遍。由于地形、地质的限制，以及为了降低工程造价等，许多山区公路采用连续长下坡，有的坡长达5km以上，有的甚至达到了50km，坡度也达到3%～5%。连续长下坡且坡度加大时，会使制动系统过热，制动性能减弱，严重时引起车辆失控而发生交通事故。另外，相邻纵坡以小半径竖曲线相连的线形也比较普遍，竖曲线半径越小，行车视距越短，尤其是在凸形竖曲线路段，视距受限会大大增加交通事故率。竖曲线半径小，还会使驾驶员产生对坡度估计过陡的视觉差错，导致驾驶不当而发生事故。

③不良的线形组合。行车安全性与线形组合有着密切的关系。不良的线形组合往往是导致交通事故的主要原因之一。例如在长直线上设置陡坡，当汽车在长直线上行驶时，驾驶员容易高速驾驶汽车，加之设置陡坡，汽车的行驶速度会远远高于设计速度，这样高的速度极易造成交通事故；在凸形竖曲线的顶部或凹形竖曲线底部插入小半径的平曲线，前者因视线小于停车视距而导致急打转向盘，后者在超出设计速度的地方仍然要急打转向盘，这些都容易导致交通事故的发生；半径较小的平曲线与陡坡组合在一起时，则会使事故剧增。图2-11所示为某高速公路长大纵坡与平曲线组合产生的事故多发路段。

④视距不良。驾驶员的信息有80%来自于视觉，道路提供给驾驶人员的视野和视距是最重要的安全因素。良好的视距不仅能够使驾驶员正确判断道路的行车环境，采取正确的驾驶行为，而且决定了驾驶行为的有效操作时间。客观上不少路段或交叉口限于地形和工程造价，视距条件往往得不到保证。图2-12所示为某高速公路路侧边坡和树木影响了弯道内侧的视距。

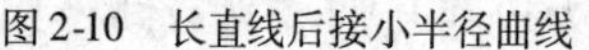
图 2-10　长直线后接小半径曲线

图 2-11　长大纵坡与平曲线组合的不良路段

⑤横断面设计缺乏灵活性。横断面设计时未考虑大型车辆停车检修及爬坡的需要。许多大型车辆占用硬路肩及部分行车道临时停车，严重影响了后续车辆的正常行驶，导致追尾事故的发生。图 2-13 所示为一些故障车辆在迫不得已的情况下把车停在硬路肩上，侵占了一部分行车道，为后续车辆的安全带来了隐患。

图 2-12　视距不良路段

图 2-13　硬路肩上停车并侵占部分行车道

（2）平面交叉

平面交叉口存在的安全隐患，主要在以下几个方面。

①交叉口的平面设计和环境不匹配。我国平面交叉口在路线和路基设计阶段尚未完全引入路权控制设计思想，交叉口设计极少考虑各方向交通流的转向及通行顺畅，路权分配不明确，停车线位置过于靠后。交叉口只是两组或多组平行线的简单交叉，极少从交叉口路权分配和交通流需求方面考虑平面交叉口的平面设计和与环境匹配问题，车道配置不合理，交叉口线形交织过于简单随意，交叉口间距过小，交叉口畸形设置等问题大量存在。而路权分配仅靠后期信号灯和标志标线进行弥补是不可能完全满足交通流控制和安全通行需求的。

②交叉口的几何线形存在问题。交叉口位于不利的线形上，造成视距不良、运行困难、操作复杂，容易导致交通事故的发生。

③交叉口几何属性存在问题。交叉口的面积过大或过小，车道分配不合理，宽度不合适，转弯车道长度不够，路肩宽度不够，交叉口交叉角度过小，转弯半径不合理，视距不充分，没有为交通弱势群体设置必要的保护设施或设置不恰当，停车场、加油站、公交站点等公共设施距离交叉口过近，渠化设计不完善等都是造成交通事故的诱发因素，见图 2-14。

④交通标志标线存在问题。这些问题包括标志设置位置和方式不当，标志牌被遮挡，标志、标线箭头和文字标记污秽、磨损严重，反光膜剥落、破损，标志标线信息繁琐、不足、使用错误，必要的标志标线缺乏，标志标线位置设置不合理，夜间反光性差等。

图 2-14 交叉口面积庞大且渠化不完善

⑤交通信号设置存在问题。这些问题包括交通信号灯设置位置和方式不当，可见性不好，远离交叉口，信号灯高度和尺寸不合理，信号配时不能满足交通量的要求，信号相位不合理，行人信号配时不合适，红灯时间过长，信号灯显色性不当，信号灯故障率过高等。

⑥交通环境复杂。行人和机动车、自行车和机动车、机动车和机动车冲突频繁，车速较高，交叉口停车现象普遍，照明条件不够，路面平整度和抗滑性能不好，排水不通畅等。

(3)互通式立交

互通式立交是干线道路交叉的主要方式之一，更是高速公路重要构造物之一。互通式立交存在的安全隐患主要包括：几何线形与交通构成不相适应、立叉区平纵线形指标偏大、立交区视距不良、长直线(或陡坡)尽头接小半径匝道、互通立交出入口复杂多变、主线为小半径时的匝道出口布置等。如图 2-15 所示为某高速公路匝道入口位于小半径平曲线路段。

(4)交通安全设施

交通安全设施是道路的重要组成部分，是发挥道路经济效益、保障行驶安全必不可少的配套设施。交通安全设施在以下几个方面是导致道路交通事故的直接或间接原因。

①标志的设置位置不当，对行车安全不利，如图 2-16 所示。

图 2-15 匝道入口位于小半径平曲线

图 2-16 标志柱成为路侧障碍物

②许多道路缺少必要的标志标线或标志标线不健全，这种情况在低等级公路上尤为明显。

③标志被树木遮挡或相互遮挡，如图 2-17 和图 2-18 所示。

④危险路段未设置护栏或护栏防护能力不足，车辆穿越路侧护栏的事故频繁，见图 2-19。另外，不同护栏连接时缺少过渡段设计以及护栏端头未进行处治或处治不合理的情况也很普遍，见图 2-20。

图 2-17　标志被树木遮挡

图 2-18　标志前后遮挡

图 2-19　护栏防护不足

图 2-20　路基护栏设计不足

(5)路侧

事故分析表明,由于路侧设计不良而造成的交通事故占到了交通事故总数的 30% [10]。尤其是山岭重丘区二级以下的低等级公路路侧安全问题极为突出,极易诱发大量事故。这类交通事故数量多、危害大,严重威胁了人们的生命财产安全。路侧存在的问题主要包括:

①一些路段无安全防护设施(图 2-21)或防护能力不足(图 2-22)。

图　2-21

图　2-22

②路侧边坡边沟设计不规范、不合理,存在较大的安全隐患(图 2-23)。

4)道路交通环境因素

影响道路交通安全的环境因素包括自然环境和人工环境两个方面。

图 2-23 路侧边沟设计不安全

自然环境对交通安全的影响主要表现为冰雪、雨水、大雾等恶劣天气对行车安全的危害。在这些恶劣天气条件的影响下,道路的行车条件发生了变化,如路面附着系数减小,能见度降低,从而影响驾驶员对路段前方情况的正确判断和遇到危险时的反应时间,导致事故次数的迅猛增加。《手册》第三章3.4节就自然环境对交通安全的影响进行了详细的阐述。

人工环境对交通安全影响较大的主要有土地使用状况、路侧干扰、道路障碍物等。土地使用状况指的是公路附近居住区、工业区、商业区等的布置;路侧干扰主要指路侧非公路标志、霓虹灯等对驾驶员视线或注意力的影响;障碍物是指路侧树木、电线杆、人工构筑物、故障车辆等,对驾驶员的视距会产生一定的影响。

5)速度

事故统计结果表明,在美国大约有1/3的交通事故与速度有关,包括超速行驶和高速行驶。2000年,在与速度相关的事故中有1.2万余人死亡,70万余人受伤。美国国家公路交通安全管理局(NHTSA)估计每年与速度相关的事故造成的社会损失约为280亿美元[11]。

我国是世界上交通事故最严重的国家之一,近几年每年因道路交通事故造成的死亡人数均在10万左右,而其中由于超速造成的死亡人数占到20%左右[12]。

速度与安全的关系表现在两个方面:一方面表现为车速越高,驾驶员对突然面对的不利线形或障碍物反应时间不够,容易发生交通事故;另一方面表现为速度越快,发生碰撞时冲击力越大,事故后果越严重。

本节在综合国内外文献的基础上,对平均速度与事故的危险性、速度离散性与事故率以及速度与事故严重性之间的关系进行了探讨。

①平均速度与事故危险性

车速越高,发生事故的危险性也就越大,但是危险性与车速并不成线性关系。澳大利亚交通局(RTA)研究发现[13],速度与事故危险性的关系如图2-24所示。从表中可以看出,微小的速度增加将会使事故的危险性成倍增加,特别是车速较高时,增加的趋势更为明显。

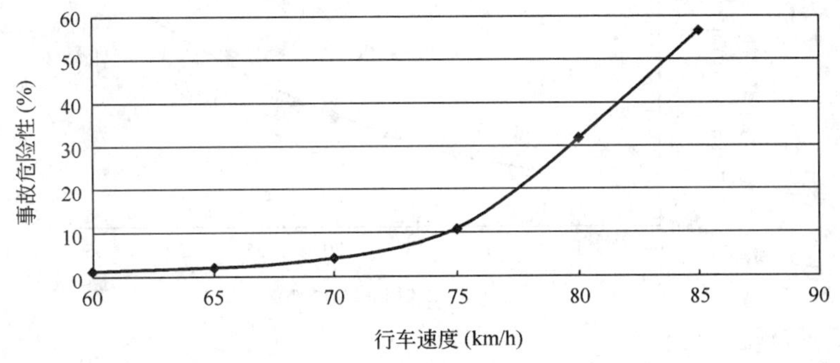

图 2-24 速度与事故危险性关系

②速度离散性与事故率

1964 年，Solomon[14]研究了交通事故和速度两者之间的关系。通过对不同道路断面的事故率的计算和分析，得到事故率与速度离散度之间的关系模型如式(2-12)所示。

$$I = 10^{0.000\,606\Delta v^2 - 0.006\,675\Delta v + 2.23} \tag{2-12}$$

式中：I——10 万车公里事故率；

Δv——速度离散度，即断面的运行车速与平均运行车速的差值，km/h。

其他国家的研究成果也论证了 Solomon 关于事故率与速度的关系[15]，即事故率与速度差的关系呈 U 形曲线，车辆在以平均速度一个标准差速度范围内行驶时，事故率较低；平均速度加上 10km/h 附近位置（接近 v_{85} 速度），事故率最低（见图 2-25）。

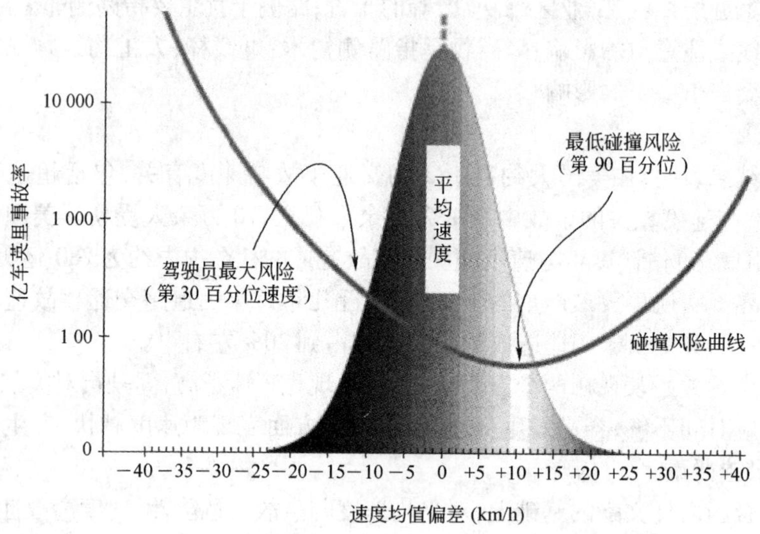

图 2-25　速度均值偏差与亿车英里事故率间的关系

哈尔滨工业大学交通研究所裴玉龙等对车速标准差和亿车公里事故率进行了回归分析[16]，如图 2-26 所示。

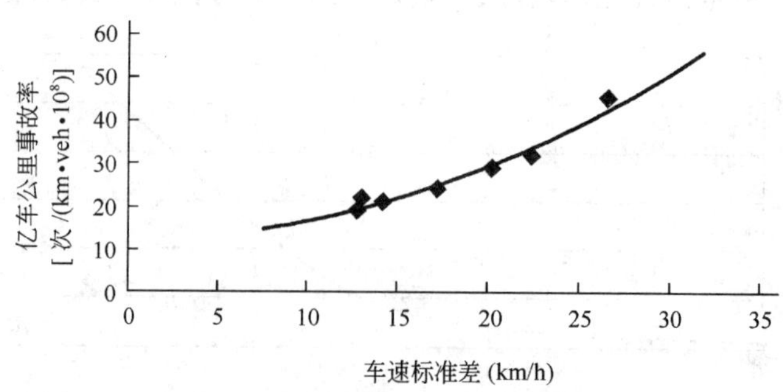

图 2-26　车速标准差与亿车公里事故率关系曲线

从图 2-26 中可以看出，事故率随车速标准差的增大而增大，即车速分布越离散，事故率越高，这与国外的研究结果是一致的。

③速度与事故严重性

车速与事故严重性的关系是基于物理学的，车辆的能量是其质量与速度平方的乘积的关系。速度越高，事故发生过程中速度变化就越大，能量转化也就越多，事故后果就越严重，造成伤亡的可能性也就越大。速度变化与伤亡概率的关系如图 2-27 所示[17]。

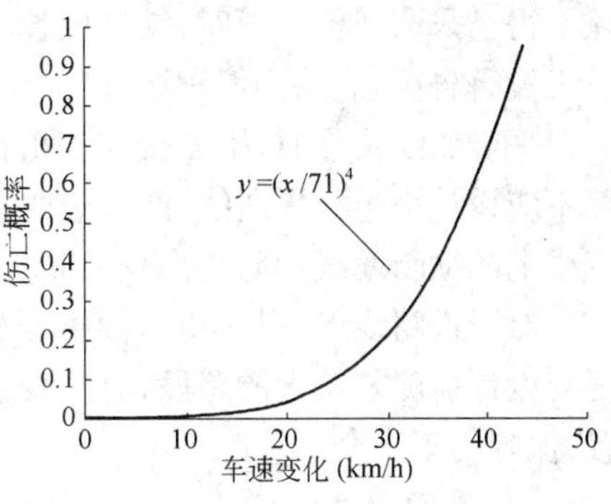

图 2-27 速度变化与伤亡概率关系图

2.4 道路交通安全措施

在综合考虑人、车、路、环境（管理）因素的安全完善工作中，国际上通用 4E 法，即教育（Education）、工程（Engineering）、执法（Enforcement）和道路交通事故现场急救（Emergency Care and First-Aid）。交通安全教育（Education）是该体系的核心性要素，外因是通过内因起作用的。工程要素包括道路和车辆两个部分，通过工程因素的改善，可以适当降低对人的客观要求，并可以在一定程度上减轻事故损失，主要是减轻对事故当事人的伤害程度。执法要素主要包括两个方面，一是立法，二是执法，从而规范、强化交通行为人的交通安全行为。事故现场急救包括两个基本内容：一是对事故伤者提供最及时的援助；二是控制事故后果的进一步恶化。

1）加强安全教育

加强道路交通安全教育、增强公民的安全意识是减少道路交通事故的根本性措施之一。新闻媒体要经常对社会公众进行道路交通安全教育，发布交通安全公益广告，普及交通安全知识。特别是培养中小学生从小就养成遵守交通法规的良好习惯。

从前面的分析可以看出，机动车驾驶员是交通肇事的主体，应对其加强安全教育，安全教育内容应主要包括：①安全技术知识教育，包括车辆结构与性能知识，交通安全行驶知识，车辆日常保养、运行保养等保养知识，交通事故的基本知识等；②职业道德教育，包括对职业的认识、职业感情、职业理想和职业习惯等内容；③针对性教育，特别是对发生事故较多的驾驶员和违章受处分的驾驶员。

近几年来，涉及行人的交通事故有上升的趋势。因此，对行人的安全宣传教育有待加强，应广泛深入地对社会成员进行《道路交通安全法》等有关法律法规和交通安全常识的教育。

2）工程技术措施

工程技术措施主要是指对道路本身存在的安全隐患进行处治，如优化线形设计、渠化交叉口、增设交通安全设施等。

（1）道路线形

平面线形的设置应满足驾驶员安全、舒适的需要。选取平曲线半径时，应注意前后线形的连续、协调，不应突然采用小半径曲线；与长直线相连的平曲线半径不宜过小；曲线的技术指标应逐渐过渡，防止突变；曲线半径要能与实际行驶车速相匹配。

纵断面设计中应注意纵坡坡度尽量不采取极限值，特别是应避免长下坡或长陡坡的出现。

在不得已采取了极限值时，结合坡长、线形、路侧条件和交通量、交通组成等情况，可在下一路段设置警告标志、路侧停车区、避险车道等，在上坡路段设置爬坡车道、加宽硬路肩等。

平竖曲线重叠时，平曲线应该稍长于竖曲线做到平包纵；凸形竖曲线顶部和凹形竖曲线底部不应设计小半径平曲线；凸形竖曲线顶部和凹形竖曲线底部应防止出现反向平曲线的拐点；直线上的纵断面线形防止出现驼峰、暗凹、跳跃等使驾驶员视线中断的线形。

对于道路线形，可采用运行速度对其进行检验，找出运行速度差较大的相邻路段或运行速度与设计速度差较大的路段，对其线形进行优化，线形优化有困难时应加强交通安全设施的设置，保障行车安全。

(2)平面交叉口

针对前面提到的交叉口存在的安全隐患或有待改进的地方，可采取以下一些工程技术措施。

①改善交叉口的几何设计。在路线和路基设计阶段应完全引入路权控制设计思想，交叉口设计应考虑各方向交通流的转向及通行顺畅，路权分配明确清晰。应从交叉口路权分配和交通流需求方面考虑平面交叉口的平面设计和与环境匹配问题，出入车道应配置合理，交叉口线形交织应顺畅，控制交叉口间距和畸形交叉口设置等。不能仅靠后期设置的信号灯和标志标线来完全满足交通流控制和安全通行需求。对现有交叉口应根据交叉口的功能和需求对交叉口进行改建，重新设置交叉口的几何线形，对不合理的车道和路肩宽度进行调整，增大或减少缘石半径使其与车辆的行驶轨迹相匹配，在主要路口设置中央分隔带，合理布置分隔带的宽度，清除视距三角形内的不利因素，视距三角形内禁止停车，根据交通量对车道进行调整，增加专用转弯车道等。

②正确地选择、设计、安装以及改善存在问题的交通标志标线。如对标志标线进行定期的维护、检查和更新，将立柱式交通标志改为悬臂式或悬挂式，单向多车道道路多设置门架标志；将停车线提前到相交方向车流头车可见的位置，对无信号交叉口设置必要的停让标志；在危险交通环境前方设置警告标志，增大标志的尺寸，重复设置重要标志，减少辅助标志的设置；修正错误的导流线和渠化标线，正确设置交通岛等。

③合理设置交通信号。在事故较多的无信号交叉口安装信号装置，对信号灯进行升级，根据交通量进行合理配时，调整交叉口清场时间尽量使车流平稳到达交叉口；设置专用的左转或右转相位，调整信号灯的高度，增大信号镜头的尺寸，将立柱式信号灯改为悬臂式或悬挂式；在交叉口前方设置闪光灯标，安装行人专用过街信号灯等。

④为交通弱者群体(行人、非机动车驾驶员)提供必要的保护设施。为行人提供交通安全岛，增加行人过街横道线，给行人以优先通行权，减少缘石半径缩短行人过街距离，设置专用的行人过街相位，设置专用非机动车道等。

⑤完善交通法规，安装电子警察，实行单向交通，限制车速，结合接入管理技术对出入口进行控制；设置良好的排水设施，做好防滑处理；增加必要的交叉口照明设施；对路面进行及时维护和整修，提高路面平整度和抗滑性等。

(3)交通安全设施

完善事故多发路段和危险路段的交通安全设施。护栏的设置应能保证失控车辆的安全要求；标志的汉字、数字和字母高度应符合运行车速的要求；标志的支撑方式应满足驾驶员视认和道路净空的要求；应及时更换损坏的标志、护栏；应及时施画磨损的标线；应因地制宜地采用一些新型交通安全设施。

(4)车速控制

前面我们已经提到车速是引发交通事故的主要原因。为了对车速进行有效控制,一般采取下面几种方式。

①限速标志

限速标志可以用于分段限速、分车道限速和分车型限速。分段限速就是按照道路线形实际情况确定不同区段的限速值,将交通限速区域划分成几个段,在每一个限速段上设置不同的限速值,如图 2-28 所示。

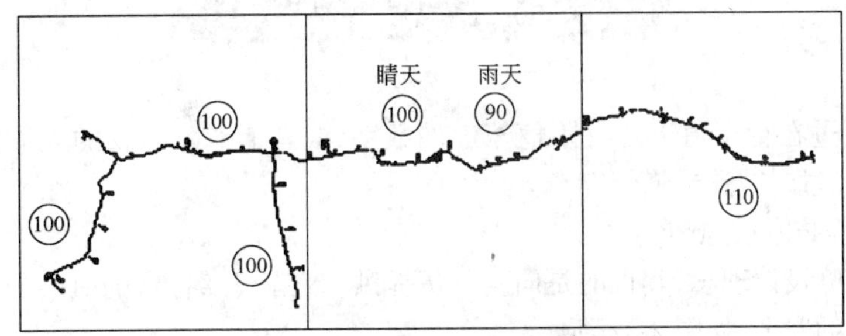

图 2-28　分段限速图例

分车道限速是指在不同车道采用不同限速值的限速方法,限速标志通常采用门架式或借助跨线桥附着于桥梁上,车道上方正对的限速标志标明了该车道的限速值,也可采用在路面上施画文字标记的方式,如图 2-29 所示。

图 2-29　分车道限速

分车道限速适用于单方向行车道数量大于三个车道的高速公路路段,行车道数量越多,分车道限速实施的效果越好。

分车型限速是指根据交通流运行特点、车辆运行安全、运营管理需要,对不同车型实施不同的限速值。如图 2-30 所示,为分车型限速。

②物理减速措施

《手册》第三章 3.2 节提到了一些物理减速措施,如减速丘、振动带等,这些措施都可以有效降低运行车速。另外第七章 7.3 节提到了交通宁静技术,也是通过采取物理减速措施来达到降低车速,提高交通安全水平的目的。

③路面标志和标线

图 2-30　分车型限速

这主要是通过在行车道上画有限值车速的数字，或者形似障碍物的立体图案，如图 2-31 所示，使驾驶员经过时减速或谨慎穿越。

(5)其他工程技术措施

如宽容的路侧设计理念，其目的是向驾驶员提供“容错”、“纠错”的机会与空间，最大限度地保护驾乘人员的安全，如图 2-32 所示。

图 2-31　立体标线

图 2-32　宽容的路侧设计

3)加强执法

据统计，全国有 60% 左右的交通事故是由于交通参与者违反交通规则引起的。违章现象如此严重，除了人们的安全意识薄弱外，还在于我国交通法规的不完善和执法不严。完善的法规和科学、严格的执法是提高道路交通安全水平的重要前提和保障。目前国内道路交通安全方面的法规还不够完善，虽然《中华人民共和国道路交通安全法》已于 2004 年 5 月 1 日起施行，但法律的实施和实施效果的体现要经过较长的时间。同时执法不严也是目前国内交通违章肇事率居高不下的重要原因之一。《交通违章处罚标准》中，规定了 109 条处罚规定，对于机动车、非机动车和行人的违章都有涉及，但是实际执法中针对行人和非机动车进行处罚的案例很少。

所以，必须加强以下措施：

(1)必须完善和贯彻执行各项交通法规，加大交通违章的处罚力度。对有交通违章行为者，交警应该严厉处罚，促使人们自觉遵守交通法规。

(2)制定统一的执法标准。各地的立法机构应该根据本地的具体情况在国家法律规定的处罚幅度内进行细化，制定出没有自由裁量权的统一标准。

(3)制定合适、有效的法规,监督约束交通执法人员的行为,改善执法者的管理水平,做到执法必严,违法必究。

(4)严格车辆注册登记及检查制度,严禁不符合技术要求的车辆上路行驶。加强对车辆性能的检查,严禁超速行驶,严禁超载。对超速、超载车辆加大处罚力度。

(5)加大管理部门巡查的力度,尽可能杜绝车辆在路边随意停靠,以及不规范停靠、长时间占用紧急停车带修车等现象。加大对偷盗路产行为的打击力度,保障道路设施发挥其安全作用。

(6)严肃处治不遵守交通规则的特权车辆,建设人人平等的良好的交通秩序。

4)现场急救

紧急救援也是减少伤亡的一个措施。根据澳大利亚的研究,交通事故的人员的死亡主要发生在3个时间段[18]:

(1)事故发生后的几分钟内,约占死亡人数的50%;

(2)事故后的1~2小时之内,约占死亡人数的35%;

(3)事故后30天内,约占死亡人数的15%。

紧急救援主要针对第二部分进行,只要抢救及时,这部分死亡人数可以大大减少。紧急救援的主要措施包括:

(1)紧急救援机构的设立;

(2)人员培训;

(3)道路沿线设置紧急通信设备;

(4)快速交通工具等。

本章参考文献

[1] 唐琤琤,张铁军,何勇.道路交通安全评价[M].北京:人民交通出版社,2008.

[2] Transport Safety Performance Indicators. Brussels:European Transport Safety Council,2001.

[3] 中华人民共和国推荐性行业标准.JTG/T B05—2004　公路项目安全性评价指南[S].北京:人民交通出版社,2004.

[4] Road Safety Manual[M]. World Road Association (PIARC),2005.

[5] 周荣贵,等.山区双车道公路路线设计参数的研究[R].2006.

[6] 华启迪,陈松灵.道路交通事故发生机理分析及应用研究[J].山东交通科技,2008,1.

[7] 公安部交通管理局.中华人民共和国道路交通事故统计年报(2006年度)[R].2007.

[8] 史小丽.基于交通安全的西部公路线形设计标准研究[D].西安:长安大学,2005.

[9] 张锁,等.重视道路因素对道路交通安全的影响[J].山西交通科技,2006,4.

[10] 高海龙,等.公路路侧安全评估及防护方法研究[R].2007.

[11] Federal Highway Administration. Synthesis of Safety Research Related to Speed and Speed Management[R]. Publication No:FHWA-RD-98-154,1999.

[12] 公安部交通管理局.中华人民共和国道路交通事故统计年报(2004年度)[R].2005.

[13] Roads and traffic authority of New South Wales. Speed Problem Definition and Countermeasure Summary,Speed[R]. New South Wales,2000.

[14] Solomon, D. Accidents on Main Rural Highways Related to Speed, Driver, and Vehicle[M]. Bureau of Public Roads. U. S. Department of Commerce, 1964.

[15] Cirillo, J. A. Interstate System Accident Research-Study [R]. II-Interim Report II. Public Roads, 1968.

[16] 裴玉龙,程国柱.高速公路车速离散性与交通事故的关系[J].中国公路学报,2004,1.

[17] 刘志强,等.基于速度的交通事故分析[J].中国安全科学学报,2005,11.

[18] 郭忠印,方守恩,等.道路安全工程[M].北京:人民交通出版社,2002.

第二篇　影响道路交通安全的道路因素

第三章　路　　段

本部分介绍路段设计要素、交通控制设施和运营因素、其他因素等对交通安全的影响，还包括路段上行人和自行车的安全。

3.1　道路设计因素对安全的影响

3.1.1　横断面

3.1.1.1　路面宽度

1999 年 Council 和 Stewart[1] 对典型双车道道路、四车道有隔离带和无隔离带道路的年车公里事故率进行了预测研究，对加利福尼亚州、华盛顿州、密歇根州和北卡罗来纳州的数据进行了分析，各州道路类型的里程见表 3-1，使用的事故数据为非交叉口和与交叉口无关的数据。

Council 和 Stewart 修订模型所用道路类型及里程　　表 3-1

州	双车道(mile)	四车道无隔离带(mile)	四车道有隔离带(mile)
北卡罗来纳	4 900	325	数据不足
华盛顿	1 796	67	数据不足
密歇根	4 370	414	数据不足
加利福尼亚	3 747	279	110

注：1mile = 1.609km。

计算模型见式(3-1)。

$$每公里事故数 = 路段长度 \times e^{\beta_0} \times ADT^{\beta_1} \times e^{\beta_2 \times 路肩宽度} \times e^{\beta_3 \times 路面宽度} \tag{3-1}$$

式中：ADT——公路平均日交通量。

式中参数见表 3-2。

研究表明只有两个州的双车道道路路面宽度对安全的影响从统计上是显著的，在北卡罗来纳加宽 1m 路面可以减少 15% 的事故，加利福尼亚则可以减少 41% 的事故。

国外几十年的经验积累表明，大量的研究成果适用于乡村双车道道路，关于多车道道路路面宽度成果较少；当路面宽度不同时，它们在路面宽度外的一些方面表现出显著的不同，这使得路面宽度对安全性的单独影响的研究比较困难。尽管有以上困难，仍有大量的关于路面宽度的事故修正因子（AMF）的论证，如 Belmont（1954 年）、Cope（1955 年）、Roy Jorgensen（1978 年），Zegeer et al.（1987 年）以及 Miaou（1996 年）等[2,3]。当针对全部事故时，他们的结论都是近似

参　数　　表 3-2

州	形　式	β_0	β_1	β_2	β_3
北卡罗来纳	双车道	-2.991 5	0.672 5	-0.123	-0.150 6
	四车道有隔离带	-4.691 4	0.761 5	-0.287 7	—
华盛顿	双车道	-6.215 2	0.966 9	-0.454 1	—
	四车道有隔离带	-4.538 7	0.635 5	—	—
密歇根	双车道	-8.182 3	1.175 8	-0.294 9	—
	四车道有隔离带	-9.254 8	1.064 4	-0.233 9	—
加利福尼亚	双车道	-3.018 8	0.904 8	-0.341 9	-0.416 7
	四车道有隔离带	-8.987 1	1.070 7	—	—
	四车道无隔离带	-8.717 6	1.121 3	—	—

的；一些不同观点认为，大多数早期研究者发现路面加宽的安全效益在11ft(3.355m)车道宽度和12ft(3.66m)车道宽度时，达到最好，当路面再加宽的时候，对安全反而是不利的。近代的研究者应用更好的数据和分析方法，反而不能达到上述结果。一些城镇主干线和高速公路上进行了通过减少路面宽度以增加一个车道进而提高通行能力的试验，但这些试验很难解释路面宽度的安全效果，因为当增加一个车道的时候，交通流状况较前有很大程度的改变。

2007年交通部公路科学研究院交通安全工程研究中心对路面宽度安全特性进行了分析和研究，包括平原区双车道公路(无慢车道设置)、山岭与微丘区双车道公路(无慢车道设置)、平原区双车道公路(有慢车道设置)横断面安全特性分析[4]。

1)平原区双车道公路(无慢车道设置)路面宽度安全分析

对平原区双车道公路(无慢车道设置)路面宽度安全特性分析指标，包括：全部事故亿车公里事故率、全部事故亿车公里死亡率、路段亿车公里事故率等。研究的路面宽度指路幅上整个硬化路面的宽度，包括车道和硬路肩的宽度，研究路面的宽度范围为9m～15m，研究结果如图3-1和图3-2所示。

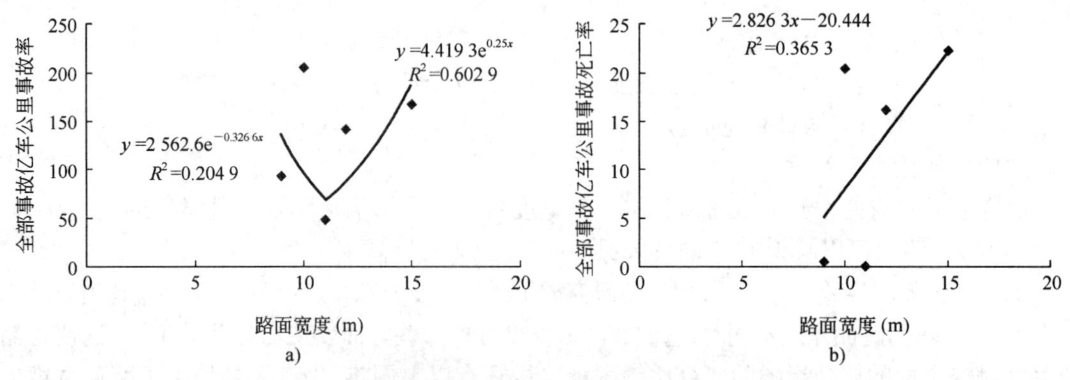

图3-1　路面宽度与全部事故关系图

a)路面宽度与全部事故亿车公里事故率；b)路面宽度与全部事故亿车公里死亡率

研究结果表明,对于研究范围内的双车道公路(无慢车道设置),路面宽度对全部事故亿车公里事故率和路段事故亿车公里事故率的影响结果整体一致,即在一定路面宽度范围内,随着路面宽度的增加,事故率首先降低,当路面宽度增加到一定范围之后,事故率开始升高,并且路段上事故率升高的趋势高于全部事故率升高的趋势。全部事故亿车公里死亡率则是随着路面宽度的增加呈直线上升趋势。具体到路面宽度的实际数值,现有样本统计分析表明,路面宽11m的双车道公路(无慢车道设置),事故率较低。

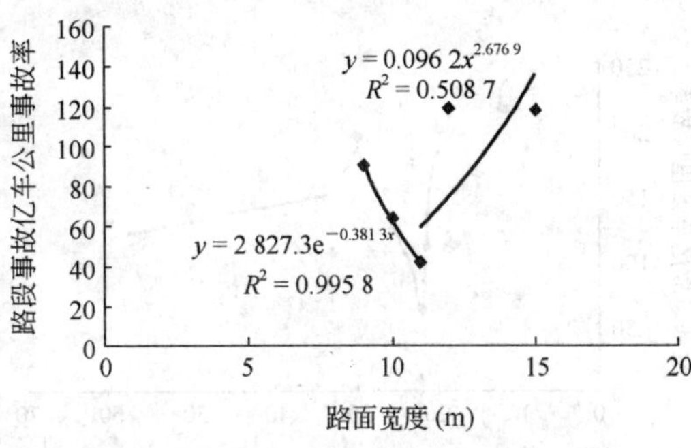

图3-2　路面宽度与路段事故亿车公里事故率关系图

现场实地观测表明,在所研究的平原地区双车道公路(无慢车道设置)上,在一定宽度的路面范围内,路面宽度的增加可以给车辆提供一定的安全净空,有利于提高该路段的行车安全性;但当路面宽度增加到一定值后,路面宽度的增加给驾驶员提供了更多的超车空间,增加了驾驶员超车,甚至违章超车的可能性,从而降低了安全性。而随着路面宽度的增加,死亡率也上升了,这主要在于路面越宽则车辆速度越快,事故后致死率也越高,由此表现出随着路面宽度的增加死亡率呈线性增加趋势。与路面宽度对事故率影响趋势一致,路段事故率随路面宽度变化的趋势高于全部事故率变化的趋势,主要在于全部事故中包括交叉口和村庄路段的事故,在这些路段除了路面宽度影响外,交通干扰影响比较严重,而普通路段上交通干扰要相对小得多,所以路段事故率变化趋势更明显。

2)山岭区与微丘区双车道公路(无慢车道设置)车道宽度安全分析

山岭区与微丘区双车道公路(无慢车道设置)车道宽度研究样本内,车道宽度只有3m和3.5m两种情况,其中3m宽的有11条公路,3.5m宽的有13条公路。对于各类事故分析表明,3.5m车道宽度的双车道公路(无慢车道设置)全部事故、一般以上事故、路侧事故、追尾事故、碰撞事故的事故率分别为3.0m车道宽度双车道公路(无慢车道设置)对应事故的1.39、3.81、1.06、3.08、1.24倍。经分析,车道变宽,各类事故均增加,一般以上事故和追尾事故显著增加,该情况和车辆行驶速度、驾驶员驾驶特点有关。

3)平原区双车道公路(有慢车道设置)路面宽度安全分析

对平原区双车道公路(有慢车道设置)路面宽度安全特性分析指标包括全部事故亿车公里事故率、全部事故亿车公里死亡率、路段事故亿车公里事故率等,研究的路面宽度指路幅上整个硬化路面的宽度,包括车道和硬路肩的宽度,研究路面的宽度范围为15m~60m,具体分析结果如图3-3和图3-4所示。

研究结果表明,研究对象内的双车道公路(有慢车道设置)相对于双车道公路(无慢车道设置),随着路面宽度的变化,事故率变化的趋势有所不同。路面宽度对全部事故亿车公里事故率、全部事故死亡率和路段亿车公里事故率的影响结果整体一致,即随着路面宽度指标的变化,呈先降低再上升,然后再缓慢降低的趋势。具体到路面宽度的实际数值,对于全部事故事故率和死亡率,22m的路面宽度不论是实际值,还是统计分析值都表现出较低的事故率。而对于路段事故率,实际上20m的路面宽度事故率指标较低,而22m的路面宽度表现的事故率统计分析指标较低。

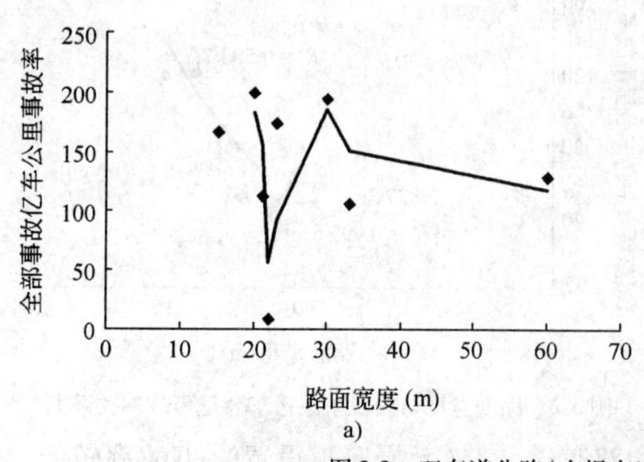

a)

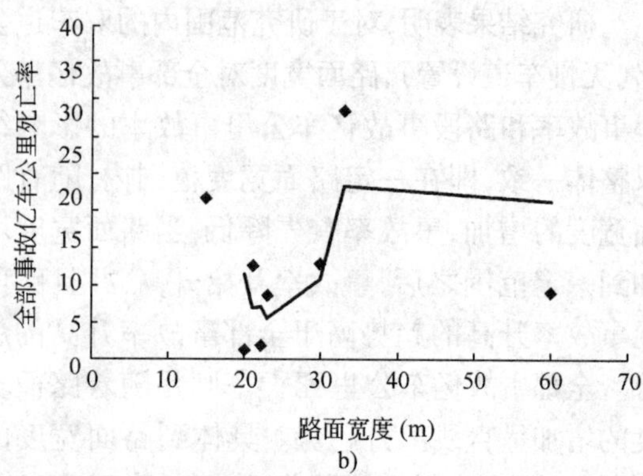

b)

图3-3 双车道公路(有慢车道设置)路面宽度与全部事故分析

a)路面宽度与全部事故亿车公里事故率;b)路面宽度与全部事故死亡率

现场实地观测表明,双车道公路(有慢车道设置)上行车特点与双车道公路(无慢车道设置)有很大的区别,相对于双车道公路(无慢车道设置),驾驶员进行超车的空间更大,而路肩上违章超车的比例相对较低。路段事故率变化的趋势低于全部事故率变化的趋势,主要在于双车道公路(有慢车道设置)上路面宽度的变化对行车的影响小于双车道公路(无慢车道设置)。而双车道公路(有慢车道设置)上的交叉口和村庄路段,整体事故率要高于双车道公路(无慢车道设置)上的交叉口和村庄路段。至于当路面宽度宽到一定程度后事故率指标有下降的趋势,主要在于这些路面宽度较宽的路段为双车道公路(有慢车道设置),中央分隔带的分隔作用有利于事故率指标的降低。

3.1.1.2 路肩宽度、铺装

在1999年Council and Stewart[1]的研究成果里也包含了路肩宽度的安全性。其研究对象道路的路肩宽度、铺装情况见表3-3。

道路分类 表3-3

双车道	24ft(7.3m)的带6~8ft(1.8~2.4m)铺装路肩公路和22ft(6.7m)的带6ft(1.8m)铺装路肩公路
四车道无隔离带	48ft(14.6m),带8ft(2.4m)铺装路肩的公路
四车道有隔离带	24ft(7.3m),双向带10ft或12ft(3.05~3.66m)铺装路肩的公路,中央分隔带从16~60ft(4.9~18.3m)。

注:1ft=0.3048m。

其成果表明,对于双车道道路,路肩宽度回归系数总是显著的,1m的事故修正因子AMF在0.55~0.88;对四车道道路来说,路肩宽度回归系数只对两个州的有隔离带道路统计上是显著的,相应的1m的AMF在0.72~0.77。

Miaou(1996年)[5]估计加宽1ft(0.305m)路肩可以减少8.8%的单车事故;Wang et al.(1997年)[5]估计,对于乡村主干线四车道有隔离带道路,加宽1ft(0.305m)路肩可以减少9.4%的事故;Stewart and Council[5]发现在双车道乡村道路上,增加1ft(0.305m)路肩可以减

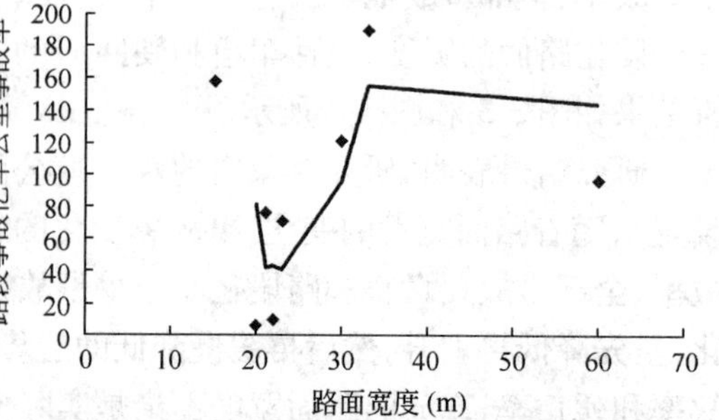

图3-4 双车道公路(有慢车道设置)路面宽度与路段事故亿车公里事故率分析

少3.7%的事故和4.2%的伤害事故，对于乡村主干线四车道有隔离带的非高速公路，增加1ft(0.305m)路肩可以减少5.7%的事故和9.8%的伤害事故。

研究表明，路肩宽度对高交通量路段安全的影响要高于低交通量路段；宽路肩上趋向于更多的严重事故；对于伤害事故，当路肩宽度超过7~8ft(2.1~2.4m)的时候事故数量可能会增加；对于平直路段来说，路肩的安全效果可能比小半径曲线路段和陡坡路段小的多；路肩加宽可以减少冲出路侧和正碰事故，而该两种事故在全部事故当中占到了40%~60%；然而，宽路肩可能导致其他一些事故；铺设硬路肩的路段比土路肩的事故要少；在乡村多车道道路上考虑整个路肩而不是仅仅考虑土路肩可以减少10%的事故率。

2007年交通部公路科学研究院交通安全工程研究中心对山区双车道公路(无慢车道设置)路肩宽度安全特性进行了分析和研究[6]。该研究包括路肩宽度对全部事故、一般以上事故和路侧事故、追尾事故、碰撞事故等的分析。研究的路肩宽度为双车道公路(无慢车道设置)上除去车道后全部路肩宽度之和，即包括左右两侧的硬路肩和土路肩。研究路肩宽度范围为1.0~8.5m，研究的24条双车道公路(无慢车道设置)中共有7种路肩宽度情况，样本情况见表3-4。

山区双车道公路(无慢车道设置)路肩宽度样本情况　　表3-4

路肩宽度(两侧路肩之和)(m)	1.0	1.5	2.0	2.5	3.0	3.5	8.5
公路条数	5	9	5	2	1	1	1

分析各种事故亿车公里事故率指标与路肩宽度的分布，分析结果见图3-5~图3-9。

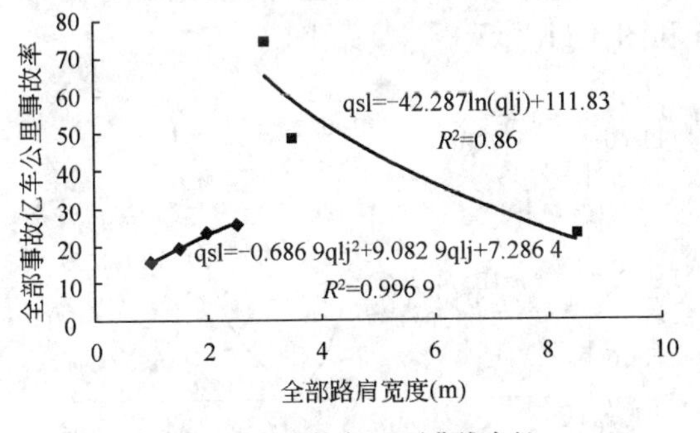

注：qsl-全部事故率；*R*-平曲线半径。

图3-5　全部事故按路肩宽度分布图

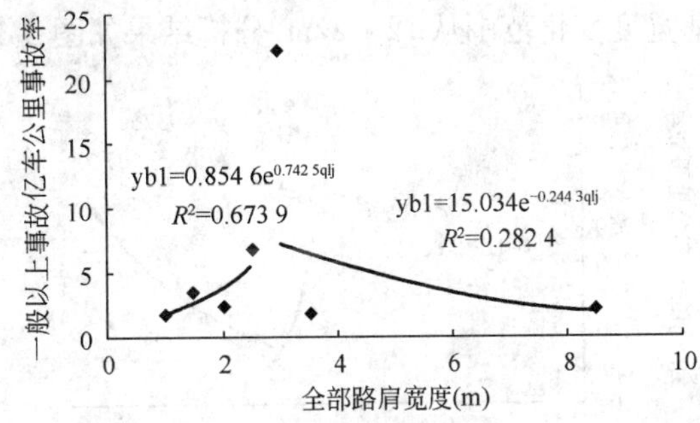

注：ybl-一般以上事故率

图3-6　一般以上事故按路肩宽度分布图

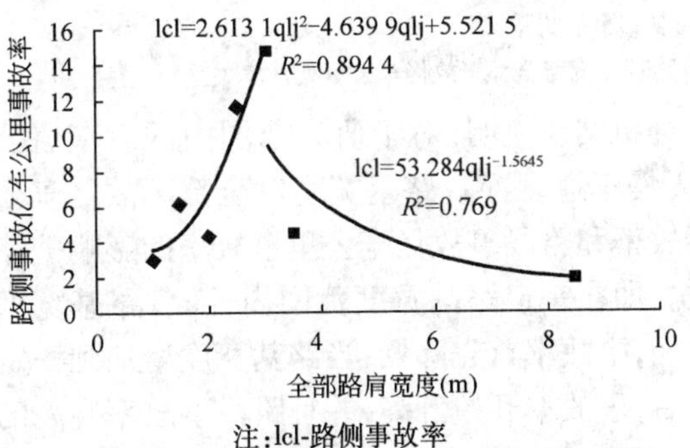

注：lcl-路侧事故率

图3-7　路侧事故按路肩宽度分布图

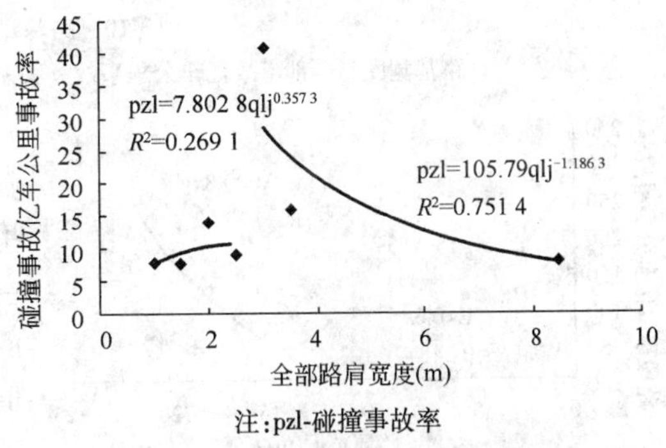

注：pzl-碰撞事故率

图3-8　碰撞事故按路肩宽度分布图

根据研究结果，全部事故率、一般以上事故率和追尾事故、碰撞事故、路侧事故等事故率的整体分布情况基本一致，即大多数情况下在路肩宽度小于2.5m（两侧路肩宽度之和）时，路肩加宽事故呈上升趋势，路肩宽度大于2.5m时事故呈下降趋势。路肩宽度1~2.5m（无慢车道设置的双车道公路两侧路肩和）获取了较多的样本，且该类双车道公路（无慢车道设置）构成了我国山区双车道公路的主体。分析结果结合实地的勘测，表明在研究的山区双车道公路（无慢车道设置）上，路肩宽度1~2.5m时，一般情况下路肩宽度较宽，超车行为较频繁，由此导致相应的事故率较高。

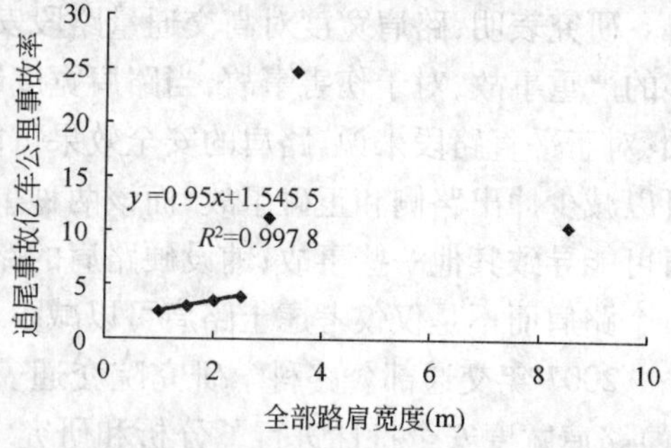

图3-9　追尾事故按路肩宽度分布图

3.1.1.3　*路基宽度*

2007年交通部公路科学研究院交通安全工程研究中心对路基宽度安全特性进行了分析和研究，包括平原区双车道公路（无慢车道设置）、山岭区与微丘区双车道公路（无慢车道设置）、平原区双车道公路（有慢车道设置）路基宽度安全特性分析。分析的路基宽度为整个路幅的宽度[6]。

1）平原区双车道公路（无慢车道设置）路基宽度安全特性分析

对于双车道公路（无慢车道设置）路基宽度安全影响因素分析，主要包括：路基宽度对全部事故亿车公里事故率、全部事故亿车公里死亡率、路段亿车公里事故率等的分析。分析的32条双车道公路（无慢车道设置）中，共有9种双车道公路（无慢车道设置）路基宽度情况，路基宽度变化范围从12~22m，分析结果如图3-10和图3-11所示。

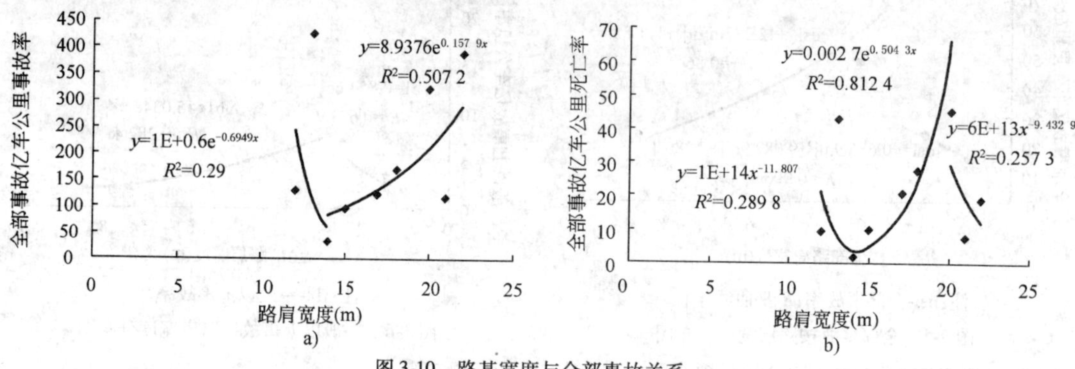

图3-10　路基宽度与全部事故关系

a）路基宽度与全部事故亿车公里事故率关系；b）路基宽度与全部事故亿车公里死亡率关系

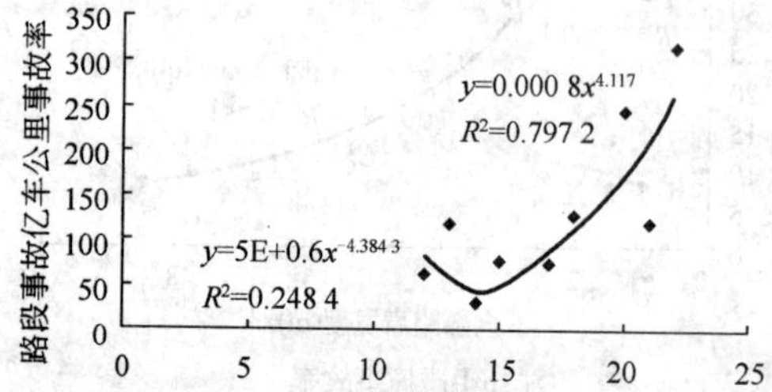

图3-11　路基宽度与路段事故亿车公里事故率关系

分析结果表明，对于研究范围内的双车道公路（无慢车道设置），路基宽度对全部事故亿车公里事故率和路段事故亿车公里事故率的影响整体一致。即在一定路基宽度范围内，随着路基宽度的增加，事故率首先降低，当路基宽度增加到一定值之后，事故率开始升高，并且路段事故率升高的趋势高于全部事故率升高的趋势。在路基宽度小于20m的情况下，全部事故亿车公里死亡率的分布情况与亿车公里事故率的分布情况基本一致,即先降低后升高,但升高到一定程度后有降低的趋势。经统计分析,14m 路基宽的双车道公路(无慢车道设置)表现出较低的事故率。

现场实地观测表明,在研究范围内平原地区双车道公路(无慢车道设置)上,在一定宽度的路基范围内,路基宽度的增加可以给车辆提供一定的安全净空,有利于提高车辆的行驶安全;但当路基宽度增加到一定值后,路基宽度的增加给驾驶员提供了更多的超车空间,增加了驾驶员超车,甚至违章超车的可能性,从而降低安全性。路段事故率变化的趋势高于全部事故率变化的趋势,主要在于全部事故中包括交叉口和村庄路段的事故,在这些路段除了路基宽度影响外,交通干扰影响比较严重,而普通路段上交通干扰要相对小的多,所以事故率变化趋势更明显。

2)山岭区和微丘区双车道公路(无慢车道设置)路基宽度安全特性分析

对路基宽度的安全性分析包括路基宽度对全部事故、一般以上事故和路侧事故、追尾事故、碰撞事故等的分析。样本按路基宽度的分布情况为 7~16m。研究的 24 条双车道公路(无慢车道设置)中,共有 9 种路基宽度情况,其中路基宽度 7~9m 的几种情况样本较多。分析各种事故的亿车公里事故率指标与路肩宽度的对应关系,分析结果见图 3-12~图 3-16。

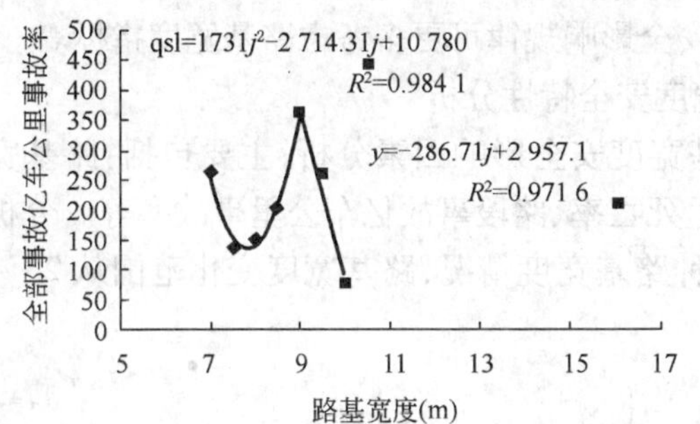

图 3-12 全部事故按路基宽度分布

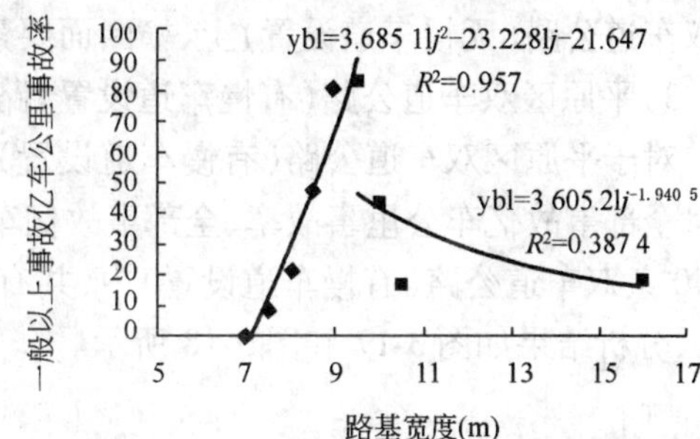

图 3-13 一般以上事故按路基宽度分布

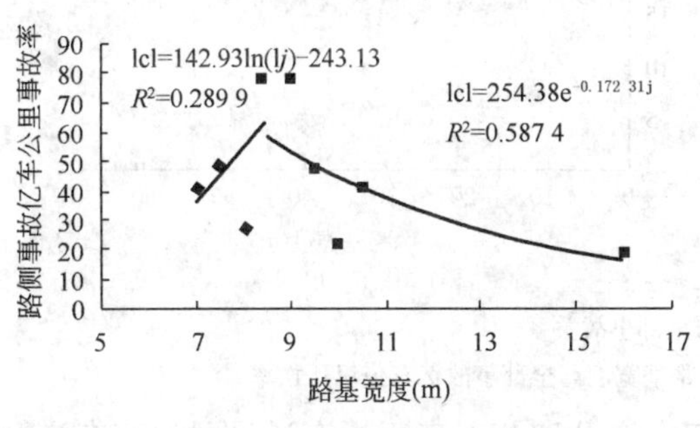

图 3-14 路侧事故按路基宽度分布

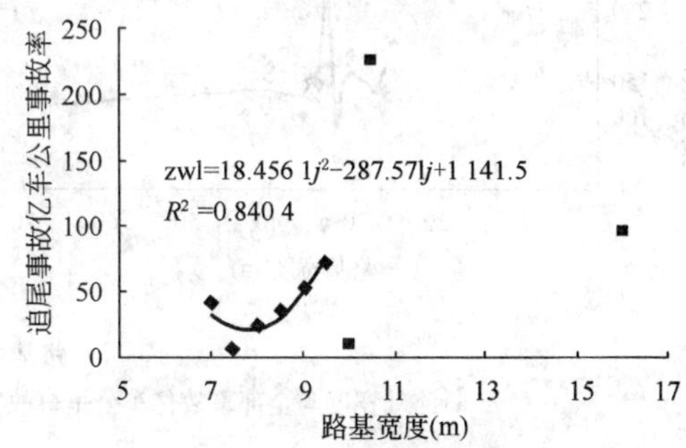

图 3-15 追尾事故按路基宽度分布

分析结果表明,全部事故、一般以上事故和追尾事故、碰撞事故、路侧事故等事故率的整体分布情况皆以 9m 路基宽度为界分成两部分。在路基宽度 7~9m 范围内,分布情况可以分成两类,一类是全部事故、追尾事故、碰撞事故,该类事故按二次抛物线的趋势走向先下降后上升,在该范围内 7.5m 路基宽度的事故率最低,而 8m 的路基宽度事故率最靠近抛物线的最低点,且 7.5m 和 8m 路基宽度的事故率在大多数情况下也低于路基宽度 9.5~16m 范围内对应的事故率指标;另一类是一般以上事故率和路侧事故率,在该范围内事故率呈上升趋势。

现场实地观测表明,路基宽度对车辆行驶的影响体现在超车行为、车速等几个方面。在路基宽度 7 ~ 9m 范围内,对于一般以上事故率和路侧事故率的分布特点,主要在于路基宽度越宽,往往车速越高,发生事故时后果的严重性越大;路基宽度越宽,车辆行驶异常时靠向路侧的倾向性越大。路基宽度过窄,缺乏有效的安全净空,而路基宽度越宽则超车行为增多,该情况是碰撞、追尾等事故按二次抛物线变化的原因。由于碰撞、追尾等事故占到了 57%,构成事故主体,所以全部事故与碰撞、追尾等事故的分布趋势一致。

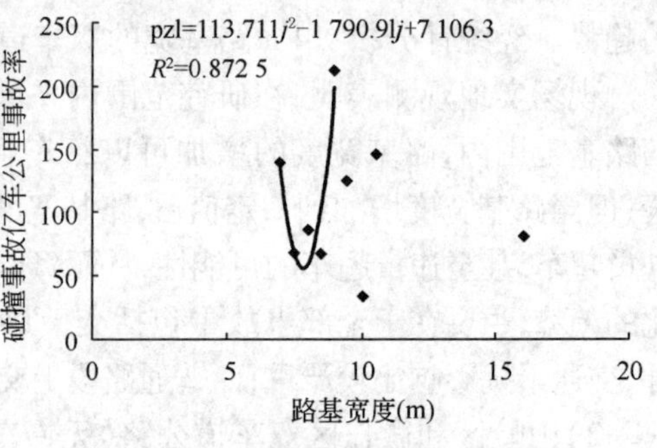

图 3-16　碰撞事故按路基宽度分布

对于路基宽度 9.5 ~ 16m 的情况,整体上事故率有不规则降低的趋势,考虑样本较少的情况,需要做进一步的调研分析。

实地勘测表明,在我国山区双车道公路(无慢车道设置)上,综合考虑路肩硬化等情况,驾驶员更多关注的是整体路基断面的宽度,根据整体路基宽度来调整驾驶行为。由此,在我国山区双车道公路(无慢车道设置)上,横断面要素的安全影响规律可更多考虑路基宽度指标。

3)平原区双车道公路(有慢车道设置)路基宽度安全特性分析

对于平原区双车道公路(有慢车道设置)路基宽度安全影响因素分析,主要包括:路基宽度对全部事故亿车公里事故率、全部事故亿车公里死亡率、路段事故亿车公里事故率等。分析的 40 条双车道公路(有慢车道设置)中,共有 14 种路基宽度情况,路基宽度变化范围从 25 ~ 66m,分析结果如图 3-17 和图 3-18 所示。

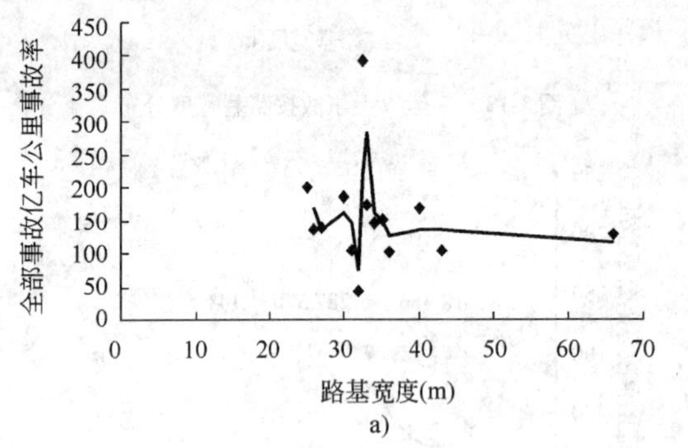

a)

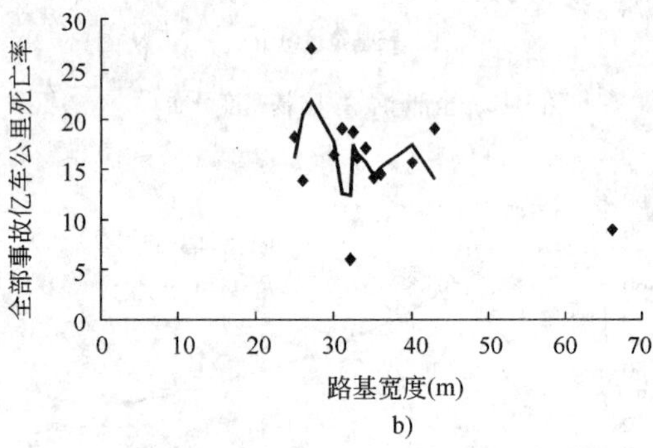

b)

图 3-17　路基宽度与全部事故关系

a)路基宽度与全部事故亿车公里事故率;b)路基宽度与全部事故亿车公里死亡率

分析结果表明,研究对象内有慢车道设置的双车道公路相对于无慢车道设置的双车道公路,随着路基宽度的变化,事故率变化趋势相对多样化。路基宽度对全部事故亿车公里事故率和路段事故亿车公里事故率的影响结果整体一致,即随着路基宽度指标的变化,出现一事故率明显高点和低点,但路段事故率变化的趋势低于全部事故事故率变化的趋势。具体到路基宽度的实际数值,对于全部事故事故率和死亡率,32m 的路基宽度不论是实际值,还是统计分析值都表现出较低的事故率。而对于路段事故率,实际上 25m 的路基宽度事故率指标较低,而 35m 的路基宽度表现的事故率统计分析指标较低。分析结果结合实地观测,结果与路面宽度分析一致。

3.1.1.4 车道数量

有关车道数量对安全影响的分析一般都和横断面因素的安全分析综合在一起。对于车道数量对安全的影响分析尚无明确结论，如 1982 年 Rogness et al[2] 进行的前后对比分析研究表明在交通量水平较低的情况下（AADT = 1 000 ~ 3 000 辆/d），当路肩全部硬化的双车道公路改建为没有路肩的无中央分隔带四车道公路时，在改建后事故率增加，而当交通量水平比较高时结论相反。而 1981 年 Turner et al.[1,2] 的类似研究则表明在交通量水平比较高的情况下，改建后的无中央分隔带四车道公路事故率是改建前路肩全部硬化的双车道公路事故率的近2 倍。

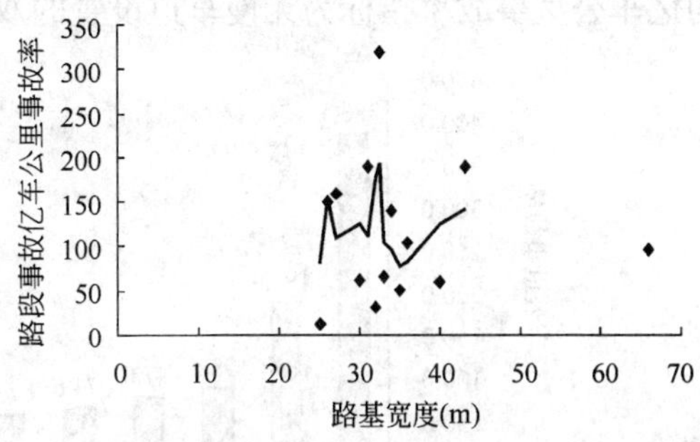

图 3-18 双车道公路（有慢车道设置）路基宽度与路段事故亿车公里事故率关系

上述 1999 年 Council and Stewart[1] 的研究成果里，也包含了车道数量的分析。该研究表明，四车道有中央分隔带道路上的事故次数较少。对于双车道道路与四车道有中央分隔带道路的对比研究是在标准条件下进行的，双车道道路的标准条件为 1. 83m 路肩，而四车道有中央分隔带道路的标准条件为 3. 05m 路肩。如果双车道道路要达到与四车道有中央分隔带的路肩宽度标准条件，那么路肩宽度需要增加 1. 22m，对应于表 3-2 中系数 β_2 值，双车道道路的事故将降低 15% ~55%。此外，对于双车道道路事故高于四车道道路的一个原因还在于双车道道路上接入口密度比四车道道路大，较大的交通干扰导致了较多的事故。

2007 年交通部公路科学研究院交通安全工程研究中心针对平原区 31 条双车道公路进行了安全性对比分析，其中双车道公路（无慢车道设置）16 条，双车道公路（有慢车道设置）15 条，分析指标为亿车公里事故率，分析结果如图 3-19 和图 3-20[6] 所示。

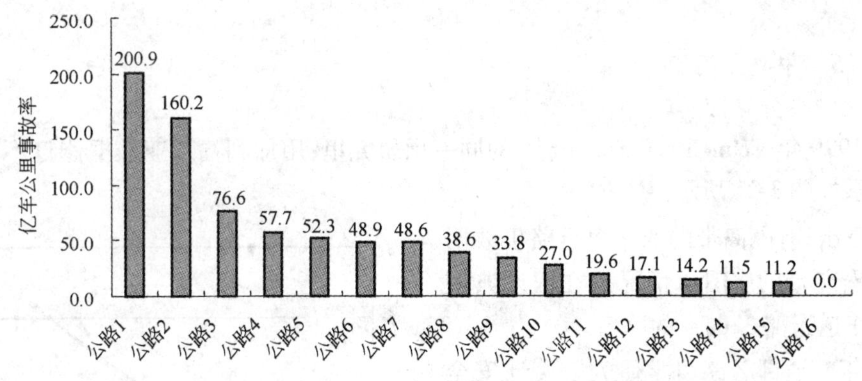

图 3-19 双车道公路（无慢车道设置）亿车公里事故率

分析结果表明，无论对有慢车道设置的双车道公路还是无慢车道设置的双车道公路，不同公路的亿车公里事故率指标都不尽相同。但对比有慢车道设置的双车道公路和无慢车道设置的双车道公路的整体分布情况，有慢车道设置的双车道公路的整体亿车公里事故率指标高于无慢车道设置的双车道公路。有慢车道设置的双车道公路平均亿车公里事故率指标为 80. 8，无慢车道设置的双车道公路平均亿车公里事故率指标为 51. 1，有慢车道设置的双车道公路平均亿车公里事故率指标为无慢车道设置的双车道公路的1.58倍。

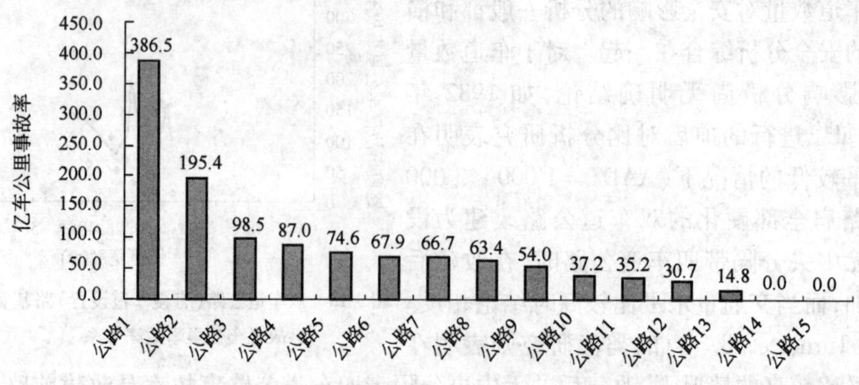

图3-20 双车道公路（有慢车道设置）亿车公里事故率

2007年交通部公路科学研究院交通安全工程研究中心还分析了平原区双车道公路（有、无慢车道设置）和四车道公路上事故按地点分布，分析结果表明：交叉口事故比例对应四车道有中央分隔带公路、有慢车道设置的双车道公路和无慢车道设置的双车道公路分别为16.67%、14.10%和11.86%；交叉口事故比例呈此排序的原因主要在于从无慢车道设置的双车道公路到有慢车道设置的双车道公路，再到四车道有中央分隔带公路，交叉口越来越集中，从而增加了交叉口的事故风险。

另外，无慢车道设置的双车道公路上车辆行驶特征与有慢车道设置的双车道公路有较大差别，主要表现在有慢车道设置的双车道公路相对于无慢车道设置的双车道公路，驾驶员进行超车操作的空间更大，而路肩上违章超车的比例相对较低；有慢车道设置的双车道公路上路面宽度的变化对行车的影响小于无慢车道设置的双车道公路；有慢车道设置的双车道公路上的交叉口和村庄路段，整体事故率要高于无慢车道设置的双车道公路上的交叉口和村庄路段。

3.1.1.5 中央分隔带

1）有无中央分隔带

上述1999年Council and Stewart [1]的同一项研究里，用加利福尼亚数据修订不同类型道路事故关系如图3-21所示。

可以看出，有隔离带的四车道道路事故明显小于无隔离带的。图示情况是在假设典型情况下四车道道路3.05m的路肩。

2007年交通部公路科学研究院交通安全工程研究中心分析了双车道公路（有慢车道设置）和四车道公路路基和路面宽度安全性。分析表明，双车道公路（有慢车道设置）事故率高于四车道公路。主要原因是四车道公路路段是有中央分隔带，中央分隔带的分隔作用有利于事故率的降低[6]。

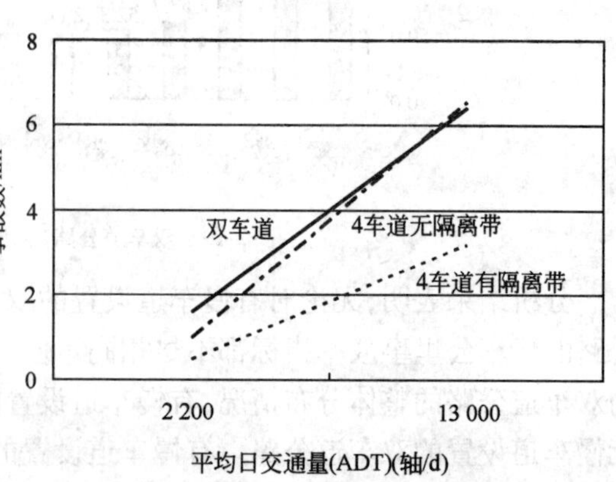

图3-21 不同类型道路事故模型图

2)中央分隔带宽度

Hauer 应用泊松回归模型进行了中央分隔带护栏的安全性研究[9],研究针对[A+B+C]总和指标,A 代表车辆冲出道路左侧,穿过了中央隔离带,但是没有被车辆碰撞的事故;B 代表车辆冲出道路左侧,停在中央隔离带内的事故,或者与中央隔离带碰撞之后又返回原来路段;C 代表车辆冲出道路左侧,穿过中央分隔带,并和对向车辆碰撞的事故。当模型只考虑 ADT 数据影响时,观测的和预测的事故比率计算结果见图 3-22。图中表明 30ft(9.1m)宽中央分隔带没有护栏的道路上事故观测值大约是仅仅用交通量和长度预测的[A+B+C]事故值的 2 倍。图中中央分隔带宽度超过 50ft(15.2m)的部分是 Seamons 和 Smith 的成果,50ft(15.2m)左边的部分是 Hauer 成果。

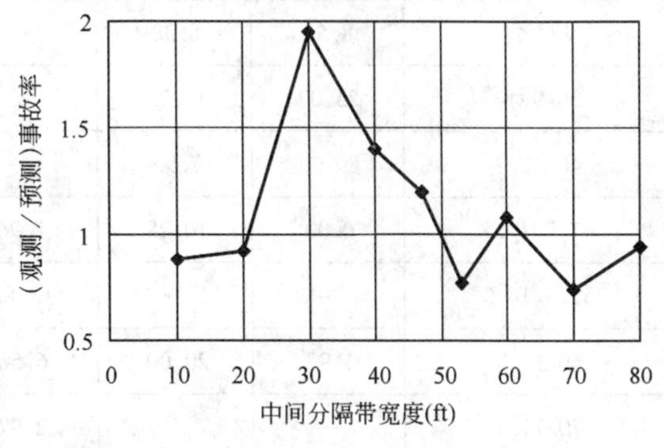

注:1ft=0.3048m。

图 3-22 观测预测事故比率与中央分隔带宽度分布图

从统计的观点看,图 3-22 已经足够反映中央分隔带宽度对安全的影响情况。用于分析的数据中,从 0~15ft(4.57m)宽度的中央隔离带有 112 起事故,15~25ft(4.57~7.62m)宽度的有 312 起事故,事故数据超过了10 000起,数据仅仅涵盖了高速道路。然而,无法知道 10ft(3.05m)的中央分隔带和 30ft 或 50ft(9.14或 15.24m)的中央分隔带安全性到底有什么不同,它们的差异也可能受不同的地形和环境等因素影响。

Knuiman et al.[9]的研究表明,10ft(3.05m)中央分隔带的道路比没有隔离带的有更多的整体事故,表明中央分隔带宽 30ft(9.14m)的道路上[A+B+C]事故可能比 10ft(3.05m)的多。以下一些假设是值得研究的:是否有一些中央分隔带宽度对速度有影响,30ft(9.14m)隔离带宽度带斜坡是最不好的,容易引起翻车;窄的隔离带趋向于提高安全。

3)中央分隔带坡度

Miaou(1996)[9]应用犹他州 8 年的 11 539 个双车道无中央分隔带的乡村道路路段和6 680起单车事故进行了多元模型研究。中央分隔带的坡度用垂直距离/水平距离表示,如一个 1:7 中央分隔带的坡度是0.142。坡度从 1:4~1:3,事故均值从 1.188~1.259,相应的修正系数为 1.188/1.259=0.943。通常情况下边坡坡度从 $x:1\sim y:1$,相应事故修正因子(AMF)为 $e^{0.692\times(1/y-1/x)}$。

4)中央分隔带护栏

Nystrom[9]应用 1991~1995 年数据开展了中央分隔带护栏的研究归纳,该研究在 Seamons 和 Smith (1991 年)应用 1984~1988 年数据研究基础上进行。Nystrom 应用[A+B+C]事故总和及[B+D]事故总和制作了表格。A、B、C 的含义同 2)规定,D 代表其他撞击护栏事故。该研究与 Seamons 和 Smith 的结果有所不同,Seamons 和 Smith 的研究仅仅研究了穿越中央分隔带的事故。其他的不同在于 Nystrom 提供了中央分隔带宽度从 0~85ft(25.91m)的数据,然而 Seamons 和 Smith 仅仅利用了中央分隔带宽于 50ft(15.24m)的数据。Hauer 对他们的数据做了新的分析,计算了在不同的中央分隔带宽度和交通量下设置和不设置护栏的事故率(事故数/亿车英里)。没有护栏的事故率针对[A+B+C]事故,有护栏的事故率针对[B+D]

事故,关于事故类别定义的方式与 Nystrom 相同。表 3-5、表 3-6 给出了非致命事故的事故率情况。

有护栏的中央分隔带 表 3-5

有护栏的中央分隔带:伤害事故率(事故数/亿车英里)							
中央分隔带平均宽度(ft/m)	平均日交通量(ADT)(千辆/d)						
	10	30	50	70	90	110	130
10/3.05	17.79	11.99	—	—	—	—	—
20/6.1	8.51	8.38	—	—	—	—	—
30/9.14	25.00	11.72	—	—	—	—	—
40/12.2	80.00	7.95	—	—	—	—	—
47.5/14.5	0.00	10.28	7.96	9.63	9.29	7.62	6.64
52.5/16.0	—	—	13.82	5.07	5.01	4.37	5.24
60/18.3	1.92	20.00	6.56	11.39	7.59	5.46	6.03
70/21.3	—	—	2.97	3.45	3.53	7.73	5.06
80/24.4	—	25.00	15.09	9.91	4.79	—	2.98

无护栏的中央分隔带 表 3-6

无护栏的中央分隔带:伤亡事故率(事故数/亿车英里)							
中央分隔带平均宽度(ft/m)	平均日交通量(ADT)(千辆/d)						
	10	30	50	70	90	110	130
10/3.05	8.08	—	—	—	—	—	—
20/6.1	7.24	7.60	—	—	—	—	—
30/9.14	19.35	10.69	—	—	—	—	—
40/12.2	6.91	8.78	—	—	—	—	—
47.5/14.5	6.76	7.72	5.87	5.52	2.11	2.50	2.42
52.5/16.0	6.78	3.13	4.00	4.75	5.50	1.38	0.24
60/18.3	5.84	6.31	4.28	4.52	5.15	3.80	3.61
70/21.3	3.91	4.89	3.94	3.08	2.33	3.71	3.59
80/24.4	8.63	6.46	2.66	5.48	2.19	2.52	3.80

表 3-7 表明了事故率增加的情况。很明显,在大多数情况下,中央分隔带无护栏的事故率小于有护栏的事故率。

中央分隔带有无护栏的伤害事故比　　　　表 3-7

中央分隔带平均宽度 (ft/m)	中央分隔带有无护栏的伤亡事故比(无/有)						
	平均日交通量(ADT)(千辆/d)						
	10	30	50	70	90	110	130
10/3.05	0.45	—	—	—	—	—	—
20/6.1	0.85	0.91	—	—	—	—	—
30/9.14	0.77	0.91	—	—	—	—	—
40/12.2	0.09	1.10	—	—	—	—	—
47.5/14.5	—	0.75	0.74	0.57	0.23	0.33	0.36
52.5/16.0	—	—	0.29	0.94	1.10	0.32	0.05
60/18.3	3.04	0.32	0.65	0.40	0.68	0.70	0.60
70/21.3	—	—	1.33	0.89	0.66	0.48	0.71
80/24.4	—	0.26	0.18	0.55	0.46	—	1.27

对于仅有财产损失的事故来说,中央分隔带无护栏的事故率小于有护栏的;但对于致命事故是相反的,见表 3-8。对于致命事故来说由于小样本随机性强,事故率是不确定的。

有无护栏中央分隔带的致命事故比　　　　表 3-8

中央分隔带平均宽度 (ft/m)	有无护栏中央分隔带的死亡事故比(无/有)						
	平均日交通量(ADT)(千辆/d)						
	10	30	50	70	90	110	130
10/3.05	—	—	—	—	—	—	—
20/6.1	5.80	1.26	—	—	—	—	—
30/9.14	—	1.43	—	—	—	—	—
40/12.2	—	1.65	—	—	—	—	—
47.5/14.5	—	0.63	1.97	1.62	1.70	0.62	0.72
52.5/16.0	—	—	0.66	—	0.39	3.05	0.91
60/18.3	0.27	0.10	0.71	—	0.80	3.73	1.42
70/21.3	—	—	—	1.49	1.16	—	4.39
80/24.4	—	—	—	0.69	0.64	—	0.40

Hauer 计算了当护栏移走时事故数量的变化,如表 3-9 所示。

护栏移走时事故数量的变化　　　　表 3-9

事故类型	带护栏	护栏移走时	变化情况	变化率
致命事故	101	136.9	+36	1.36
非致命事故	3 156	1 794.2	−1 362	0.57
轻微事故	3 741	1 614.9	−2 126	0.43

根据表 3-8 可以预期，护栏移走后致命事故增加 36%，伤害事故减少 43%，轻微事故减少 57%。但是，是否 36 个致命事故的后果等同于 1 362 个伤害事故和 2 126 个轻微事故后果总和，是很难判定的。

3.1.2 路侧特征和因素

1974 年美国各州公路工作者协会（AASHO）出版了黄皮书的第 2 版[10]，其中写到："为保证安全，依据具体路段的实际情况设置无障碍的可返回区域是必要的。研究表明在高速公路上直行道路边缘外侧的 9m 或更宽的区域，可以为因失控驶离道路的 80% 的车辆提供返回道路的空间。"

3.1.2.1 路侧危险等级

Zegeer[11] 等人应用路侧危险等级（1 ~ 7）来表示路侧安全程度，该路侧危险度为实际路侧危险度。通过研究确定了路侧危险等级 AMF（事故修正因子函数，即实际路侧危险等级条件下的事故与路段危险等级为 3 时预测事故值的比值），见式（3-2）。

$$AMF = \frac{\exp(-0.686\,9 + 0.066\,8RHR)}{\exp(-0.486\,5)} \tag{3-2}$$

式中：AMF——事故修正因子；

RHR——路侧危险等级（1 ~ 7）。

交通部公路科学研究院交通安全工程研究中心把山区双车道公路（无慢车道设置）的路侧危险等级分为 4 级进行了研究[12]。研究中针对整合的路侧危险度（两侧路侧危险度的平均值）进行与全部事故、一般以上事故、路侧事故、追尾事故、碰撞事故相应事故率的相关性分析，分析结果见表 3-10。分析结果表明，整合路侧危险度对全部事故率和碰撞事故率是各种事故率中相对最显著的两个正向相关关系，其中整合路侧危险度对碰撞事故率的正向相关关系最为明显；整合路侧危险度对路侧事故是偏弱的负向相关影响关系。

整合路侧与各类事故率相关分析结果表

表 3-10

类　别	qsl	ybl	lcl	zwl	pz
相关系数	0.023	-0.011	-0.020	0.002	0.064

注：qsl-全部事故率；ybl-一般以上事故率；lcl-路侧事故率；zwl-追尾事故率；pz-碰撞事故次数。

经由上述分析结果，整合路侧危险度对全部事故、碰撞事故和路侧事故相对有较明显影响。该成果重点研究了路侧危险度对全部事故、碰撞事故和路侧事故三类事故预测模型的事故修正因子（AMF）。基于表 3-9 整体样本分析结果，我国整合路侧危险度标准等级定为 2。根据各个整合路侧危险度级别下相对于标准路侧危险度级别 2 的相对事故关系，做全部事故、碰撞事故和路侧事故三类 AMF 相对于路侧危险度分布图，并拟合相应的分布函数，结果分别见图 3-23、图 3-24 和图 3-25，以及式（3-3）、式（3-4）和式（3-5）。

由图 3-23 ~ 图 3-25，路侧危险度对全部事故率影响（AMF）是按二次抛物线先降低后持续上升，对碰撞事故率影响（AMF）是按二次抛物线持续上升趋势，对路侧事故率影响（AMF）是按二次抛物线持续下降。具体公式见式（3-3）、式（3-4）和式（3-5）。

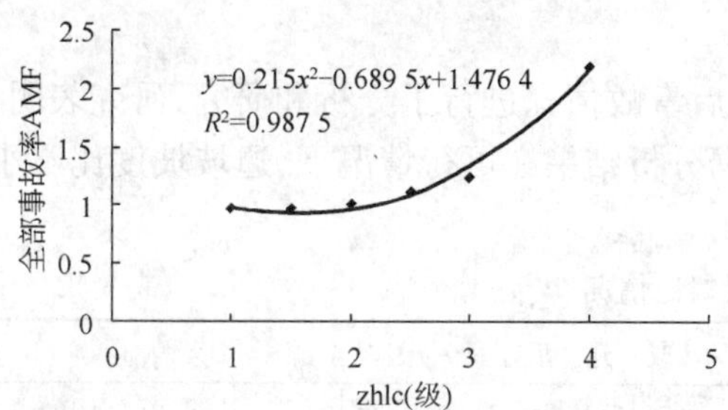

注:zh1c-对路段两侧路侧危险级别的平均值

图 3-23 全部事故率的整合路侧危险度事故修正因子分布图

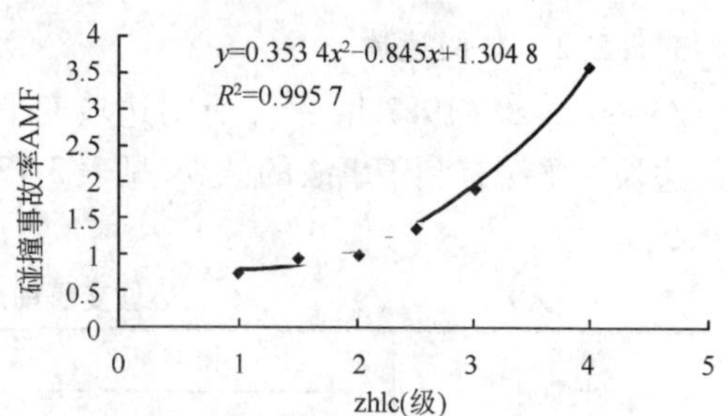

注:zh1c-对路段两侧路侧危险级别的平均值

图 3-24 碰撞事故率的整合路侧危险度事故修正因子分布图

$$QAMF = 0.215\,1zhlc^2 - 0.690\,3zhlc + 1.477\,6 \tag{3-3}$$

$$PAMF = 0.353\,4zhlc^2 - 0.845zhlc + 1.304\,8 \tag{3-4}$$

$$LAMF = -0.1024zhlc^2 + 0.044\,5zhlc + 1.538\,9 \tag{3-5}$$

式中:QAMF——全部事故率修正因子;

PAMF——碰撞事故率修正因子;

LAMF——路侧事故率修正因子;

zh1c——对路段两侧路侧危险级别的平均值。

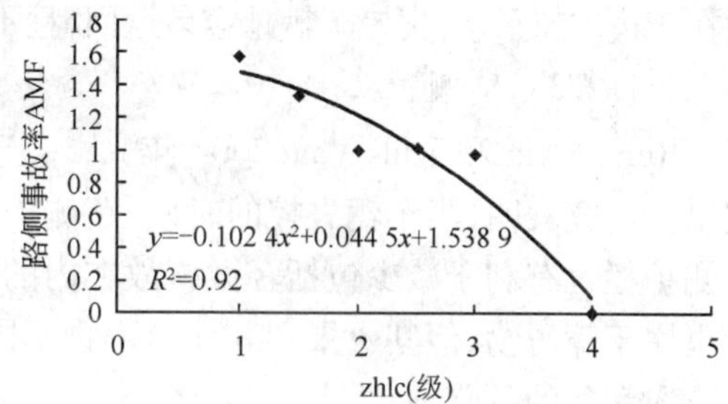

注:zh1c-对路段两侧路侧危险级别的平均值

图 3-25 路侧事故率的整合路侧危险度事故修正因子分布图

研究结果表明路侧危险度对碰撞事故为正影响,而对路侧事故为负影响,该规律与人们通常理解有一定的差距。对该因素进行观测分析:在山区双车道公路(无慢车道设置)上,整合路侧危险度高的路段,多为一侧山体,一侧悬崖路段,按规定的路侧危险度分级方法,山体一侧是突出路面危险度较高的情况,而悬崖一侧是路面下危险度较高的情况。表 3-11 为整合路侧危险度与加权的平曲线弯曲度、纵坡、横坡等因素的相关分析情况,分析结果说明整合路侧危险度与纵坡、平曲线弯曲度、竖曲线弯曲度、横坡等因素存在着一定的正相关关系。表明整合路侧危险度较高的路段往往也为平纵等线形条件较差的路段。

整合路侧危险度与加权的平曲线弯曲度、纵坡、横坡等因素的相关分析 表 3-11

自 变 量	*G*	*V*	*H*	*X*
相关系数	0.196	0.166	0.244	0.122

注:*G*-纵坡按长度加权情况;*V*-竖曲线按长度加权情况;*H*-平曲线按长度加权情况;*X*-横坡按长度加权情况。

该研究为深入说明整合路侧危险度对碰撞事故的影响情况,针对调研样本对整合路侧危险度高的 10 个路段进行了进一步分析。现场分析表明:

(1)路侧危险度高的路段基本上也是线形、视距条件不良的路段;

(2)对于路侧危险度高的路段,驾驶员行车时,从心理上有尽可能远离路侧向道路中心靠近的倾向,从而易占用对向车道;

(3)在山区双车道公路(无慢车道设置)上大型车事故比例高,受路侧危险度高路段的线形条件影响,大型车转弯行驶时易占用对向车道,导致了碰撞事故率上升和路侧事故率下降的趋势。

3.1.2.2　路侧边坡

Zegeer et al.(1987 年)[3]，针对边坡变平缓前后事故情况进行了分析和研究，研究表明，路侧边坡变平缓有利于事故的减少，见表 3-12，根据分析结果在可行情况下，边坡坡度比不小于 4.5:1。

边坡变缓前后事故对比情况　　表 3-12

边坡坡度比		改建后				
		3:1	4:1	5:1	6:1	7:1以上
改建前	2:1	2%	10%	15%	21%	27%
	3:1	—	8%	14%	19%	26%

Graham 和 Harwood(1982 年)关于整平路侧措施的安全效果分析表明，整平路侧有利于路侧事故次数的减少和严重程度的降低。在该研究中，边坡从 3:1 改成 4:1 约可减少 40% 的伤害事故，可减少约 30% 的轻微伤害事故。边坡从 4:1 改成 6:1 可进一步减少 20% 事故次数。分析原因在于边坡越平缓，失控车辆越容易返回，且不发生事故，同时边坡变缓也有利于视距的改善。

3.1.2.3　路侧护栏

Rune Elvik 和 Truls Vaa(2004 年)[13]关于路侧护栏安全性的研究引用了 20 项各国的研究成果。研究表明，当车辆失控的时候，路侧护栏非常有利于减少死亡事故和伤害事故的数量。路侧护栏也有利于减少包括轻微事故在内的全部事故的数目，但是效果不明显。路侧护栏尽管也属于障碍物，但其效果和其他障碍物不同。护栏的设置能够降低车辆撞击树木、岩石，以及坠入深谷的危险。

交通部公路科学研究院公路交通安全工程研究中心通过国道 109 北京段(二级公路，山岭区无慢车道设置的双车道公路，约 100km)护栏设置前后事故形态的变化情况对路侧护栏的安全效果进行了分析[14]，表明护栏设置有利于降低事故严重程度。图 3-26 为护栏设置前一年的事故形态构成比例图，图 3-27 为护栏设置后一年的事故形态构成比例图，设置护栏前后路侧事故构成情况见图 3-28、图 3-29。

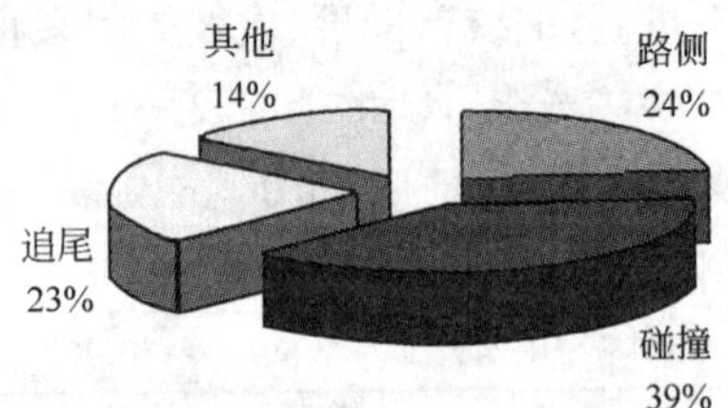

图 3-26　设置护栏前事故形态构成比例

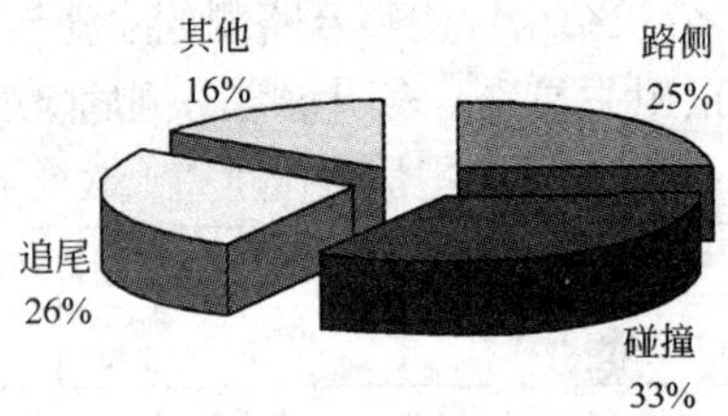

图 3-27　设置护栏后事故形态构成比例

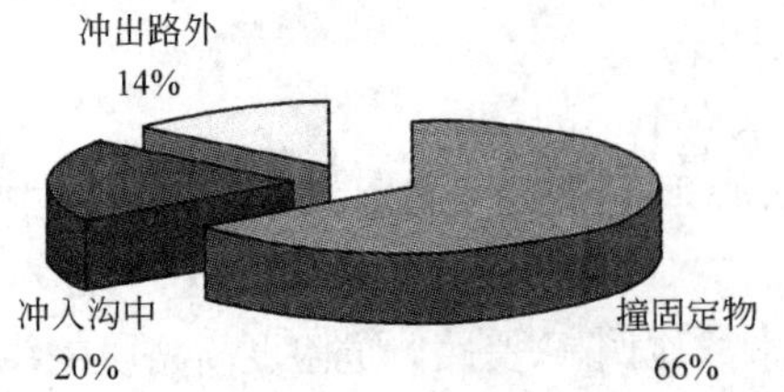

图 3-28　设置护栏前路侧事故构成

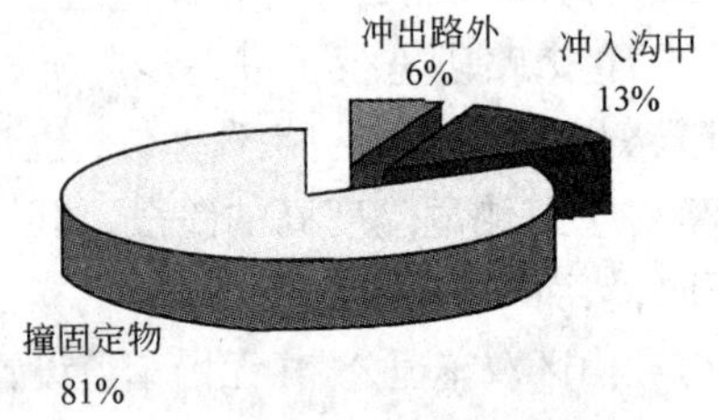

图 3-29　设置护栏后路侧事故构成

分析结果表明,在事故形态构成上护栏设置后相对于护栏设置前事故的统计情况,路侧事故比例在全部事故中基本保持不变,碰撞事故略有增加,追尾事故略有减少,变化幅度不大。

护栏设置前后的路侧事故构成进行对比分析表明,路侧护栏设置后,路侧事故形式主要为撞固定物形式,由此可知设置护栏后更多的路侧事故是车辆撞在了护栏上,而没有冲出路外,这样就降低了事故的严重程度。表现为设置该路路侧护栏后相对于设置前从一般事故次数、重大事故次数、事故死亡人数、受伤人数都降低了。

3.1.2.4 路缘石

路缘石主要用于排水控制、道路边缘强化和轮廓标志、美化道路、人行道隔离以及减少道路维护工作量等。路缘石可以分为垂直型和斜坡型两类。垂直型路缘石指具有 15cm 或更高的垂直或接近垂直交通面的路缘石。这种路缘石主要用于阻挡驾驶员有意离开行车道;斜坡型路缘石指具有 15cm 或更低高度的与交通面不垂直的路缘石,在必要的情况下可以使车辆容易跨越它,但一般设计者在设计斜坡型路缘石的时候,会控制路缘石的高度不超过 10cm,因为过高的路缘石会刮擦车辆的下部。

Wezeker and Nkunga(2003 年)[15]研究表明,路缘石在帮助失控车辆返回行车道的能力上是非常有限的,尤其对于高速车辆,因此在车速高于 45mile/h(72km/h)的道路上最好不设置路缘石。

路缘石,尤其是垂直型路缘石的高度以低于 15cm 为宜,15 ~ 25cm 的路缘石在失控车辆与其冲撞时,将严重损伤车辆的转向系统和车体,甚至可导致车辆腾起或倾覆,增大事故的严重度。在需要设置路缘石的路段,目前安全工程师较倾向推荐设置高 12cm 左右的斜坡型路缘石。

3.1.2.5 可通过式设计

实车足尺试验结果显示,如果小型涵洞和排水管线端部使用钢管格栅封盖且钢管格栅间距为 50 ~ 75cm,则即使这些端部具有 1∶3(V∶H)的坡度,车辆还是可以在较低速度(如 30km/h)到较高速度(如 100km/h)的范围内安全通过这些端部,而这一间距的格栅并不会显著影响涵洞和管道的通过能力,除非由于碎片等杂物的堆积导致了进水口部分堵塞。

3.1.2.6 路侧障碍物处置

Rune Elvik 和 Truls Vaa(2004 年)[13]引用 Cirillo(1967 年)和 Zegeer(1982 年)的研究,对路肩到路侧障碍物的距离值的安全性进行了研究。研究表明,到障碍物的距离增加 5m,可使事故次数减少 20%;如果从 5m 增加到 9m,可使得事故次数进一步减少 40%。不过该结果可能受视距改善等其他措施的影响。

Rune Elvik 和 Truls Vaa(2004 年)[13]引用澳大利亚 Corben(1997 年)的针对障碍物移除和标识的研究表明,移除路侧障碍物可减少 2%(分布范围:-20% ~20%)伤害事故;对路侧障碍物进行标识可减少 23%(分布范围:-65% ~69%)的伤害事故。

3.1.3 平纵线形

3.1.3.1 平曲线

1)曲率

1999 年 Hauer 的研究[16]表明,事故率 r 和平曲线曲率 D 之间是线性关系,形式见式(3-6)。

$$r = r_0 + \alpha D \tag{3-6}$$

式中:r_0——直线段上的事故率;

r——事故率；

D——平曲线曲率。

Hauer 研究中指出，如果一个短的小半径曲线被一个长的较大半径曲线代替，那么事故数是不同的。Hauer 还发现当一个曲率被另一个曲率代替的时候，每年事故的减少 S 可以用式(3-7)表示。

$$S = V\left[r_0\left(\frac{1}{D_1} - \frac{1}{D_2}\right)\left(2\tan\frac{I}{2} - I\right) + 0.014(D_2 - D_1)\right] \tag{3-7}$$

式中：V——双向总流量，百万车/年；

r_0——直线段上的事故率；

I——平面圆曲线偏角；

D_1——小半径圆曲线曲率；

D_2——大半径圆曲线曲率。

如果 1999 年的式(3-6)是正确的，上面的式(3-7)就可以忽略。

在 Hauer 的研究总结中有如下描述：

(1)多年经验证明，很多的研究发现事故率随着曲率的降低而减少。

(2)事故率随曲率增加而增加的趋势不仅在乡村双车道道路上适用，而且在都市和乡村的多车道和出入控制的道路上适用。

(3)有一些研究没找到事故率随着曲率增加而增加的趋势，有些研究中二者增加关系是非线性的。

(4)关于曲率与事故率相结合的研究，至今仍未完全定论，因为小半径曲线往往比较短，样本相对较少。尽管迄今做了较多研究，仍然不知道在曲线上发生事故的可能性增加是由于曲线弯曲程度的影响，还是进出曲线点的影响，或者是两者的综合影响。

裴玉龙、马骥(2003 年)[17]对沈大高速公路 1994 年 1 月 ~1995 年 6 月不同路段平曲线半径(曲率的倒数)与对应的平均亿车事故率进行统计分析。分析平曲线半径与平均亿车事故率的散点图，发现二者呈幂指数关系，如图 3-30 所示。

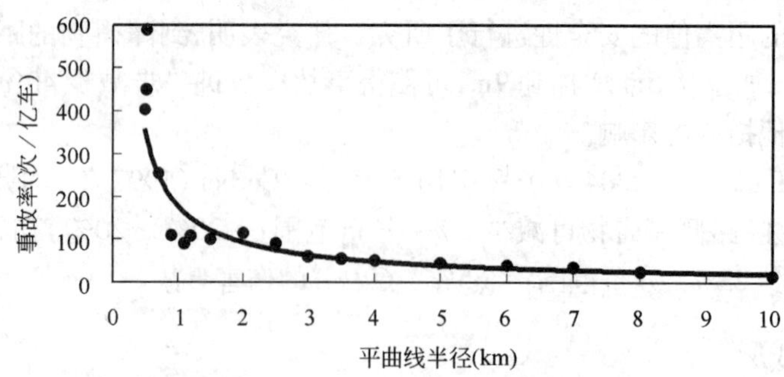

图 3-30　亿车事故率与平曲线半径的关系

通过统计分析得到下述关系模型

$$\mathrm{AR} = 189\,194R - 1.014\,3 \tag{3-8}$$

式中：AR——事故率，次/亿车；

R——平曲线半径，km。

该研究表明,随着平曲线半径的增大,事故率在降低。当平曲线半径大于2 000m时,平曲线上的事故率低于沈大高速公路全线的平均水平(68.73 次/亿车);当平曲线半径小于1 000m时,随着半径的减小,事故率急剧增加;当平曲线半径减小至400~600m时,即接近重丘区高速公路极限最小半径(400m)时,事故率已高出全线平均水平的5~6倍。

2)直线段研究

Brenac(1996年)[16]提及一项法国的研究(Tenon et al.,1993年),该研究应用泊松回归技术发现事故率随着曲线半径的增加而减少,同时随着曲线前直线段长度的增加而增加。这些统计结论也被其他一些高事故率和车辆驶出路外的失控事故的相关研究支持。

1995年Fink和Krammes[16]在他们的论文里对直线段安全性研究成果作了总结。指明在他们之前的有些结论是相互矛盾的,如:Datta et al.(1983年)研究发现直线段长度对于事故是很重要的;Terhune and Parker(1986年)指出直线段长度对于事故是不重要的;Zegeer et al.(1991年)[1]观测到较长直线接曲线将导致事故增加。Fink和Krammes通过他们所掌握的数据进行检验(纽约、华盛顿共563个曲线)得出结论:在曲线前设超过一定长度的直线段会导致事故的增加,曲率大的曲线更明显;曲线前较短的直线段不一定增加安全问题。

Hauer总结的结论是当一长的直线后有一小半径曲线时,事故的数量增加,主要原因在于驾驶员在道路条件的突变与驾驶员期望不一致,仓促的操作易于导致交通事故的发生。

3)平曲线转角

增大平曲线半径可以有效地提高曲线的安全性能,Zegeer(1991年)研究表明,乡村双车道道路的冲出路外的事故随着曲线的平缓而减少,减小曲线偏角在某些情况下可将事故数减少80%,见表3-13。

双车道道路曲线偏角减小与事故数减少的关系　　表3-13

曲线原偏角	改造后曲线偏角	事故减少
30°	25°	15%~17%
	20°	31%~33%
	15°	46%~50%
	10°	61%~67%
	5°	78%~83%
25°	20°	17%~20%
	15°	35%~40%
	10°	53%~60%
	5°	72%~80%
20°	15°	20%~25%
	10°	41%~50%
	5°	64%~75%
15°	10°	24%~33%
	5°	50%~66%
	3°	63%~79%
10°	5°	28%~49%
	3°	42%~69%

裴玉龙、马骥[17]所作的同一项研究发现曲线转角也是道路交通安全的影响因素。不同曲线转角对应的亿车事故率散点图,如图 3-31 所示。

其结论为:当曲线转角在0°~45°之间变化时,亿车事故率与转角的关系近似呈抛物线形,即随着转角的增大事故率逐渐降低,当转角增大到某一数值时事故率降到最低值(抛物线的极值点),此时随着转角的继续增大事故率又开始上升,变化规律明显。由图 3-31 可以看出,当路线转角小于或等于 7°(小偏角)时,事故率明显高于 30 个样本点的平均值(平均亿车事故率 83.37 次/亿车),这一统计结果证实了小偏角曲线容易导致驾驶员产生急弯错觉,不利于行车安全。

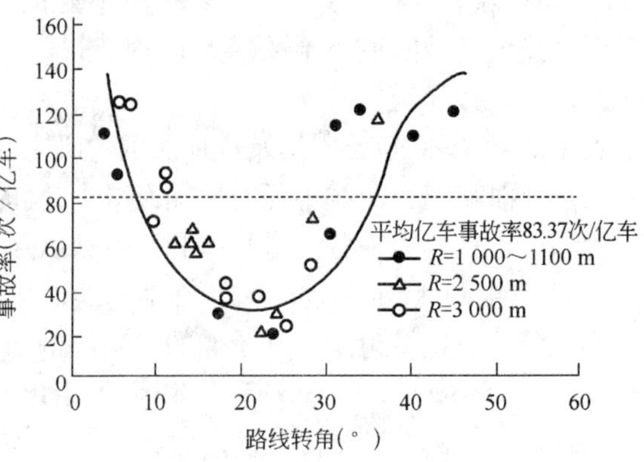

图 3-31　曲线转角与亿车事故率的关系

3.1.3.2　竖曲线

1)纵坡

Bitzel(1956)[18]利用德国高速公路的数据得到表 3-14 所示的结论。

Bitzel　结　论　　表 3-14

纵坡度(%)	事故率(事故数/百万车英里)	纵坡度(%)	事故率(事故数/百万车英里)
0~1.9	0.75	4.0~5.9	3.06
2.0~3.9	1.09	6.0~8.0	3.39

Bitzel 的研究结论十分清晰明确,也经常被他人引用。但是坡度每增加 1% 导致事故率增加约 40% 的这一结论与他人研究结论不太一致。

Bowman(1958 年)在研究俄亥俄州收费道路时发现:即使是小于 3.14% 的下坡,与平坦路段相比也有较高的事故率;就上坡而言,即使是小于 2% 的坡度,较平坦路段也将导致更多的事故。

Mullins 和 Keese(1961 年)在美国得克萨斯州的 5 个城市收集 1 万起高速公路事故记录,其分析结论如表 3-15 所示。

美国得克萨斯州事故统计表　　表 3-15

竖　曲　线	位　　置	事故率(事故数/百万车英里)
凸曲线	上坡段	2.33
	顶部	1.96
	下坡段	1.92
凹曲线	下坡段	3.57
	底部	2.45
	上坡段	2.39

表 3-15 给出的结论看似混乱，没有一个与预期相一致的简单明显的结果。例如：凸曲线下坡段是最不危险的地方；凹曲线的下坡段拥有最高的事故率。对该结论进行合理的解释需要将道路的纵断面和车辆速度结合起来考虑。在事故率最高的凹曲线的下坡段速度也可能是最大的，随后速度沿着凹曲线底部→凹曲线上坡段→凸曲线上坡段→凸曲线顶部逐步降低，经过顶部后，速度又开始增加，观测到的事故率的变化与假定的平均速度的变化相一致，如图 3-32 所示。

此外，值得注意的是 Mullins 和 Keese（1961 年）的研究。他们指出：当单独考虑视距对安全的影响时，事故数与视距之间并不存在明显的关系。图 3-32 也支持这一观点。紧邻凸曲线顶部的路段，其视距是最短的，如果视距对安全有重要影响，那么该处也将会有更多的事故，然而，顶部的事故率在上述研究中很明显不是较高的位置。

Hillier 与 Wardrop（1966 年）对伦敦—伯明翰 55mile 高速公路的交通事故进行了研究，结果如图 3-33 所示。

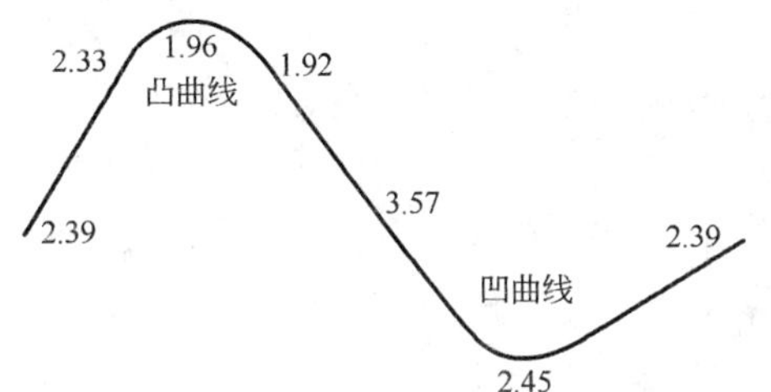

图 3-32 事故率随坡度变化图

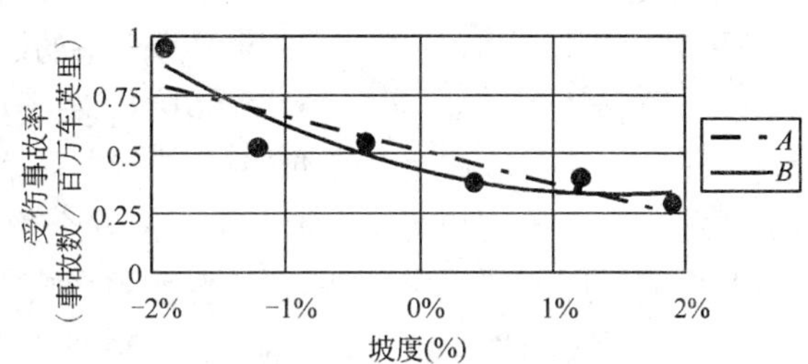

图 3-33 受伤事故率按坡度分布图

其研究数据很难确定出事故与坡度间的关系究竟是线性关系 A 亦或是非线性关系 B。如果直线 A 反映了现象的内在规律，则下坡段过多的事故恰好被上坡段相对较少的事故所抵消，换言之，坡度对安全的总体影响为 0。如果曲线 B 反映了坡度与事故间的真实关系，则下坡对安全的负面影响要超过上坡的正面影响。这表明：如果曲线 B 近似正确的话，则坡度越大对安全产生的不利影响也就越大，具体定量分析见表 3-16。

定 量 分 析 表 3-16

坡 度 i	上坡事故率（事故数/百万车英里）	下坡事故率（事故数/百万车英里）	平均事故率（事故数/百万车英里）
0%	0.43	0.43	0.43
0.5%	0.38	0.50	0.44
1%	0.34	0.59	0.47
1.5%	0.31	0.71	0.51
2%	0.29	0.91	0.60

表 3-14 中最后一列的数值可由公式 $[1/(2.3-0.156i^2)]$ 计算求得（i 为坡度值，$i\leqslant 2\%$），该公式还可以计算事故修正因子（AMF），如表 3-17 所示（基于曲线 B 所反映的关系）。

事故修正因子(AMF)　　表3-17

坡　度	0.50%	0.75%	1.00%	1.25%	1.50%	1.75%	2.00%
0.50%	1.00	1.02	1.05	1.10	1.16	1.24	1.35
0.75%	0.98	1.00	1.03	1.08	1.14	1.21	1.32
1.00%	0.95	0.97	1.00	1.04	1.10	1.18	1.28
1.25%	0.91	0.93	0.96	1.00	1.06	1.13	1.23
1.50%	0.86	0.88	0.91	0.95	1.00	1.07	1.16
1.75%	0.81	0.82	0.85	0.89	0.93	1.00	1.09
2.00%	0.74	0.76	0.78	0.82	0.86	0.92	1.00

当坡度由1%升至2%时,由表3-17可以方便查出事故修正因子(AMF)为1.28。

Hillier 和 Wardrop 又指出:坡度对事故率的影响是多方面的,最为重要的是其对速度的影响。这一解释与 Mullins 与 Keese (1961年)关于坡度对事故的影响的解释是一致的。如果坡度对安全的影响是以速度为媒介的话,也就是说,坡度影响速度,速度进而影响安全,那么,通过简单的坡度与事故的关系来揭示坡度对安全影响的内在规律就显得力不从心了。事实上,坡度相同而长度不同路段,坡度在速度上的影响也是有差异的,因此,坡度相同并不意味着道路具有同样的安全性。此外,虽然凹曲线底部和凸曲线顶部通常是平坦的,但车辆在凹曲线底部的平均速度会更大一些。如果这一说法成立,则可以对凹曲线底部和凸曲线顶部事故率存在较大差异的现象进行解释。

在芝加哥高速公路安全方面的一项研究中(1968年)[18],研究人员指出:上坡路段比无坡路段有更高的事故率,这与 Hillier 和 Wardrop 的结论有出入;由于平坦的凹曲线底部比上坡段的事故率高,而这可能与速度解释的结论一致。该项研究给出的坡度与事故率关系见表3-18。

坡度与事故率关系　　表3-18

纵　　坡	事故率(事故数/百万车英里)	纵　　坡	事故率(事故数/百万车英里)
上坡	1.87	下坡	2.49
±0.5%	1.10		

亚太经合组织某刊物(1976年)在援引 Leisch et al. (1971年)的研究成果时指出[18]:凸曲线和凹曲线与无坡路段相比具有更多的事故。然而在参考原文时,发现尽管凹曲线与无坡路段相比具有更多的事故,但对于凸曲线却不尽然。亚太经合组织的报告认为结论的主要根据是速度变化,即:慢车在上坡时使速度分布更为离散,导致潜在安全隐患;类似地,快车在下陡坡也可能导致事故。当在凸曲线处考虑几何视距限制以及车辆在凹曲线之外车速下降时,上述情形更为凸显。这种推测的前提条件是认为凸曲线处的事故率显著高于无坡路段。遗憾的是,少有证据支持以上推测。因此,Fitzpatrick (1997)[18]认为:停车视距受限(凸曲线处)的乡村双车道道路与其他所有乡村道路有大致相当的事故率。总之,认为速度变化是致使凸曲线具有高事故率的原因的推测尚无充分证据支持。

Leisch et al.（1971 年）之后，Roy Jorgensen Associates（1978 年）进行了这方面的文献研究。除前人文献综述内容外，含有另外两项研究，其一是 Vostrez 和 Lundy（1964 年）针对美国加利福尼亚州高速公路的直线段部分开展的，研究结果见表 3-19。

直线段研究结果（百万车英里事故率） 表 3-19

线形 \ 货车比例	4% ~5%	11%
直线（水平）	0.84	1.12
直线（上坡）	0.71	1.51
直线（下坡）	1.07	1.29

研究指出：下坡路段与直平路段相比有更高的事故率。该项研究考虑了货车比例这一因素，当货车的比重较大时，上坡段的事故率也倾向于增大。

Roy Jorgensen Associates（1978 年）评述的另一项研究是 Cirillo et al.（1969 年）开展的。上面所述的第一项研究认为事故的发生受多种道路特征属性影响，例如：道路宽度、平曲线曲率、纵坡、视距、其他等。由于这些因素是相互关联的（比如：宽的车道和路肩通常对应于缓坡），因此，用如上的单变量二维表的方法来反映坡度与事故的关系，局限很大，容易导致混淆。换言之，坡度对安全的影响可能通过其他某个与坡度相关的变量来体现，因此，除非界定和说明所有相关重要变量，否则很难形成令人信服的研究成果。而用多变量统计模型用来试图克服上述困难时，Cirillo et al. 发现：在对两个多变量统计模型进行坡度变量的显著性分析过程中，其中一个模型表明坡度是影响事故的重要变量。

Dunlap et al.（1978 年）进行的一项研究，其初衷是分析坡度和平曲线曲率对车辆打滑的综合影响，尽管研究表明这一影响可能存在，但更为重要的是：此项研究为研究美国俄亥俄州和宾夕法尼亚州收费道路坡度与事故率间的关系提供了有价值的数据。图 3-34 是坡度与事故率关系的研究成果。

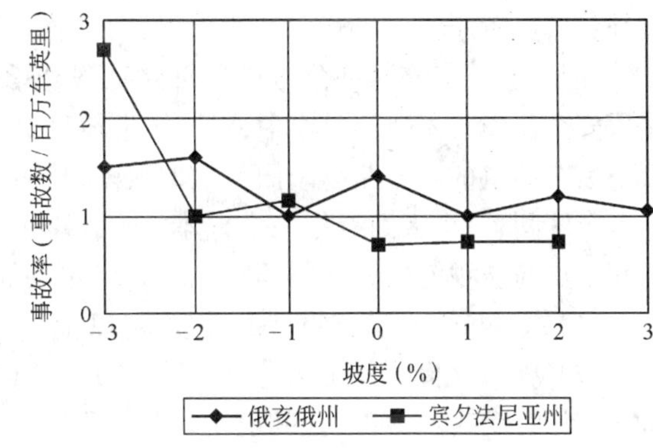

图 3-34 事故率随坡度变化图

通过图 3-34 不难发现，事故率随下坡坡度的增大而增加，然而上坡段的事故率却没有随坡度的变化明显变化。

瑞典 Brüde et al.（1980 年）进行的一项研究表明，与无明显坡度路段相比，2.5% 和 4% 的纵坡会使事故分别增加 10% 和 20%。由 $x^{2.5} = 1.10$ 及 $x^4 = 1.038$ 可以计算出 AMF 为 1.044。

此外，有两个多元统计模型值得关注，其一是 Li et al.（1994 年）利用英国哥伦比亚省 560km 双车道主干道的数据构建的，该模型适用于统计死亡和受伤事故，坡度是其中的一个独立变量，基于此模型的事故修正函数见式（3-9）。

$$\text{AMF}(\Delta i) = 1 + 0.136(\Delta i)/\sqrt{\text{事故数}} \tag{3-9}$$

假设纵坡由 2.3% 降为 2.1%（$\Delta i = -0.2\%$），纵坡为 2.3% 时的道路事故率是 1.7/km，

$AMF(-0.2)=1+0.136\times(-0.2)/\sqrt{1.7}=0.979$，安全性由 1.7/km 变为 $1.7\times0.979=1.66$/km，类似地，可得出 1% 的纵坡变化将会引起大约 10% 的事故数变化。

Miaou（1995 年）利用犹他州 11 539 个路段上收集的 6 680 起单车驶出路外事故数据进行研究，得出式(3-10)的结论。

$$AMF(\Delta i)=e^{0.081\Delta i}=1+0.081\times\Delta i \tag{3-10}$$

Miaou 的研究结论表明：坡度降低 1%，事故数相应减少 8.1%。

Hauer(2001 年)总结：

(1)所有基于分离式道路事故数据进行的研究都认为下坡坡度越陡事故率越高，关于上坡对安全的影响，众多研究者尚未达成共识，上下坡一起考虑时，研究结论也不尽相同。通过对 Miaou(1995 年)的研究成果的分析，建议对双车道道路应用值为 1.08 的事故修正因子(AMF)，即：坡度增加 1%，事故数增加 8%。例如，当坡度由 2.0% 变为 2.5% 时，预期的 AMF 为 $1.08^{0.5}=1.04$，当坡度由 2.0% 变为 3.7% 时，类似地，AMF 为 $1.08^{1.7}=1.14$。

(2)纵坡对道路交通安全的影响是多种机制共同作用的结果。首先，坡度会影响车辆的运行速度，通常上坡使车速降低，下坡使车速增大，而速度影响事故的严重性这一观点是被普遍认同的。换个角度讲，事故越严重被交警记录在案并上报的可能性也就越大，也就可能进入官方的统计。这说明上报事故的数量取决于车速，或者说取决于坡度。其次，速度差越大事故率越大，又由于坡度影响到速度差，所以坡度通过对速度差的影响进而影响到事故率。另外，坡度还将影响制动距离以及路面排水，这也可能影响到事故发生频率和事故严重性。

(3)研究人员试图寻找在凸曲线处安全性变差的原因，但未能获得答案。多种不同机制共同作用意味着事故结果是很多过程复杂叠加的结果。某些过程的差异可能是关键性的，比如平均速度的变化。短下坡可能对速度影响不大，但长下坡的影响则非常显著，然而这种理解仍不够全面，原因在于它无法区分 1km 和 10km 下坡的差异。此外，凸曲线顶部和凹曲线底部的坡度可能相似，但两个位置的车速分布差异却很大。总之，要深入理解坡度对安全的影响，必须将其放置于道路纵断面的背景下，同时兼顾其对速度分布的影响。

在长安大学、交通部公路科学研究院联合承担的西部交通建设科技项目《连续长大下坡路段安全保障技术研究》[19]中，对连续下坡处交通事故的分布规律进行了分析。为了分析连续下坡交通事故与道路纵断面参数的关系，按照 500m 定长，从坡顶处开始依次将连续下坡划为多个区间，每个区间看作一个样本，统计 500m 区间内交通事故指标、500m 区间平均坡度、区间中点向坡顶方向 $n$km($n=1,2,3,4,5$)平均坡度。

(1)纵坡坡度。道路纵坡的坡度，可以看作事故发生点的地点坡度，简称地点坡度。

(2)500m 区间平均坡度。指沿下坡方向用 500m 区间的终点高程减去起点高程再除以 500m 得到，反映了 500m 区间的平均起伏程度。可以看作发生在该区间内事故的地点平均坡度，简称地点平均坡度。

(3)区间中点向坡顶方向 $n$km($n=1,2,3,4,5$)平均坡度。简称 n 公里坡度，是用区间中点高程减去中点向坡顶方向 $n$km 处的高程再除以坡长得到。

(4)事故指标选用事故率。由于其中四条路段的交通量数据未能收集到，因而在不影响探究交通事故与坡度之间关系规律的情况下，报告中事故率采用起/年·km，即用每个样本的事故起数除以统计周期与样本长度的乘积。

表 3-20

事故率-坡度回归模型汇总表

路段	回归方程	地点坡度⁺	3km 坡度⁺	500m 平均坡度	1km 坡度	2km 坡度	3km 坡度	4km 坡度	5km 坡度
一	$y=$	$2.4496x+6.1298$	$0.9401e^{0.6993x}$	$1.9246e^{0.5398x}$	$1.4201e^{0.6639x}$	$0.1389e^{1.4161x}$	$0.2285e^{1.3048x}$	$1.0512e^{0.8744x}$	$1.4282e^{0.8148x}$
	R^2	0.027 4	0.382 7	0.425 4	0.916 7	0.979 3	0.895 2	0.811 9	0.814 0
二	$y=$	$0.6116x+2.5144$	$0.0149e^{1.3963x}$	$0.4289e^{0.5942x}$	$0.0765e^{1.0274x}$	$0.0063e^{1.7196x}$	$0.0053e^{1.8143x}$	$0.0371e^{1.4092x}$	$0.0564e^{1.3549x}$
	R^2	0.038 7	0.640 3	0.572 3	0.874 0	0.949 9	0.904 1	0.850 0	0.647 3
一、二综合	$y=$	$1.1819x+4.9633$	$0.379e^{0.7662x}$	$1.5973e^{0.3932x}$	$1.3318e^{0.5505x}$	$0.6595e^{0.7126x}$	$0.7993e^{0.731x}$	$0.9739e^{0.6726x}$	$1.5142e^{0.5724x}$
	R^2	0.014 4	0.282 8	0.423 4	0.815 6	0.701 3	0.811	0.751 5	0.736 4
三	$y=$	$0.7031x+4.7053$	$2.9216x-1.1657$	$-2.6605x+16.826$	$2.0017x+0.6182$	$2.7425x-2.2811$	$2.954x-1.1461$	$2.7462x+0.2656$	$2.7059x+1.3158$
	R^2	0.024 2	0.490 4	0.450 9	0.225 5	0.869 6	0.860 6	0.977 6	0.693 5
四	$y=$	$0.576x+1.7527$	$2.1991x-1.4417$	$1.5381e^{0.2425x}$	$1.4228e^{0.2809x}$	$0.9153e^{0.4303x}$	$0.9003e^{0.5202x}$	$1.1992e^{0.4788x}$	$1.4278e^{0.4671x}$
	R^2	0.083 1	0.555 6	0.159 1	0.676 6	0.739 2	0.939 4	0.794 5	0.870 1
五	$y=$	$1.5243x+0.471$	$0.8804e^{0.4849x}$	$0.4604e^{0.6687x}$	$1.357e^{0.4026x}$	$1.204e^{0.4187x}$	$1.3802e^{0.4327x}$	$2.4688e^{0.2205x}$	$2.3547e^{0.2464x}$
	R^2	0.345 8	0.275 0	0.593 1	0.830 9	0.653 7	0.595 6	0.395 6	0.413 2
六	$y=$	$2.1522x+0.5873$	$3.5764x-2.2443$	$2.5008e^{0.2756x}$	$1.4376e^{0.4594x}$	$1.6171e^{0.4572x}$	$1.521e^{0.4824x}$	$1.3996e^{0.5151x}$	$1.7952e^{0.4588x}$
	R^2	0.236 1	0.604 6	0.713	0.937 2	0.881 8	0.915 3	0.825 6	0.678 4
四、五、六综合	$y=$	$1.7927x+0.9658$	$0.8361e^{0.5741x}$	$2.1907e^{0.3133x}$	$1.6453e^{0.3968x}$	$1.5783e^{0.4118x}$	$1.4324e^{0.4805x}$	$1.7645e^{0.4339x}$	$1.8266e^{0.4304x}$
	R^2	0.204 1	0.395 5	0.774 6	0.924 4	0.969 4	0.970 4	0.874 7	0.831 2
七、八、九综合	$y^*=$	$0.2884x+0.4171$	$0.2389x+0.4000$	—	$0.1952x+0.4606$	$0.4007x-0.2126$	$0.2708x+0.2434$	$0.2466x+0.3778$	$0.1892x+0.6204$
	R^2	0.039 4	0.024 9	—	0.744 1	0.880 7	0.551 3	0.493 9	0.551 3
R^2 均值		0.112 6	0.405 8	0.514 0	0.771 7	0.847 2	0.827 0	0.752 8	0.692 8

注：1. y^*-事故率，起/百万车公里，其余为起/年·公里；

2. 坡度⁺-此列回归方程的样本未经组内平均处理，其余为处理后样本的回归方程。

事故的地点坡度分布及回归分析表明:除样本量较大的两个路段以外,多数数据不支持事故率随纵坡坡度的增加而显著上升的变化规律,两组数据显示事故率与坡度呈弱正线性相关关系,两组数据显示事故率与坡度呈弱负线性相关关系。总体结论是连续下坡路段的事故率与地点坡度的相关性并不显著,更没有得出当纵坡坡度超过一定值时,事故率急剧上升的趋势。

事故率与 $n$km 坡度的回归分析表明,事故率与 $n$km 坡度呈指数关系,即事故率随 $n$km 坡度的增加而上升,并随着坡度增大而加速上升。各路段回归方程见表 3-20。

几点结论总结如下:

(1)事故率与事故发生地地点坡度之间的相关性不显著,事故率随着地点坡度的增加,没有呈现显著的单调递增趋势。

(2)事故率与事故地点前 $n$km($n=1,2,3,4,5$)的平均坡度之间呈现较为显著的正相关性,且用指数回归时,数学模型的判定系数较高。

(3)事故率与事故地点前 2km 和 3km 的相关性最为显著。其中事故率与事故地点前 3km 坡度用指数回归,模型的判定系数高,方差分析显示其方差最小,即参数的稳定性最好。

(4)事故率随 3km 坡度呈指数关系上升,对高速公路和一级公路,当坡度大于 3.5% 时,事故率的上升幅度明显加剧;二级公路,当坡度大于 4% 时,事故率的上升幅度明显加剧。

该结论适用于二级以上公路,所采集的三级公路数据显示,三级公路事故受纵坡坡度影响较小,即三级公路事故率与纵坡参数无显著相关关系。

2)竖曲线极限半径

对于竖曲线极限最小半径,大连市公路管理处时进、李大永[20]等考虑缓和冲击、行驶时间和停车视距三项限制因素控制条件下计算竖曲线最小半径,并与规范值进行了比较,见表 3-21、表 3-22。

凸形竖曲线极限最小半径计算 表 3-21

设计速度(km/h)	停车视距(m)	竖曲线极限最小长度			采用值 L_{min}(m)	标准值 $R=L/\omega$	推荐值 $R=L/\omega$
		$v^2\omega/3.6$	$s^2\omega/4.0$	$s^2\omega/9.6$			
120	210	$4\,000\times\omega$	$11\,080\times\omega$	—	$11\,000\times\omega$	11 000	—
100	160	$2\,778\times\omega$	$6\,432\times\omega$	—	$6\,500\times\omega$	6 500	—
80	110(220)	$1\,778\times\omega$	$3\,040\times\omega$	$5\,042\times\omega$	$3\,000\times\omega$	3 000	5 000
60	750(150)	$1\,000\times\omega$	$1\,413\times\omega$	$2\,344\times\omega$	$1\,400\times\omega$	1 400	2 500
40	40(80)	$444\times\omega$	$402\times\omega$	$667\times\omega$	$450\times\omega$	450	700
30	30(60)	$250\times\omega$	$226\times\omega$	$375\times\omega$	$250\times\omega$	250	400
20	20(40)	$111\times\omega$	$100\times\omega$	$167\times\omega$	$100\times\omega$	100	200

注:括弧内数据为会车视距;ω-坡差。

通过表 3-22 可以看出,推荐值均高于《公路路线设计规范》(JTG D20—2006)有关竖曲线极限最小半径的规定数值。对于高速公路而言,由于分道分向行驶,以控制凸形竖曲线停车视距即可保证行车安全与舒适。但对于普通公路来讲,由于是混合交通,从行车安全、增加公路的通行能力、提高服务水平和适当设置超车路段的角度考虑,以会车视距控制普通公路的凸形竖曲线极限最小半径为宜。

凹形竖曲线极限最小半径计算　　表 3-22

设计速度（km/h）	停车视距（m）	竖曲线极限最小长度			采用值 L_{min}（m）	标准值 $R=L/\omega$	推荐值 $R=L/\omega$
		$v^2\omega/3.6$	$v/1.2$	$s^2\omega/(1.5+0.035s)$			
120	210	$4\,000\times\omega$	100	$4\,983\times\omega$	$4\,000\times\omega$	4 000	5 000
100	160	$2\,778\times\omega$	83	$3\,606\times\omega$	$3\,000\times\omega$	3 000	4 000
80	110(220)	$1\,778\times\omega$	67	$2\,262\times\omega$	$2\,000\times\omega$	2 000	2 500
60	75(150)	$1\,000\times\omega$	50	$1\,364\times\omega$	$1\,000\times\omega$	1 000	1 500
40	40(8)	$444\times\omega$	33	$552\times\omega$	$450\times\omega$	450	550
30	30(60)	$250\times\omega$	25	$253\times\omega$	$250\times\omega$	250	350
20	20(40)	$111\times\omega$	17	$182\times\omega$	$100\times\omega$	100	200

注：括弧内数据为会车视距；ω-坡差。

凹形竖曲线极限最小半径的计算结果可以看出，夜间行车所限定的竖曲线半径要大一些。

3.1.3.3　平纵组合[18]

Bitzel（1956 年）利用德国高速公路的数据，得出如图 3-35 所示的结论，图中 D 表示平曲线曲率。

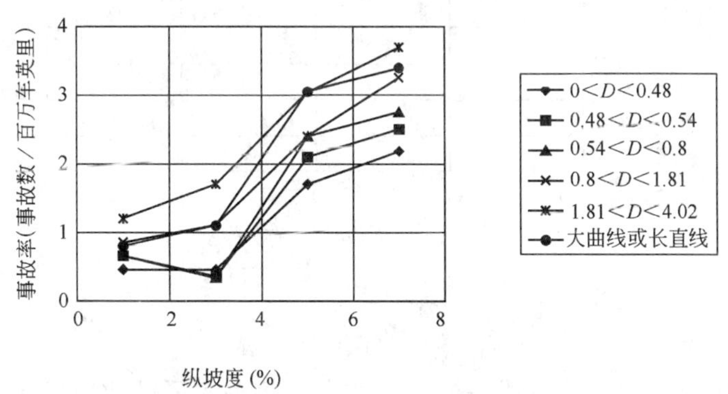

图 3-35　事故率随坡度和平曲线曲率变化图

该项研究并没有将上坡和下坡分别考虑。从图 3-35 可明显看出，平曲线上的情况与无坡路段相似，坡度越大事故率越高；另外，坡度一定时，平曲线曲率越大事故率越高。假定图3-35中的曲线是平行的，则增加单位坡度会引起等同的事故率增量，这与曲线的转角无关，除上图中3% 坡度处两个位置较低点外，上图所反映的数量关系与这一假定是相符的。再次假定图 3-35中曲线是等间距均匀分布的，则单位坡度增量会引起等比率的事故率的增加。然而并没有研究出坡度与曲率对安全的影响，结论只是明确事故随坡度增加而增加，事故随平曲线曲率增加而增加，坡度与曲率对安全的影响也只是简单的叠加，这方面的研究有待进一步加强。

Vostrez 与 Lundy（1964 年）就美国加利福尼亚州的高速公路开展了一项研究，结论见表 3-23。

加利福尼亚州高速公路研究结论(百万车英里事故率)　　表 3-23

线形＼货车比例	4% ~5%	11%	线形＼货车比例	4% ~5%	11%
直线(水平)	0.84	1.12	曲线(水平)	0.86	1.83
直线(上坡)	0.71	1.51	曲线(上坡)	1.78	1.69
直线(下坡)	1.07	1.29	曲线(下坡)	2.10	1.88

直线路段上货车比例对事故率有明显的影响,然而当考虑曲线因素时,这种影响的显著性逐渐消失。就货车在直线段上影响安全而在曲线段上无明显影响这一似乎合理的事实,应注意到这种异常可能归结为前面提及的单变量分析的自身局限性,也就是说,可能存在其他重要变量对之产生影响,而研究中考虑的变量因素无法代表全部。

关于 Hillier 和 Wardrop (1966 年)关于伦敦至伯明翰高速公路的直线段部分进行的安全方面的研究前面已阐述,然而,曲线段部分的研究结论则不同,如图 3-9 所示。该项研究中的高速公路为单向三车道,沥青路面。研究表明曲线对下坡路段的车辆运行安全影响关系不大,但偏向右侧(右转)的曲线的上坡路段,事故率异常高。由于图 3-36 中数据点位置不是十分精确,结论的可靠性值得推敲。

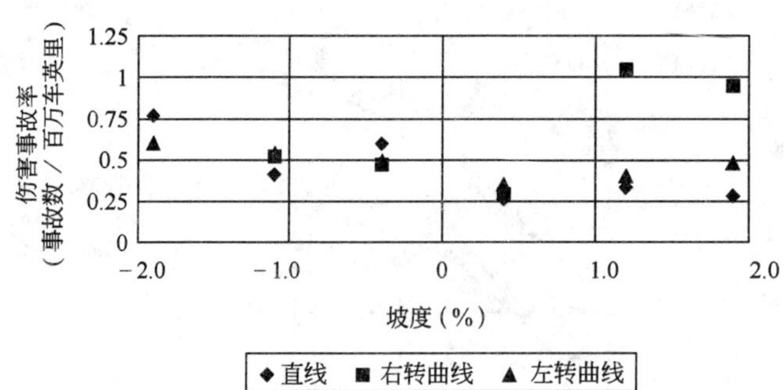

图 3-36　曲线段伤害事故研究成果图

表 3-24 给出的是直线段和曲线段处的纵坡和事故率关系的比较情况,Crosstown Associates (1968 年)进行的这项研究其数据来自芝加哥的城市快速路。

芝加哥城市快速路研究结论　　表 3-24

路　段	曲线段事故率(事故数/百万车英里)	直线段事故率(事故数/百万车英里)
水平	2.29	1.10
上坡	2.25	1.87
下坡	2.56	2.49

从表 3-24 可以看出纵坡和曲线均影响安全,但研究人员并无意指出纵坡和曲线组合会对安全产生严重影响。

Dunlap et al. (1978 年) 对坡度和平曲线的组合对事故的影响进行了研究指出:收费道路事故数据的分析显示把事故归咎于坡度与曲线的组合影响尚缺乏证据。

Zador et al.(1987年)在新墨西哥州和佐治亚州公路的坡度曲线处收集单车侧翻致死事故数据。利用不同地点的事故创建两个分析比较集。其一,由位于事故地点上游1mile(1.6km)处的路段构成;其二,从两个州中各随机抽取300个事故点段。研究者发现左转急弯与下陡坡相比更易导致翻车致死事故,该特点在样本中体现得非常突出。

Matthews和Barnes(1988年)收集了新西兰包含所有曲线在内的2 000km州际公路数据,事故数据跨度5年,并建立数据库进行分析,分析中曲线半径和坡度是作为解释变量考虑的。结论反映在图3-37中。

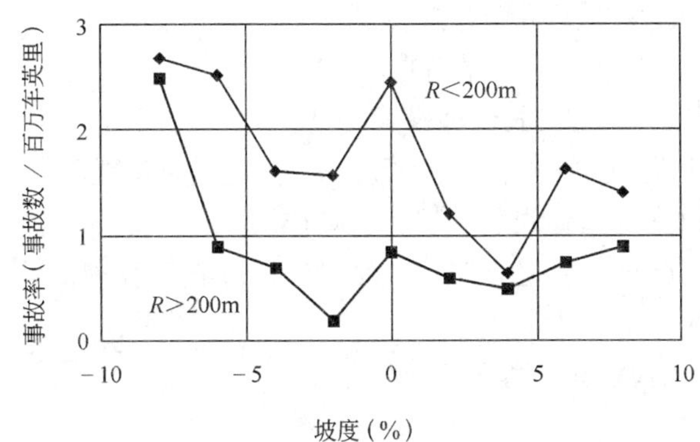

图3-37 事故率随坡度和平曲线曲率变化图

几个主要结论如下:

(1)坡度为0(实际上可能为±1%)处的事故率与事故关系曲线的总体趋势不一致,其原因可能是发生事故且坡度较小的地方多为凸曲线顶部或是凹曲线底部。正如前面所述,凸曲线顶部或是凹曲线底部的事故率差异性很大,应区别对待,事实上,图3-37折线图的制作应考虑排除路段平坦但位于凸曲线顶部或是凹曲线底部附近的事故数据;

(2)事故随下坡坡度增加而增加,且曲线较陡,增幅较快。下坡段的坡度增加1%,其相应事故率增加10%。而在上坡段,事故随坡度增加而相应增加的规律并不明显;其三,曲线半径越大事故率越小。在缺乏进一步分析的条件下,无法确定是否存在其他因素与坡度和曲线的组合有关联。

Hauer(2001年)总结:大多数研究表明坡度和曲率在研究事故时应存在某种重要的相互作用。可知:下坡可导致事故增加,大的平曲线曲率也会诱发更多的事故。当出现下坡接小半径曲线时,其双重影响将叠加,但这种叠加是否会对安全产生重要影响,尚未发现有力的证据。然而,仍有迹象表明:上坡接右转曲线,通常事故较多,可能是由于视距受限的原因;下坡接左转曲线,多发生车辆驶出路外事故。

3.2 交通控制和其他运营因素对安全的影响

本节主要包括标志、轮廓标、车道标线、路肩和中心线振动带、限速区、双车道公路上的超车道、物理减速设施等的安全性分析;考虑智能交通系统和交通管理系统最新研究的实用性,还包括部分智能交通系统和交通管理系统的安全性分析资料等。

3.2.1 标志、轮廓标和车道标线

3.2.1.1 标志

Rune Elvik 和 Truls Vaa(2004 年)[13]引用 Lyles 等 1986 年关于正确设置标志对安全影响的成果对提高标志设置正确性的安全效果进行了分析,正确设置的标准为是否满足《美国交通标志标线规范》(MUTCD)规定的要求。研究表明,改善后确保满足 MUTCD 要求后,伤害事故降低 15%,轻微事故将少 7%。由于相关研究较少,尚不能明确确定该成果的适用性,并且对何种标志改造的安全效果也无明确分析。

国内关于此方面的研究仅有定性的一些分析。

长安大学赵金龙在研究中提到,合理设置交通标志,可以平滑交通、提高道路的通行能力、减少交通事故、防止交通阻塞、节省能源、降低公害、美化道路沿线和周边环境。具体表现在:

(1)对车辆、行人的流量起着调节、控制、疏导作用。

(2)为车辆、行人提前预告前进方向某一路段的地理状况和周围环境,以防止交通事故的发生。

(3)为车辆、行人导向,以提高行车步行的效率。

3.2.1.2 轮廓标

交通部公路科学研究院公路交通安全工程研究中心通过国道 109 北京段(山岭区二级公路,无慢车道设置的双车道公路,约 100km)太阳能标志、轮廓标设置前后夜间事故变化情况,对太阳能标志、轮廓标的安全效果进行了分析,表明太阳能标志、轮廓标设置有利于夜间伤害事故的降低[14]。研究中定义 7:00 ~ 19:00 为白天,19:00 ~ 7:00 为夜间。

夜间事故对比周期为对等的轮廓标设置前第二周期(2002 年 5 月 ~2003 年 4 月)、设置前第一周期(2003 年 5 月 ~2004 年 4 月)、设置后第一周期(2004 年 5 月 ~2005 年 4 月),事故分布情况见表 3-25,3 个周期一般以上夜间事故在全部事故中比例见图 3-38。分析表明,3 个周期中一般以上夜间事故在全部事故中所占的比例逐渐降低,且下降明显。此外,在设置后第一周期,只有 3 起一般以上的事故发生在夜间,没有人员死亡事故;设置前第一周期有 3 起重大事故发生在夜间,占全部重大事故的 75%;设置前第二周期有 7 起重大事故发生在夜间,占全部重大事故的 50%。上述都表明太阳能标志、轮廓标设置后夜间事故的严重程度降低明显。

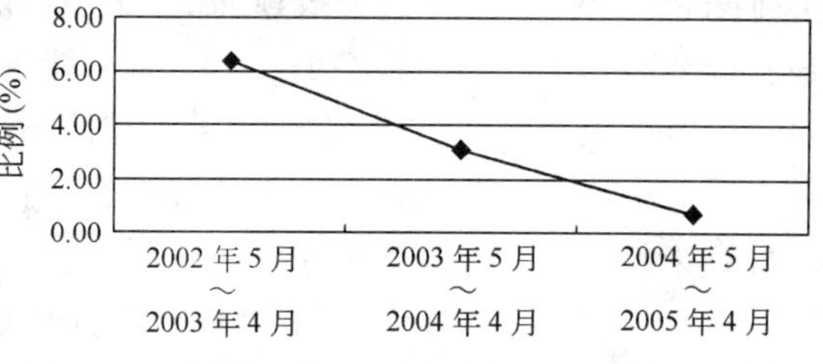

图 3-38 3 个周期一般以上夜间事故在全部事故中比例

3 个周期一般以上夜间事故以及全部事故统计情况 表 3-25

2002 年 5 月 ~2003 年 4 月		2003 年 5 月 ~2004 年 4 月		2004 年 5 月 ~2005 年 4 月	
全部事故	一般以上	全部事故	一般以上	全部事故	一般以上
173	11	289	9	431	3

3.2.1.3 车道标线

Rune Elvik 和 Truls Vaa(2004 年)[13]引用 38 项各国关于标线安全性成果的分析表明,道

路上设置车道标线对于降低事故次数的效果较低，不超过5%。但是路肩振动带的效果很好，有利于减少30%的冲出路侧的事故。车距确认标线（用于欧洲一些国家，施画在车道上一定角度的折线，提醒驾驶者所驾驶车辆与前车的距离）有利于减少约50%的事故次数，主要在于车距确认标线有利于辅助车辆保持和前车的安全距离；组合设置的标线比单独设置的标线有更好的安全效果，比如边线和中心线的组合设置。

长安大学刘俊宝[21]详细阐述了车道标线对公路交通安全的影响。车道标线对车流的渠化、分道行驶及导流都起到了重要的作用，同时也有着美化道路的效果，因此标线必须确保线形流畅，并与道路线形相一致，保证良好的昼夜视线诱导作用，同时还需做到标线几何尺寸规范，与路面有足够的附着力。车道标线对交通安全的影响有以下四方面：

（1）一般识别性。当标线放样的精确度不够时，分道行驶的车辆可能会发生侧面相撞。

（2）标线完备性。当标线与路面之间的附着力不够时，会出现标线脱落现象，从而造成诱导视线不连续，特别是在夜间，可能会造成道路交通事故。当标线边缘不整齐、厚度不均匀，有气泡、毛边开裂时，会影响反光标线夜间的清晰程度。

（3）夜间及雨天识别性。当玻璃微珠的撒布质量不合要求时，例如撒布不均、沉降量难以控制等，会大大降低夜间及雨天反光效果。

（4）抗滑性。当标线的材料不合格时，标线成为车辆打滑和甩尾等事故隐患。

湖南公安高等专科学校蔡果（2005年）[22]等针对不同控制方式下的事故发生率、伤亡率进行了研究，研究结果表明纯标志、标线控制方式情况下事故指标最高，以民警及信号灯控制方式最低，其次是信号灯、信号灯及标志标线、其他安全设施较低。基于此得到交通参与者对民警指挥、信号灯、其他交通安全设施（主要是护栏和交通岛）比较敏感，对单独的交通标志、交通标线并不太在意。

3.2.1.4 突起路标

关于突起路标的安全效果分析[13]，主要来自于国外的前后对比分析研究，国内尚无相关定量分析成果，1998年以前的研究情况见表3-26。

2004年美国NCHRP581[23]在宾夕法尼亚、伊利诺伊、威斯康星、新泽西、纽约等州针对突起路标的安全效果进行了研究，研究表明：双车道和四车道道路，突起路标在低交通量的道路上作用有限，主要原因在于低交通量道路上由于突起路标的设置，即使在靠近道路边线的情况下，驾驶员依然倾向于提高车辆速度，从而车辆易于发生冲出路侧事故；在转角大于3.5°的双车道道路平曲线路段，设置轮廓标可导致与交叉口无关的夜间交通事故的增加；四车道道路上的分析表明轮廓标只有在平均日交通量大于20 000辆/d情况下才有利于夜间事故的减少。

3.2.2 路肩振动带[23]

路肩振动带（Shoulder Rumble Strips，简称SRS），也称为路肩隆声带，是设置在硬路肩上离行车道边缘一定距离的一条平行于行车道的带状构造物，它由一系列的凸槽或凹槽构成，当车辆偏离行车道驶上该构造物时，通过振动和噪声来提醒驾驶员。

路肩振动带于1955年在美国新泽西州公路上最先出现，是为了减少或避免车辆因驾驶员酒后驾车、疏忽大意、判断失误而导致的车辆驶出道路造成的交通事故。路肩振动带可以在较大程度上降低驶出道路的单车事故的发生。路肩振动带在美国85%的州使用，从美国联邦公路局的统计数据可以看出，美国5个州使用路肩振动带后，偏离道路的单方事故降低了约20%。

1998年以前突起路标安全效果相关成果汇总表 表3-26

研究者及研究区域	道路条件	设置位置	研究结论
Wright et al.(1982) 美国佐治亚州	双车道，平曲线 转角超过6°	中心线	夜间事故减少22%，其中单车事故减少12%；事故减少与交通量及线形无关
Kugle et al.(1984) 美国得克萨斯州	2、3、4、5、6车道道路	未确定	增加了15%到31%的夜间事故，对阴雨天气事故没有显著影响
Mak et al.(1987) 美国得克萨斯州	2、3、4、5、6车道道路	未确定	4.6%道路的事故降低，10.3%道路事故增加，85.1%道路事故无影响
Griffin(1990) 美国得克萨斯州	2、3、4、5、6车道道路	未确定	16.8%夜间事故增加
Pendleton(1996) 美国密歇根州	有中央和无中央 分隔带的主干道	无中央分隔带中间线， 有中央分隔带道路边线	无显著影响
美国纽约州运输局 (1989,1997) 美国纽约	郊区道路	未确定	有针对性设置的情况下减少26%的夜间事故，无针对性则无显著影响
Orth-Rodgers and Associates(1998) 美国宾夕法尼亚州	州际公路	未确定	18.1%夜间事故增加，阴雨条件下夜间事故增加30%~47%，阴雨条件下夜间侧碰和撞固定物事故增加56.2%

Ligon et al.(1985年)利用K^2分布对路肩振动带设置前后的道路进行评估，发现铺了路肩振动带路段，事故率减少了19.8%，而没有铺路肩振动带的路段事故率增加了9.3%。

Cheng et al.(1993年)对美国犹他州高速公路1990~1992年间设置路肩振动带的道路前后数据进行分析，发现高达33.4%的驶出路外事故在设置了路肩振动带后下降到26.9%。此外，还发现靠近行车道的连续型沥青材料的路肩振动带比远离行车道的不连续型的混凝土材料的路肩振动带对减少上述交通事故有更好的效果，另外在对126个骑自行车人的调查中发现，46%的人趋向于把路肩振动带设置在行车道的边缘，而35%的人趋向于把路肩振动带设置在路肩的外侧。

Wood(1994年)对首批在美国宾夕法尼亚州收费公路上的5个振动带工程的评估数据进行研究，发现设置了路肩振动带后，驶出道路事故率减少了70%，从而最终在整条收费公路上都铺了路肩振动带。

Khan和Bacchus(1995年)对路肩振动带给骑自行车人带来的经济和安全效益进行研究，认为路肩振动带效益费用比较高。

Hickey(1997年)在Wood(1994年)的研究基础上对路肩振动带设置前后的事故率进行研究，发现前后的车辆里程事故率降低了5%。

Perrillo(1998 年)利用美国纽约州运输局和官方收集的数据研究表明,在乡村道路和专用道路上铺设路肩振动带驶出路外事故至少降低了 65%。

Griffith(1999 年)从设置在美国加利福尼亚和伊利诺伊州高速公路上的连续型路肩振动带进行评估,研究认为连续型路肩振动带能降低高速公路 18.3% 的驶出路外事故和 21.1% 的乡村高速公路驶出路外事故。

美国各州及联邦公路局(FHWA)对路肩振动带减少驶出路外事故的代表性研究成果见表 3-27。

路肩振动带对驶出路外交通事故的影响　　表 3-27

州名(时间)	公路类型	减少驶出路外事故率(%)
马萨诸塞州(1997)	乡村收费公路	42
新泽西州(1995)	乡村收费公路	34
华盛顿州(1991)	6 个地点	18
堪萨斯州(1991)	乡村收费公路	34
FHWA (1985)	5 个州,乡村公路	20

路肩振动带也会带来负作用,即交通噪声。尽管路肩振动带会带来一定的负面影响,即使交通噪声有一定幅度的增加,但是从总的看来,路肩振动带带来的安全效益要远大于负面影响。

目前,在我国部分省份有应用,如吉林、浙江、河南等省,但是关于使用后道路安全性的变化未见文献。

3.2.3　限速区

3.2.3.1　车速与安全的关系

交通事故数与车速并不是简单的线性关系。早在 1964 年 Solomon 就通过试验发现车速与事故数关系呈 U 形曲线变化。车速接近平均车速时,事故率最低;随着车速与平均车速的差增大,无论是大于平均车速还是小于平均车速,事故数都呈增加趋势。

近年来的研究表明,事故数与速度[24]的关系不显著,主要和速度的离散性相关。同济大学交通运输学院杜博英、杨春晖(2006 年)等的研究提到,速度的离散性大,频繁发生超车和被超车,容易发生事故。为了减少事故数,应该注意的不是降低速度,而是要降低速度差。

车速和事故的严重程度有关,往往车速越大,碰撞时消散的动能越多,事故也会越严重。Bowie 和 Walt (1994 年)研究发现事故中伤亡的可能性取决于事故中速度的变化率 Δv ,$\Delta v <$ 16km/h 时,严重伤亡的可能性小于 5% ,当 $\Delta v >$ 48km/h 时,严重伤亡的可能性超过 50 %。

3.2.3.2　限速与车速的关系

Parker 等人 1997 年的研究表明[25]:

(1)无论限速值增加或降低,对车速的影响都不大,平均车速和 85% 车速的变化都不超过 3.2km/h,和限速值变化的大小也无关。

(2)限速值高的路段,遵循限速的车辆比例增加了。限速值降低的路段,遵循限速的车辆比例减少了。

(3)将限速值降低到85 %车速以下,或将限速值提高到85 %车速,对驾驶员的速度影响不大。

美国和其他一些国家的研究表明在高速公路上限速值提高后,车速值一般都提高了。美国的观测数据发现高速公路上限速值由89km/h提高到105km/h,平均车速提高了1.6~6.5km/h。V. Knowles和B. Persaud(1997年)研究中列举的加拿大观测的数据和分析也表明了类似的结论。

3.2.3.3 限速与安全的关系

Parker(1997年)等人的研究[25]表明:降低限速值与事故减少之间的关系不明确。国外众多研究表明限速值的变化对行驶车辆速度的影响不大。如澳洲的Newstead和Mullan发现限速值降低5~20km/h车速没有明显变化的情况,推断限速值的变化对行驶车辆速度的影响不大,而速度与事故数的关系又不显著,速度与事故严重度有关,则限速值的变化与事故数和事故严重程度的关系不显著。

对于高速公路,瑞典Nilsson的观测数据表明限速值由110km/h降到90km/h后,死亡事故减少了21%,瑞士Finch等的观测数据表明限速值由130km/h降到120km/h后,死亡事故减少了12%。

Marie-Chantal Jayet(2006年)研究中的一组数据,见表3-28,表明若对速度进行控制,可以降低伤亡事故率,提高公路交通安全性。

限速试验及试验结果 表3-28

试验年份	措施效果
20世纪80年代	车辆平均速度下降1km/h,伤亡事故下降3%
1990年交叉口事故研究	对交通流、公路线形、平均速度进行研究,这些变量相关性很小
1998年MASTER项目	车辆平均速度下降1km/h,伤亡事故从19%下降到3%
2002~2005年法国研究	车辆平均速度下降6km/h,死亡事故减少2/3(平均速度从89.5km/h降至83.1km/h,死亡事故从7 242降至4 975,即34.5%。)

3.2.4 双车道公路的超车道

双车道公路上驾驶员随时想超越慢车,但超车时又要占用对向车道,因此超车很危险,极易发生交通事故。根据车速与事故率之间的关系,可知速度的离散性越大,发生事故的可能性越大。而双车道公路车辆混行现象十分严重,所以部分车辆的超速行驶使得超车的几率增大,道路上车辆的车速分布更加离散,使得事故率大大增加。

当双车道公路流量较大时往往会出现多个慢车形成车队结串行驶的现象,此时快车超越前方的慢车时,须一次超越多个慢车方能完成超车。在大多数情况下,超车车辆会直接卷入事故,但是也有超车车辆只引起事故而自身不受伤。美国研究人员利用5年时间对5个州双车道公路的大量事故数据进行分析,发现超车事故约占总事故数的2%。超车事故和非超车事故中,有半数以上都是与其他车辆碰撞引起的;超车引起的翻车事故,比非超车多7%,超车事故造成的伤亡人数和严重程度也高于非超车事故。

东北大学吴立新教授通过对哈大双车道公路交通事故形态分布统计分析,发现有半数以上的事故形态为翻车。分析其原因,主要是因为双车道存在着利用对向车道超车及上、下行车辆间的会车问题。

在 IHSDM[26] 的预测模型研究部分,对超车道事故修正因子 AMF 进行了研究,超车道的标准和基础条件为不设超车道(即标准双车道横断面)。某一方向设置普通的超车道或爬坡车道时,整个断面的 AMF 变为 0.75,其影响范围由上游三角渐变段至下游三角渐变段,取该值的前提是超车道正常运行,且其长度能满足运行要求。

双车道道路上一段短的四车道路段(即并排的超车道,该横断面设置形式使得超车行为可以在各自方向的车行道内完成)AMF 为 0.65,此 AMF 适用于横段面为四车道或是为提高通行能力而在较短区域内双向增加两条车道的情况,但对扩宽的四车道公路并不适用。

该研究中超车道的 AMF 主要源自 Harwood 和 St. John 的研究工作,同时也考虑了 Rinde 和 Nettleblad 提供的结论。短的四车道路段的 AMF 源自 Harwood 和 St. John 的研究工作。这些 AMF 适用于有超车道或短的四车道路段内的全部事故。

我国双车道公路有设置超车道,也有不设置超车道的,在超车道与非超车道上事故发生情况有所不同。东北大学吴立新[26] 教授认为在非超车道上发生的超车事故以侧碰较多,而在超车道上以车头、车尾相碰较多。由于冰雪覆盖,使公路路面标线模糊不清,使得超车道事故明显增多。在恶劣天气情况下,超车道事故多于非超车道。说明在恶劣天气时,多数驾驶员在非超车道超车时,表现为犹豫不决。当日平均交通量等于或超过 2 000 辆时,超车事故明显增多,而非超车道又高于超车道。这是因为当道路上车辆的交通密度较大时,驾驶员更急于超车,一旦有机会,就无视公路交通标志,任意超车。在非超车道,如果驾驶员屡超不过时,情绪因素迫使他们忽视超车视距,冒险超车,从而诱发事故。因此建议在日平均交通量较大和车速较快的双车道公路上应设置专用的超车道。

3.2.5　物理减速设施

3.2.5.1　提高路面摩擦系数

Rune Elvik 和 Truls Va(2004 年)[13] 对提高路面摩擦系数后对安全的效果进行了系统分析,涉及了各国的 15 项研究成果。该研究表明,在摩擦系数较低的情况下,提高路面摩擦系数可以显著降低事故率,该研究成果既包括干燥路面也包括湿润路面的情况。提高路面摩擦系数既有利于预防伤害事故,也有利于预防轻微受伤事故。当摩擦系数大于 0.7 时,再提高摩擦系数对事故影响效果不大;当摩擦系数小于 0.7 时,摩擦系数的增加有利于降低 5% ~10% 事故率。

目前我国只是在事故多发段的安全改进中意识到提高路面摩擦系数的作用,但尚无定量成果。

3.2.5.2　减速丘

减速丘属于垂直速度控制设施,是一个横穿车行道的圆拱形凸起区域。一般沿行车方向宽度为 3 ~4.3m,高度为 7.6 ~10cm。减速丘的纵断面可以是圆曲线、抛物线、正弦曲线。当接近路缘时,应设置渐变段,以利于排水。减速丘适用于需要控制车速但对噪声和空气质量要求不高的地点。其优点是造价相对较低;能有效地降低车速;自行车相对容易通过。缺点是降低了行车舒适性,特别是对于残疾人;可能增加噪声和空气污染;视觉美观度欠佳。

D. Webster(1993 年)[27]提到设置减速丘之后,对于3.65 m 宽度的减速丘,可使85%位运行车速平均降低22%,平均事故率可降低11%。对于4.25 m 宽度的减速丘,可使85 %位运行车速平均降低23%,平均事故率可降低41%。Webster 分析设了减速丘后,85%车速降低了16km/h,所设道路上事故数减少了71%。

Rune Elvik 和 Truls Va(2004 年)[13]引用28 项各国减速设施安全效果方面的研究对减速设施的安全效果进行了系统分析。分析研究表明,减速丘的设置有利于50%伤害事故的降低,该结论主要来自于前后对比分析。Baguley(1982 年)、Webster 和 Mackie(1996 年)等研究表明,设置减速丘后交通量降低了25%左右。较早前的研究表明,减速丘设置后交通流转向了邻近并行的不设置减速丘的道路,从而导致这些设置减速丘的道路上事故减少;但近期研究没有证实该倾向,且设置减速丘道路的临近道路上事故没有增加。

3.2.5.3 振动标线带

振动标线带又称振动标线,当行驶车辆碾压其上时产生振动感,以示警戒。同时它也具有反光效果,起到安全作用。振动标线主要用于事故多发地段和对公路轮廓识认性要求高的场所。如高等级公路的边线、转弯处、导流处、出入口标线、桥梁、隧道、陡坡等路段和其他需具有提示功能标线的地方。

Rune Elvik 和 Truls Va(2004 年)[13]引用28 项各国减速设施安全效果方面的研究对振动标线带的安全效果的研究表明,由于在无控制道路上振动标线带一般设置于交叉口前,振动标线带的设置减少了交叉口33%的伤害事故和大约25%的轻微事故。

3.2.5.4 抗滑薄层铺装

交通运输部公路科学研究院公路交通安全工程研究中心针对国道108 北京段[27] K28 ~ K28 +400 路段安全改进工作前后的安全情况及车速分布情况进行了分析。该路段为山岭区无慢车道设置的双车道公路,线形条件为弯道所在曲线半径只有约30m,直线入弯部分坡度3%左右,直线部分长210m 左右,弯道处视距不良。具体措施有:路中心白色虚线调整为黄色虚线;对路侧宽大深边沟进行整平处理;设置新型急弯、减速标志;直线段临崖侧设置柱状轮廓标等主动引导设施;弯道前设置抗滑薄层铺装来提示驾驶员减速、谨慎驾驶,同时还起到雨天防滑作用;弯道外侧设置波形梁钢护栏。

安全改进工作前后4 个月为一周期,事故分析表明改进后全部事故次数减少了62.5%。安全改进后该段平均车速增加了5km/h,但速度离散程度降低了。改进前,车辆进入弯道速度与刹车位置的规律较明显,但是,完善后规律变弱,主要原因是设置的抗滑薄层铺装对驾驶员的驾驶行为产生了影响,表现为车辆由直线段进入弯道过程中,车辆驾驶行为有了调整。

3.2.6 智能交通系统和交通管理系统

智能交通系统(ITS)的最终目的是建立快速、准时、安全、便捷和舒适的交通运输体系,以保证社会经济可持续发展,建立与人类生存环境相协调的良好的交通运输环境。国外的经验证明,一旦ITS 投入使用,至少可以把城市的交通堵塞减少50%,交通事故甚至可以减少80%。美国智能交通协会主席 John Collins 说,ITS 的应用可使现有公路使用率提高15% ~30%。

3.2.6.1　可变信息标志板

Rune Elvik 和 Truls Va(2004 年)[13]针对 11 项各国成果对可变信息标志板的安全效果进行了系统研究。研究表明,尽管相关研究成果说服力还不特别强,但关于事故情况、道路秩序、雾等不良气候和速度指示等的可变信息标志板对于减少事故数量还是有一定的积极作用。

其中前方拥堵警告标志有利于减少伤害事故,但是会增加轻微事故,Erke 和 Gottlieb(1980 年)的研究证实了该情况,主要在于该标志增加了车辆车道转换频率,从而增加冲突机会,使轻微事故增加。用于指示行人过街等可变信息标志有利于减少事故,尽管该效果不够显著。

Amundsen(1988 年)在挪威的 9 个校园进行了关于可变限速标志的研究,发现平均速度从 57km/h 降低到 51km/h,其中所有学校的行车速度都降低了,幅度从 2 ~ 11km/h 不等。平均速度从 57km/h,降低到 51km/h,伤害事故可降低 20% 。

3.2.6.2　动态路线指示系统

Stoneman(1992 年)[13]在伦敦针对 10% 、20% 、30% 、100% 的车辆应用动态路线指示系统的情况进行了研究,发现动态路线指示系统对于事故降低的作用不显著。100% 应用只能降低 1.5% 事故,其他比例的就更小了。

Maher、Hughes、Smith 和 Ghali(1993 年)等针对路网中最优路线的选择与安全进行了研究,发现动态路线指示系统应用后,时间最短线路上事故最多。主要在于时间最短线路上交通量最大,从而导致事故增多。

3.2.6.3　公交专用道

Rune Elvik 和 Truls Va(2004 年)[13]应用 13 项各国研究成果对公交专用道和公交站点设置的安全效果进行了系统研究。研究表明,公交专用道的设置倾向于增加事故次数,其中伤害事故增加最明显,该情况在美国公交专用道,尤其供合乘小汽车共用的车道上最为显著。导致该情况的原因在于公交车道设置在道路的左边或中部,而这些车道车速最快,为了进入或驶出专用车道,需要变化几次车道,从而增加冲突风险。另外,合乘小汽车与公交车的速度差较大,也不利于安全。

在挪威的研究也证实公交专用车道的设置增加了事故次数。在挪威,自行车和摩托车都允许进入公交专用车道,意味着最大的车辆和最小的车辆共用一条车道。当在交叉口处转弯时,自行车等需要穿越公交专用道,较大的速度差及视距的影响增加了事故风险。

3.3　路段上行人和自行车的安全

行人和骑车人在交通中受到伤害的危险要比汽车驾驶员大的多,Bj ¢ rnskau(1993 年)应用 1991 ~1992 年挪威官方数据研究表明,单位公里上行人事故率是汽车中乘员的 4 ~6 倍。

Egan(1992)在加拿大多伦多的研究表明,公共汽车和自行车的组合车道有利于增加自行车交通量,减少事故率,超过 75% 骑车人在公共汽车和自行车的组合车道上感到安全。

Rune Elvik 和 Truls Vaa(2004 年)[13]关于自行车和行人道的研究表明:①众多供自行车和行人混合使用的车道的安全研究成果表明,该种车道的设置对总体事故次数没有显著影响,但是对行人事故有降低的趋势。②单独设置自行车道有利于伤害事故的降低,降低水平平均达到 4% 。③设置与机动车道分离的自行车和行人车道有利于降低自行车事故,但增加了机动车单车事故，对行人事故也没有影响，对于全部事故降低水平为1%～13%。④地下通道、天桥等设施对事故的降低效果非常明显。⑤在信号控制交叉口设置专用的自行车车道对于减少伤害事故的效果不够明显，但有利于自行车事故的减少，尽管对自行车事故减少的影响小于对单个机动车事故增加的影响。

美国堪萨斯州运输局1995年一项研究表明，人行道的设置有利于减少行人交通事故，除了给行人提供一个相对安全的行走区域外，人行道也给可能在道路上玩耍的儿童提供了空间。一项研究表明，沿着街道设置人行道相对于不设置的大约减少了50%的行人事故。

在我国公路上，很多时候自行车在硬路肩上骑行，硬路肩的宽度也对安全有一定的影响。如3.1.1中所述，交通部公路科学研究院关于路面宽度(包括行车道和硬路肩)的安全性分析中，路面宽度在一定范围内有利于安全，而宽度超过一定范围后，反而对安全不利了。结合我国交通实际情况，主要表现为硬路肩在一定范围内，增加硬路肩有利于减少机动车对自行车的干扰，而当硬路肩宽度增加到一定程度，农用车等占用硬路肩的情况增加，反而不利于安全。

3.4 其他因素对安全的影响

3.4.1 气象因素

根据交通部公路科学研究院公路交通安全工程研究中心的统计，2004年我国因自然灾害共发生交通事故777起，死亡250人，伤792人，直接经济损失599万余元；在雨、雪、雾、大风、阴天、沙尘等天气条件下共发生交通事故103 661起，死亡23 469人，伤97 848人，直接经济损失612万余元。2005年上半年，有2 289条国道因气象因素短时间交通中断，约有35条国道发生不同程度的水毁。冲毁路基18 302.6公里，路面32 707.8公里，桥梁3 511座，涵洞26 179道，直接经济损失近62.3亿元。气象灾害降低运输能力，形成安全隐患，产生事故危害，引发形成灾害。

东南大学沙爱敏用图3-39[29]说明了在雨、雾、雪等不良天气条件及公路交通安全性的相关因素作用。异常的天气状况因为改变了道路的行车条件，减小了路面的摩擦系数或降低了能见度，从而影响驾驶员的正确判断和操作，对交通安全有极大的危害。

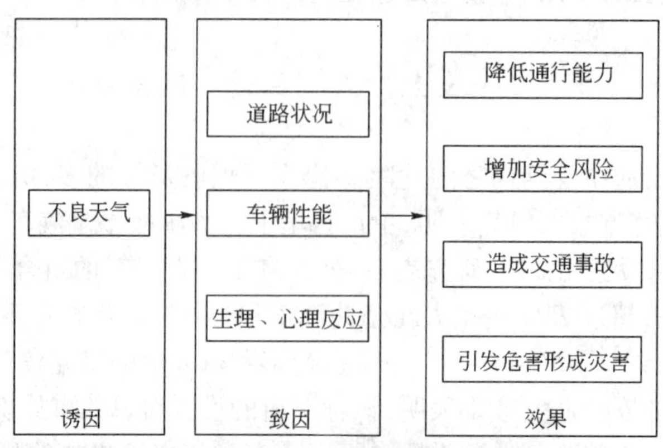

图3-39 气象因素条件下各种相关因素作用产生的效果

沙爱敏以淮连高速公路为例，对其发生在各种天气下的279起事故进行统计，结果如图3-40、图3-41所示。淮连高速公路沿线水网密布，气候湿润，雨量充沛，雨季及团雾和冰冻严重影响行车安全。恶劣的气候条件给行车条件增加了困难，更容易诱发交通事故。有近48%的事故发生在不良的天气条件下。其中，雨天发生的交通事故比较频繁，雾天事故伤亡率较高。雨天行车，路面摩擦系数不到干燥铺装路面的一半，而且摩擦系数随速度增加而急剧降低，因而车轮易打滑，严重时将产生"水漂"现象，导致交通事故的发生。雾天行车，能见度降低，视线严重受限，极易发生恶性追尾事故。可见，交通事故的发生与灾害性天气关系密切。

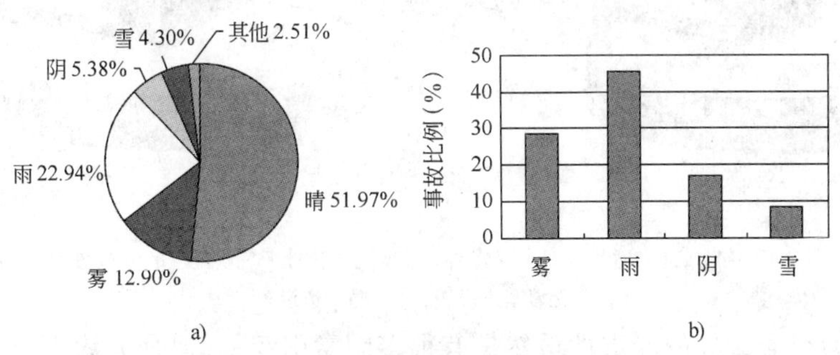

图3-40　淮连公路交通事故与气候关系图

a）事故次数的气候分布；b）交通事故与不良天气关系分布图

从图3-40和图3-41中可以看出，事故次数和伤亡人数具有相同的分布特征。不同气候条件下的交通事故状况有所差异。晴天和非晴天事故的比例为52∶48。近52%的事故和58%的死亡都发生在天气晴好的条件下。晴天这样的气候条件在一年中所占的比例最高，发生的事故次数也就较高。在晴天，因驾驶条件良好，车速较快，且驾驶员的随意性较大，所以一旦发生紧急状况，难以采取一定措施避免碰撞。由于碰撞能量大，不可避免的将会造成严重的事故伤亡。另外，在不良天气条件下，淮连公路雨天发生交通事故的比例达到46%。沙爱敏进一步分析了淮连公路雨季的月事故次数明显高于年平均事故次数，预计平均每天发生事故0.9次，死亡率达到27%。

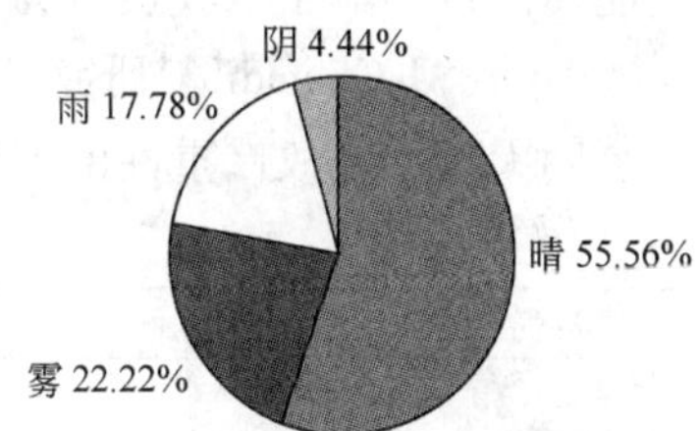

图3-41　淮连公路死亡人数与气候关系分布图

沙爱敏还引用了美国2001年交通事故在各种天气条件下的发生情况和非晴天中的事故比例，如图3-42、图3-43所示，分析得到：晴天事故与非晴天事故比例达到85∶15，非晴天划分比较具体，雨天发生的事故次数最多占75.11%，这与淮连高速公路的分布情况相似。其次为雪天和雾天。针对雨天交通事故的频繁发生，需要对路面的抗滑性能提出更高的要求。

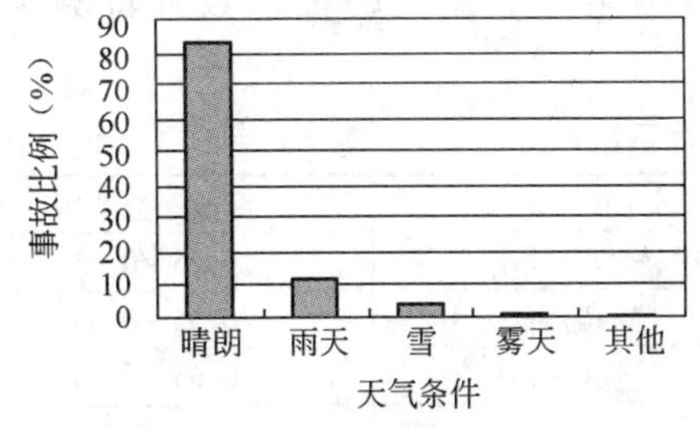

图3-42　美国2001年交通事故气候分布图

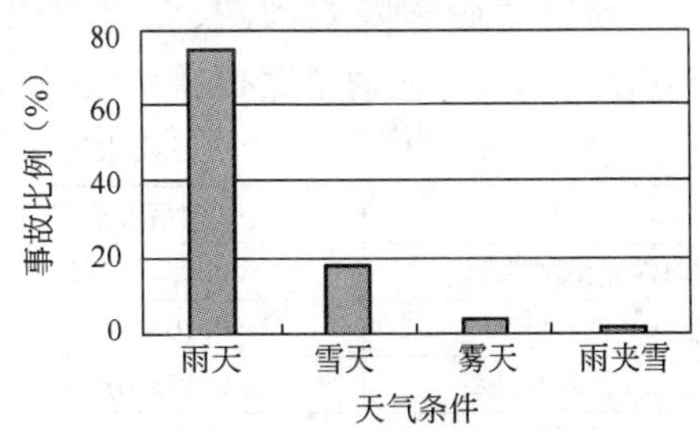

图3-43　美国2001年交通事故与不良天气关系分布图

交通部公路科学研究院公路交通安全工程研究中心根据北京通州区双车道的交通事故调查数据[6]，统计结果见图 3-44。北京通州区属于大陆性气候，一年中的天气以晴天为主，所以发生事故时天气为晴的比例最大；非晴天时，雾天发生事故的比例最高，约为雨天、阴天发生事故数的 2 倍。此外，雾天发生事故的比例很高，因为雾天能见度低，影响驾驶员的视距，其次为阴天。

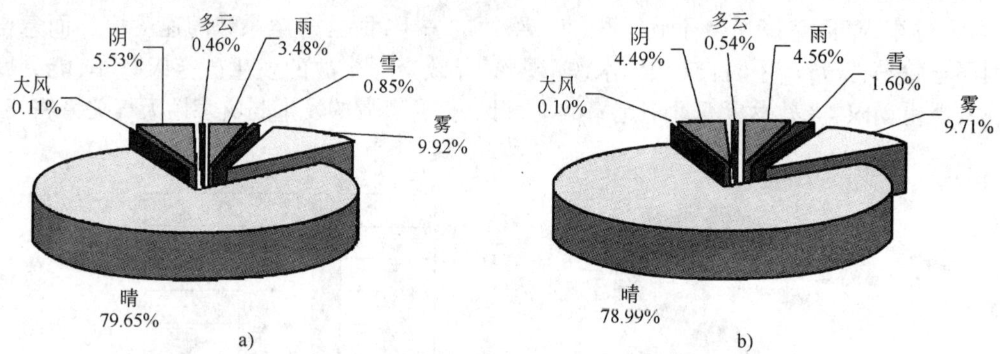

图 3-44　北京通州区双车道公路交通事故在各种天气状况下的分布图

a）无慢车道设置；b）有慢车道设置

沙爱敏认为交通事故的严重性虽然是有很多因素引起的，但是大约 22% 的致伤事故和 17% 的死亡事故都是发生在不良天气条件下。不良天气由于降低了能见度和车辆制动及转向性能而严重影响了驾驶员行为和交通流。

Ali S. Al-Ghamdi[30] 研究了英格兰和威尔士道路和环境的关系，根据各种不良天气条件下与晴朗天气下事故严重性的比较，计算出事故的严重性比例，见表 3-29。

1980～1990 年事故严重性比率　　表 3-29

天　气	照明条件	严重性比率	天　气	照明条件	严重性比率
晴朗	白天	17:223	雪天	白天	13:210
	夜晚	32:268		夜晚	18:252
	总计	21:235		总计	15:227
雨天	白天	14:206	雾天	白天	21:235
	夜晚	24:260		夜晚	29:282
	总计	18:227		总计	25:256

注：严重度比率-在以 1 000 为单位的全部事故中死亡事故与伤害事故的比例，如 16:237 表示在 1 000 起事故中 16 起死亡事故，237 起伤害事故，余下的 747 起为轻微事故。

从表 3-29 可以看出，雾天发生的交通事故比较严重。并且，夜晚事故比白天发生的事故要严重。比较发现，雨天的事故严重性较晴朗天气低，因为由于路面潮湿而使得车辆滑移，轻微事故的发生频率较大。反过来，这也就抵消了事故的严重性。

天津城市建设学院刘利花、张金喜[31] 对不同路面条件的路面摩擦系数进行测定，如表 3-30所示，冰、雪、雨对道路抗滑系数有非常大的影响。

不同条件下的路面摩擦系数　　表 3-30

路面条件	摩擦系数范围	路面条件	摩擦系数范围
非常光滑的冰膜	0.05～0.15	积雪、轻度压实的雪	0.25～0.35
非常光滑的压实雪	0.10～0.20	湿润路面	0.35～0.55
冰板、雪下有冰板	0.15～0.20	干燥路面	0.65～0.75
冰膜	0.15～0.30		

3.4.1.1 雨天

大量研究表明，随着抗滑系数的降低事故率明显上升。在英国，超过1/4的雨后路面事故与路面的抗滑性能有关，他们在研究雨水路面抗滑性能对交通安全的影响后建议潮湿路面的停车距离应该至少是干燥路面停车距离的2倍。横向力系数每提高0.1[用横向力系数常规测试仪(SCRIM)测定]，雨天事故率就可降低13%。美国的研究指出，路面抗滑值SRV(车速为64.36km/h)为40时，湿路面事故率为25%，随着SRV的降低，湿路面事故率可增加到60%。长安大学王艳丽、王秉纲[32]提到我国在"七五"攻关中对抗滑表层的研究表明，修建抗滑表层后可使雨天交通事故减少80%，交通部公路科学研究院通过调查，结果如图3-45所示，当路面横向力系数SFC < 35时，交通事故急剧增长。

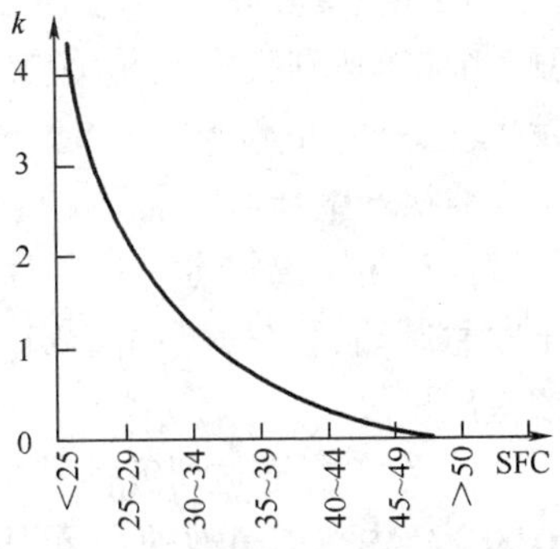

图3-45 横向力系数SFC与事故倍增系数k关系图

Mircea-Paul Andreescu，David B[33]列举了早期的一些学者关于雨天对交通事故影响的试验及结论，如表3-31所示。

雨天与交通事故有关的试验及结论 表3-31

试验年份	试验人员	试验及结论
1971	Campbell	潮湿路面的交通事故数是干燥时的2.2倍
1973	Haghighi Talab	城市地区降雨对交通事故数的影响最大，但在人口比较稀少的郊区或乡村发生的交通事故更为严重，因为此处的交通量小，车速较快，此试验并没有得出降雨强度与事故的关系
1980	Bertness	
1974	Codling	降雨时发生的交通事故数比干燥天气增加52%，事故伤亡率增加22%
1976	Satterthwaite	研究每天的事故变化，发现雨天的事故数大约是干燥天气的2~3倍
1978	Sherretz Farhar	雨天与事故成正线性关系，降雨量大时事故率更高
1982	Smith	降雨时发生的交通事故数比干燥天气增加22%，事故伤亡率增加44%
1988	Brotsky Hakkert	降雨时发生的交通事故数比干燥天气增加6%
1991	Palutikof	降雨是影响交通事故死亡率的最主要天气因素
2005	Andrey	雨天条件下的事故危险比干燥条件下高70%

李方[34]认为，路面抗滑系数变小，使车辆制动性能变差，容易发生侧滑或造成车辆倾翻等事故；车辆高速行驶时，制动距离与车速成正比。根据实测统计，随着车速的增加，制动距离明显延长，当车速提高1倍时(40~80km/h)，紧急制动所需距离为原来的2倍左右(8~18m)，特别是在湿滑路面，车辆制动性能进一步恶化。

另外，降雨也造成了不良能见度，尤其是夜晚。导致能见度的降低归因于：(1)雨幕和灯光的共同作用造成反射和灯光的散射影响了驾驶员视觉；(2)降雨和挡风玻璃造成了不平衡的反射灯光到眼睛；(3)从其他车辆飞溅的水滴加重了能见度问题。

3.4.1.2 雾天

对于行车来说，雾天是影响能见度最恶劣的气象条件之一，能见度有时降到30~40m或者更低些，严重影响驾驶员的视线。驾驶员在行车过程中，有90%的信息是依靠视觉获得的。

能见度的下降会导致有关交通的刺激信息比例减少，而其他微弱信息的比例增加，容易导致驾驶员产生犹豫、疏忽，甚至是错觉。

在能见度较差的情况下行车时，按驾驶习性，许多驾驶员会不由自主地跟随前车的尾灯行驶，当前车遇到突发情况而前后车之间的车距过小或行车速度过高时，往往会导致追尾事故的发生。另外，在雾天行车时，驾驶员是根据自己对大雾浓度的感知来控制车距的大小，由于大雾从产生到消散需要一定的时间，这一过渡过程使得驾驶员因很难正确判断自己的行车位置而产生距离错觉。在这种情况下，一旦前车紧急制动，后车就会由于安全车距过小而导致追尾事故。

沙爱敏[29]通过研究沙特阿拉伯半岛南部地区3年内总体事故的严重程度，发现雾因事故具有非常高的伤亡率，见表3-32。

沙特阿拉伯半岛南部地区因雾导致事故死亡率　表3-32

事故率＼事故	比率（每100起事故的人数）	
	死亡率	受伤率
所有事故	1.9	15.6
雾因事故	8	101

江苏省气象科学研究所袁成松、卞光辉、冯民学[35]等提到在德国因雾引发的交通事故死亡率高达10%，法国因雾引发的交通事故死亡率高达7%～8%。

根据西南交通大学周刚[36]的调查，在一些雾多发地区的公路路段，因大雾导致能见度减小而引发的交通事故的死亡率达到40%。

3.4.1.3　雪天

下雪时飞舞的雪花阻碍了驾驶员视线，当雪后晴天时，由于积雪对阳光的强烈反射作用，十分耀眼，产生炫目，即雪盲现象，使驾驶员的视力下降，对行车安全极为不利。

Mircea-Paul Andreescu，David B[33]列举了一些学者关于雪天对交通事故影响的试验及结论，如表3-33所示。试验数据来源于北美、英国，而缺乏较温暖地区或冰雪期特别长的地区的数据，因此这些试验的结论具有一定的局限性。

雨天与交通事故有关的试验及结论　表3-33

时间（年）	试验人员	试验及结论
1967	Rooney	城市交通受冰雪气候影响最大，交通高峰时降雪会导致事故高发
1975	Freitas	
1974	Codling	雪天的事故伤亡率是正常天气的2倍
1982	Smith	雪天的事故数比正常天气高2.2%
1988	Brotsky Hakkert	在北美、英国、以色列等地的研究认为，雪天对事故无明显影响

广东省高速公路路政管理处王文武、李迁生[37]提出冰雪路面的附着系数下降为0.1～0.2，而冰面的附着系数仅为0.07～0.1。在此路面上行驶，车轮的作用力（制动时的制动力，加速时的驱动力以及转向时的侧向力）突然变化很容易影响轮胎与路面的附着状态，使轮胎失去抵抗侧向力的能力，制动稳定性差，制动距离增加，从而引发交通事故。

根据沙爱敏对淮连公路冬季月事故次数的统计。发现淮连公路冰雪气候主要集中在1月和2月，1、2月份时，雪天较频繁，温度变化不稳定，中午融化夜晚结冰，使路面状况恶化，因此事故数比年月平均事故数约高18%。

3.4.2 道路照明

照明设备可以减少交通事故，日本统计有夜间照明的道路，交通事故可减少 14% ~54%，欧美等统计可减少 30% ~40%；照明设备还可提高道路利用率，据美国实测数据，设照明设施后，车速可提高 1.1 ~4.6km/h；照明设备还可消除行人的不安全感，还可以保证驾驶员必要的行车视距，消除驾驶员的不安全感。

Rune Elvik 和 Truls Va(2004 年)[13]针对 38 项各国相关成果对道路照明对安全的影响进行了系统研究。研究表明，道路照明减少了 65% 的夜间事故，其中有人员伤害的夜间事故减少了近 30%，物损事故减少了 15%。道路照明对于夜间行人事故的影响最为显著，降低约 50%。而且道路照明在城市、乡村等各种交通环境对安全的效果是一致的。

Eric R. Green[38]等认为夜间公路的能见度降低，从而导致安全性下降，设置公路照明设备是增加公路安全性的重要措施。据统计，有照明比无照明交通事故率低 40% ~60%。虽然设置公路照明设备的费用较高，但是经过若干年，降低的事故损失足以弥补设备成本。Eric R. Green 等首先分析了设置公路照明设备的优点，并设计了合理的公路照明质量水平；然后调查了照明对驾驶员及公路周围环境的影响，通过分析夜间交通事故数据确定了事故多发点(段)；最后运用研究成果更新了肯塔基州的《交通指导手册》中关于街道和高速公路照明的部分。

由于节能的倡导和推广，英国于 1973 ~1974 年冬，道路照明灯具减少 50%，但夜间的交通事故却同比增加了 12%，交通事故的损失额高于节能的成本额。在美国、日本都发生了类似的情况，得不偿失。因此，在节能的同时，必须保证照明质量。设置照明使用费用较高，也不可能都设置。因此，《英国道路照明规范》规定，在运输特别繁忙和重要的路段内，可配置路灯，在有条件的交叉口、人行横道等处可采用局部照明。公路照明标准的推荐值见表 3-34。

公路照明标准推荐值

表 3-34

路段 \ 推荐道			亮度			照度	眩光限制	诱导性
			平均路面亮度 L_{av} (cd/m²)	总均匀度 L_{min}/L_{av}	纵向均匀度 L_{min}/L_{max}	平均照度 E_{av} (lx)		
特殊部位	路段	高速公路	1.5 ~2.0	0.3	0.7	20 ~30	6	很好
		一级公路	1.5 ~2.0	0.4	0.6	20 ~30	5	好
	立体交叉口		主路 2 匝道 1	0.5	0.7 0.7	主路 30 匝道 15	5	好
	平面交叉口		1.5 ~2.0	0.3	0.6	20 ~30	6	很好
	特大型桥梁		1.5 ~3.5	0.5 ~0.7	0.7	15 ~50	5	很好
	收费站广场		2 ~5	0.4	0.6	20 ~50	5	好
	进出口		0.5 ~2.0	0.3	0.6	10 ~30	5	好
相关场所	服务区		0.5 ~1.5	0.3	0.5	10 ~20	5	好
	养护区		0.5 ~1.5	0.3	0.5	10 ~20	5	好
	停车场		1 ~2	0.3	0.5	15 ~30	5	一般

英国运输研究试验室(TRL)正在进行一项有关车辆在夜间发生事故与道路照明关系的研究。为了弄清楚道路照明对交通事故的影响，将对那些和所采用的照明系统相关联的数据进

行分析。运输研究试验室的研究还将分析各种不同等级道路上照明水平和发生事故的频率与严重性的关系。这项目研究的目的是要分析并确定,是否有必要提高道路目前的照明等级,考虑采用更有效的现代照明设备取代目前的照明设备,以及在车辆设计与交通管理方面提出新的要求。这项研究于2007年4月份开始,在2008年的第三季度完成。

江苏省镇江市有关部门统计,2007年上半年镇江市所有公路事故分析,见表3-35,所有有照明与无照明的道路上死亡人数之比为1:2.4。分析得出:有无照明设施直接影响事故发生,尤其是死亡事故的发生。

镇江市有无照明的公路交通事故 表3-35

项目	次数		死亡人数	
	数量	百分比	数量	百分比
白天	175	52.24%	78	47.85%
夜间有路灯照明	81	24.18%	25	15.34%
夜间无路灯照明	79	23.58%	60	36.81%

珠海市道路照明技术公司汪建平,邓云塘(1995年)等提出评价道路照明质量的指标主要有:路面的平均亮度(L_{av}),路面亮度均匀度(U_0),眩光控制水平,视觉引导性等。

1)路面的平均亮度

路面的平均亮度是全路面所有计算点亮度的算术平均值。平均亮度高,驾驶员易分辨物体的形状和颜色,视功能强。从机动车驾驶员的视觉功能角度考虑,路面的亮度影响着驾驶员视觉的对比灵敏度和路面上物体相对于路面的亮度对比度(夜晚的道路照明相对于人眼在白天的一般视觉状态而言是比较低的,这是人眼处于中间视觉状态,对物体颜色的差异不敏感,而主要依靠物体与背景之间的亮度差以来辨别)。

2)路面亮度的均匀度

路面亮度的均匀度定义为路面上最小亮度和平均亮度的比值。根据李海歌,杨扬提到的邦森-罗斯科定律,在一定条件下,物体越亮,察觉它的时间越短。人眼由亮入暗或由暗入亮,光强发生变化,需要几秒钟的适应过程,照明均匀度直接影响驾驶员判断事物的时间,关系着交通安全,因此高速公路上良好的照明均匀度至关重要。照明设计必须考虑驾驶员的视觉要求,若环境亮度变化过大,一定要设置过渡空间,使眼睛有足够的视适应时间,以便更快速、准确地获得道路交通信息,并获得良好的安全感和舒适感。一般来说,路面的亮度均匀度 U_0 不得低于0.4。从图3-46可以看出,在相同的增量下,即使路面的平均亮度相同,若路面亮度均匀度越低,则显示能力越小。

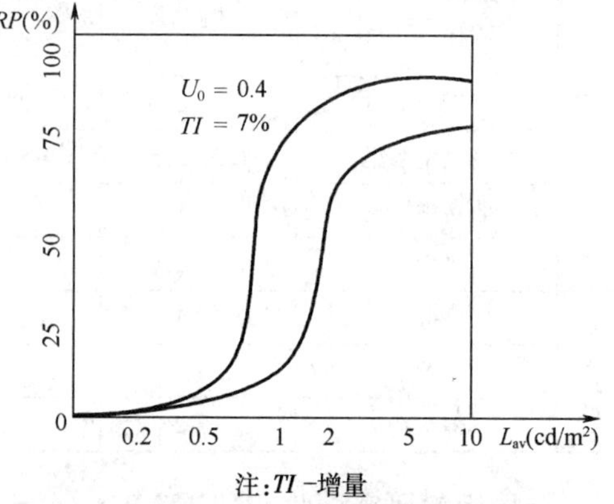

注:TI-增量

图3-46 显示能力 RP 与亮度均匀度 U_0 之间的关系

3)眩光

在相同照明环境中,视野中的极高亮度物体或强烈亮度对比物使观察者产生不舒适感或视功能下降的现象,称为眩光。

夜间行车时,驾驶员间断地受到对面车辆前

灯的强光照射，光线在眼睛内散射导致视功能下降，眼睛灵敏度降低，产生失能眩光。户外照明器向水平方向和上方射出的光线也会造成眩光，影响驾驶员观察前方路况。

4)视觉引导性

提高视觉引导性措施包括所有为道路使用者在其最大允许速度下，在一定距离内快速认知前方道路走向而采取的措施。

在夜晚未被照亮的道路，视觉引导被局限于汽车前照灯所照射的范围内，而紧随道路走向布置的道路照明则可提高视觉引导性，从而有助于道路使用者的安全和便利，尤其是对于有很多弯道和交叉的道路。

东南大学王嘉亮(2006 年)[39]认为照明影响驾驶员视距，因而和安全直接相关。

(1)驾驶员的视力。驾驶员通过感觉器官接收信息驾驶车辆，其中 80% ~90% 的信息通过视觉获得，所以驾驶员的视觉机能对行车交通的安全影响最大，而夜间的视觉特性随环境的变化而变化。据统计，日落后 30min 室外照度下降到 100lx，再过 20min 降至 1lx，在完全黑暗的夜晚，视力只能达到白天的 3% ~5%。

(2)夜间物体的辨认。由于夜间环境照度的降低，刺激物出现在人的视野中以及人们辨别各种颜色物体的感知都发生变化，其观察效果也随之变化。据试验研究，在车灯照明(无路灯)的条件下，能发现各种颜色的距离及能看清物体的距离如表 3-36 所示。

不同颜色物体的辨认距离 表 3-36

物体的颜色	白	黑	乳白	红	灰	绿
能发现某种颜色的距离(m)	82.5	42.9	76.6	67.8	66.3	67.6
能确认某种物体的距离(m)	42.9	18.8	32.1	47.2	36.4	36.4
能肯定其移动方向的距离(m)	19.0	9.6	13.2	24.0	17.0	17.8

由此可看出，白色物体能够在较远距离时就被发现，黑色物体的视认性最差。

(3)暗适应的影响。当人们从明亮环境走到黑暗处(或相反)，这时，就会产生一个原来看得清，突然看不清，经过一段时间才由看不清到逐渐又看得清的变化过程，这叫做“适应”，适应过程见图 3-47。暗适应的过程由锥体细胞和杆体细胞共同作用，其过程一般几分钟至几十分钟。因此，对驾驶员夜间行车来说，常常遇到照明不均匀的情况。由此可以看出，道路照明设计应当考虑驾驶员这一视觉特性，尽量保证道路路面的亮度均匀度和道路与道路之间路面亮度的必要过渡。

华中科技大学姚凯、万淑云[40](2003 年)研究表明国际照明委员会(CIE)曾经根据大量的统计数字总结出一个道路亮度与车速的对应关系，见图 3-48。总的说来，车速越高，由于驾驶员反应时间超短，因此要求的照度越高。如果高速公路的照明指标不能达到一定的技术要求，那么它的作用将是有限的。一般来说，只有在车流密集或路况复杂的地段才有安装照明设施的必要，而且标准要高。

3.4.3 货车比例

Clarke(1998 年)的研究表明，在 1 000 辆/(天・车道)的公路上，货车比例每增加 1%，则货车事故率增加接近 2%。

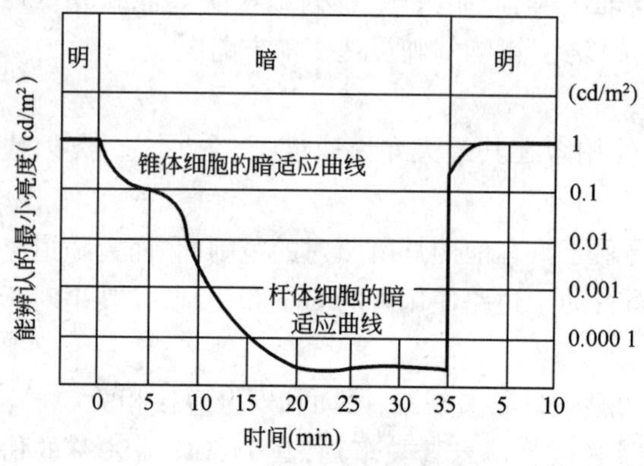

图 3-47 人眼的适应过程曲线

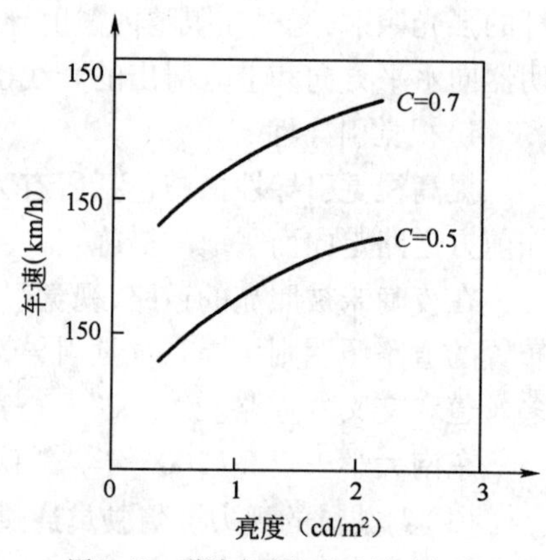

图 3-48 道路亮度与车速的对应关系

交通部公路科学研究院的公路交通安全工程研究中心[6]对平原区双车道公路(无慢车道设置)交通量中货车比例对安全的影响关系进行了分析,样本中货车比例从22.66%～71.47%。分析指标具体有路段亿车公里事故率、路段亿车公里死亡率指标等的分析。对货车比例的分析结果见图3-49～图3-52。

1)全部事故率

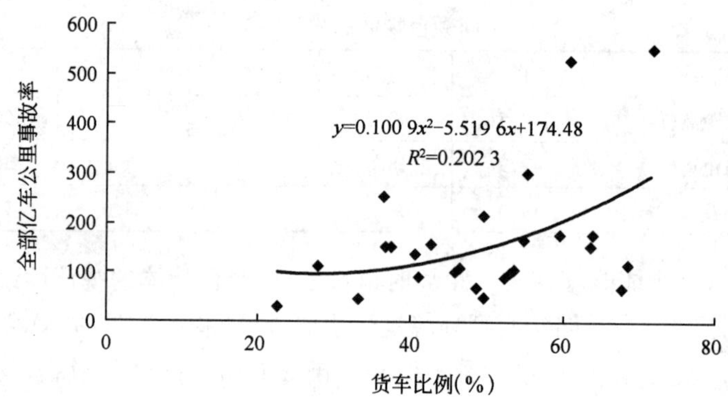

图 3-49 双车道公路(无慢车道设置)货车比例对全部事故率分析图

2)全部事故死亡率

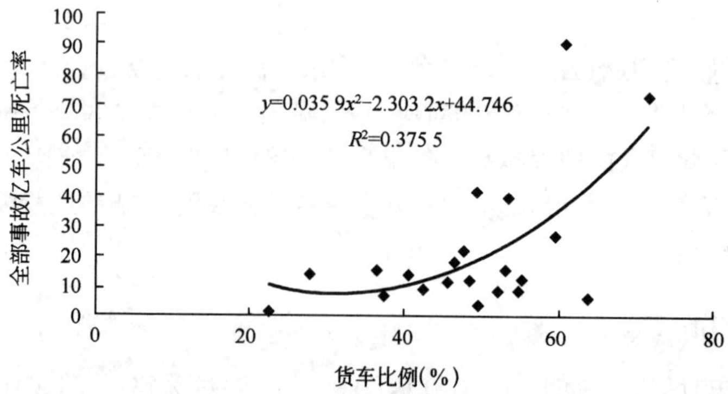

图 3-50 双车道公路(无慢车道设置)货车比例对全部事故死亡率分析图

3)路段事故率

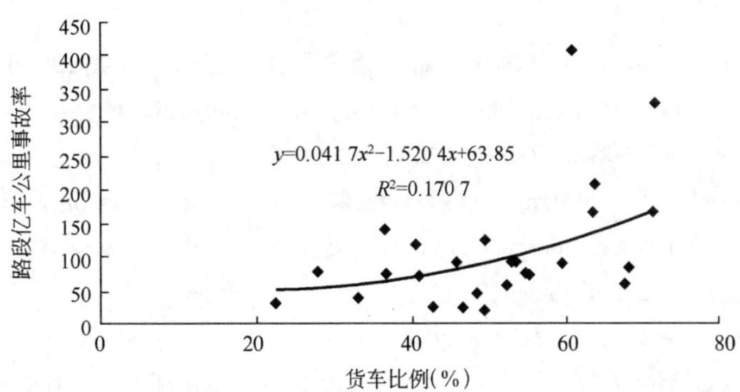

图 3-51 双车道公路(无慢车道设置)货车比例对路段事故率分析图

4)路段事故死亡率

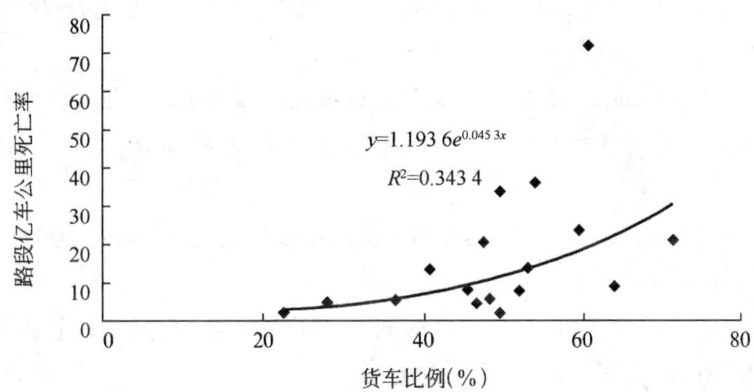

图 3-52 双车道公路(无慢车道设置)货车比例对路段事故死亡率分析图

分析表明,对于研究范围内的双车道公路(无慢车道设置),全部事故率、全部事故死亡率、路段事故率、路段事故死亡率整体分布结果一致,随着货车比例的增加呈增加趋势,且全部事故率指标的增加趋势高于路段事故率指标。

在双车道公路(无慢车道设置)上,货车比例越高,则整体车流中车辆的超车行为也越多。此外,货车性能、超载等因素也对安全有较大的影响。

对于货车比例对全部事故率指标的影响趋势大于路段事故率指标,主要在于全部事故中包括交叉口和村庄路段,而大货车在村庄路段,尤其交叉口的安全影响要高于其在普通路段的安全影响。

本章参考文献

[1] Council F, Stewart J R. Safety effects of the conversion of two-lane rural to four-lane rural roadways based on cross-sectional models, Transportation Research Board Annual Meeting, 2000.

[2] Rogness R O, Fambro D B, Turner D S. Before-after accident analysis for two shoulder ipgrading alternatives. Washington: Transportation Research Record, 855: 41-47.

[3] Zegeer C V, Reinfurt D W, Hunter W W, Hummer J, Stewart R and Herf L. Accident effects of

sideslope and other roadside features on two-lane roads. Transportation Research record 1195,1987.

[4] 张铁军,唐琤琤,等.平原区公路横断面要素安全性研究[J].公路,2008,4:34~39.

[5] E. Hauer. Draft. Shoulder width, Shoulder Paving and Safety, 2000.

[6] 唐琤琤,张铁军,等.公路交通安全手册研究报告,2008.

[7] Turner D S, Fambro D B, Rogness R O. Effects of paved shoulders on accident rates for rural Texas highways, Transportation Research Record, 1981.

[8] E. Hauer, Draft. Number of Lanes, 2000.

[9] E. Hauer, Draft. The Median and Safety, 2000.

[10] Roadside Design Guide, Washington: American Association of State Highway and Transportation Officials, 2002.

[11] Accident Models for Two-Lane Rural Roads.

[12] 张铁军,唐琤琤,等.山区双车道公路事故预测模型路侧危险度事故修正因子研究,2007.

[13] Elcik, Trulscaa. The handbook of road safety measures, 2004.

[14] 张铁军,唐琤琤,宋楠,黄斌.国道109北京段安保事故影响分析[J].公路,2005,1(12):96-101.

[15] Wezeker, J, Nkunga A. Vehicle Trajectories resulting from traversing, 2003.

[16] Haner E. Alignmenf and safety, 1999.

[17] 裴玉龙,王炜.道路交通事故成因及预防对策[M].北京:人民交通出版社,2004.

[18] E Hauer Draft. Road Grade and Safety, 2001.

[19] 刘浩学,等.连续长大下坡路段安全保障技术研究,2008.

[20] 时进,李大永.公路线形设计中竖曲线极限最小半径的探讨[J].森林工程,2002,7.

[21] 刘俊宝.公路设计因素对交通安全的影响研究[D].西安:长安大学,2002.

[22] 蔡果,刘江鸿,杨降勇,王岩,蒋水良,游怀宇.城市道路交通中行人安全问题研究[J].华北科技学院学报,2005(4).

[23] 吴德华,方守恩.基于道路安全的路肩振动带的设计标准[J].山东交通科技,2004(3).

[24] 杜博英,杨春晖.基于车速的公路交通事故多发位置鉴别新方法[J].山东交通科技,2006(4).

[25] 唐琤琤.限速、车速与安全[J].公路交通科技,2005(3).

[26] 吴立新.双车道公路线形与交通安全的关系研究[D].吉林:吉林大学,2006.

[27] D Webster. Road Humps for Controlling Vehicle Speeds [R]. England: TRL Project Report 18, Transport Research Laboratory, 1993.

[28] 张铁军,唐琤琤,等.下坡急弯路段安保工程效果分析,2007.

[29] 沙爱敏.高速公路交通事故分析及预防对策研究[D].南京:东南大学,2006.

[30] Ali S Al-Ghamdi. Experimental Evaluation of Fog Warning System[C]. Submitted for presentation 83th Annual Meeting of the Transportation Research Board, 2004.

[31] 刘利花,张金喜.高速公路不良天气交通事故分析[J].道路交通与安全,2006(8).

[32] 王艳丽,王秉纲.高等级公路沥青路面养护标准研究[J].重庆交通学院学报,2000,4(19):26-29.

[33] Mircea-Paul Andreescu,David B. Frost. Weather and Traffic Accidents in Montreal. Canada: Climate Research,1998(2).

[34] 李方.保命的距离是多少[N].中国消费者报,2005-11-18.

[35] 袁成松,卞光辉,冯民学.高速公路上低能见度的监测与预报[J].气象,2003(11).

[36] 周刚.高速公路交通安全影响因素分析及模糊综合评价[D].重庆:西南交通大学,2007.

[37] 王文武,李迁生.高速公路安全管理[M].北京:人民交通出版社,2001.

[38] Eric R. Green,Kenneth R et. al. Roadway lighting and driver safety[R] Kentucky:Transportation Center-Research Report.

[39] 王嘉亮.道路照明设计中交通安全性的影响因素分析——给予驾驶员视觉特性的研究[J].建筑电气,2006(1).

[40] 姚凯,万淑云.高速公路照明设计探讨[J].灯与照明,2003,4(27).

第四章　平面交叉

4.1　平面交叉设计因素对安全的影响

4.1.1　交叉口几何形状

根据2006年中华人民共和国道路交通事故统计资料，三枝和四枝交叉路口的事故数、死亡人数、受伤人数、直接财产损失都是最多的（表4-1），这说明交叉口事故大部分都发生在三枝和四枝交叉口。需要说明的是，表4-1中三枝和四枝交叉口事故多是因为我国大部分交叉口都是三枝、四枝交叉口，并不能说明三枝、四枝交叉口是最不安全的。事实上，根据国内外经验，多枝、不规则交叉口发生事故的概率更大。

不同路口事故情况　　表4-1

事故数 / 几何形状	事故起数		死亡人数		受伤人数		直接财产损失	
	数量（起）	占总数（%）	数量（人）	占总数（%）	数量（人）	占总数（%）	数量（万元）	占总数（%）
三枝交叉口	32 499	8.58	5 967	6.67	37 207	8.63	8 103	5.54
四枝交叉口	35 757	9.44	6 047	6 076	40 398	9.37	10 844	7.28
多枝交叉口	2 424	0.64	465	0.52	2 673	0.62	1 102	0.74
环行交叉	1 439	0.38	197	0.22	1 595	0.37	432	0.29

多枝、不规则交叉口的几何缺陷是不能用设置标志、渠化或信号来弥补的。对于这样的交叉口需要进行一些物理上的改造，以减少严重交通事故的发生率。通常交叉口的不安全问题都是由于驾驶员某个或若干个不安全的行为导致的，进行交叉口物理改造是规范驾驶员不安全行为的根本措施，但造价较高。

4.1.1.1　将一个四枝交叉口分解为两个T形交叉口

对于相交道路直行流量很小的四枝交叉口，最好的增进交通安全性的方法是将其分解成两个T形交叉口，见图4-1。这种方法有助于减少交叉口规划不当引起的事故，例如主路上的驾驶员往往由于不够重视流量较少的次要道路，而与突然出现的次要道路驶入交叉口的车辆发生碰撞事故

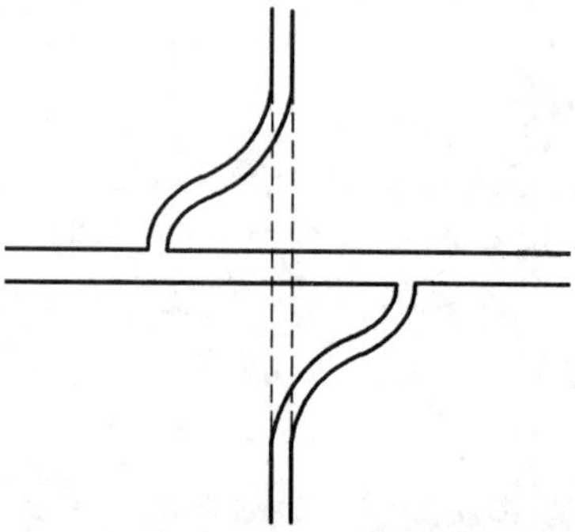

图4-1　一个四枝交叉口分解为两个T形交叉口

(如直角碰撞)。在改造时,可以调整两条次要道路进口道的线形,使其分别在原交叉口位置的上下游接入,接入点间距符合安全交叉口间距的要求,从而形成独立运营、不相互干扰的两个交叉口。这两个交叉口在通过远引掉头来满足原交叉口次要道路直行车辆的需求。需要注意的是两交叉口的间距必须满足掉头转向车道的长度要求。

当次要道路直行车辆较多时,还是传统的四枝交叉口更安全。此时再分解为两个T形交叉口只会徒然增加不安全的车辆转向。

1976年Hanna等人的一项研究表明,改造后两个T形交叉口的事故只接近原四枝交叉口的43%[1]。因此这种方法被认为可以有效的减少次路直行流量小的四枝交叉口的交通事故。

2007年9月,美国联邦公路局综合关于交叉口的研究成果得到城市区域中分解交叉口对降低交叉口事故率的效果指标[2],见表4-2。

将一个四枝交叉口分解为两个T形交叉口对死亡/重伤事故的降低效果　　表4-2

主要道路交通量比例	次要道路交通量比例注	事故数降低率
<70%	>30%	30%
70%~85%	15%~30%	25%
>85%	<15%	-35%(事故数增加)

注:交叉口次要道路的总交通量占交叉口总交通量的百分比。

根据国家道路联合会的数据,偏移相交道路的两个进口车道对车速的影响十分明显,水平偏转接入道路的一枝能够减少46%的交通事故。

4.1.1.2　将两个T形交叉口合并为一个四枝交叉口

当两个T形交叉口相距较近,且次要道路上穿过主路的交通需求较大时,将这两个T形交叉口合并为一个四枝交叉口能明显提高该路段的安全性能。处理时需要局部调整两条进口道的线形,使他们在主路的同一点相交,见图4-2。这种方法可以有效地减少该路段由主路转向次路的左转车所发生的事故数。

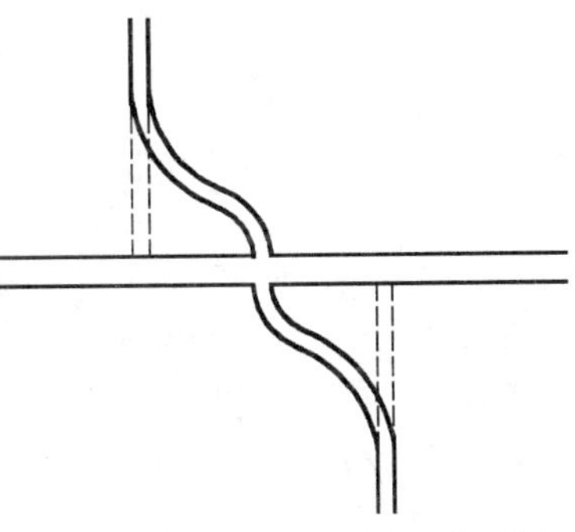

图4-2　两个T形交叉口合并为一个四枝交叉口

4.1.1.3　改善交叉角度

两条道路相交交叉角度小于90°时就会对驾驶员的视距和操作产生一定影响,容易造成直角碰撞和转弯时冲出路外等事故。在斜交交叉口,交叉口范围变大,通过交叉口的时间增长,车辆发生冲突的可能性增大,驾驶员需要大幅度的转动头颈来观察交叉口的来车情况。此外,在斜交交叉口车辆右转时还会侵占对向车道,转向时更难判断可穿越间隙,行人过街距离增长。

斜交交叉口(交叉口交角小于75°)尤其对年老驾驶员不利,因为年老驾驶员头颈部的灵活性较差,通过斜交交叉口时就在车辆的后方和侧面形成了盲区。因此在左转识别可穿越间隙和右转合流时就会发生危险。

将斜交交叉口分解成两个T形交叉、调整线形增大交叉角度等方法可用于斜交交叉口的改造,见图4-3。

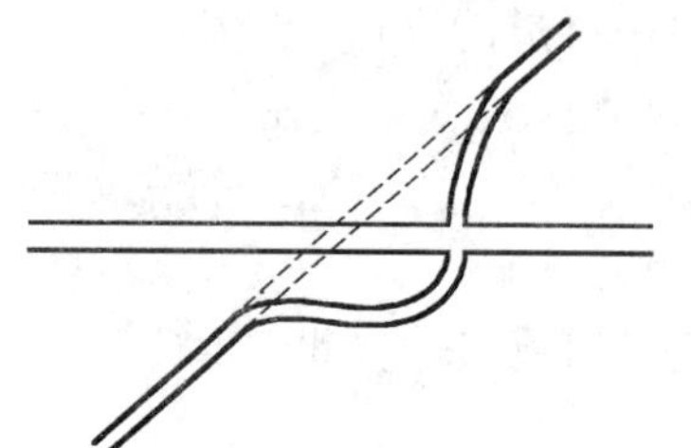
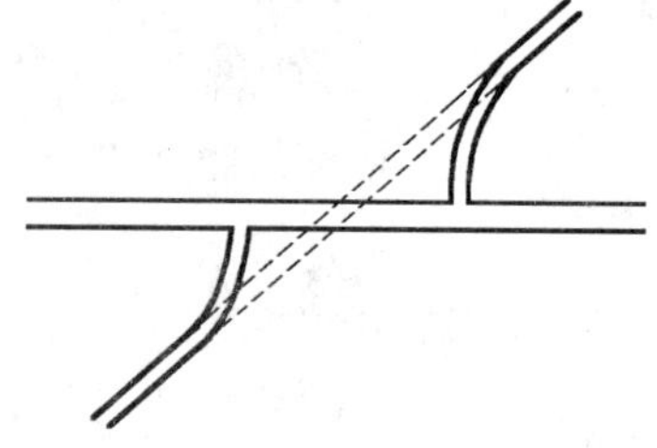

图 4-3　改善交叉角度

4.1.1.4　调整错位的直行车道

进口道的直行车道错位(图 4-4)通常会引发一系列的交叉口运行和安全问题。在交叉口范围内变换车道与驾驶员的期望不符,增加了驾驶难度,从而导致交叉口车辆降低车速。车道错位引起的交通事故通常有追尾、侧向刮擦、对撞、直角碰撞等。合理的错位角度与交叉口进口道的设计速度或限速值有关,最大错位角应为 3° ~5°[1]。

渠化标线是解决此问题的费用较低的方法,标线的形式与左转导流线相同。

重新设计交叉口是解决此问题的根本方法,但费用较高。合理的交叉口设计应该是任何时间车道都应清晰、可视性好,任何方向的车道都清晰、易辨,没有突然发生冲突的危险,同时与交叉口前方路段保持一致。视距应大于或等于交叉条件要求的最小值。

4.1.1.5　关闭进口道

当交叉口处的历史事故较多时,其根本的解决措施是关闭交叉口的进口道,可用于其他非限制性措施应用效果不佳时[1]。关闭交叉口进口道可通过封闭道路和设置渠化来实现。为节省造价,也可以变进口道为单向交通,同样能达到良好的效果。这种方法尤其适用于多路交叉口的安全整治。

4.1.2　环岛交叉口

环岛交叉口将横穿交叉口的冲突和左转冲突转变为其环道上的交织冲突,并且能够强制驾驶员围绕中心岛减速慢行,从而使环岛交叉口车辆的运行速度分布范围变窄,有助于降低交叉口事故的严重程度(图 4-5)。同时行人过街时一次只需穿过一个方向的交通流,也减低了其过街的危险性。

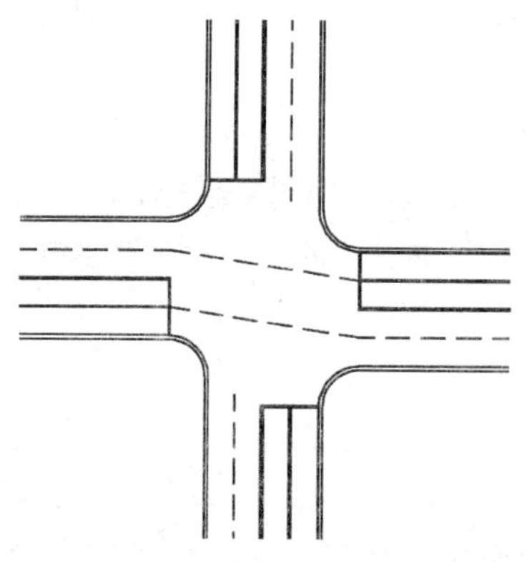

图 4-4　直行车道错位的交叉口

图 4-5　环岛交叉口

美国交通运输工程学会1999年出版的《交通安全工具》一书中,通过利用事故预测模型对事故率进行预测,对比传统交叉口和环岛交叉口的安全性能,得到:进入交叉口交通量为20000 辆/d时,环岛交叉口发生的事故率比城市/市郊的信号交叉口的事故率低33%,比乡村的信号交叉口事故率低56%。对于进入交叉口的平均日交通量为40000 辆/d时,环岛的预测事故率要低近15%。对于更大交通量的交叉口(进入交叉口的交通量大于50000 辆/d),环岛的安全性与传统交叉口的相差不多,此时将其改建为环岛的意义不大[1]。

2007年9月,美国联邦公路局综合关于环岛的研究成果得到:将普通交叉口改建为环岛可减少事故发生率35%,降低死亡和重伤事故发生率76%。同时给出了不同特征的交叉口的安全效益,见表4-3[2]。

不同类形交叉口改造成环形交叉口的安全效果 表4-3

交叉口类型	所 在 区 域	主路车道数	交叉口事故减少率(%)	伤亡事故减少率(%)
信号控制	城市	—	1	60
次路停车控制	乡村	1	72	87
次路停车控制	城市	1	56	78
次路停车控制	城市	2	18	72
全停控制	—	—	-3	-28

由欧洲和澳洲的数据来看,将交叉口改建为环岛有利于事故率的降低,但改建后单车事故率有所提高。

根据国际道路联合会公布的数据,设置环岛大约能够减少30%以上的事故。

环岛交叉口并不适用于每个交叉口,也不能解决交叉口的所有安全问题。进入交叉口的交通量、车辆转弯特性和驾驶因素是决定环岛有效性的重要指标。进行环岛设计时要仔细分析以上因素,保证设计方案的合理性。同时,为减少单车事故的发生,环岛交叉口的中心岛、分离岛,以及环岛周围的净区不应存在阻碍驾驶员视线的障碍物。

4.1.3 转向车道

4.1.3.1 *左转车道*

在城市交叉口,左转弯可能会带来一些问题,如增加冲突、延误和事故,并经常使交通信号复杂化。在郊区主要道路交叉口处,这些问题尤其严重,因为这些地方左转弯交通量很大。以下对这些问题进行了具体阐述:

(1)在与接入道路有关的事故中,超过三分之二的事故与左转弯车辆有关。

(2)在每个信号周期内,如果左转弯车辆超过6辆,那么左转弯车辆会阻挡共用车道上的直行车辆。

(3)当多车道道路上提供左转弯车道时,反向左转弯车辆穿过直行车道时会降低直行车辆的通行能力。

因此,左转弯的处置会对主干道的安全和运营产生重要影响。开辟左转车道是公认的改善交叉口安全性的方法之一,它可以有效地减少交叉口处由左转车引起的交通事故。

开辟左转车道提高交叉口安全状况具体表现在以下两方面:一方面,单独的左转车道可以将左转车辆从直行车流中提前分离出来,避免了左转车辆和直行车辆在近交叉口处发生交织,有效降低了发生追尾事故的风险;另一方面,单独的左转车道可以为左转车辆提供等候左转的专用空间,避免了同向直行车辆的干扰,驾驶员可以安全地停车以寻找足够安全的车流间隙进行左转,从而大大降低了左转车辆与对向直行车辆发生碰撞的危险。

美国国家公路研究合作项目(NCHRP)"交叉口渠化设计指南"研究表明,在非信号控制交叉口,设置左转车道可以降低事故率35%~75%[3]。开辟左转车道对交通量大、车速高的交叉口的安全改善效果尤为显著。

交叉口设置左转车道的安全效益会因交叉口所处的环境、交叉道路数、交通管控方式、设置左转车道的进口道数等因素的不同而不同,如表4-4所示。Harwod等人的研究同时表明在交叉口范围内施划左转导流线是设置左转车道有益的补充,对提高安全性有较大作用[4]。

交叉口主路进口道设置左转车道后事故修正因子表[4] 表4-4

交叉口类型	交通管控方式	设置左转车道的进口道数	
		一个	全部
三路交叉	次要道路停车控制	0.56	—
	信号控制	0.85	—
四路交叉	次要道路停车控制	0.72	0.52
	信号控制	0.82	0.67

美国联邦公路局综合关于交叉口的研究成果得到设置交叉口左转车道对降低交叉口事故率的效果,如表4-5[2]所示。

交叉口左转车道对降低交叉口事故率的效果 表4-5

种类	特征	事故数降低率(%)			
		全部事故	左转事故	直角碰撞事故	侧向刮擦事故
标线渠化	交叉口交通量<5 000辆/车道	50	57	62	54
	交叉口交通量>5 000辆/车道	—	35	49	39
物理渠化	交叉口交通量<5 000辆/车道	51	24	68	50
	交叉口交通量>5 000辆/车道	19	24	55	28
信号交叉口	有左转相位	31	44	—	—
	无左转相位	23	50	—	—

同时应该注意,设置左转车道后增加了交叉口机动车道的宽度,从而增加了行人过街的难度,会对行人的过街安全产生一定的影响。因此,设置左转车道要同时考虑行人过街安全的问题,增加过街安全设施。

美国"交叉口渠化设计指南"研究中提出,道路交叉口符合以下条件时,应考虑设置左转车道[5]:

(1)有中央分隔带的道路,中央分隔带开口处应设置左转车道。

(2)速度较高的乡村道路与其他干线或集散道路相交的交叉口,乡村道路车辆不需停车通过时(非停车控制、非信号控制),其进口道应设置左转车道。

(3)主路车辆不需停车通过的交叉口进口道,当其交通量位于图4-6曲线上部或右侧区域时建议设置左转车道。

图4-6中,主路转弯交通量为平均日高峰交通量,速度为主路85%位车速;对向交通量为对向交通流中右转和直行交通量,不包括左转交通量;进口交通量为被研究进口道上的左转、直行、右转交通量之和;可以用运行速度来估计85%位车速,如果运行速度不符合60km/h、80km/h或100km/h这些值,可以用插值法计算,也可以近似地用与其接近的速度值对应的图表。

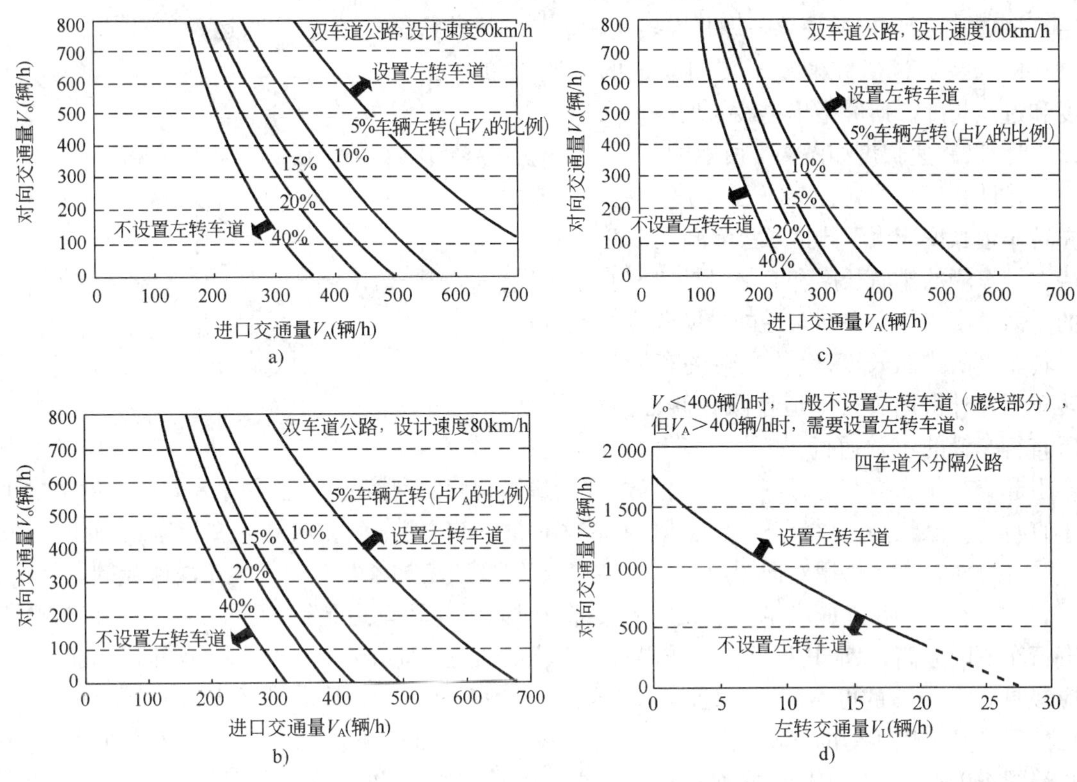

图4-6 次路停车控制交叉口左转车道设置条件

根据左转车辆占进口交通量的比例,图中给出了一系列趋向线,如果根据对向交通量和进口交通量取定的点在所给趋向线上方或右侧,所研究进口道应设置左转车道。对于已设置有左转车道的情况,应增长左转车道的长度。

左转车道的几何设计非常重要,关系到其能否有效提高交叉口安全性能。不恰当的几何设计非但不能提高交叉口安全性,反而会导致更加严重的交通事故的发生。

左转车道几何设计包括以下几点:左转车道的长度,左转车道的偏置,以及左转车转弯轨迹的标画。

(1)左转车道长度。左转车道的长度包括三部分:左转车道入口过渡段、减速路段长度及排队长度(表4-6)。

左转车道长度组成[5] 表4-6

进口道交通控制类型	左转车道长度组成
不需停车通过的进口道	排队长度+减速长度
需要停车通过的进口道	排队长度

过渡段是左转车辆从直行车流中分出，进入左转车道之处，为了避免左转车辆和直行车辆发生追尾事故，过渡段应小角度偏出，并有足够长度使车辆平稳分流。

左转车辆在无信号控制交叉口或无左转相位的信号控制交叉口处需要等待对向车流出现可穿越间隙再进行左转，在有左转相位的信号交叉口处需要等待左转信号，因此进入左转车道后车辆应减速行驶，减速路段即是左转车辆进行减速的路段，它的长度与运行车速有关。

Koepke 通过研究确定了转向车道的减速长度和过渡长度。研究指出过渡长度一般可以按照 35m 计算，减速长度如图 4-7 所示[6]。

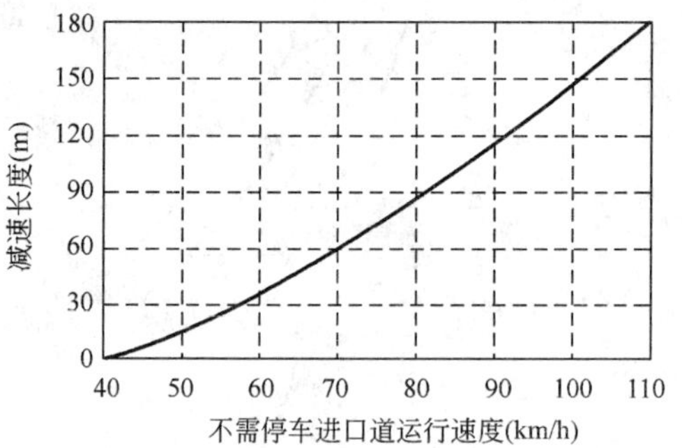

图 4-7 转向车道减速长度

排队长度是决定左转车道长度的主要因素，左转车道长度应大于排队长度。排队长度包括等待左转车辆的排队长度和有信号控制时直行车辆的排队长度。如果左转车道的排队长度小于等待左转车辆的排队长度，等待左转的车辆就会在左转车道之外占用直行车道排队等候，此时就会妨碍直行车辆的正常通行，如果有多条直行车道还会引起直行车变换车道，这些行为都增加车辆追尾和侧向刮擦的风险；如果左转车道的长度小于直行的排队长度，直行车辆就会挡住左转车道的入口，使车辆无法驶入左转车道，此时将发生一部分左转车辆借用对向车道进入左转车道的现象，增加了与对向车辆正面碰撞的风险。

左转车道的长度应满足在一天中的大部分时间里左转车道足够长，可以实现左转车辆和直行车辆的分离，保证其不溢出而妨碍直行车辆的通行。Harmelink 研究表明转向车道的长度应该具有 99.5% 的可靠度，即保证转向车辆在 99.5% 的时间中不溢出，0.5% 的时间中发生溢出的风险是可以接受的。研究同时得出建立在 99.5% 和 95% 可靠度上排队长度曲线，如图 4-8、图 4-9 所示。图中转向交通量指平均高峰小时交通量，冲突交通量是指在交叉口范围内可能与左转车辆发生冲突的车流的交通量。由图可知左转车道中排队长度部分最短为 8m。

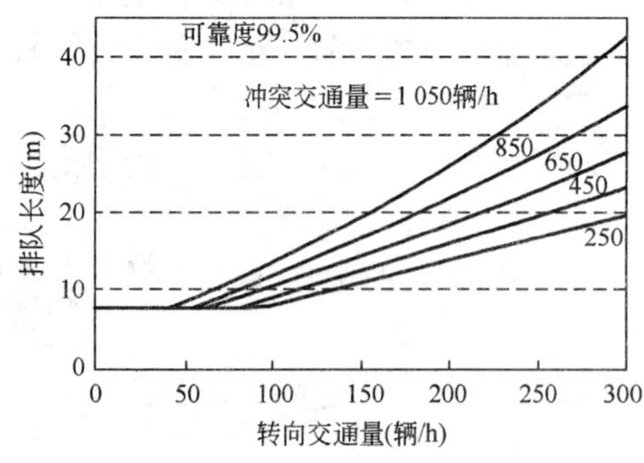

图 4-8 不需停车通过的进口道转向车道长度

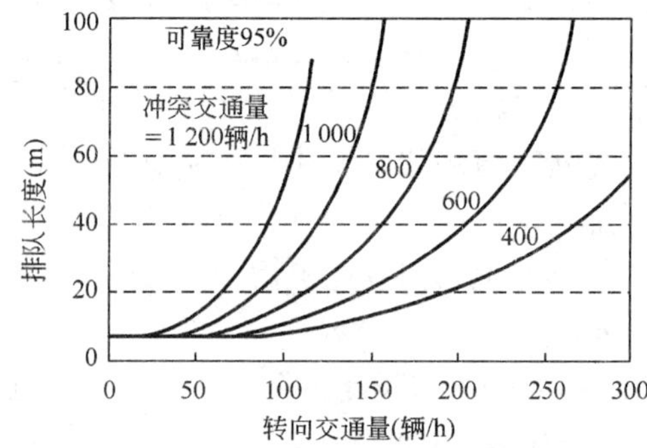

图 4-9 需要停车通过的进口道转向车道长度

综上，在进行左转车道几何设计时，要对交叉口的交通情况进行详细的分析，综合考虑交通量、运行车速、交通控制方法等因素确定左转车道的长度。确定左转车道长度时，首先应根据研究进口道的交通控制类型确定左转车道的长度组成，然后根据交通量、车速等条件确定各个组成部分的长度值。

(2)左转车道的偏置[1]。左转车道的偏置设计时为了避免停车等候左转的车辆阻碍直行车驾驶员的视线,防止其与相交道路的直行车辆相撞。

左转车辆一般要在交叉口处等待对向直行车流出现可穿越间隙时再左转,这样停在交叉口处的左转车就会阻挡直行车辆的视线,见图 4-10a),存在直行车辆与相交道路直行车辆发生碰撞的风险。为了减少这种事故风险,给驾驶员提供良好的视距条件,因此将左转车道进行偏置处理,见图 4-10b),避免左转车辆阻碍直行车辆视线,从而提供交叉口的安全性。

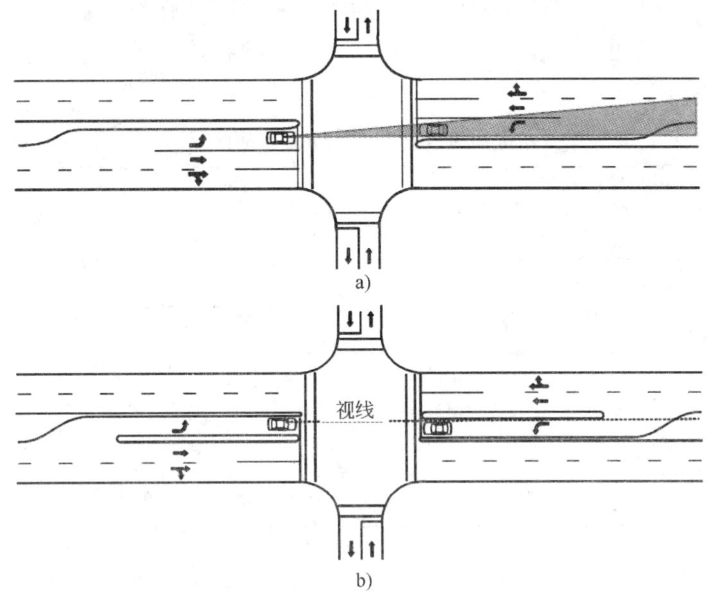

图 4-10 左转车道偏置处理示意图

a)左转车辆阻挡直行车辆视线;b)左转车道偏置处理

左转车道的偏置处理可以利用压缩中央分隔带的宽度,也可以利用标线压缩左转车道的宽度,偏置区路面应利用渠化隔离或标画斜线。左转车道的偏置要根据交叉口的实际状况进行设计,研究表明,偏置的宽度越宽,其效果越好(McCoy et al.,1999)。

(3)左转导流线。对于左转车辆来说,如何在交叉口范围内选择合适的行驶路径是比较困难的,交叉口越大,驾驶员的选择性越大,不同的驾驶员选择不同的转弯路径会造成交叉口交通运行混乱、冲突点增多、通过交叉口的风险性增大,因此利用路面标线画出不同方向的转弯轨迹,使驾驶员按照给定路径转弯通过交叉口,消除驾驶员转弯时的迷茫感,压缩交通冲突发生的空间,大大降低了交叉口的事故风险,见图 4-11。

图 4-11 交叉口设置左转导流线实例

路面标线受环境的影响较大,夜间、雨雪天气、标线反光性的下降都会使路面标线的有效性降低,对此要加强养护。

4.1.3.2 右转车道

由调查分析可知,交叉口的一部分事故是由右转车辆引起的,开辟专用的右转车道是有效避免这部分事故的一种方法。开辟专用右转车道可以将交叉口处右转车辆从直行车流中提前分离出来,将右转车辆的排队引入专用车道,避免对直行车辆造成影响,从而有效地减少转向冲突,减少直行车辆不必要的延误,提高交叉口的安全性和通行能力。右转专用车道应有足够的长度,以满足交叉口右转车辆减速和排队的要求,避免对直行车流造成阻碍。

右转专用车道的设置要使转向车辆与其后面的车辆之间发生事故的风险降低到最低,特别是在高交通量、高速度的主要道路上。尤其对于那些追尾事故率异常突出的进口道,开辟右转专用车道的效果特别明显。在主要道路进口道上开辟右转专用车道后事故修正因子如表4-7所示(全部事故)[3]。

交叉口主路进口道设置右转车道后事故修正因子表[3] 表4-7

交通管控方式	设置右转车道的进口道数	
	一个	全部
次要道路停车控制	0.86	0.74
信号控制	0.96	0.92

美国联邦公路局综合关于交叉口的研究成果得到设置交叉口右转车道对降低交叉口事故率的效果,见表4-8[2]。

交叉口右转车道对降低交叉口事故率的效果 表4-8

右转车道种类	死亡和重伤的事故数降低率(%)
标线渠化右转车道	30
物理渠化右转车道	35
加长右转车道	15

Hasan 和 Stokes 根据车辆运行费用、车辆转弯事故损失费用与设置右转车道所需费用的综合研究,提出了交叉口设置右转专用车道的条件,如图4-12所示[8]。

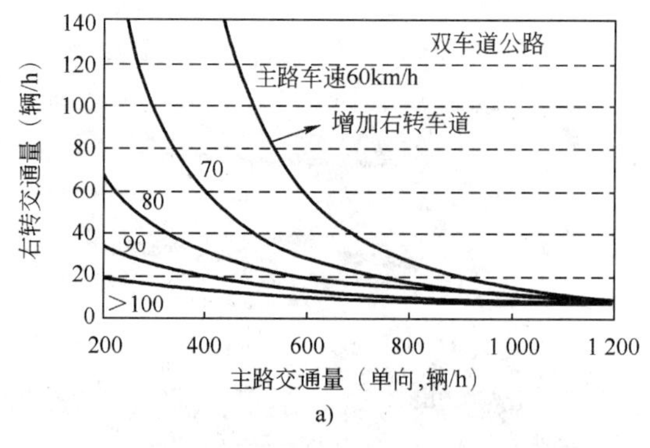

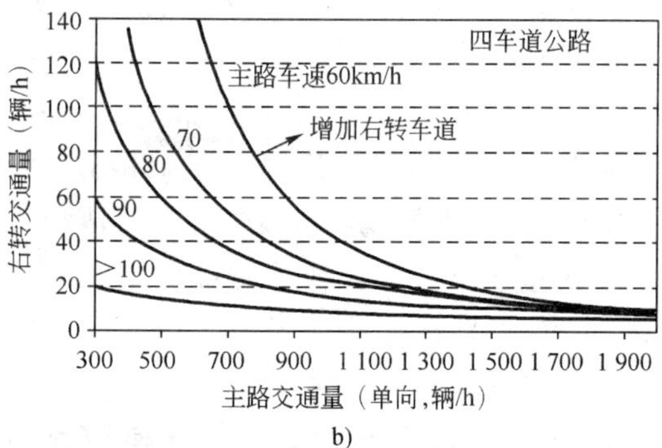

图4-12 次路停车控制交叉口右转车道设置

a)双车道公路;b)四车道公路

图中右转交通量为主路高峰小时转弯交通量，车速为主路的85%位车速。当某一交叉口根据主路交通量和右转交通量所取定的点位于图中所给曲线的上方或右方，则该交叉口应该设置右转车道。

右转车道的几何设计非常重要，关系到其能否有效提高交叉口安全性能。不恰当的几何设计非但不能提高交叉口安全性，反而会导致更加严重的交通事故的发生。几何设计包括以下几点：右转车道的长度，转弯半径，右转车道的偏置，渠化设计。

(1)右转专用车道的长度。包含入口过渡段、减速长度和排队长度，见表4-9。

右转车道长度组成　　表4-9

进口道交通控制类型	左转车道长度组成
不需停车通过的进口道	减速长度
需要停车通过的进口道	排队长度

右转车道的长度可参考左转车道计算。

(2)转弯半径。右转弯车道半径会影响交叉口车辆运行及安全性，大半径具有以下优点：

①主干路允许高速转弯，大半径可减少车辆延误。

②主干路由于设置大半径而拓宽其道路可有效地作为一条短距离右转车道。

③大半径转弯车道避免了大型货车和客车侵占临近车道或冲撞附近构筑物。

大半径同样也存在一定的问题，如：大半径需要更大的红线宽度；大半径会增加行人穿越交叉口的距离，会提高车辆转弯速度，这样都会降低行人通过的安全性等。因此，进行转弯半径的设计时要综合考虑占地、行人交通安全等问题。

美国AASHTO的《公路和城市道路设计指南》中规定了城市道路和公路交叉口的右转半径，见表4-10。

美国公路右转最小半径　　表4-10

	次干路或支路		主　干　路	
	货车比例低	货车比例高	货车比例低	货车比例高
最小半径(m)	4.5	7.5	9	15

注：1. 若次干路或支路交叉口宽度小于11 m，则采用主干路标准。

2. 货车比例低就是每小时货车通过小于10辆。

3. 半径大小从车道内侧测量。

当交叉口路侧可利用范围较大且行人流量较小时，可设置较大半径的右转圆曲线。如果根据交通特性需要较大右转半径，但路侧用地又受限制时，则应该设置缓和曲线或多曲线组合设置，使转弯线形平顺，以便增加“有效”半径，同时减少占地。如果行人流量较大的交叉口设置了较大的转弯半径，就应考虑设置导流岛，为行人提供安全等待区。

Hsan和Stokes[1]针对次路停车控制的交叉口，展开了车辆右转操作、运输成本(燃料和时间)、事故成本以及增大半径的建设成本的研究，并针对双车道公路和四车道公路提出了交叉口主路进口道右转缓和曲线的设置条件，如图4-13所示。图中交通量为主干路高峰小时对应的交通量；车速为85%位车速。如果交叉口主路进口道交通量和右转交通量取定的点落在图4-13中曲线上方或者右侧，即应设置缓和曲线。

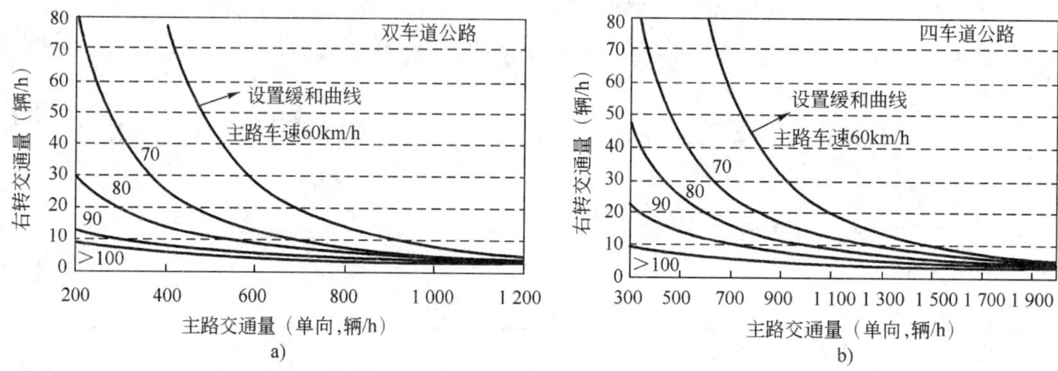

图 4-13　交叉口右转曲线设置缓和曲线条件

a）双车道公路；b）四车道公路

一般来说，右转圆曲线适用于城市区域内车速较低的交叉口，带缓和曲线的右转弯曲线跟更适合于交通量较大、车速较高的公路交叉口。

进行右转车道转弯曲线的设计时，应综合考虑相互交叉道路的等级和交通量，首先根据图 4-13 确定该右转车道是否应该设置缓和曲线，然后再确定转弯半径的大小。如果转弯半径小于表 4-10 中的数值，就应增大半径。

（3）右转车道的偏置。与左转车道相同，右转车道上行驶的车辆易阻碍相交道路上直行车和左转车驾驶员的视线，妨碍其及时地发现来车情况，从而造成相交道路上车辆事故增加。因此，推荐对右转车道进行偏置处理，与左转车道的偏置相同，具有以下优点：增强交叉口视距，使相交道路上的车辆更易寻找可穿越间隙，如图 4-14 所示。

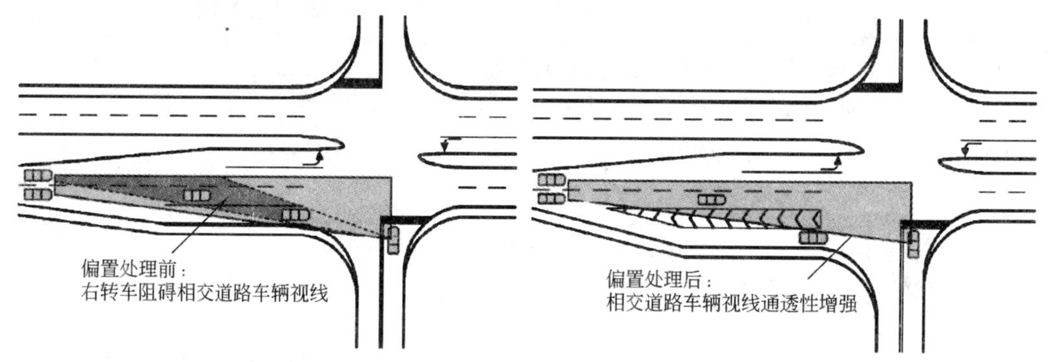

图 4-14　右转车道偏置处理示意图

（4）渠化设计。在交叉口正确路径的指引比单纯的警告和禁止效果要好的多，因此开辟右转车道后要考虑设置相应的路径引导设施，包括标志、标线等。设置渠化岛是一种有效路径指引措施。渠化岛可以是实体渠化也可以是标线渠化，这两种方式都能起到增大转弯半径、提供行人安全区的作用。研究表明，交通渠化岛可以将右转车辆常发生的直角碰撞事故转化为侧向刮擦事故，大大降低了事故的严重程度，同时在设置右转车道的交叉口处相交道路上配合设置加速车道，达到的安全效果更好。

小型的三角实体渠化由于其可见性较差，驾驶员在远处较难注意到它，直至发现时才紧急制动，往往会引起追尾事故，因此渠化面积较小时宜用标线进行渠化。

4.1.4　视距

无论交通控制措施如何，驾驶员在距离交叉口一定距离以外都应该对交叉口情况有所了解，以防止造成不必要的冲突。因此，在交叉口一定距离范围内保持通视，有足够的视距有助于交叉口的交通安全。改善交叉口的视距有助于减少车辆急刹车引起的追尾事故、由于转弯车辆对可穿越间隙估计不足引起的与直行车辆发生的直角碰撞事故。

图 4-15 为美国的事故率与行车视距的关系曲线，可以看出事故率随视距的增加而降低。

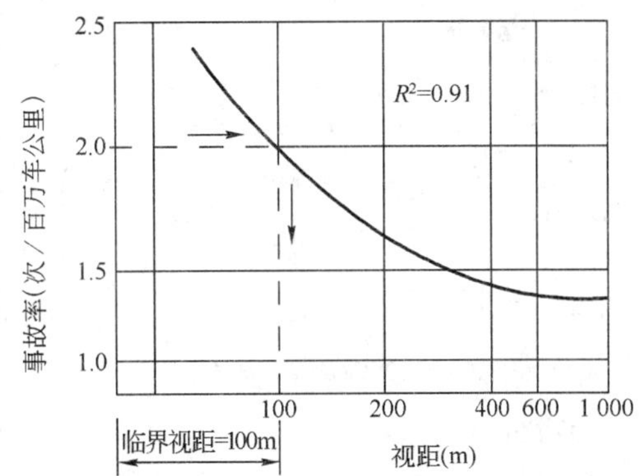

图 4-15　事故率与视距的关系曲线

2007 年 9 月，美国联邦公路局综合关于交叉口的研究成果得到改善交叉口视距对降低交叉口事故率的效果指标，见表 4-11[2]。

改善交叉口视距效果表　　表 4-11

对　策	控制类型	区　域	交叉口形状	事故数降低率
改善一个象限的视距	相交道路停让控制	乡村	4 路交叉	5%
改善二个象限的视距	相交道路停让控制	乡村	4 路交叉	9%
改善三个象限的视距	相交道路停让控制	乡村	4 路交叉	13%
改善四个象限的视距	相交道路停让控制	乡村	4 路交叉	17%
改善四个象限的视距	信号控制	乡村	4 路交叉	0

4.1.4.1　交叉口视距

不同交通控制类型的交叉口对视距的要求不同。

1）无控制交叉口视距

无控制交叉口视距要求的计算过程类似于交叉口进口道停车视距，即车辆从对交叉口其他进口道车辆作出反应到制动停止这一系列操作必须在到达交叉口以前完成。由于无控制交叉口交通量较少，因此在实际交通运行中车辆在无控制交叉口不会完全停止，只是减速运行，见图 4-16。

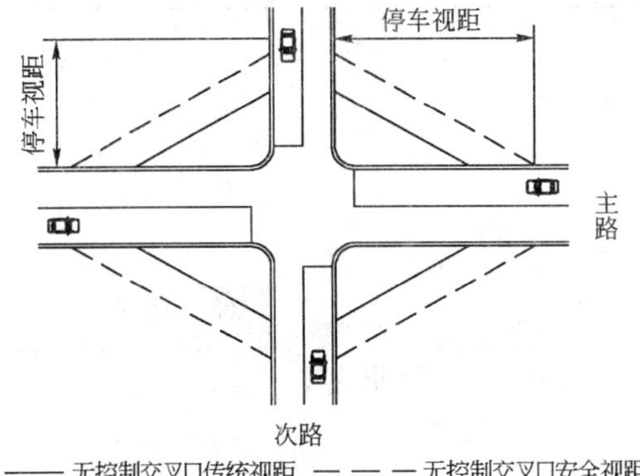

图 4-16　停车视距和无控制交叉口视距

通过大量观测，发现车辆在无控制交叉口的运行速度大约是其正常运行速度的 50%。以路段正常行驶速度的 50% 作为初速度计算出的停车视距值能够满足交叉口的视距要求，因此无控制交叉口视距值小于进口道停车视距值。

在无控制的公路平面交叉口视距设计中，首

先应尽量满足各进口道停车视距，当交叉口周围存在地形限制或障碍物导致不能满足停车视距时，按照50%速度计算的交叉口视距必须得到满足。无控制交叉口视距建议值见表4-12。

无控制交叉口视距 表4-12

交叉口进口道等级分类	设计速度(km/h)	停车视距(m)	无控制交叉口视距(m)
具干线功能的一级公路	100/80	160/110	120/85
具集散功能的一级公路	80/60	110/75	85/60
具干线功能的二级公路	80	110	85
具集散功能的二级公路	60/40	75/40	60/30

2)次路停控制交叉口视距

在次路停控制交叉口中，次路车辆停于交叉口，等待主路车辆适当的间隙，以完成穿越、左转或右转。在视距设计中，以主路车辆临界间隙 tc 作为标准值，当主路车辆间隙大于临界间隙 tc 时，则能够完成穿越或转向；当主路车辆间隙小于 tc 时，则不能完成穿越或转向。因此以主路设计车速和临界间隙 t_c 的乘积作为视距沿主路的长度。

视距沿次要道路的长度即次路司机眼睛到主要道路边缘的距离。通过观测，建议该距离为5m。

根据我国交通特征观测到的左转和右转临界间隙 tc 值计算得到的次路停控制交叉口视距沿主路的长度见表4-13、图4-17。

次路停控制交叉口沿主路视距 表4-13

交叉口进口道等级分类	设计速度(km/h)	停车视距(m)	次路停控制交叉口沿主路视距(m)
具干线功能的一级公路	100/80	160/110	210/170
具集散功能的一级公路	80/60	110/75	170/130
具干线功能的二级公路	80	110	170
具集散功能的二级公路	60/40	75/40	130/85

3)次路让控制交叉口视距

在次路让控制交叉口中，次路车辆在交叉口前提前减速，到交叉口时等待主路车辆适当的间隙，以完成穿越、左转或者右转。同次路停控制交叉口，在视距设计中，以主路车辆临界间隙 tc 作为标准值，当主路车辆间隙大于临界间隙 tc 时，则能够完成穿越或转向；当主路车辆间隙小于临界间隙 tc 时，则不能完成穿越或转向。以主路设计车速和临界间隙 tc 的乘积作为视距沿主路的长度。

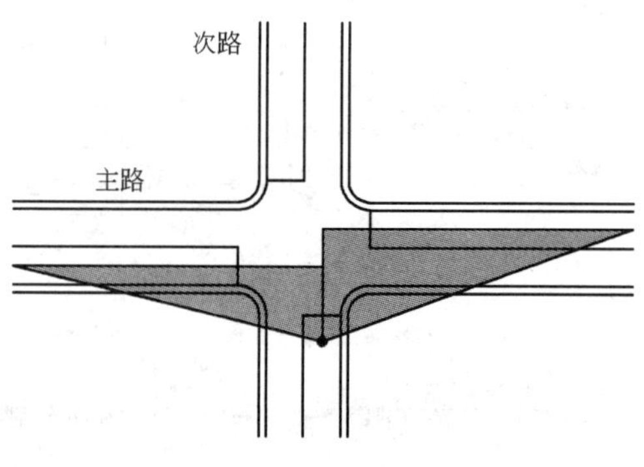

图4-17 次路停控制交叉口——进口道视距

视距沿次要道路的长度为次路车辆的减速距离。通过观测，次路车辆到达交叉口时速度减至正常速度的40%。以此计算得到的视距沿次路长度建议值见表4-14。

次路让控制交叉口沿次路视距　　表4-14

交叉口进口道等级分类	设计速度（km/h）	停车视距（m）	次路让控制交叉口沿次路视距（m）
具干线功能的一级公路	100/80	160/110	135/ 95
具集散功能的一级公路	80/60	110/75	95/65
具干线功能的二级公路	80	110	95
具集散功能的二级公路	60/40	75/40	65/35

根据我国交通特征观测到的左转和右转临界间隙 tc 值计算得到的次路让控制交叉口视距沿主路的长度见表4-15。

次路让控制交叉口沿主路视距　　表4-15

交叉口进口道等级分类	设计速度（km/h）	停车视距（m）	次路让控制交叉口沿主路视距（m）
具干线功能的一级公路	100/80	160/110	225/180
具集散功能的一级公路	80/60	110/75	180/135
具干线功能的二级公路	80	110	180
具集散功能的二级公路	60/40	75/40	135/90

4）信号控制交叉口视距

在信号交叉口中，各进口道车辆受信号控制，路权不会产生冲突，所以信号交叉口的视距要求不高，只要满足任一条车道第一辆车能够让其他车道的第一辆车看见（图4-18）。

在实际设计中，仍然应尽量满足交叉口各进口道停车视距要求，当受条件限制不能满足停车视距时，信号控制交叉口视距必须得到满足（图4-19）。

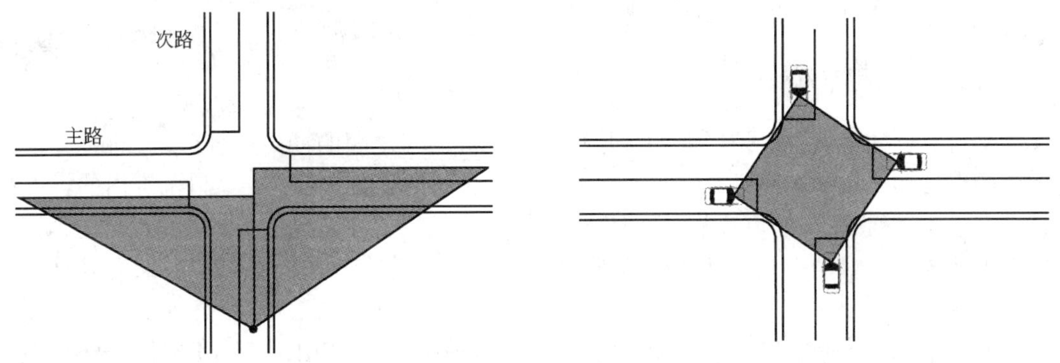

图4-18　次路让控制交叉口——进口道视距　　图4-19　信号控制交叉口视距

5）全路停控制交叉口视距

全路停控制交叉口在我国较少见，一般在相交道路等级相同或类似的交叉口中可能出现全路停控制。交叉口各进口道车辆到达交叉口都要停车，以选择合适的时机通过。全路停控制交叉口视距要求等同于信号控制交叉口,即只要满足任一条车道第一辆车能够让其他车道的第一辆车看见。

同样,在实际设计中,仍然应尽量满足交叉口各进口道停车视距要求,当受条件限制不能满足停车视距时,全路停控制交叉口视距必须得到满足。

6)交叉口主路左转视距

交叉口除了进口道视距要满足要求外,主路左转视距也要得到满足。左转车辆要等待对向直行车流合适的间隙,以便穿越完成左转。同样以主路车辆临界间隙 tc 作为标准值,当主路车辆间隙大于 tc 时,则能够完成左转;当主路车辆间隙小于 tc 时,则不能完成左转。以主路设计车速和 tc 的乘积作为视距沿主路的长度。主路左转视距见表4-16。

主路左转视距　　表4-16

交叉口进口道等级分类	设计速度(km/h)	主路左转视距(m)
具干线功能的一级公路	100/80	155/125
具集散功能的一级公路	80/60	125/95
具干线功能的二级公路	80	125
具集散功能的二级公路	60/40	95/65

4.1.4.2　视距处置对策

1)清理视距三角区

交叉口视距的改善可以通过清理交叉口视距三角区来完成,使被植物、路侧附属物、房屋、车站以及其他自然和人为因素阻挡的视距三角区通视。

2)调整交叉口设计

一些交叉口的视距不良是由于其规划和设计不当引起的,如进口道处有支路接入、交叉角过小、多路交叉等,要彻底解决这类交叉口的视距问题就需要对交叉口设计进行调整。关闭过多的进口道;局部调整线形使交叉口正交;偏置左转/右转车道等都可以改善交叉口的视距,这类措施费用较高、工期较长,但实施效果显著。

4.1.5　行人和非机动车

交叉口混合交通情况比较严重,人、非机动车与机动车之间的冲突比较严重,同时交叉口范围内的行人和非机动车还可能引起或加重机动车之间的事故。改善交叉口范围内的行人和非机动车设施,增强行人的可视范围、使机动车驾驶员能提前注意到前方的行人和非机动车,可以有效改善交叉口的安全性,可以大大降低由行人和非机动车引起的多车事故,尤其是追尾事故。

2006年,美国交通合作研究项目/国家合作公路研究项目(TCRP/NCHRP)联合报告《提高非信号交叉口行人安全》(2006年)中提出综合利用各种措施来同时控制交叉口车辆和行人能够更有效地提高交叉口行人安全水平[10]。

行人交通信号灯有助于帮助驾驶员判断行人过街的情况来避让行人,减少车辆碰撞行人的事故。很多研究成果都表明在高流量或高速度的道路上,设置行人信号灯处90%~100%

的驾驶员都会避让行人[10,11,12,13]。对美国西雅图的研究表明，协调稳定的信号灯控制可以有效地减少车辆-车辆事故和车辆-行人事故[14,15,16,17]。而加拿大不列颠哥伦比亚省设置的不协调的有些混乱的行人信号灯导致了次要道路停车控制的遵从性降低[18]。美国 TCRP/NCHRP 联合报告《提高非信号交叉口行人安全》提出了相同的结论——在高流量、高速度的道路上，设置行人信号灯可使 90% 的车辆避让行人，从而减少交通事故的发生[10]。

闪烁行人信号灯同样有助于驾驶员避让过街的行人。间歇式的闪烁行人信号灯(有按钮式和自动检测式两种)只在有行人通过时闪烁，其比持续闪烁的效果更好[19,20]。车道上方的闪烁行人信号(图4-20)由于可视性好，其效果也好于设置在路边的信号灯，平均 50% (30% ~ 76%)[19,20,21,22]的驾驶员会避让行人，《提高非信号交叉口行人安全》对此的研究结果为平均 58% (25% ~73%)[10]的驾驶员会避让行人。

车道警告灯是闪烁行人信号灯的一种特殊形式，安装在人行横道附近的路面上，至少突出路面 1.3cm，路侧配合设置标志，见图4-21。在大多数设置车道警告灯的地点，驾驶员避让行人的行为增加了 50% ~90%[23—28]，第一个制动点与人行横道的距离增大，意味着驾驶员意识到前方存在行人并积极避让[24—27]。但也有少数地点避让行人的驾驶员没有增加或减少了 30%[23,29]。当车辆排队，车道警告灯的视认效果变差，此时其设置效果比车道上方的闪烁行人信号灯差[20,30]。

图4-20 设置于车道上方的闪烁行人信号灯

图4-21 车道警告灯及其标志

另一种常用的提高交叉口交通安全的措施是设置标志。美国 TCRP/NCHRP 联合报告《提高非信号交叉口行人安全》指出可视性好的交通标志可以使限速为 40 ~48km/h 的双车道道路上平均 87% (82% ~91%)[10]的驾驶员避让行人。

在美国盐湖城、卡普兰、伯克利等城市实施了行人举旗过街的一项措施，收到较好的安全效果，见图4-22。美国 TCRP/NCHRP 联合报告《提高非信号交叉口行人安全》指出这种举旗过街的方式使平均 65% (46% ~79%)[10]的驾驶员避让行人。

在交叉口范围内标画人行横道是常用的安全措施，但美国的一些研究表明标画人行横道对交通安全并没有好处。San Diego 研究表明标画人行横道的交叉口的事故率为没有标画人行横道的交叉口的 6 倍，将人行横道使用率计入计算后，标画人行横道的交叉口的事故率降为没有标画人行横道的交叉口的 2 ~3 倍[31]。2002 年，美国公路交通安全研究中心(HSRC)Zegee 等人在 San Diego 的研究基础上，进一步研究发现在无控制交叉口标画人行横道的人-车事故率为没有标画人行横道的3.6倍[32]。Gibby A. R.和Jones T. L.等人通过对洛杉矶的104个交叉口进行研究，发现当在交叉口去除人行横道标画后，该交叉口以及附近其他没有标画人行横道的交叉口的事故都有所下降，说明此交叉口原先的事故并没有转移到附近没有标画人行横道的交叉口上[33,34]。在有人行横道的交叉口事故率较高，一些研究者将这种的现象解释为在人行横道上行人的过街速度会变慢，然而速度研究表明，行人过街速度只下降很少（0.32～3.2km/h），还有一些人认为这是由于行人在人行横道上的打闹、乱闯等行为没有减少所致，但也没有给出人行横道上和无人行横道时交叉口处行人的行为分析[35,36]。

图4-22　盐湖城行人过街用的旗

在多车道道路相交的交叉口中设置行人安全岛对提高行人的交通安全十分有效。2002年Zegeer等进行的人行横道研究中指出多车道设置行人安全岛的交叉口事故比没有设置行人安全岛的低2～4倍[32]。

增大路缘石半径有助于提高等待穿过马路的行人的可见性，同时减少行人横穿的距离和时间。在夜间，适当的交叉口照明有助于提高行人的安全性[10]。

4.2　平面交叉交通控制和运营因素对安全的影响

4.2.1　信号控制

与没有交通信号控制的交叉口相比，设置合理的信号交叉口具有以下优点：

(1)交通秩序更有规则。

(2)增加交叉口的通行能力。

(3)降低某种冲突的频率。

(4)使交通流变为连续流或接近连续流。

(5)在周期间隔内通过中断重交通来减少小型车和行人的延误。

根据美国联邦公路局交通工程研究中心公布的数据，信号交叉口可以有效降低交叉口的交通事故，与无信号控制的交叉口相比，信号交叉口能降低交通事故发生率33%，降低左转引起的交通事故38%。信号控制交叉口相对于非信控交叉口事故修正因子见表4-17[2]。

信号交叉口交通事故修正因子表　　表4-17

交通量［辆/(车道·d)］	交通事故降低系数(%)			
	全部事故	直角碰撞事故	追尾事故	其他事故
<5 000	38	74	22	22
>5 000	20	43	20	20

然而,如果交通信号设置不合理,将会产生以下一系列问题:

(1)对交通运行将产生更多的延误。

(2)导致更多不遵守信号指示的违章行为。

(3)增加临近信号的驾驶行为变换频率。

(4)增加冲突发生的频率。

以上问题有时会导致交叉口安全性降低,因此在决策交叉口是否采用信号控制时,必须对交叉口道路交通条件进行全面的研究。影响交叉口安全运行的因素有:交通量、一天中交通量的变化情况、几何构造、主要道路速度、冲突数、机动车延误和主要道路交通流出现可穿越间隙的频率。决策时对以上因素要逐一评价,因为其中一个或两个因素就能左右整个交叉口的安全性能。

4.2.2 闪烁信号

对于交通量较小或中等程度的交叉口在高峰时段利用交通信号进行控制可以取得较大的效益,但是在其非高峰时段信号管理的效益就不明显。如果判定信号控制交叉口取得的效益主要是降低延误而得到的,那么在非高峰时段变信号控制为闪烁灯控制会更为有效。

与我国的黄闪灯不同,美国的闪烁信号为黄/红组合:主要道路闪黄灯,次要道路闪红灯。

Pusey 和 Butzer 研究表明实行闪烁信号模式有以下优点:

(1)减少主要道路的停车次数和延误。

(2)减少次要道路延误。

(3)减少电力消耗。

(4)减少车辆燃油消耗和交通噪声。

Benioff 等人研究成果表明,当主要道路总流量少于 200 辆/h 时,或是当主要道路与次要道路流量比大于 3.0 时,推荐使用黄/红闪烁信号模式。

Kacir 等人研究表明黄/红闪烁信号模式适用于事故率较高的交叉口,特别是当主要道路与次要道路流量比小于 2.0 时。同时将闪烁信号产生的延误与交通信号产生的延误相比较,发现在以下情况下,会大大减少延误:

(1)主要道路与次要道路流量比大于 3.0 时。

(2)主要道路流量少于 250 辆/h/车道时。

(3)次要道路流量少于 85 辆/h/车道时。

因此,Kacir 等人将研究成果绘制成闪烁信号设置图[5],如图 4-23 所示,当主要道路和次要道路日平均小时流量落于图中非阴影区域中时,应考虑闪烁模式。

根据 Gan. A., Shen. J. 和 Rodriguez A.[37]等人研究,与非信号交叉口相比,设置闪烁信号可有效地降低交叉口的事故数,见表 4-18,其中伤亡事故数降低 50%。

闪烁信号交叉口交通事故修正因子表 表 4-18

交通量 [辆/(车道·d)]	交通事故降低系数(%)	
	全部事故	直角碰撞事故
<5 000	25	35
>5 000	26	36

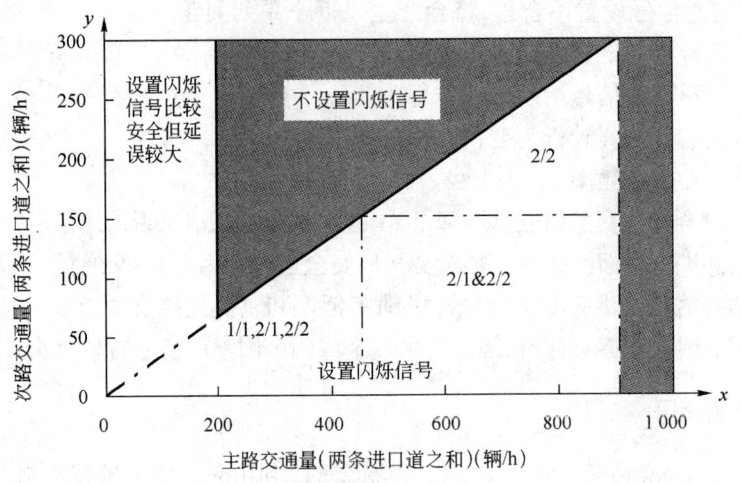

图 4-23　闪烁信号设置条件图

4.2.3　全停控制

对于交通量大,冲突发生频率高,且各进口道交通量分配比较均匀的交叉口,实施全停控制较为合适。研究表明,全停控制能有效减少交叉口事故数,并降低延误。

根据美国联邦公路交通工程研究中心公布的数据,全停控制可减少城市交叉口 71% 的伤亡事故,减少 20% 的左转事故,72% 直角碰撞事故,13% 的追尾事故[2]。

4.2.4　次路停车/让行控制

停车控制交叉口的好处在于它能够清晰地指示路权,明确车辆应以何种方式来避让拥有优先权的车辆,从而提高整个交叉口的安全性。但另一方面,停车控制交叉口有以下缺点:

(1)增加某种冲突的频率(如追尾冲突)。

(2)增加燃油消耗和时间延误,增加道路使用者的成本。

(3)增加空气和噪声污染。

让行标志设置在没有优先通过权的次要道路进口道处,表示如果在次路车辆到达交叉口时,交叉口内没有车通过,那么该车可以不停车通过交叉口。让行控制没有停车控制交叉口那么严格,但是比全无控制交叉口要严格得多。让行控制交叉口比停车控制交叉口存在更多的冲突,而道路使用者的成本较少。根据美国联邦公路交通工程研究中心公布的数据,停车控制交叉口与让行控制交叉口相比,能有效地减少 29% 的交通事故。

Box[38]研究制订了低交通量城市交叉口交通控制标志设置指南。他建议在确定合理的交通控制模式时应考虑道路等级、历史事故数据以及安全进入速度等因素。如表 4-19 所示,其结果只适用于高峰小时进入交叉口的交通量小于 300 辆/h 时,同时他认为当进入交叉口的交通量超过 100 辆/h 时,采用全无控制或让行控制的效果就不是很好了。

交叉口控制类型选择表[1] 表4-19

道路等级		历史事故数据[2]（1年/3年）	次路控制类型			
主路	次路		安全进入速度（km/h）[3]			
			<15	15~30	31~50	>50
支路	支路	<2/4	停	停	让	全无[4]
		≥2/4	停	停	让或停	让
集散	支路	<2/4	停	停	让	让
		≥2/4	停	停	停	让
集散	集散	<2/4	停	停	停	让或停
		≥2/4	停	停	停	让或停

注：1. 本表只适用于高峰交通量小于等于300辆/h的城市交叉口。当交通量较高时就要考虑停车控制、全停控制或信号控制等其他方式。

2. 低流量进口道上发生的与停车/让行有关的事故数据（如左转、右转、直角碰撞），判别标准：12个月内2起，3年内4起。

3. 次路进口道的安全速度，可由该交叉口处次路车辆瞭望主路车辆实际视距确定。

4. 全无控制交叉口，可用于高峰交叉口流量小于100辆/h的交叉口。

4.2.5 预先警告频闪

预先警告频闪是在交叉口前方各个进口道上安装闪烁信号灯，提前提示驾驶员前方交叉口的存在，使驾驶员做好交叉口行车的准备，以提高交叉口的行车安全性。该措施在国外使用较多。

Agent, K. R.、Stamatiadis, N. 和 Jones, S. 等人研究表明设置预先警告频闪等能有效降低30%的交叉口事故[39]。

美国联邦公路局交通工程研究中心研究（2004年）表明，设置预先警告频闪能降低信号交叉口27%的交通事故[40]。

Gan A., Shen J. 和 Rodriguez A. [37]等人研究发现，在交叉口前方设置预先警告频闪能降低三枝交叉口的事故数70%，降低四枝交叉口事故数39%；降低左转引起的伤亡事故67%，财产损失事故79%；降低直角碰撞引起的伤亡事故73%，财产损失事故62%。

Morena D. A., Wainwright W. S. 和 Ranck F. [41]等人通过研究老年驾驶员在交叉口的行为特征发现，交叉口处的预先警告频闪灯可以降低四枝信号交叉口处的直角碰撞事故62%，追尾事故36%。

4.2.6 交叉口标志和标线

驾驶员对于交叉口以及交通控制方式的认识对交叉口行车安全至关重要。一些交叉口的事故可能是因为驾驶员没意识到交叉口的存在或者没有注意到交叉口的交通控制措施，从而未作出必要的反应而引起的。因此，交叉口的明显程度与交叉口的行车安全关系密切。可以通过设置标志标线和安全警告设施来提高交叉口的可识别性，其他措施如设置交叉口照明也能取得良好的效果。

1)设置合适的标志、标线

在交叉口的进口道上设置标志和标线有利于驾驶员为前方交叉口做更好的准备。包括指路标志、前方道路名称标志、警告标志、路面标线、门架式标志等。交叉口形状不规则或位于特殊线形路段(交叉口位于曲线上)时,需要在标志上标出交叉口形状以便为驾驶员提供准确信息。交叉口前方道路名称标志和车道标线可帮助驾驶员辨明方向和判断行驶路线。

在交叉口位置设置路面标线也可以提醒驾驶员交叉口的存在,这些标线包括道路中心线、车道分界线、路缘线和停让线等。

2)安装面积较大的标志

使用面积较大的交通标志不仅可以提高交叉口的明显性,还可以使驾驶员更好地发现交通标志的存在。这些标志包括前方指路标志、警告标志、道路标记等。

3)改善交叉口信号和标志的可见性

应对信号、标志标线进行定期维护,保持其性能,并保证信号、标志标线不被其他标志或植物遮挡、污损。

美国联邦公路局综合关于交叉口的研究成果得到交叉口安全改善对策及其效果指标,见表4-20[2]。

交叉口标志标线设置效果表 表4-20

对　　策	效　　果
设置大型标志	停车控制交叉口事故发生率降低19%
设置预先警告标志	城市和乡村事故率分别降低30%、40%;信号交叉口事故率降低22%
设置门架式车道指示标志	降低事故率10%~20%
路面附加警告信息	无信号交叉口降低事故率6%,城市区域的信号交叉口降低直角碰撞事故率30%

国际道路联合会公布的数据显示,在入口处设置标志告知适当的行驶速度、行驶方向以及其他限制规定是非常必要的,同时也能够明确路权,能够减少50%的交通事故。警告标志告知驾驶员交叉口的存在,并建议合适的行驶速度,能够减少46%的事故。

4.2.7 交叉口渠化

交叉口渠化可以有效地规范车辆在交叉口范围内的行驶轨迹,减少车流间的相互干扰,减少交通冲突,保证交通安全。

根据美国联邦公路局交通工程研究中心公布的数据[2],在交叉口进口道设置中心线同时在缘石切点处设置停车线,可减少事故29%、直角碰撞事故24%(非信号交叉口);设置横向的路面标线,可减少事故18%;设置突起路标可减少事故10%;在路面上施画辅助警告信息,可减少事故6%(非信号交叉口),减少直角碰撞事故30%(城市停车控制交叉口)。

根据国际道路联合会公布的数据,施画标线引导车辆运行是成本较低且非常有效的减少冲突、明确路权的措施,能改变道路的外观,有降低车速的作用,应配合设置标志,标线和标志能够减少41%的事故;在郊外较小的十字路口设置渠化岛大约能减少50%的事故。

4.2.8 进口道速度控制

由于车速影响着事故的严重程度,所以适当降低进口道车速会降低事故的严重性,降低车速可以改善驾驶员、行人以及骑车人的安全性。几何设计、信号控制及其他车辆减速设备都适用于进口道车速的控制。

在交叉口附近进口道设置限速标志和警告标志并不能很有效地降低车速,重新设计车道的效果更好,根据所要求的车速,指标稍低的平曲线会降低车速,当然,平曲线要避免由于驾驶员视距不足而导致交通事故。

像视错觉原理、减速平台、加宽人行道或路侧区域来缩减行车道宽度等车道处理措施,都可以用于交叉口进口道处来减低车速。

根据美国联邦公路局交通工程研究中心公布的数据[2],在交叉口进口道处设置横向减速带能有效地降低交通事故28%(停车控制交叉口)和35%(乡村无信号交叉口),降低追尾事故90%。

根据国际道路联合会的数据,减速丘和其他减速设施适用于车速较低的低等级相交道路入口,能够减少65%的交通事故。

4.3 平面交叉其他相关特征对安全的影响

4.3.1 自动执法

闯红灯和超速现象是一种常见的交通安全问题,在警员有限的情况下,自动执法设施便成了最优选择。

所谓自动执法系统就是利用光电雷达和摄像系统来记录违章车辆的信息。闯红灯执法系统连接信号控制,该系统会在信号灯显示红灯后记录交叉口中车辆的运行情况,红灯时自动启动闯红灯摄像机。超速自动执法系统通常配合雷达系统拍摄超速车辆的信息。

自动执法系统不但减少了违章现象,很大程度上也减少了交通事故的发生,不仅在安装摄像头的交叉口,而且在该地区其他交叉口也起着相应的作用。

在加拿大,摄像头用于控制车速和闯红灯,艾伯塔省斯川斯科那地区是北美第一个应用闯红灯摄像头来记录由于超速而发生交通事故的地区,1998 年在 Y 形交叉口设置的闯红灯摄像头于2000 年开始用于车速控制,该方法有效地限制了车速,据统计2002 年的交通事故比2001 年下降了75%[1]。

闯红灯摄像系统在欧洲也得以广泛应用。自动执法系统提高了系统效率,节省了执法者的工作时间,在保证交通安全和提高效率方面的优势是明显的。但在关于侵犯个人隐私权的问题和系统辨别能力的问题上也存在着一些争议。

根据美国联邦公路局交通工程研究中心公布的数据[2],设置闯红灯自动执法设施减少交叉口的直角碰撞事故25%,其中伤亡事故下降16%,但追尾事故有增加的趋势。

4.3.2 照明

对于夜间交通事故多发的平面交叉口,安装照明设施是一种有效的改善交叉口安全性能的对策。该措施能显著降低夜间交叉口的事故发生率。

Wortman 等人(1972 年)[42]对一组有照明和一组无照明的交叉口随机样本展开了研究,研究发现交叉口照明对减少夜间的交通事故起着重大的作用,但只有在夜间事故至少占白天事故 1/3 时该效果才显现出来。研究中没有发现照明和事故严重程度的关系。

Lipinski 和 Wortman(1976 年)[43]发现照明能减少交叉口夜间事故率的 45%,减少全部事故率的 22%。

Walker 和 Roberts (1976 年) [44]通过对美国衣阿华州(The state of Iowa)的 47 个平面交叉口安装照明设施前后的对比分析,结果表明安装照明设施以后夜间事故率降低了 49%,夜间百万车事故率从 1.89 降低到 0.91,降低了 52%。四枝交叉口的事故率降低明显,T 形交叉口和 Y 形交叉口的降低量相差不大。

Green 等人(2003 年) [45]通过对肯塔基州的 9 个平面交叉口安装照明设施前后的对比分析,得出夜间事故减少了 45%。

Hillary 等人(2006 年)[46]通过对美国肯塔基州的 48 个平面交叉口安装照明设施前后的对比分析,得出夜间事故发生率降低 19%,夜间事故数占总事故数的比例下降了 21%。安装照明设施后 35% 交叉口的事故率有所下降,夜间伤亡事故的严重程度降低了 11%。

根据美国联邦公路局交通工程研究中心公布的数据[2],在信号交叉口安装有效地照明设施可降低事故发生率 30%,减少伤亡事故 17%,在非信号交叉口可减少事故发生率 47%。

本章参考文献

[1] Nicholas D. Antonucci, et al. A Guide for Reducing Collisions at Signalized Intersections. Washington: National Cooperative Highway Research Program, 2004.

[2] U. S. Department of Transportation Federal Highway Administration. Toolbox of Countermeasures and Their Potential Effectiveness for Intersection Crashes. Institute of Transportation Engineers, 2007.

[3] Neuman T R. Intersection Channelization Design Guide. Washington: National Cooperative Highway Research Program, 1985.

[4] Harwood D W., et al. Safety Effectiveness of Intersection Left and Right-Turn Lanes, 2002.

[5] James A. Bonneson, Michael D. Fontaine. Evaluating Intersection Improvements: An Engineering Study Guide. Washington: National Cooperative Highway Research Program, 2001.

[6] Koepke F J. Traffic Engineering Handbook. Washington: Institute of Transportation Engineering, 1999: 328.

[7] Harmelink M D. Volume Warrants for Left-Turn Storage Lanes at Unsignalized At-Grade Intersections. Washington: Highway Research Record, 1967: 1-18.

[8] Hasan T, Stokes R W. Guidelines for Right-Turn Treatments at Unsignalized Intersections and Driveways on Rural Highways. Washington: Transportation Research Record, 1997: 63-72.

[9] Dixon K, J. Hibbard, H. Nyman. Right-Turn Treatment for Signalized Intersections. Urban Street Symposium, Dallas, Texas, 1999: 28-30.

[10] Kay Fitzpatrick, Shawn Turner, Marcus Brewer, et al. Improving Pedestrian Safety at Unsignal-

ized Crossings. Washington: Transit Cooperative Research Program and National Cooperative Highway Research Program, 2006.

[11] University of South Florida. Making Crosswalks Safer for Pedestrians. Application of a Multidisciplinary Approach to Improve Pedestrian Safety at Crosswalks in St. Petersburg, Florida. Center for Urban Transportation Research (CUTR), 2000.

[12] Glock J W., R. B. Nassi, R. E. Hunt, B. W. Fairfax. Implementation of a Program to Reduce Pedestrian Related Accidents and Facilitate Pedestrian Crossings, 2000.

[13] Nassi R B. Pedestrians. Washington: Traffic Control Devices Handbook, 2001.

[14] Fairfax B W. School-Pedestrian Crosswalk Signals at Intersections. Seatle: A Quantified Evaluation of Performance, 1974.

[15] Petzold R G, R Nawrocki. Urban Intersection Improvements for Pedestrian Safety. Washington: Evaluation of Alternatives to Full Signalization at Pedestrian Crossings, 1977.

[16] Hendrickson J. Half Signal Report. Seattle: Seattle Engineering Department, 1988.

[17] Fairfax B W. Pedestrian Crossing Traffic Control Devices. Tucson: An Assessment of Innovative Methods for Enhancing Pedestrian Safety at Crossings of Arterial Streets, 1999.

[18] Voss J O, L Parks. Operational and Safety Issues of British Columbia's Unique Pedestrian Signals, 2001.

[19] Van Winkle J W, D A Neal. Pedestrian-Actuated Crosswalk Flashers. ITE: 2000 Annual Meeting, 2000.

[20] Fisher J E. The Smart and Smarter Pedestrian Warning. Los Angeles: City of Los Angeles Department of Transportation.

[21] Lalani N. Alternative Treatments for At-Grade Pedestrian Crossings. Washington: Pedestrian and Bicycle Council Task Force Committee, ITE, 2001.

[22] Huang H. An Evaluation of Flashing Crosswalks in Gainesville and Lakeland. Highway Safety Research Center, University of North Carolina, Florida Department of Transportation, 2000.

[23] Huang H. An Evaluation of Flashing Crosswalks in Gainesville and Lakeland. Highway Safety Research Center, University of North Carolina, 2000.

[24] Whitlock and Weinberger Transportation. An Evaluation of a Crosswalk Warning System Utilizing In-Pavement Flashing Lights, 1998. http://www.w-trans.com/xwk-report.

[25] Evans D. The Light of Your Life: In-Pavement LEDs Stop Cars and Save Lives. UK: Traffic Technology International, 1999.

[26] Godfrey D, T Mazzella. Kirkland's Experience with In-Pavement Flashing Lights at Crosswalks. Lynnwood: ITE/IMSA Annual Meeting, 1999. http://www.ci.kirkland.wa.us/depart/pw/transportation/flscrswk.htm.

[27] City of Fountain Valley Illuminated Crosswalks. An Evaluation Study and Policy Recommendations. Katz, Okitsu & Associates, Tustin, 2000. http://www.katzokitsu.com/peds.htm.

[28] Prevedouros P D. Evaluation of In-Pavement Flashing Lights on a Six-Lane Arterial Pedestrian Crossing. ITE: Annual Meeting, 2001.

[29] Huang H, R. Hughes, C Zegeer, M Nitzburg. An Evaluation of the Light Guard™ Pedestrian Crosswalk Warning System. Highway Safety Research Center, University of North Carolina, 1999.

[30] Tobin J R Standards & Guidelines for Mid-Block Crossings: Las Vegas Study. Institute of Transportation Engineers, 1999.

[31] Herms B F. Pedestrian Crosswalk Study: Accidents in Painted and Unpainted Crosswalks. Washington: Highway Research Record 406, Highway Research Board, National Research Council, 1972: 1-14.

[32] Zegeer C V, J R Stewart, H Huang. Safety Effects of Marked vs. Unmarked Crosswalks at Uncontrolled Locations: Executive Summary and Recommended Guidelines, 2002.

[33] Gibby A R, J Stites, G S Thurgood, T C Ferrara. Evaluation of Marked and Unmarked Crosswalks at Intersections in California, Sacramento: California Department of Transportation, 1994.

[34] Jones T L, P Tomcheck. Pedestrian Accidents in Marked and Unmarked Crosswalks: A Quantitative Study. ITE Journal, 2000.

[35] Knoblauch R L, P D Raymond. The Effect of Crosswalk Markings on Vehicle Speeds in Maryland, Virginia, and Arizona, 2000.

[36] Knoblauch R L, M Nitzburg, R F Seifert. Pedestrian Crosswalk Case Studies: Sacramento, California; Richmond, Virginia; Buffalo, New York; Stillwater, Minnesota. 2001.

[37] Gan A, Shen J, Rodriguez A. Update of Florida Crash Reduction Factors and Countermeasures to Improve the Development of District Safety Improvement Projects. Florida Department of Transportation, 2005.

[38] Box P C. Warrants for Traffic Control Devices at Low-volume Urban Intersections. ITE Journal, Washington: Institute of Transportation Engineers, 1995.

[39] Agent K R, Stamatiadis N, Jones S. Development of Accident Reduction Factors. Kentucky Transportation Cabinet, 1996.

[40] Institute of Transportation Engineers. Toolbox of Countermeasures and Their Potential Effectiveness to Make Intersections Safer. ITE, 2004.

[41] Morena D A, Wainwright W S, Ranck F. Older Drivers at a Crossroads. Public Roads, 2007: 6-15.

[42] Wortman R H, M E Lipinski, L B Fricke, W P Grimwade, A F Kyle. Development of Warrants for Rural At-Grade Intersection Illumination. Illinois Cooperative Highway Research Program Series No. 135, 1972.

[43] Roberts S E, F W Walker. Influence of Lighting on Accident Frequency at Highway Intersections. Transportation Research Record, 1976: 73-77.

[44] Lipinski M E,R H Wortman. Effect of Illumination on Rural At-Grade Intersection Crashes. Transportation Research Record, 1976:25-27.

[45] Green E R,K R Agent, M L Barrett,J G Pigman. Roadway Lighting and Driver Safety. Kentucky Transportation Center,Federal Highway Administration,2003.

[46] Hillary I,et al. Safety Impacts of Street Lighting at Isolated Rural Intersections. Minnesota Department of Transportation Research Services Section, 2006.

第五章 立体交叉

立体交叉是路网中不可缺少的组成部分，尤其在高速公路中占有相当重要的位置。立体交叉范围内的不安全因素还影响到其通行能力和服务水平。本章就立体交叉范围内的安全因素进行讨论。

5.1 立交设计因素对安全的影响

5.1.1 立交的类型和结构

Nicholas J. Garber 和 Michael D. Fontaine[1]于 1996 年 9 月 ~ 1997 年 1 月对全美 36 个州立体交叉的事故情况进行了调查，被调查者对各种立交形式的安全状况进行打分，结果显示各类型立交的安全状况并没有明显不同，如图 5-1 所示。此后，他们调查了包括 4 种类型的 10 座立交，对其事故情况进行了对比研究，见表 5-1。

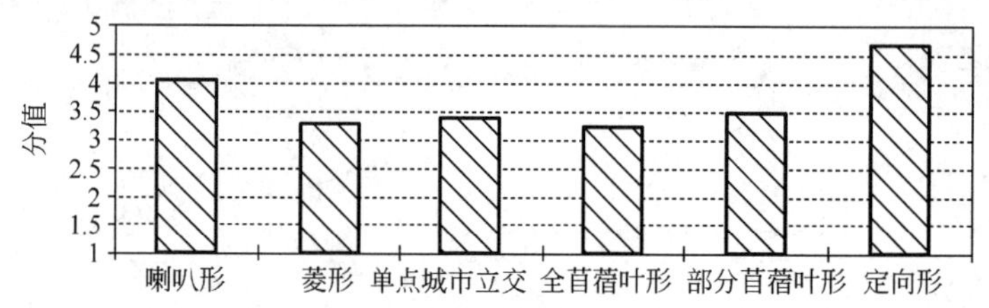

图 5-1 立交安全状况打分[1]

事故严重程度与立交类型的关系，如图 5-2 所示。Nicholas J. Garber 和 Michael D. Fontaine 通过检验得出各类型立体交叉上的严重事故率并没有明显不同，部分苜蓿叶立交的财产损失事故显著低于单点城市立交。但由于数据量的限制，该结果的普遍性不强。

Nicholas J. Garber 和 Michael D. Fontaine 将事故分为追尾、直角碰撞、侧刮、撞固定物、倒车事故等，不同立交类型事故形态的关系如图 5-3 所示。各类立交的追尾事故率没有明显不同；由于消除了左转车与直行车的冲突，全苜蓿叶立交的直角碰撞事故比单点城市立交和部分苜蓿叶立交小得多；单点城市立交发生侧刮事故的危险性比部分苜蓿叶立交和菱形立交大得多；全苜蓿叶立交上的撞固定物事故比其他类型立交高得多，这是由于车辆在环形匝道上易冲出路外造成的；各种类型立交上的倒车事故没有显著不同。

不同类型立交的事故率对比(%)[1]　　表5-1

事故情况		菱形立交	单点城市立交	全苜蓿叶立交	部分苜蓿叶立交
严重程度	财产损失事故	66.7	72.1	66.7	57.1
	伤人事故	33.3	27.9	31.5	42.9
	死亡事故	0	0.0	1.9	0
事故类型	追尾	28.6	47.5	42.6	28.6
	直角碰撞	31.0	34.4	1.9	23.8
	侧刮	7.1	11.5	13.0	0
	撞固定物	9.5	3.3	37.0	19.0
	倒车事故	2.4	0.0	0	0
	其他	21.4	3.3	5.6	28.6
事故地点	驶入匝道	16.7	6.6	29.6	4.8
	驶出匝道	19.0	16.4	27.8	23.8
	交叉口中心	54.8	26.2	38.9	14.3
	相交道路	9.5	50.8	3.7	57.1

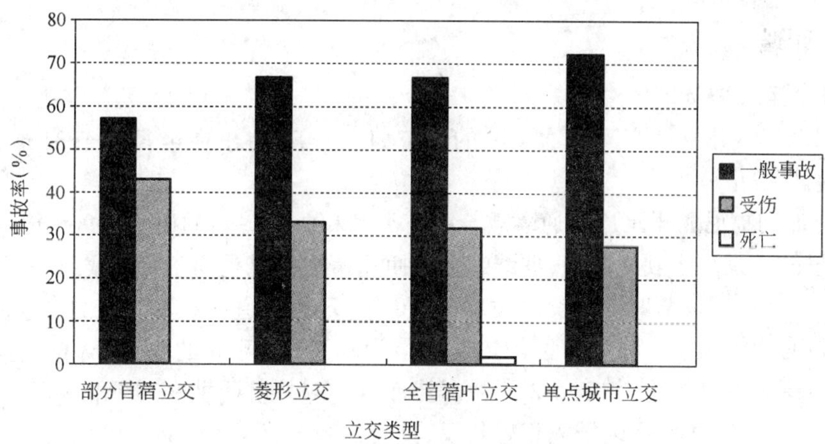

图5-2　事故严重程度统计[1]

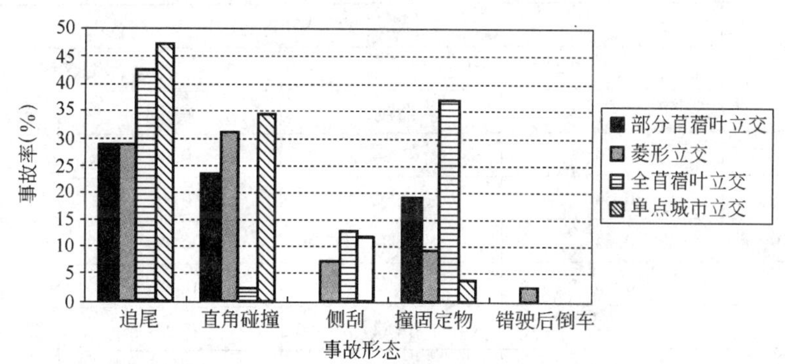

图5-3　不同立交类型的事故形态分析[1]

由于各种立交的结构形式不同,Nicholas J. Garber 和 Michael D. Fontaine 定性地分析了立交类型和事故地点的关系,如图5-4所示。

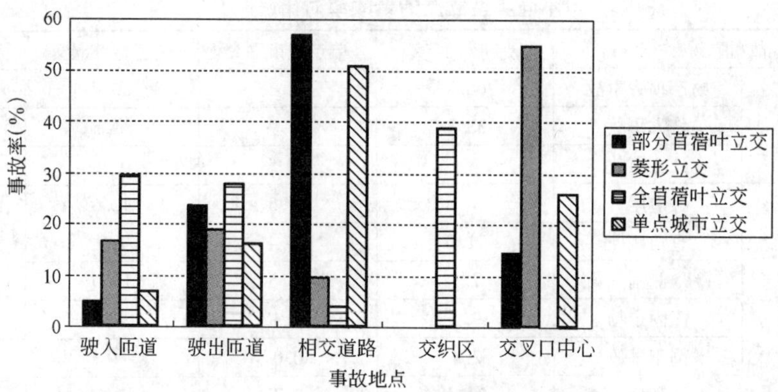

图 5-4 不同立交类型事故地点统计图[1]

全苜蓿叶立交的事故几乎都发生在匝道和交织区范围内，立交交织区的事故最多，占38.9%，这是由环形匝道的运行特性引起的。菱形立交 54.8% 的事故发生在冲突车流集中的匝道终点与相交道路的交叉口中心。而单点城市立交 50.8% 的事故、部分苜蓿叶立交 57.1% 的事故则发生在相交道路上[1]。

5.1.2 匝道

5.1.2.1 匝道平面线形

Fisher 对新泽西州立体交叉交通事故的研究（1961 年）得出在半径大于 31m(100ft) 的环形匝道上交通事故十分少[2]。

Lundy 对加利福尼亚州匝道交通事故与匝道类型和曲率关系的研究（1965 年），表明驶出匝道的交通事故总是高于驶入匝道，曲线线形的匝道事故率总是高于直线线形的匝道[3]。

Yates J. G. 在研究苜蓿叶形立交时发现（1970 年）环形匝道和右转匝道的事故率与匝道的线形和交通量有很大关系。除城市区域内交通量为 0 ~ 499 辆/d 的匝道外，直线匝道上的事故率比曲线匝道上的事故小，如表 5-2 所示。然而，在乡村地区，曲率较小的环形匝道的事故率要高于曲率较大的，而城市区域内正好相反，见表 5-3[4]。

苜蓿叶右转匝道事故率与曲率、交通量的关系 表 5-2

平均日交通量（辆/d）	事故率（每亿车）			
	城市区域匝道		乡村区域匝道	
	直线1	曲线2	直线3	曲线2
0 ~ 499	0.74	0.64	0.00	0.67
500 ~ 1 000	0.34	0.72	0.13	0.49
1 001 ~ 1 500	0.64	0.84	0.00	0.61
1 501 ~ 2 000	0.15	0.93	0.00c	0.20
>2 000	0.49	0.82	0.00c	0.72
总计	0.44	0.81	0.05	0.56

注：1-曲率小于 1°。

2-曲率大于 1°。

3-样本量小于 10。

苜蓿叶环形匝道事故率与曲率、交通量的关系　表5-3

平均日交通量(辆/d)	事故率(每亿车)			
	城市区域匝道		乡村区域匝道	
	小曲率[1]	大曲率[2]	小曲率[1]	大曲率[2]
0~499	0.000	0.841	1.000	0.260
500~1 000	0.000	0.960	0.810	0.370
1 001~1 500	1.320	0.690	0.000	0.000
1 501~2 000	0.000	0.720	0.000[3]	0.000
>2 000	0.141	1.000	0.000[4]	0.000
总计	0.200	0.940	0.631	0.250

注:1-曲率小于12°。
2-曲率大于36°。
3-样本量为9。
4-样本量小于10。

5.1.2.2 匝道纵断面线形

匝道的坡度由相交道路上跨主线或下穿主线而决定。Lundy研究发现上坡的驶出匝道事故率比下坡驶出匝道低,驶入匝道上的事故率与坡度的关系不明显[3]。

1967年Lundy又进一步提出了不同匝道上跨/下穿主线时所表现出的安全性,如表5-4所示[5]。

上跨/下穿匝道事故率[5]　表5-4

匝道类型	相交道路上跨主线		相交道路下穿主线	
	驶入匝道事故率	驶出匝道事故率	驶入匝道事故率	驶出匝道事故率
菱形匝道	0.35	0.67	0.46	0.66
喇叭匝道	0.77	0.85	1.43	—
无集散车道的苜蓿叶右转车道	0.75	0.87	0.68	1.13
有集散车道的苜蓿叶右转车道	0.50	0.68	0.14	0.23
无集散车道的苜蓿叶环形车道	0.76	0.83	0.82	0.94
有集散车道的苜蓿叶环形车道	0.39	0.52	0.38	0.08
左侧匝道	0.74	1.74	1.38	2.64
直接右转车道	0.54	0.86	0.35	1.00

注:相交道路上跨主线时,驶入匝道通常为下坡,驶出匝道通常为下坡;相交道路下穿主线时,驶入匝道通常为上坡,驶出匝道通常为下坡。

5.1.2.3 匝道类型和形式

匝道的类型不同,其安全性也不同。喇叭形立交的环形匝道、苜蓿叶立交的无集散车道环形匝道、左侧匝道事故率普遍较高[2]。左进左出匝道的事故记录较少。菱形立交的匝道事故率最低[5]。

此外,集散车道对苜蓿叶立交匝道安全性的影响非常大,无集散车道的苜蓿叶匝道事故率比有集散车道的要高[6]。

1965年，Lundy经研究提出匝道事故率与匝道类型（驶入匝道和驶出匝道）和形式的关系，如表5-5所示[3]。美国加利福尼亚州公路局多年来一直保持更新这些数据，表现规律一致，菱形匝道的事故率最低；由于曲率较大环形匝道的事故率较高；匝道事故率最高的是剪刀形连接线，其匝道相交时是停车控制的，且离开和进入匝道的车辆是从主线左侧出入。

事故与匝道类型和形式的关系 表5-5

匝道形式	事故率（每百万辆车）		
	驶入匝道	驶出匝道	合计
菱形匝道	0.40	0.67	0.53
苜蓿叶有集散车道的右转匝道[1]	0.45	0.62	0.61
直接式匝道	0.50	0.91	0.67
苜蓿叶有集散车道的环形匝道	0.38	0.40	0.69
纽扣形匝道	0.64	0.96	0.80
其他有集散车道的环形匝道	0.78	0.88	0.83
苜蓿叶无集散车道的环形匝道	0.72	0.95	0.84
喇叭形匝道	0.84	0.85	0.85
剪刀形匝道	0.88	1.48	1.28
左侧匝道	0.93	2.19	1.91
平均	0.59	0.95	0.79

注：1-只有驶入-驶出联合匝道上的事故才包括集散道路事故。

Bruce N. Janson等人对高速公路匝道上的货车事故的研究表明匝道类型对货车的安全影响不大，如表5-6所示。同时，他们还对美国科罗拉多、加利福尼亚、华盛顿三个州的不同类型匝道上的年均货车事故进行了比较，如表5-7所示[7]。

匝道类型对货车事故关系 表5-6

匝道类型	驶入匝道事故率	驶出匝道事故率	全部事故率
菱形匝道	0.41	0.38	0.40
环形匝道	0.44	0.45	0.44
右转匝道	0.50	0.42	0.46
定向匝道	0.48	0.42	0.45
其他	0.27	0.19	0.23

匝道年均货车事故对比表 表5-7

匝道类型	科罗拉多州			加利福尼亚州			华盛顿州		
	匝道数	事故数	年均事故率	匝道数	事故数	年均事故率	匝道数	事故数	年均事故率
菱形匝道	27	16	0.60	19	20	1.04	310	218	0.70
环形匝道	12	9	0.78	25	19	0.76	81	60	0.74
右转匝道	11	6	0.52	23	11	0.48	59	44	0.75
定向匝道	39	32	0.81	324	266	0.82	152	120	0.79
其他	0	0	0.00	101	35	0.35	42	16	0.39
合计	89	63	0.71	492	351	0.71	644	458	0.71

5.1.3 变速车道和交织区

Fisher 对新泽西州立体交叉交通事故的研究(1961 年)得出大部分交通事故都发生在匝道的变速车道和匝道终点处,很少有事故发生在匝道的主体部分。

加减速车道的长度对立交的安全有很大的影响。加减速车道越短,事故风险越高。在新泽西州对 50 处立交的安全、运营以及通行能力进行综合分析得到:当加速车道至少达到 243.8m(800ft),减速车道至少达到 274.3m(900ft),交织区至少达到 243.8m(800ft)时,立交的安全性将提高[6];减速车道长于 243.8m 时,将获得事故减少的最大效益[6]。然而,较短的减速车道也有助于显著的降低事故数,当加速车道短于 274.3m(900ft)时事故记录也较少,因为一些驾驶员在汇入主线时,会主动停车或减速[2]。如果加速车道长一些,直行交通流就更愿意汇入交通流,较长的加速车道还有助于使交通流的运行更平滑并增加通行能力。

Cirillo 对州际事故系统的研究得出变速车道和交织区的事故特性,如表 5-8 所示[8—10]。交织区和变速车道的事故率随着交通量的增加而增加,当合流车辆超过 6% 以后加速车道的长度对事故率的影响变得稳定,但变速车道长度对减速车道上事故的影响没有对加速车道的影响大[11]。

立交组成部分的事故率 表 5-8

乡村		城市	
立交组成部分	事故率(每百万车英里)	立交组成部分	事故率(每百万车英里)
减速车道	137	减速车道	186
驶出匝道	346	驶出匝道	370
驶入匝道	161	驶入匝道	719
加速车道	76	加速车道	174
主线交织区	116	主线交织区	227
平均	109	平均	214

5.2 交通控制和运营因素对安全的影响

匝道管理通常利用交通信号、标志或活动门(栏杆)来控制由匝道进入或离开主线的交通流。匝道管理能通过控制车辆进出公路、平滑进出公路的交通流、强制车辆低速有序地进入公路等方式来提高道路的安全性。

根据美国实施匝道管理的经验,匝道管理,尤其是实施匝道车流调节,减少了车辆停停走走的现象,减少了追尾事故发生的可能性。匝道车流调节分散了排队进入主线的车辆,减少了侧向刮擦和合流事故的发生[12],如图 5-5 所示。

匝道车流调节就是在匝道上安装交通信号来控制匝道进入主线的流入率。通过控制匝道的主线流入率,可以使进入主线的交通流变得均匀,平滑主线交通流。匝道车流调节可以有效地解决主线上某一地点或路段上的拥堵和安全问题。

图 5-5 匝道车流调节(美国)

表 5-9 列举了一些城市实施匝道车流调节所取得的安全效益。

匝道车流调节实施效果表[12]

表 5-9

实施地点	安全效益	实施/评价时间
波特兰州,俄勒冈州	高峰时段的事故减低 43%	1981 年
明尼苏达州明尼阿波利斯/圣保罗市	高峰时段的事故减低 24%	在初次实施 1970 年,1989 年进行评价
华盛顿州西雅图市	事故率减低 39%	1981 ~ 1987 年
科罗拉多州丹佛市	追尾事故和侧刮事故减少 50%	1981 ~ 1989 年
密歇根州底特律市	事故总数降低 50%,伤亡事故降低 71%	1984 年
纽约长岛	事故率减低 15%	1991 年

2001 年剑桥公司对美国明尼苏达州的匝道车流调节系统的运行效率和安全性进行了研究,结果表明实行车流调节后消除了季节因素对立交区域内交通事故的影响,且去除季节因素后,车流调节减少了 26.2% 的事故,如图 5-6、表 5-10 所示[13]。

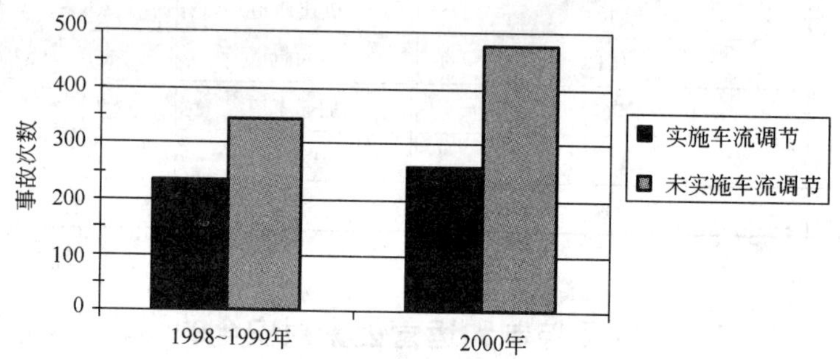

图 5-6 实施车流调节前后事故对比

原实施车流调节匝道停止调节后事故类型对比(高峰时段)

表 5-10

事故类型	停止调节后事故情况	事故类型	停止调节后事故情况
追尾	+15%	冲出路外	+60%
侧刮	+200%	其他	+9%

在实行匝道车流调节决策之前首先应明确监控方法、控制范围、计算模型、排队管理方法、流量控制方法等问题,这些问题密切关系到匝道车流调节运行效果。此外,为防止事故发生,在恶劣天气条件下可关闭匝道,如图 5-7 所示。匝道主线综合治理(例如改进信号时长、拓宽车道、设置减速标线等)可以防止匝道上排队的车辆排到主线上,防止事故的发生。

图 5-7 匝道关闭(美国)

本章参考文献

[1] Nicholas J Garber, Michael D Fontaine. Guidelines for Preliminary Selection of the Optimum Interchange Type for A Specific Location. Virginia Transportation Research Council, 1999.

[2] Fisher R L. Accident and Operating Experience at Interchanges. Highway Research Board, 1961.

[3] Lundy R A. The Effect of Ramp Type and Geometry on Accidents. Sacramento: California Department of Public Works, Division of Highways, 1965.

[4] Yates J G. Relationship Between Curvature and Accident Experience on Loop and Outer Connection Ramps. Highway Research Board, 1970.

[5] Lundy R A. The Effect of Ramp Type and Geometry on Accidents. National Research council, 1967:80-117.

[6] Twomey, James M, Max L Heckman, John C Hayward, Richard J. Zuk, 1993.

[7] Transportation Research Board. Washington: Accidents and Safety Associated with Interchanges.

[8] Bruce N Janson, Wael Awad, Juan Robles, et al. Truck Accidents at Freeway Ramps: Data Analysis and High-Risk Site Identification. Department of Civil Engineering University of Colorado at Denver and Colorado Department of Transportation, 1998.

[9] Cirillo J A. Interstate System Accident Research Study II. Highway Research Board, 1967.

[10] Cirillo J A. Interstate System Accident Research Study II. Interim Public Roads, 1968.

[11] Cirillo J A. The Relationship of Accidents to Length of Speed-Change Lanes and Weaving Areas on Interstate Highways. Highway Research Board, 1970.

[12] K M Bauer, D W Harwood. Statistical Models of Accidents on Interchange Ramps and Speed-change Lanes. Virginia: Office of Safety and Traffic Operations Research and Development Federal Highway Administration, 1997.

[13] Federal Highway Administration. U. S. Department of Transportation. Freeway Management and Operations Handbook.

[14] Twin Cities Ramp Meter Evaluation. Oakland: Minnesota Department of Transportation Pursuant to Laws 2000. Cambridge Systematics, 2001.

第六章 平交道口和施工养护区

6.1 铁路—公路平交口

铁路与公路在同一平面相交，形成了铁路-公路平交口，即铁路道口。铁路道口范围内存在运输载体、操作方式都完全不同的两种运输方式，这两种运输方式可能发生冲突，在运量不大时，这种矛盾并不突出，随着铁路和公路运量的增加，冲突机会增多，潜在的危险便日益增加，成为公路网中交通安全的薄弱环节。

据铁路工务部门统计，1997～2003 年，铁路平交道口改造，新增立交 3 834 处，拆除平交 5 102处，尚有平交道口 13 149 处，其中仅有 2 000 余处由铁路派人看守，其他部分繁忙道口约 3 000 处由地方政府派人进行监管[1,2]，由表 6-1 可以看出，我国铁路道口的交通事故率、重大事故率、伤亡率以及经济损失，虽然都在稳步下降，但仍保持在较高的水平。

中国铁路道口事故统计[1,2]　　表 6-1

年份	事故总数（次）	重大事故（次）	死亡（人）	重伤（人）	轻伤（人）	损坏公路车辆			损坏铁路车辆			中断行车（h）	直接经济损失（万元）
						汽车（辆）	拖拉机（部）	其他（辆）	机车（台）	车辆（节）	线路（m）		
1998	1 366	19	—	—	—	—	—	—	—	—	—	—	—
1999	1 099	14	—	—	—	574	—	—	—	—	—	—	—
2000	1 094	11	365	258	227	460	244	274	288	154	918	387	2 216
2001	887	9	314	288	241	400	199	244	247	59	350	411	1 428
2002	728	7	245	344	160	367	152	221	217	58	915	382	1 220

铁路与公路的平交道口，因其平面交叉的固有特点，决定其是事故易发地点，道口事故一旦发生，往往造成惨痛后果，给人民生命财产带来巨大损失，造成极坏影响，干扰正常的社会经济秩序。我国铁路道口的安全水平与国外还有很大差距，如图 6-1 所示。

6.1.1 铁路道口组成要素分析

6.1.1.1 铁路要素

一般来说，每天通过铁路道口的火车数量越多，发生交通事故就越多。美国《公铁平交道口手册》中给出了道口每天通行的火车数量与交通事故的关系，用事故系数表示，事故系数越大表明发生事故的风险越大，如图 6-2 所示[4]。

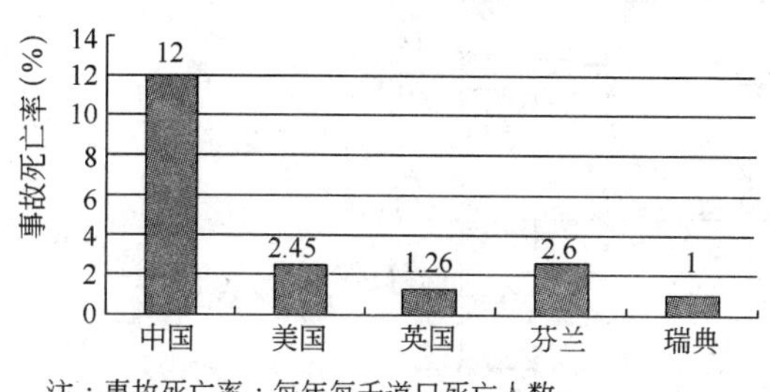

图 6-1　各国铁路道口交通事故死亡率[3]

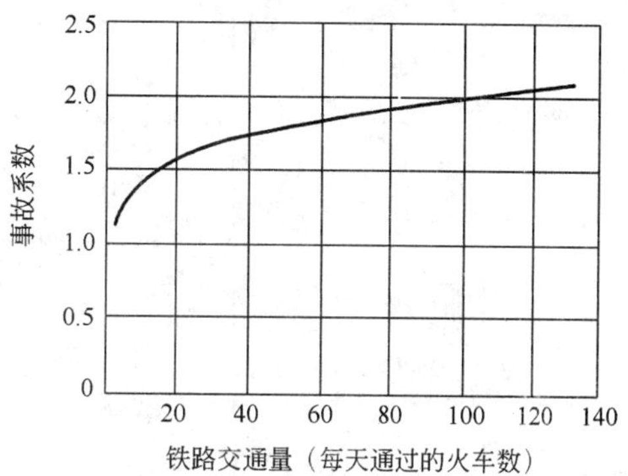

图 6-2　铁路交通量与交通事故的关系[4]

同时,《公铁平交道口手册》指出双线线路(区间有两条正线的铁路)与公路交叉形成的道口的交通安全隐患大于单线线路的道口[4]。

6.1.1.2　公路要素

1)交通量

当铁路道口位于穿村镇路段等车辆、行人交通量较大、交通流交叉、用地紧张的环境中时,交通干扰较大,路口视距较难保证,潜在的交通危险较大,但是此类交叉口大多有专业铁路工作人员看管和控制。相反交通量小,人口密度不大的铁路道口多为无人看管,同样存在着严重的安全隐患,见图 6-3。

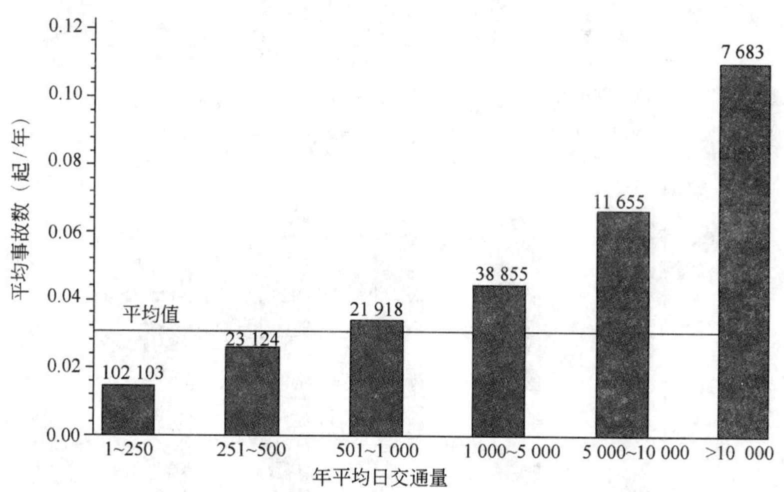

图 6-3　美国不同交通量水平下平交道口事故率(1983 年)[4]

美国《公铁平交道口手册》中给出了相交公路交通量与交通事故的关系,用事故系数表示,事故系数越大表明发生事故的风险越大,如图 6-4 所示。

与铁路相交公路的技术等级和交通量对道口的安全状况也有较大影响。图 6-5、图 6-6 反映了 1983 年美国铁路道口交通事故按照公路等级和城市道路等级统计的分析结果,从图中可以看出多数的交通事故集中在少数的主要干道上。同时交通事故数随着道口交通量的增加而增加。

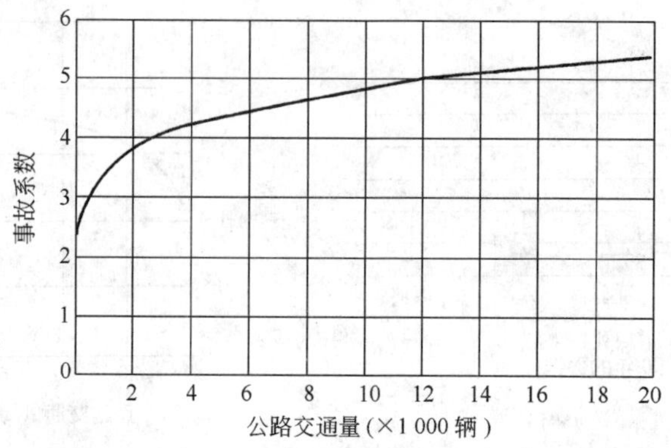

图 6-4　公路交通量与交通事故的关系[4]

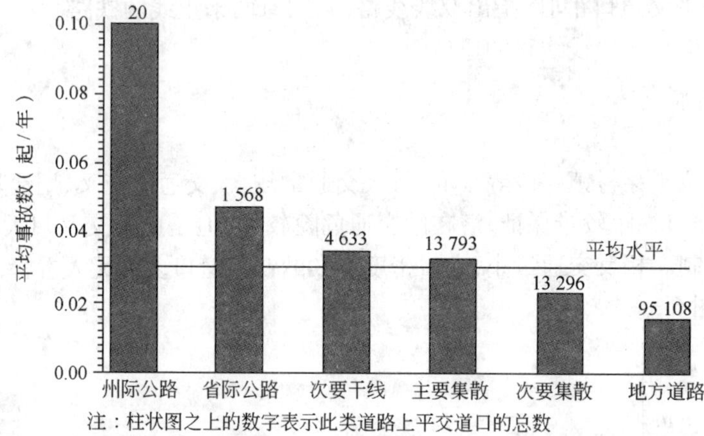

图 6-5　平交道口交通事故数与公路等级关系图(1983 年)[4]

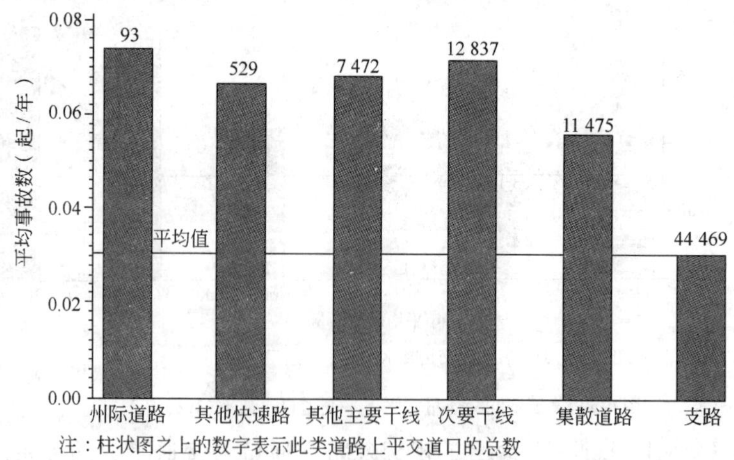

图 6-6　平交道口交通事故数与城市道路等级关系图(1983 年)[4]

2)平交道口

视距、照明条件等因素决定了铁路道口的可见性,是影响铁路道口安全水平的重要因素。日本铁路道口事故的调查显示,铁路道口可见度小于 20m 的事故率要比可见度大于 20m 的铁路道口事故率平均高 50%。铁路道口视距、铁路交通量与事故率的关系见表 6-2。道口的平纵面线形、交叉角度直接影响到驾驶员的视距。

道口两端大多有一定的坡度，路面状况差，道口铺面不平整，极可能导致车辆熄火或卡在道口处，同时过大的进口道坡度会使停驶车辆不能快速启动通过而引发事故。日本对1987～1993年的道口事故调查表明，道口坡度大的事故率要比无坡度的道口事故率高25%，见表6-3。凹凸不平的路面状况会分散驾驶员观察火车来车情况的注意力，调查显示石砖铺面较碎砂砾或柏油铺面更可能发生事故。[3]

铁路交通量、道口视距与事故率关系表[3]　　表6-2

铁路交通量（列/d）	铁路道口事故率		铁路交通量（列/d）	铁路道口事故率	
	视距≤20m	视距＞20m		视距≤20m	视距＞20m
0～40	1.10	0.83	80～120	0.44	0.36
40～80	0.73	0.54			

注：事故率-每百万列车发生的事故数。

铁路交通量、平交口进口道坡度与事故率关系表[3]　　表6-3

铁路交通量（列/d）	铁路道口事故率		铁路交通量（列/d）	铁路道口事故率	
	无坡度	有坡度		无坡度	有坡度
0～40	0.72	0.83	80～120	0.26	0.36
40～80	0.28	0.63			

注：事故率-每百万列车发生的事故数。

道口的交叉角越接近90°越有利于安全。因为斜交的情况不便于驾驶员转头观察火车情况，致使有的驾驶员只是匆匆一瞥，为安全行车带来隐患。

如果铁路道口与某一个公路平交口相距较近，那么此交叉口引起的拥挤或排队会传递到铁路道口处，造成铁路道口处通行不畅，甚至在铁路范围内形成拥挤，那么当火车驶来时，危险区范围内的车辆不能及时驶离，会造成后果严重的交通事故。一般来说，距离道口60m以内的公路平交口会受到火车的影响，在道口引起排队时，60m以外的平交口也会受到影响[4]。

夜间通过铁路道口时，照明的好坏决定了驾驶员能否注意到铁路道口的存在，驾驶员能否提前减速，谨慎地通过道口。因此照明条件是影响交通安全的一个主要因素[4]。

6.1.2　铁路道口交通控制方法

取消公路与铁路的平面交叉是彻底消除铁路道口交通安全隐患，保证铁路道口交通运行安全的根本方法。此外，提高铁路道口安全水平的交通控制方法主要包括被动防护和主动控制两种。

被动控制道口是由被动交通控制措施提示驾驶员前方有铁路平交道口，公路使用者要注意观察是否有火车到来，按照具体情况采取不同的驾驶操作。与被动防护不同，主动交通控制设施会提示驾驶员火车什么时候到达，驾驶员只在主动交通控制设施开启时采取适当的操作即可。因此在主动控制的铁路道口驾驶员的判断减少，驾驶操作相对简单，对保证道口的交通安全十分有利。经实践验证，主动控制措施对减少铁路道口交通事故数、提高道口的管理水平非常有效。美国《公铁平交道口手册》中列出了平交道口交通控制方式与交通事故的关系研究成果，如图6-7、表6-4、表6-5所示[4]。

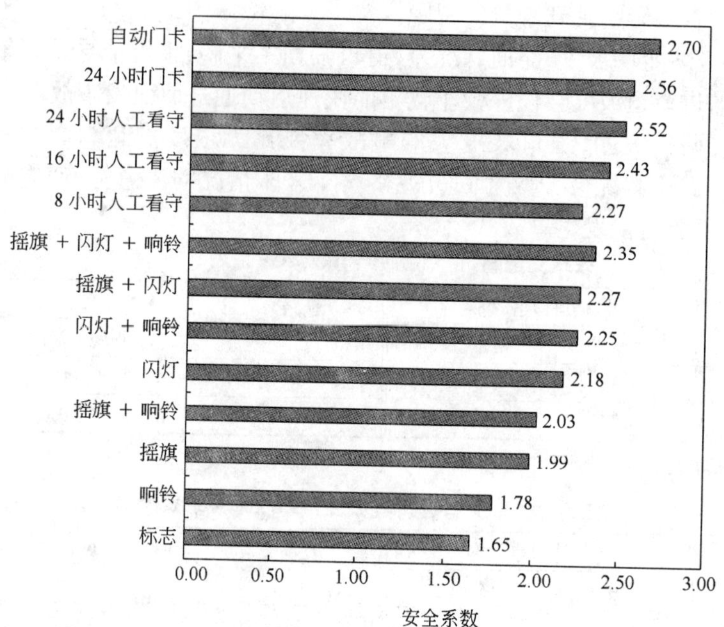

图 6-7　美国平交道口交通控制方式与安全性关系[4]

美国平交道口控制方式与事故风险关系[4]

表 6-4

控 制 方 式	事 故 系 数	控 制 方 式	事 故 系 数
自动门卡	0.13 或 0.10	优先信号	0.50
闪灯	0.33、0.20 或 0.60	叉形符号	1.00
摇旗	0.67		

美国平交道口控制方式与危险性关系[4]

表 6-5

控 制 方 式	危险系数	控 制 方 式	危险系数
叉形符号(公路交通量小于 500 辆/d)	3.89	摇旗	0.61
叉形符号(城市)	3.06	闪灯(城市)	0.23
叉形符号(乡村)	3.08	闪灯(乡村)	0.93
停车标志(公路交通量小于 500 辆/d)	4.51	门卡(城市)	0.08
停车标志	1.15	门卡(乡村)	0.19

注:危险系数的数值越大越危险。

表 6-6[4]为美国对同一类道口采取同一种方法改造前后发生事故数对比结果,可以看出采用主动控制措施后道口的安全水平显著提高。

美国铁路平交道口改造效果

表 6-6

改 造 方 法	事故数下降百分比(%)		
	1980 年美国运输部调查结果	1974 年加州调查结果	1952 年 Hedley 调查结果
被动防护(信号灯)	70	64	63
被动防护(自动栅栏)	83	88	96
信号灯(增加自动栅栏)	69	66	68

Frank Saccomanno 和 Xiaoming Lai(2004 年)研究平交道口警告设置、交通状况、事故环境等与事故的关系,研究指出,将标志升级为闪光灯、将标志升级为栅栏、将闪光灯升级为栅栏三种方法都能有效的降低事故率[5],与上表结论相同。

Y. J. Park 和 F. F. Saccomanno(2004 年)收集 1993 ~ 2001 年平交道口相关资料,研究道口控制措施与交通事故的关系,研究结果表明,如果将道口标志改为带闪光灯的标志预测减少事故率 89.15%。

Richards 和 Heathington(1990 年)选择美国 3 处平交道口利用录像设备调查了 445 班列车和数千驾驶员的行为,结果显示在自动列车预警装置之后,在平交道口停车等待列车通过的驾驶员比例有 19.6% 上升至 44.1%,大大减少了驾驶员争道抢行造成的事故。

Sudhir Anandarao 和 Carl D. Martland(1998 年)研究 1987 ~ 1995 年间的平交道口事故资料,结果表明设有火车检测器的平交道口比没有火车检测器的平交道口的事故率低。

6.2　施工和养护区

在公路的改建、扩建以及维修养护项目中,施工阶段是一个十分重要的环节。对于这些项目,在多数情况下,施工过程中并不中断交通,施工和养护区(以下简称施工区)本身成为路段的交通障碍和事故危险源。近年来,随着国家对交通基础设施投资的增加,我国公路迅速发展。到 2007 年底,全国公路通车总里程达 357.3 万 km,新增公路通车里程达 11.6 万 km,其中高速公路 5.39 万 km。与此同时,在公路施工和养护过程中的交通安全问题也变得越来越突出,每年在施工区所发生的交通事故造成的损失也很惊人。事故分析表明,施工区事故多发的原因主要有以下一些:

(1)施工区的存在,对正常的交通流造成了一定的干扰。Hall 和 Lorenz 的研究表明,与施工前相比,施工期间的事故率增加 26%[7]。Garber 和 Woo 研究得出,与施工前相比,美国弗吉尼亚州多车道公路施工区的平均事故率提高了 57%,城市双车道公路施工区的平均事故率提高约 168%[9]。

(2)施工区缺少适当的安全防护设施和交通控制设施。

(3)施工作业占用的道路空间使车道数减少或车道变窄,造成道路环境的突变。

(4)施工区构成了道路空间范围内的障碍物,增加了车辆撞击固定物的危险。

(5)驾驶员跟车过近,粗心驾驶和判断失误也是造成施工区事故多发的原因。

综合国内外的研究成果,施工区的交通事故主要有以下特点,如表 6-7 所示。

施工区事故特点　　表 6-7

事故严重性	严重伤害事故较施工前多
事故率	事故率较施工前高
事故类型	主要事故类型包括追尾事故、同向刮擦、撞固定物等,其中追尾碰撞占 35% ~52%[9]。
事故发生时间	夜间事故与施工前相比增加较多,且伤害程度较高
事故地点	交通事故主要发生在上游过渡区、缓冲区和工作区,特别是工作区。有的研究表明,工作区的事故数占全部事故的 70%[10]

根据我国的战略发展规划，当前乃至今后相当长的一段时间，公路建设都将处于高速发展阶段。全国各地大规模、大范围的道路施工，将会使我国的交通安全形势面临严峻挑战；另外，更多的高速公路和国省干线的养护，也使养护区的安全问题日益突出。因此研究施工区设计要素、运营及交通控制设施对安全性的影响，减少施工养护区交通事故的发生，具有格外重要的战略意义。

施工区是为公路施工和养护作业所设置的交通管理区域，一般分为警告、上游过渡、缓冲、工作、下游过渡和终止等六个区域，如图 6-8 所示。

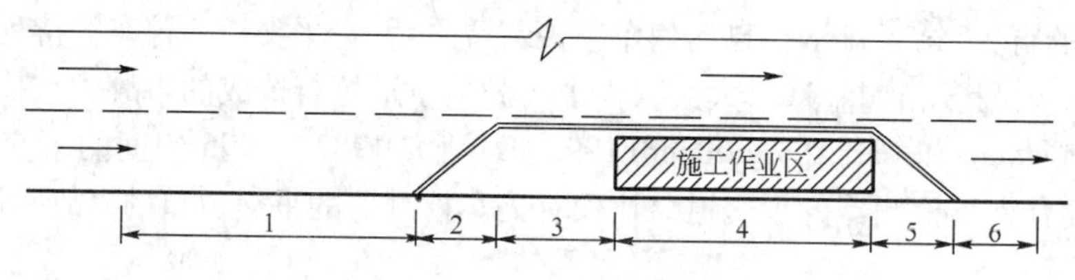

图 6-8　施工区划分示意图

1-警告区；2-上游过渡区；3-缓冲区；4-工作区；5-下游过渡区；6-终止区

(1)警告区。从作业控制区起点设置施工标志到上游过渡区之间的路段，用以警告车辆驾驶员已经进入养护维修作业路段，按交通标志调整行车状态。

(2)上游过渡区。保证车辆平稳地从封闭车道的上游横向过渡到缓冲区旁边非封闭车道的路段。

(3)缓冲区。过渡区到施工区之间一段空间，它的设置主要考虑到假设行车驾驶员判断失误，有可能直接从过渡区闯入施工区，造成人员伤害和设备的损坏。

(4)工作区。养护维修作业的工作场所，也是作业人员工作、堆放建筑材料、停放施工设备的地方。

(5)下游过渡区。保证车辆平稳地从施工区旁边的车道横向过渡到正常车道的路段。

(6)终止区。为通过或绕过养护维修作业地段的车辆提供一个调整行车状态的路段。

6.2.1　施工区设计要素

6.2.1.1　车道封闭合流设计

对于一些施工和养护项目，施工过程中可能会将一个车道或几个车道临时封闭，这时就需要对驾驶员在开放车道和封闭车道之间进行强制性车道变换和合流操作。因此对合流操作进行合理的诱导以提高施工区交通安全性和运营效率成为了一个非常关键的问题。根据国内外在这方面的实践，一般可以将现有的合流控制分为 5 类：内布拉斯加合流、静态早期合流、动态早期合流、静态晚期合流、动态晚期合流。

1)内布拉斯加合流[11]

内布拉斯加合流控制是一种传统的合流控制方式。在内布拉斯加合流控制中，通过设置在道路两侧离渐变段分别为 1mile(1.6km)和 0.5mile(0.8km)的标志告知驾驶员车道的关闭情况。另外，车道减少标志设置在道路两侧离渐变段 1 500ft(457m)的地方，并在渐变段起点设置闪光导向标，如图 6-9 所示。

McCoy 等对这种合流控制方式进行了现场测试，测试结果表明如果交通需求低于开放车

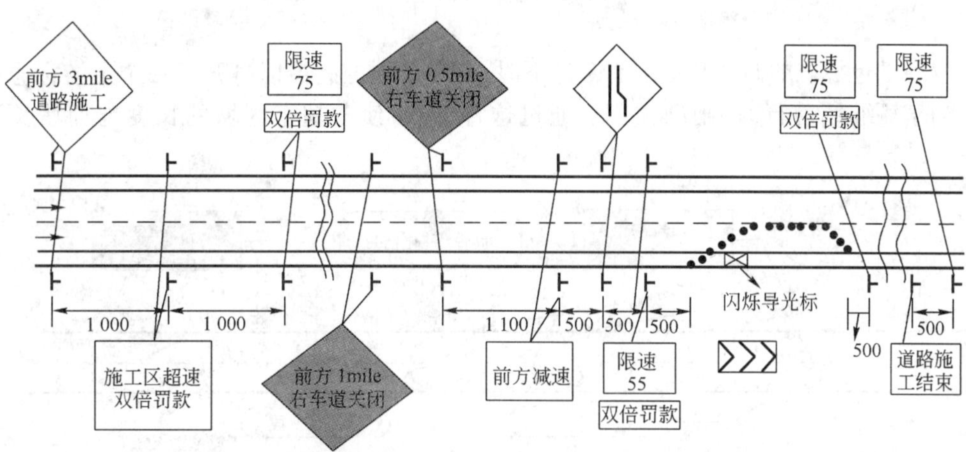

图 6-9　内布拉斯加合流控制示意图(尺寸单位:ft)

道的通行能力,那么这种控制方式能很好的满足运营效率和交通安全的需求。当交通需求超过通行能力时,会迅速形成交通拥堵,增加追尾碰撞的概率。

2)静态早期合流控制

如图 6-10 所示,采用静态早期合流控制时,将在车道关闭位置前几英里的路段上大约每隔 1mile(1.6km)另外设置车道关闭标志。这些标志不是合流标志(如向左合流、向右合流等),而是表明下游路段有车道封闭(如前方 1mile 左车道或右车道封闭)。

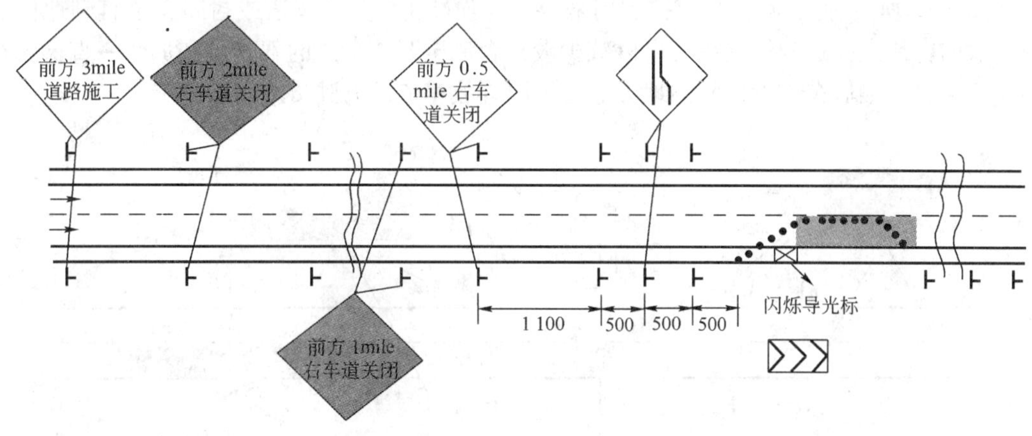

图 6-10　静态早期合流系统示意图(尺寸单位:ft)

针对静态早期合流控制的性能,McCoy 等也进行了相应研究。研究结果表明,早期的车道关闭预告标志能提高驾驶员对前方拥堵和车道封闭情况的了解。这些消息一般能够帮助驾驶员在因交通排队而减速前合流到开放车道。通过提醒驾驶员前方的拥堵及车道封闭处的排队情况,静态早期合流控制可以减少追尾事故。然而采用这种控制方式时,开放车道上的驾驶员可能会利用封闭车道进行超车,从而增加与变换车道相关的事故。

3)动态早期合流控制

如图 6-11 所示,动态早期合流控制系统具有下列关键特征:动态早期合流标志(如不要超车或向右合流)、上游分路段的激活/钝化闪光闸、交通传感器,以及合流点的静态早期合流标志。

当发现靠近标志的开放车道上有车停下时,信号传到控制器以打开下一个上游标志的闪光闸。当车辆继续前行时,闸门关闭。通过这种方式,使非超车区域的长度与拥堵长度相适应。

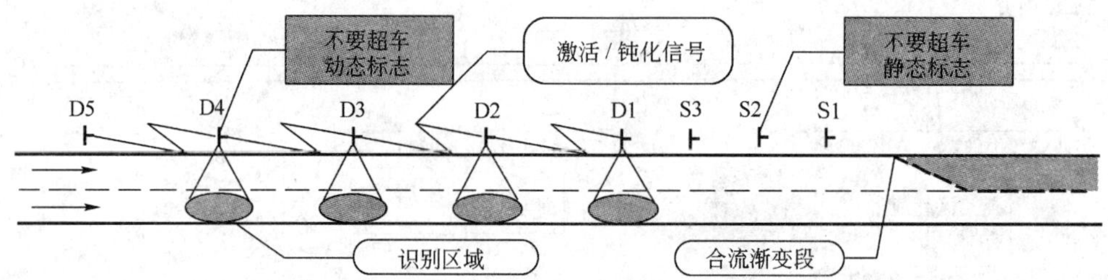

图 6-11　动态早期合流系统示意图(印第安纳交通局)

根据 McCoy 和 Datta 等的研究成果[7],动态早期合流控制具有以下特点:

(1)这种控制方式能使车道封闭前的合流操作平顺。另外,驾驶员更愿意按照建议的方式合流,而且车流在开放车道上的分布比较均衡,引发的追尾碰撞很少。

(2)采用动态早期合流控制方式后,晚高峰期间的危险驾驶操作的平均数量从 2.88 次/时间段降到了 0.55 次/时间段,而在早高峰期间相对平稳。

4)静态晚期合流控制

如图 6-12 所示,静态晚期合流控制用来鼓励驾驶员使用开放车道或封闭车道直到他们靠近渐变段的合流点。这种控制系统可以减少较早合流至开放车道的驾驶员和那些一直行驶在封闭车道上直到最后在靠近排队的地方才合流至开放车道的驾驶员之间的冲突。

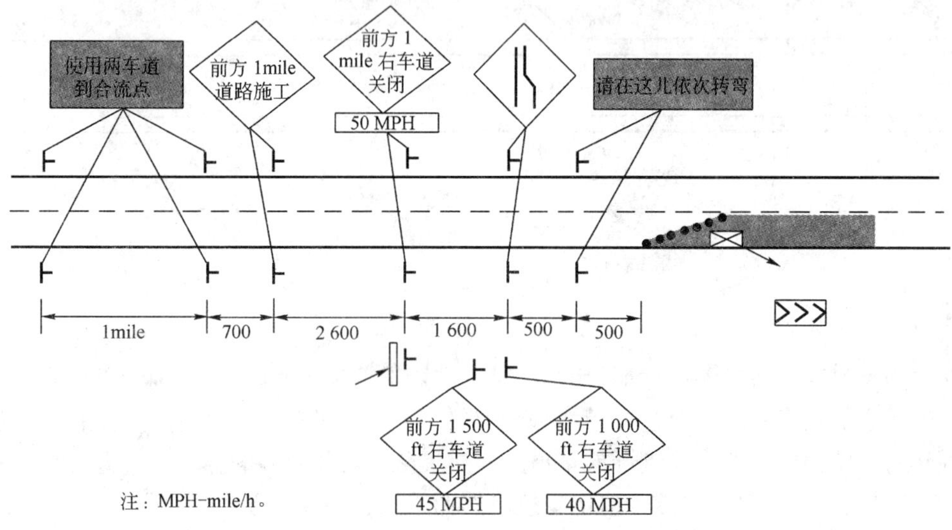

图 6-12　静态晚期合流系统示意图(尺寸单位:ft)

从概念上讲,在乡村州际公路施工区,尤其是在拥堵期间,这种晚期合流系统涉及到许多与车道封闭前的交通运营有关的问题。

内布拉斯加道路部门通过对静态晚期合流控制系统进行现场测试，得出了以下结论：

（1）采用静态晚期合流控制系统后，由于拥堵引起的排队长度减少约50%，而排队长度的减少反过来会降低追尾事故的概率，因为驾驶员不太可能被封闭车道上驾驶员的超车行为所激怒。

（2）当全部需求低于开放车道的通行能力且车速较高时，在非高峰期间采用静态晚期合流控制会产生安全问题，因为驾驶员很难判断谁有路权合流，这会增加合流点的事故概率。

5）动态晚期合流控制

图6-13所示为美国马里兰州采用的动态晚期合流控制系统。动态晚期合流控制是实时监控接近施工区的交通状况，然后根据预先设定的阈值控制驾驶员的合流操作（如合流时间和合流地点）。动态晚期合流控制的作用与静态晚期合流控制类似，将上游适当位置的合流信息显示出来。在非拥堵期间，动态晚期合流设置在非激发状态，施工区的运营与传统合流控制或静态早期合流控制下施工区的运营类似。动态晚期合流控制是一个相对较新的理念，应用非常有限，目前对其产生的安全效果还不是很清楚。

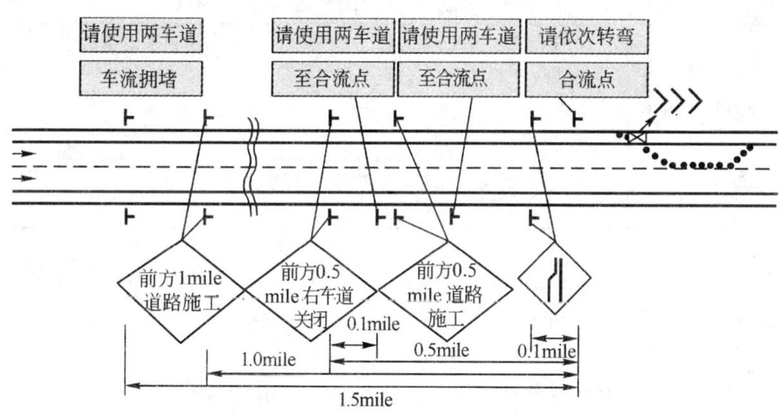

图6-13　动态晚期合流系统示意图

6.2.1.2　封闭设计和中心线处置

主要对施工区各种中心线处置（如双黄线、活动护栏）和车道封闭设计（如单车道封闭与双车道双向穿越相比）的安全效果进行分析。

1）绕行道路

在道路全封闭时，所有车辆均须绕道行驶。Elvik等对挪威20条绕行道路在减少交通事故方面的有效性进行了研究。研究结果表明，绕行道路能将事故数减少25%[14]。

2）改双向中间带穿越为单向中间带穿越

Taylor等对美国密歇根州城市主干道双向中间带穿越改为单向中间带穿越的安全性影响进行了研究。分析结果表明，将双向中间带穿越改为单向中间带穿越是一种有效的安全改进，全部事故和伤亡事故平均减少30%以上[15]。

3）中间带穿越与部分车道封闭

Pal和Sinha对美国印第安纳州州际公路施工区采用的两种车道封闭措施——中间带穿越和部分车道封闭的安全性进行了研究[16]。

中间带穿越是指将双向交通流引到公路的一侧，公路的另一侧完全封闭用来进行养护或重建。部分车道封闭是指将公路一侧或两侧的一条或两条车道封闭，但在任何时间内某一侧的所有车道不能全部封闭。

Pal 和 Sinha 调查了印第安纳州 17 家施工单位对中间带穿越和部分车道封闭的选择倾向。调查内容为采用两种策略时施工区的安全水平和施工单位的生产率，采用 10 分制，分数越高表明策略越可取，调查结果如表 6-8 所示（省去了施工单位的生产率评价结果）。

施工单位对两种控制策略安全水平的评价结果 表 6-8

安全水平	施工人员		设备		驾乘人员	
方式	中间带穿越	部分车道穿越	中间带穿越	部分车道穿越	中间带穿越	部分车道穿越
平均值	9.2	2.8	8.4	3.5	7.4	5.1

从表 6-8 数值可以看出，施工单位更倾向于采用中间带穿越这种施工区控制策略。考虑到施工单位评价的主观性，Pal 和 Sinha 也对这两种车道封闭策略的事故率进行了统计分析，统计结果如表 6-9 所示。

中间带穿越和部分车道封闭时的事故率情况 表 6-9

案例	中间带穿越的事故率（事故次数/千万车公里）	部分车道封闭的事故率（事故次数/千万车公里）	差值
全部事故率（伤亡事故和财产损失事故）	5.238 5	5.180 5	0.058
与施工前相比全部事故率的增加	1.526 5	1.306 5	0.220

从表中可以看出，尽管中间带穿越的事故率略高于部分车道封闭的事故率，但从统计上来说，这两种车道封闭策略之间没有明显的差异。

6.2.1.3 施工时间、施工区长度及施工时段

主要讨论了施工时间、施工区长度及施工时段对安全的影响。

1）施工时间和施工区长度

Rouphail 对施工时间长的施工区和施工时间短的施工区之间的差异进行了分析。对施工时间长的施工区而言，与施工前相比，事故率增加 88%。对施工时间短的施工区而言，事故率与施工区长度和施工时间有关，其值通常为 0.5 起事故/(km · d)[17]。

Asad 等运用负二项模型对美国加利福尼亚州高速公路施工区的事故率进行了研究，模型如下[18]：

$$y = 1.91\times10^{-7}x_1^{1.2659}x_2^{1.1149}x_3^{0.6718}\exp(-0.2257x_4)\exp(-0.5126x_5)\exp(0.1988x_6)$$

式中：y——施工区路段在给定时间内的预期事故数；

x_1——施工区平均日交通量；

x_2——施工时间，d；

x_3——施工区长度，km；

x_4——如果道路在市区，$x_4=1$，反之 $x_4=0$；

x_5——如果发生伤亡事故，$x_5=1$，反之 $x_5=0$；

x_6——如果事故发生在施工期间，$x_6=1$，反之 $x_6=0$。

根据上述模型，施工时间增加 1%，事故率增加 1.114 9%；施工区长度增加 1%，事故率增

加0.671 8%。

Tarko等运用负二项模型分析了美国印第安纳州车道合流系统对施工区安全性能的影响。施工区事故预测模型如下[19]：

$$A = 0.002\,17Q^{1.158\,8}T^{0.512\,6}L^{0.760}\exp(0.161\,5C/LT + 2.308W)$$

式中：A——事故数；

Q——平均日交通量，$\times 10^4$ 辆/d；

L——施工区长度，km；

T——施工时间，d；

C——施工项目成本，×1 000美元；

C/LT——工作集中度；

W——施工类型，行车道施工，$W=1$，其他施工类型，$W=0$。

从上述模型可以看出，施工区长度和施工时间对施工区的事故数有重要影响。

同时，施工区长度对通过施工区车辆的速度也会产生一定的影响。根据Nicholas等提供的数据[20]（如表6-10所示），虽然施工区长度与车辆在施工区的速度降低值没有非常强的相关性，但整体上是随着施工区长度的增加，速度降低的趋势减弱（如图6-14所示）。由于事故率与施工区车速的整体水平有着显著的关系，因此应尽量控制施工区的长度。

施工区长度与速度降低的情况　　表6-10

施　工　地　点	施工区长度（m）	速度降低值（km/h）
I-81 South RockBridge	317	27.06
I-64 East Covington	445	35.22
I-64 East Short Pump	573	20.37
I-81 North Abington	602	29.25
I-81 South Abingdon	830	24.31
I-81 North Bristol	973	17.03
I-81 South Bristol	981	9.95
I-64 East Shadwell	1 060	16.82
I-81 North Bristol	1 085	18.64
Route 19 North Lebanon	1 523	15.68

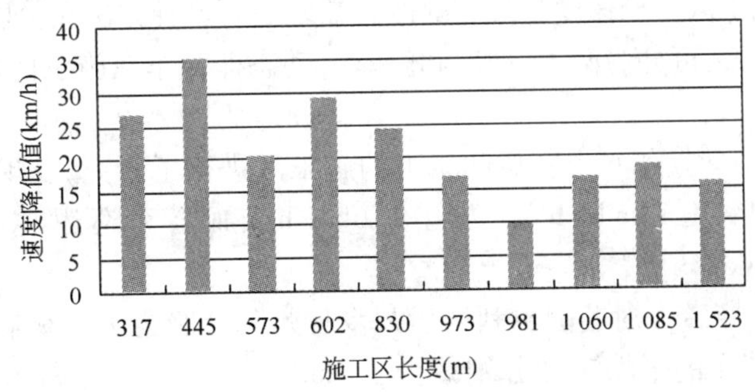

图6-14　施工区长度与速度降低值之间的关系

2)施工时段

Bai 等对美国堪萨斯州施工区死亡事故随时间的分布进行了分析,结果如表 6-11 所示[21]。

施工区死亡事故随时间的分布 表 6-11

时　间	时段长(h)	事故数	百分比(%)	小时死亡率(/1 000h)	30d 死亡率
6:00~10:00	4	22	14	1.16	0.84
10:00~16:00	6	51	32	1.79	1.29
16:00~20:00	4	26	17	1.37	0.99
20:00~6:00	10	58	37	1.22	0.88
平均	—	—	—	1.38	0.99

从表中可以看出,大部分的事故发生在非高峰时段。应该注意到的是在两个高峰时段,预期交通量较高,但小时死亡事故率却较白天非高峰时段低。此外,晚间交通量较低,事故率却相对较高。

6.2.2 运营和交通控制

6.2.2.1 速度控制

导致施工区交通事故发生的原因有许多,包括驾驶员的过失、视距不足、道路表面状况差、施工障碍物、交通控制和信息不够、施工材料、设备和人员管理不善等。其中一半以上的事故与驾驶员的过失有关,而不安全的车速是驾驶员常见过失之一。Humphries[22]对几个州的 103 个施工区进行了研究,得出施工区的许多交通事故都可归咎于不安全的运行车速和速度控制措施的缺乏。Richards 和 Faulkner[23]分析了美国得克萨斯州的事故,观测到 27% 的施工区事故由违法超速引起,而在非施工区这个比例为 15%。因此有必要采用有效措施降低车辆通过施工区的速度并减小车辆速度之间的离散性。

常见的施工区车速控制措施包括警车、缩小车道宽度、雷达警报器、可变信息标志、速度监控显示屏、临时振动带等。

1)警车(交通警察)

利用警车控制施工区车辆速度是最有效的方法之一。这种方法在美国等国家使用较为普遍。根据警车工作方式,可分为两类:动态和静态。动态即警车在施工区范围内巡逻;静态为警车停驻在路旁。

Richards 等对得克萨斯州 6 个乡村和城市的施工区进行了研究,发现警车停驻在路旁时能够将平均车速降低 4~12mile/h(6.4~19.6km/h),而警车巡逻时可使平均车速降低 2~3mile/h(3.2~4.8km/h)[24]。

Benekohal 等分析了警车对美国伊利诺伊州乡村州际公路施工区车辆速度的影响。调查结果表明,小汽车和货车的平均速度分别减少了 4mile/h(6.4km/h)和 5mile/h(8km/h)。当警车在施工区内巡逻时,超速行驶的小汽车数量和货车数量分别减少 14% 和 32%[25]。

美国明尼苏达州交通局[26]对停驻于施工区上游大约500~600ft(152~183m)的警车的减速效果进行了分析,结果表明乡村州际公路施工区的85%位车速从51mile/h(81.6km/h)降到了43mile/h(68.8km/h);城市高速公路施工区的85%位车速从66mile/h(105.6km/h)降到了58mile/h(92.8km/h);位于大都市快速客运系统的施工区路段,85%位车速从58mile/h(92.8km/h)降到了47mile/h(75.2km/h)。

2)缩小车道宽度

车辆速度可以通过缩小施工区车道的宽度来控制。通过使用多种渠化设施缩小车道宽度,如设置锥形交通路标、防撞桶和混凝土护栏等。由于缩小车道宽度所需费用很少,因此对施工时间长的项目是一种相对经济的速度控制措施。

Richards[27]等测试了车道宽度缩小对施工区车速的影响。他们采用锥形交通路标将车道宽度分别减至11.5ft(3.5m)和12.5ft(3.8m)。当车道宽度减至12.5ft(3.8m)时,平均车速降低2.8mile/h(4.5km/h);车道宽度减至11.5ft(3.5m)时,平均车速降低3.8mile/h(6km/h)。

图6-15所示为德国公路部门的研究结果,可以看出车道宽度缩小能有效降低交通流的速度[28]。

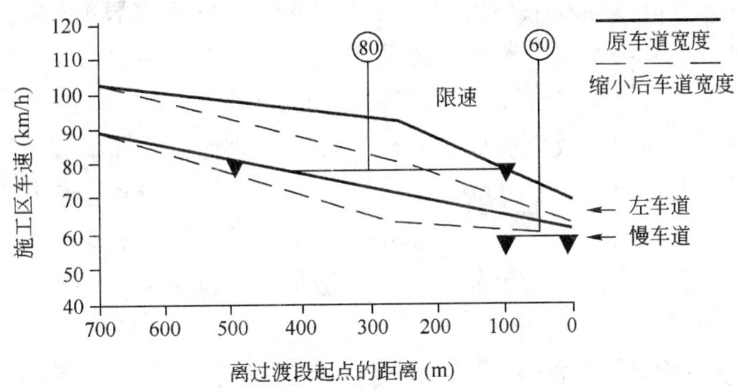

图6-15 缩小车道宽度对施工区车速的影响

然而,采用车速变窄进行速度控制也有一些缺点,比如较窄的车道难以为侧向运动或驾驶员的过失提供足够的空间,驾驶员可能会提高车头间距来弥补侧向净空的损失,这会降低施工区的通行能力而可能导致对交通流的干扰,增加事故发生的概率。

有研究表明[29],车道变窄会使施工期间的事故率上升17.6%,而正常车道宽度的施工区事故率仅上升6.6%。车道变窄对安全的影响还有待进一步的研究。

3)临时振动带

临时振动带是一种黏附在路面上的橡胶条,通过产生噪声和振动引起驾驶员注意前方的异常交通状况。

振动带在施工区的应用非常有限,其效果取决于振动带的类型及在不同交通和天气条件下的功能。振动带在降低车速方面的效果不是特别明显,其主要作用是提醒驾驶员注意前方的道路情况。

Richards对振动带的减速效果进行了现场评价,结果表明当振动带设置在双车道乡村公路施工区时,可将车速降低2mile/h(3.2km/h)。

Kristen[30]等对密苏里州一个州际公路施工区设置的振动带的减速效果进行了研究。研究结果表明在白天,振动带能使平均车速降低 2 ~ 20mile/h(3.2 ~ 32km/h),并且驾驶员遵守限速标志的情况有很大的改观。在夜间,一些路段的平均车速降低 5 ~ 10mile/h(8 ~ 16km/h),然而货车在某些路段的 85% 位车速却提高了。在黎明和黄昏也存在着类似的情况。

Fontaine[31]对美国得克萨斯州州际公路上的临时振动带进行了测试,结果表明,临时振动带对货车的影响最大,能使平均车速降低 3 ~ 4mile/h(4.8 ~ 6.4km/h)。另外,振动带的使用使超速小汽车的比例降低了 1% ~ 7%。

Shaik[32]对临时振动带的减速效果进行了现场测试。测试数据表明临时振动带可以降低车辆的平均速度、85% 位车速以及 15% 最快车辆的平均速度。白天,几乎所有测试点的平均速度降低 2 ~ 20mile/h(3.2 ~ 32km/h);夜间,某些测试点的平均速度可降低 5 ~ 10mile/h(8 ~ 16km/h)。同时,数据表明使用临时振动带后限速的效果也很明显。

4)雷达警报器

雷达警报器是一种发射微波频率波段的电子雷达系统,它能激发车辆上的雷达探测装置。雷达警报器让驾驶装有雷达探测装置的车辆驾驶员认为在当前行驶路段上有交警出现,从而降低行驶速度。雷达警报器的效果与雷达探测装置的使用率有着直接的关系。另外,使用的微波频率波段类型和车辆类型也会影响减速效果。

Freedman 等[33]对施工时间长的施工区、施工时间短的施工区、乡村事故多发点和城市事故多发点的雷达警报器的减速效果进行了分析。他们发现施工区和事故多发点小汽车的平均速度最多分别可降低 3.4mile/h(5.4km/h)和 1.8mile/h(2.9km/h)。施工区和事故多发点拖挂车的平均速度最多可分别降低 3.6mile/h(5.8km/h)和 2mile/h(3.2km/h)。

1997 年,美国弗吉尼亚州交通局对 36 个雷达警报器的减速效果进行了调查,调查结果表明,雷达警报器能将施工区的整体车速降低 3 ~ 4mile/h(4.8 ~ 6.4km/h)。

Turochy[34]对美国 81 号州际公路上三个施工区的雷达警报器的效果进行了研究。主要研究内容包括平均车速的变化及标准差、超速车辆的比例,超速 10mile/h(16km/h)的车辆比例和 85% 位车速。研究结果表明,使用雷达警报器后,平均车速降低了 0.8 ~ 2.3mile/h(1.3 ~ 3.7km/h);超速车辆的比例下降 6% ~ 20%;速度标准差减小 0.1 ~ 0.5mile/h(0.2 ~ 0.8km/h);85% 位车速降低 1.1 ~ 3.9mile/h(1.8 ~ 6.3km/h)。

5)可变信息标志

可变信息标志主要针对目前道路状况为驾驶员提供一些实时和动态信息。具体来讲,可变信息标志用来提供绕行信息、车道缩减、限速信息等,告知驾驶员前方路况或提醒驾驶员减速行驶。可变信息标志一般不会对交通流产生干扰,在夜间或恶劣天气条件下使用特别有效。可变信息标志适宜于施工期短的项目。如果使用时间较长,效果会有一定程度地降低。

国外的研究结论一致表明,可变信息标志可以降低施工区车辆的速度,特别是应用于车速较高的施工区路段时。

Richards 等发现带有限速信息的可变信息标志能够将车辆的平均速度降低 3mile/h(4.8km/h)。

Benekohol 和 Shu[35]发现显示有“限速 45mile/h——前方施工”的可变信息标志使其附近小汽车的平均速度降低了 2.8mile/h(4.5km/h),货车平均速度降低了 1.4mile/h(2.2km/h),

超速的小汽车数量减少了20%。

Nicholas等[36]的研究成果表明,可变信息标志对于施工区的速度控制非常有效。使用后,对于两个州际公路施工区,在施工区的中间位置,超速车辆的平均速度降低了12.86km/h。在第三个施工区的中间位置,超速车辆的平均速度降低了16.08km/h。同时还发现不同车辆类型之间速度降低值没有明显的差异。

一些可变信息标志还带测速雷达,这种可变信息标志能降低小汽车的85%位车速和速度差,并减少施工区超速行驶的车辆数。

在美国弗吉尼亚州,研究人员在7个州际公路施工区路段测试了这类可变信息标志的减速效果,他们发现显示"你超速了,请减速"的信息对于降低施工区起点、中点和终点位置的速度最有效。超速车辆的速度平均降低了15.3mile/h(24.5km/h);整个交通流的平均速度降低了4mile/h(6.4km/h);85%位车速降低了6mile/h(9.6km/h)。设置可变信息标志后,超速百分率从41.5%降到了12.2%;车速超过限速值5mile/h(8km/h)以上的车辆从14.5%降到了3.1%;车速超过限速值10mile/h(16km/h)以上的车辆比例从3.8%降到了1.2%[37]。

佐治亚理工学院的研究人员对带雷达的可变信息标志的减速效果进行了分析[38]。结果表明,在双车道乡村公路上,该种可变信息标志确实能降低附近的车速。虽然这种减速效果不太明显(一般在1.6~4.8km/h之间),但是这种减速能维持到标志的下游。具体来说,标志附近小汽车的车速降低3.0~5.0km/h。大型车辆在白天的减速效果不明显,但其夜间的行驶速度降低3.5~5.6km/h,并能将这种减速效果保持到下游的1~7km之外。

6)速度监控显示屏(动态速度显示标志)

与带雷达的可变信息标志相似,速度监控显示屏通过雷达测速,把测得的速度显示在显示屏上。采用这种措施时一般假定驾驶员一旦知道他们的车速过快,会将车速降低。

Rose等[39]调查了速度监控显示屏的长期应用效果。应用结果表明学校附近的平均速度降低了9mile/h(14.4km/h),而速度监控显示屏在其他测试地点的效果要差一些,平均速度降低一般不超过5mile/h(8km/h)。和预期的一样,速度监控显示屏的效果取决于机动车驾驶员的接近速度。与未超速驾驶员相比,超速行驶的驾驶员在看到速度监控显示屏时会明显地降低速度。

美国内布拉斯加州对州际公路施工区设置的速度监控显示屏的长期效果进行了评价。评价结果表明,施工区车辆的平均速度降低了3~4mile/h(4.8~6.4km/h),85%位车速降低了2~7mile/h(3.2~11.2km/h),超速情况减少了20%~40%[40]。

McCoy[41]对美国南达科他州施工区使用的速度监控显示屏进行了研究。研究结果表明,两轴和三轴以上车辆的平均速度分别降低4~5mile/h(6.4~8.0km/h)。研究人员还发现车速超过限速值10mile/h(16km/h)的车辆比例大幅降低。车速超过限速值10mile/h(16km/h)的两轴车减少了20%~25%,车速超过限速值10mile/h(16km/h)的三轴以上车辆的数量减少了40%。

美国明尼苏达州交通局对速度监控显示屏的效果进行了测定。结果表明,设置速度监控显示屏之前,限速40mile/h(60km/h)的施工区,85%位车速为58mile/h(93km/h),14%的车辆速度超过60mile/h(96km/h);设置后85%位车速为53mile/h(85km/h),仅1%的车辆速度超过60mile/h(96km/h)[42]。

根据 Kamyab 等[43]对美国交通主管部门所作的一项问卷调查,在上述这些速度控制措施中,减速效果最明显的是警车(交警执法)。而其他速度控制措施在降低施工区车速方面的效果要稍差一些。

虽然交警执法能有效降低施工区的车速,但是同时需要大量的警力,如果长时间使用成本太高,而采用一些新技术如雷达拍照执法器等来代替这些车速控制手段将提高效益成本比。

各种速度控制措施或多或少都能降低通过施工区车辆的行驶速度,然而,任何一种措施都无法单独将车辆速度降到期望水平,因此将上述速度控制措施组合使用,将可获得最佳效果。

6.2.2.2　交通控制设施

施工区常用的交通控制设施包括旗手、交通标志、路面标线、渠化设施等。

1)旗手

旗手的主要作用是疏导交通,同时也能很好地控制通过施工区车辆的速度。一些试验表明,旗手的作用比限速标志明显。

Benekohal 和 Kastel 的研究表明[44],未经训练的旗手,能分别使小汽车和货车的平均速度下降 18.8km/h 和 14.6km/h;经过对旗手训练后,小汽车和货车的平均时速分别下降 24.0km/h 和 19.1km/h。

另外有些研究表明,旗手一些有创意的动作,加上交通标志牌,能够更有效地降低施工区车辆的平均速度。Richards 等的研究表明[45],在施工区采用创意性的旗手动作,乡村州际公路上的车辆平均速度下降 11.3~20.9km/h,城市主干道上车辆平均速度下降 16.0~25.7km/h,城市高速公路上车辆平均速度下降 6.4~8.0km/h。

Bai 等[46]应用 Logostic 回归分析了旗手在减少事故方面的效果。研究结果表明,采用旗手指挥交通流能将涉及重载货车的事故概率降低 27%。

2)交通标志和标线

施工区交通标志设置在施工区或施工区前方,保护作业人员和设备的安全,警示、提醒和诱导车辆安全通过施工区域,施工区需设置的标志一般有警告标志、禁令标志和指示标志等。

(1)限速标志

Benekohal 等[47]对带有闪烁灯的限速标志在降低施工区车速方面的效果进行了研究。结果表明小汽车的平均速度降低 1.9~7.1mile/h(3.0~11.4km/h),货车的平均速度降低 1.3~6.0mile/h(2.0~9.6km/h)。一般来说,限速标志对小汽车的影响比货车更明显。

Riffkin 等[48]就可变限速标志对施工区车辆平均速度和速度差的影响进行了研究。研究表明,可变限速标志能有效降低施工区车辆的平均速度和速度差。在晚间,当可变限速标志的限速值设定为 65mile/h(104km/h)时,车辆速度的标准差降低 1.5~5.0mile/h(2.4~8.0km/h)。另外,研究结果表明,可变限速标志的减速效果比静态限速标志明显。

(2)警告标志

Xiong 和 Shi[49]研究了"道路施工"警告标志对通过施工区车辆速度的影响。在研究中,对位于直线路段的 6 个测试位置进行了前后对比试验。研究结果表明,警告标志对平均速度的影响程度与标志到施工区之间的距离有关,距离施工区 100m 的标志对速度的影响最大。同时,研究还表明,标志距离施工区越远,车辆速度的标准差越大,如表 6-12 所示。

标志设置点的平均速度及标准差　　表 6-12

	警告标志前	警告标志后					
	—	地点 0（<2m）	地点 1（50m）	地点 2（100m）	地点 3（150m）	地点 4（200m）	地点 5（250m）
样本数	52	28	35	41	37	19	23
平均速度（km/h）	42.42	38.64	37.69	36.78	37.05	39.32	39.26
速度标准差（km/h）	7.65	6.00	6.35	6.32	6.60	6.25	7.71

（3）标线

Katz[50]采用事前事后分析方法研究了如图 6-16 所示的路面标线对速度的影响。研究表明这种路面标线对所有类型车辆的速度均有影响，平均速度降低大约 6km/h，中间速度降低 6km/h，85% 位车速降低 8km/h，研究结论中提到可以用于施工区。

3）渠化设施

渠化设施用来警示施工区交通状况的改变情况，诱导道路使用者安全、顺利地通过施工区。渠化设施包括锥形交通路标、交通安全带、导向标、路栏等。

Pain 等[51]对锥形交通路标、导向标、路栏等的有效性进行了研究。根据研究结果，他们得出：这些设施能有效地提醒和诱导驾驶员；为了获得最大的效果，这些设施应该按照系统或阵列进行设置；机动车驾驶员不会对单个渠化设施做出反应，只会响应阵列给出的路径。

美国佐治亚州交通局对方向指示路栏（图 6-17）的效果进行了评价。养护人员指出方向指示路栏在应用中效果很好，能引起驾驶员的重视。同时，也注意到路栏设置方便，容易存放，远比防撞桶好。

图 6-16　美国采用的新式标线

图 6-17　方向指示路栏

国外的研究表明,大多数的渠化设施能够有效地诱导和警示驾驶员通过施工区。如果将这些设施组合在一起使用,效果会更好。

本章参考文献

[1] 赵明,刘启钢.提高我国铁路平交道口安全措施研究.沿海企业与科技,2005,7(65):120.

[2] 刘启钢,周琦.加大科技含量强化法制管理确保铁路平交道口安全.铁道劳动安全卫生与环保,2005,32(2):60-62.

[3] 贾明涛,王海星,肖贵平.铁路道口安全影响因素分析及对策.安全与环境学报,2006,6:123-126.

[4] B H Tustin, H Richards, H McGee, R Patterson. Railroad-Highway Grade Crossing Handbook. U. S. Department of Transportation, Federal Highway Administration, 1986.

[5] 蔡孟纹.平交道事故分析之研究.台北:台湾国立成功大学,2006.

[6] 唐鹏州.平交道模拟模式构建与肇事风险分析.台北:台湾国立成功大学,2006.

[7] Hall J W, V M Lorenz. Characteristics of Construction-Zone Accidents. Washington: Transportation Research Record , National Research Council, 1989.

[8] Garber N J, T H Woo. Accident Characteristics at Construction and Maintenance Zones in Urban Areas. Charlottesville: Virginia Transportation Research Council, 1990.

[9] Walker V, Upchurch J. Effective Countermeasures to Reduce Accidents in Work Zones. Phoenix: Arizona Department of Transportation, 1999.

[10] Garber N J, Zhao M. Crash Characteristics at Work Zones. Charlottesville: Virginia Transportation Research Council, 2002.

[11] Kyeong-Pyo Kang. Development of Optimal Control Strategies for Freeway Work Zone Operations. Ph. D. Dissertation, University of Maryland, 2006.

[12] McCoy P T, Pesti G, Byrd P S. Alternative Driver Information to Alleviate Work-zone-related Delays. Department of Civil Engineering, 1999.

[13] Datta T, Schattler K, Kar P, Guha A. Development and Evaluation of an advanced dynamic lane merge traffic control system for 3 to 2 lane transition areas in work zones. Transportation Research Group, Department of Civil & Environmental Engineering, Michigan Department of Transportation, 2004.

[14] Elvik R, Amundsen F H, Hofset F. Road Safety Effects of Bypasses. Washington: Transportation Research Board, Washington, 2001.

[15] William C Taylor, Inkyu Lim, Dale R Lighthizer. Effects on crashes after construction of directional median crossovers. Washington: Transportation research record, national research council, 2001.

[16] Raktim Pal, Kumares C Sinha. Evaluation of crossover and partial lane closure strategies for Interstate work zones in Indiana. Washington: Transportation research record, national research council, 1996.

[17] Rouphail N, Zhao M, Yang S, Fazio J. Comparative study of short-and long-term urban freeway

work zones. Washington: Transportation research record , national research council, 1998.

[18] Asad J Khattak, Aemal J Khattak, Forrest M Council. Effects of Work Zone Presence on Injury and Non-injury crashes. Accident Analysis and Prevention, 2002.

[19] Andrzej Tarko, Shyam Venugopal. Safety and Capacity Evaluation of the Indiana Lane Merge System. Lafayette: Purdue University, 2001.

[20] Nicholas J Garber, Srivatsan Srinivasan. Effectiveness of changeable message signs in controlling vehicle speeds in work zones. Charlottesville: University of Virginia, 1998.

[21] Yong Bai, Yingfeng Li. Determining the Major Cause of Highway Work Zone Accidents in Kansas. Lawrence: University of Kansas, 2006.

[22] Humphreys J R, Mauldin H D, Sullivan T D. Identification of Traffic Management Problems in Work Zones. Knoxville: University of Tennessee, 1979.

[23] Richards S H, M J S Faulkner. An Evaluation of Work Zone Accidents Occurring on Texas Highways in 1977. Texas Transportation Institute, 1981.

[24] Richards S H, Wunderlich R C, C L Dudek. Field Evaluation of Work Zone Speed Control Techniques. Washington: Transportation Research Record, Transportation Research Board, 1985.

[25] R F Benekohal, P T V Resende, R L Orloski. Effects of police presence on speed in a highway work zone: Circulating marked police car experiment. Illinois: University of Illinois at Urbana-Champaign, 1992.

[26] Minnesota Department of transportation. Effectiveness of Law Enforcement in Reducing Vehicle Speeds in Work Zones. Minnesota: Minnesota Department of Transportation, 1999. www. atssa. com/mndot. htm.

[27] Richards S H, Wunderlich R C, C L Dudek. Field Evaluation of Work Zone Speed Control Techniques. Transportation Research Record, 1985.

[28] Steinke D P, et al. Methods and Procedures to Reduce Motorist Delays in Europe WorkZones. Office of International Programs and Office of Policy, FHWA, U. S. Department of Transportation, 2000.

[29] Graham J L, Paulsen R J, Glennon J C. Accident Analyses of Highway Construction Zones. Washington: Transportation Research Board, National Research Council, 1978.

[30] Kristen L Sanford Bernhardt, Mark R Virkler, Nawaz M. Shaik. Evaluation of Supplementary Traffic Control Measures for Freeway Work-Zone Approaches. Transportation Research Record, 2001.

[31] Fontaine M, Carlson P J. Evaluation of Speed Displays and Rumble Strips at Rural Maintenance Work Zones. Washington: Transportation Research Board 80th Annual Meeting, 2001.

[32] Nawaz M Shaik. Improving Traffic Flow Conditions for Interstate Work-Zones: Evaluation of Three Traffic Control Devices. M. S. Thesis. University of Missouru-Columbia, 2005.

[33] Freedman M, Teed N, J Migletz. Effect of Radar Drone Operations on Speeds a High Crash

Risk Locations. Transportation Research Record, 1994.

[34] Rod E Turochy, R Sivanandan. Effectiveness of Unmanned Radar as a Speed Control Technique in Freeway Work Zones. Blacksburg: Virginia Tech Center for Transportation Research.

[35] Rahim F Benekohal, J Shu. Evaluation of Work Zone Speed Limit Signs with Strobe Lights. Urbana: Department of Civil Engineering, University of Illinois, 1992.

[36] Nicholas J Garber, Srivatsan Srinivasan. Effectiveness of Changeable Message Signs in Controlling Vehicle Speed in Work Zones. Charlottesville: Virginia Transportation research Council, 1998.

[37] Garber N, S Patel. Effectiveness of Changeable Message Signs in Controlling Vehicle Speeds in Work Zones. Charlottesville: Virginia Transportation Research Council, 1994.

[38] Chunyan Wang, Karen K Dixon, David Jared. Evaluating Speed-Reduction Strategies for Highway Work Zones. Transportation Research Record, 2003.

[39] Elisabeth R Rose, Gerald L Ullman. Evaluation of Dynamic Speed Display Signs. Texas: Texas Transportation Institue, College Station, 2003.

[40] Dixon K, Ogle J. Evaluating Speed Reduction Strategies for Highway Work Zones, A Draft Literature Review. GIT Project E-20-J40, 2004.

[41] McCoy P, J Bonneson, J Kollbaum. Speed Reduction Effects of Speed Monitoring Displays with Radar in Work Zones on Interstate Highways. Washington: Transportation Research Board, National Research Council, 1995.

[42] Jackels Jon, Dan Brannan. Work Zone Speed Limit Demonstration in District 1A. Minnesota Department of Transportation, 1988.

[43] Ali Kamyab, T H Maze, Steve Gent, Steve Schrock. Work Zone Speed control and Management By State Transportation Agencies and Toll Authorities. Texas: Texas Transportation Institue, 2001.

[44] Benekohal R F, Kastel L M. Evaluation of Flagger Training Session on Speed Control in Rural Interstate Construction Zones. Transportation Research Record, 1991.

[45] Richards S H, Wunderlich R C, C L Dudek. Evaluation of Work Zone Speed Control Techniques. Transportation Research Record, 1985.

[46] Yingfeng Li, Yong Bai. Determining the Effectiveness of Temporary Traffic Control Measures in Highway Work Zones. Ames: Proceedings of the 2007 Mid-Continent Transportation Research Symposium, 2007.

[47] Rahim F Benekohal, J Shu. Evaluation of Work Zone Speed Limit Signs with Strobe Lights. Urbana: Department of Civil Engineering, University of Illinois, 1992.

[48] Rahim F Benekohal, J Shu. Variable Speed Limit Signs Effects on Speed and Speed Variation in Work Zone. Midvale: InterPlan Co. Inc, 2008.

[49] Hui Xiong, Qixin Shi. Effects of Warning message Sign on Driving Speed Passing through Highway Work Zone. Transportation Engineering, 2004.

[50] Bryan J Katz. Pavement Markings for Speed Reduction. McLean:Science Applications International Corporation,2004.
[51] Pain R F,H W McGee,B G Knapp. Evaluation of Traffic Controls for Highway Work Zones. Washington:Transportation Research Board,National Research Council,1983.
[52] Georgia Department of Transportation. Georgia Finds Better Alternative for Directing Traffic Through Taper Lanes. Federal Highway Administration,1996.

第七章 路 网

7.1 路网安全性能预测

虽然公众希望能在一个安全的交通系统中畅行,但历来对交通安全问题的考虑是被排斥在交通规划过程之外的,并且当事故发生后,人们往往只是从道路设计、施工、运营等阶段去寻找事故发生的原因,而忽略了非常关键的路网规划阶段。从路网规划来看,整个路网的布局、形态、功能构成,每条路的性质、功能、起讫点、主要控制点等因素,都将影响道路使用者的行为。正是因为长期以来在规划阶段缺乏对交通安全的考虑,使得现有的交通系统存在一定的安全隐患,而且也决定了解决安全问题的手段一直以事后弥补为主。因此,在规划中对交通安全问题作前瞻性的预测与分析,随着规划的滚动操作来不断提高整体路网的安全性,这在路网日益密集、出行日益频繁的今天显得尤为重要。

在 NCHRP 8-44 研究报告中,研究人员针对区域路网建立了规划阶段的安全预测模型,主要用于区域水平的安全规划。它根据与社会经济、人口和交通有关的数据来预测交通分析区域或较大区域路网的安全性。预测模型的标准形式是对数线性回归模型,表 7-1 中列出了各种模型的表达式[1]。

路网事故预测模型

表 7-1

事故预测模型	表　达　式
全部事故预测模型	$\log(\text{全部事故数}+1)=5.020+0.474\times10^{-1}(POP\_PAC)+0.196\times10^{-3}(POP\ 16\_64)+0.151\times10^{-2}(TOT\_MILE)$ 式中:POP_PAC——人口密度(每英亩人口数); POP16_64——16 至 64 岁的人口数; TOT_MILE——全部道路里程
财产损失事故预测模型	$\log(\text{财产损失事故数}+1)=4.762+0.515(PH\_URB)+0.566\times10^{-1}(POP\_PAC)+0.392\times10^{-5}(VMT)$ 式中:PH_URB——城市住房所占比例; POP_PAC——人口密度(每英亩人口数); VMT——行驶车英里数
死亡事故预测模型	$\log(\text{死亡事故数}+1)=0.652-0.924\times10^{-1}(INT\_PMI)+1.762(PNF\_0111)+1.389(PNF\_0512)+0.263\times10^{-3}(POP00\_15)+0.319(PPOPMIN)$ 式中:INT_PMI——每英里平交口数; PNF_0111——城市和乡村州际公路在全部道路中所占比例;

续上表

事故预测模型	表 达 式
死亡事故预测模型	PNF_0512——其他高速公路和快速路所占比例；POP00_15——0至15岁的人口数； PPOPMIN——少数民族人口比例
严重伤害事故预测模型	$\log(\text{严重伤害事故数}+1)=2.257-0.659\times10^{-1}(\text{INT\_PMI})+3.328(\text{PNF\_0111})+3.674(\text{PNF\_0512})+0.512\times10^{-3}(\text{POP00\_15})$ 式中：INT_PMI——每英里平交口数； PNF_0111——城市和乡村州际公路所占比例； PNF_0512——其他高速公路和快速路所占比例； POP00_15——0~15岁的人口数
夜间事故预测模型	$\log(\text{夜间事故数}+1)=4.092-19.167(\text{MI\_PACRE})+3.524(\text{PNF\_0111})+1.414(\text{PNF\_0214})+3.588(\text{PNF\_0512})+0.861(\text{PPOPMIN})+0.238\times10^{-3}(\text{WORKERS})$ 式中：MI_PACRE——交通分析区每英亩的全部道路里程； PNF_0111——交通分析区城市和乡村州际公路所占比例； PNF_0214——交通分析区城市和乡村主干道所占比例； PNF_0512——其他高速公路和快速路所占比例； PPOPMIN——少数民族人口比例； WORKERS——16岁以上工人数量
行人事故预测模型	$\log(\text{行人事故数}+1)=1.443-0.706\times10^{-5}(\text{HH\_INC})+0.129(\text{POP\_PAC})+0.884\times10^{-4}(\text{POPTOT})-0.902(\text{PWTPRV})$ 式中：HH_INC——1999年中等家庭收入； POP_PAC——人口密度（每英亩人口数）； POPTOT——全部人口数； PWTPRV——16岁以上工人中使用小汽车、货车作为上班交通工具的比例
伤害事故预测模型	$\log(\text{伤害事故数}+1)=3.108+0.153(\text{HU\_PACRE})+0.768(\text{PPOPURB})+0.443\times10^{-5}(\text{VMT})$ 式中：HU_PACRE——每英亩住户数； PPOPURB——城市人口所占比例； VMT——行驶车英里数
骑车人事故预测模型	$\log(\text{骑车人事故数}+1)=0.655\times10^{-1}+0.252\times10^{-3}(\text{HU})+0.162\times10^{-2}(\text{TOT\_MILE})+0.292\times10^{-5}(\text{VMT})+1.539(\text{WORK\_PAC})$ 式中：HU——住户数； TOT_MILE——全部道路里程； VMT——行驶车英里数； WORK_PAC——每英亩16岁以上工人数

为了更好地理解上述模型，下面对其中的一些模型进行讨论和解释。

对于严重伤害事故预测模型，自变量包括每英里道路中的交叉口数、乡村和城市、州际公路在全部公路中所占的比例、其他高速公路和快速路的比例、0~15岁所占事故人数比例。

随着每英里交叉口数量的增加，预测到严重伤害事故减少，这表明城市化水平越高，道路越拥堵，行车速度越低，整体而言严重事故越少。州际公路和主要干道的里程表征在车速相对较高的道路上车辆的暴露程度。当这些设施的比例增加时，严重伤害事故也会增加。0～15岁的人口增加时，预测到的严重伤害事故也会增加。图7-1表示当其他所有自变量保持不变时预测得到的严重伤害事故数量与年龄在0～15岁之间的人口数量的关系。图7-2表示当其他所有自变量保持不变时预测得到的严重伤害事故与每英里交叉口数量的关系。

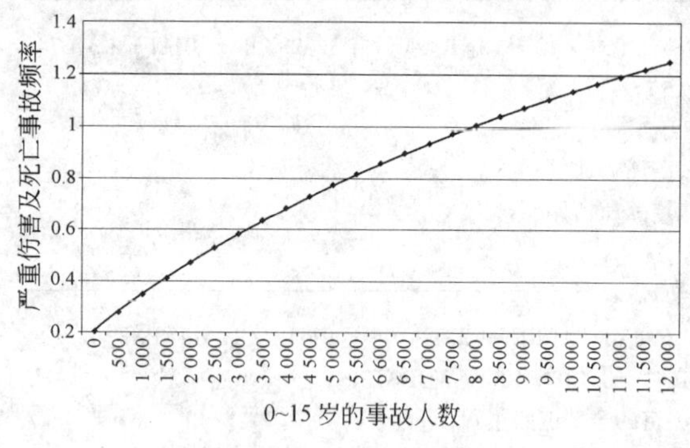

图7-1　严重伤害事故与年龄在0～15岁之间的人口数量的关系

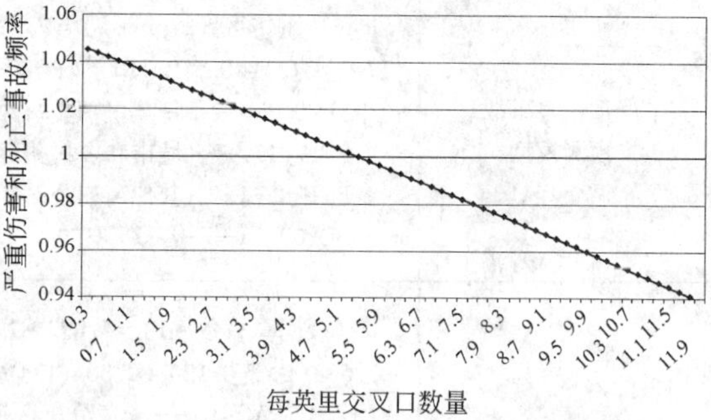

图7-2　严重伤害事故与每英里交叉口数量的关系

在行人事故预测模型中包含有4个变量。第一个变量是家庭收入的中值。随着收入中值的增加，预测的行人事故数量减少。收入中值的引入考虑到了行人事故的许多特点：经济水平较低时，有人行道的可能性较低，没人照顾的孩子在街道上行走和工人通过步行上下班的可能性更高。第二个自变量是交通分析区域的人口密度，是涉及到暴露程度的变量。因为较高的人口密度一般表示更多的步行活动将会发生，步行目的地也会增加，而步行作为一种交通方式的可能性也会增加。第三个变量是生活在交通分析区域的人口数量，是另外一种暴露程度的度量方式，它的增加也会提高行人事故的发生概率。第四个变量是使用私人交通方式上班，年龄在16岁以上的上班人口比例也是一个与暴露程度有关的变量。当他们开车上班时，在行人中事故受伤的概率比步行、骑车或乘坐公共交通要低。图7-3和图7-4说明了当其他变量保持不变时行人事故和人口密度以及年龄在16岁以上的上班人数之间的关系。

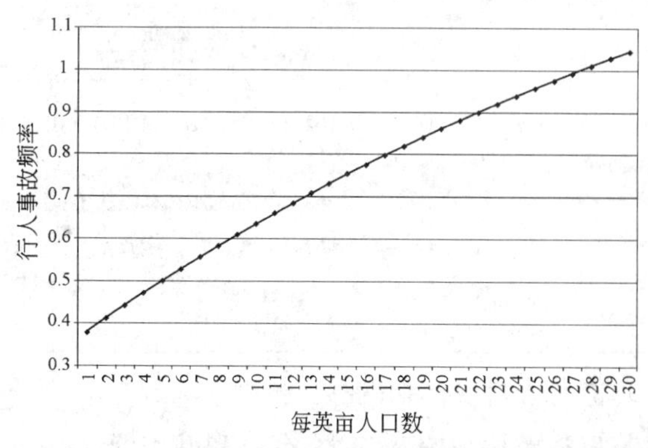

图7-3　每英亩人口数量与行人事故的关系

注：1英亩＝0.405公顷

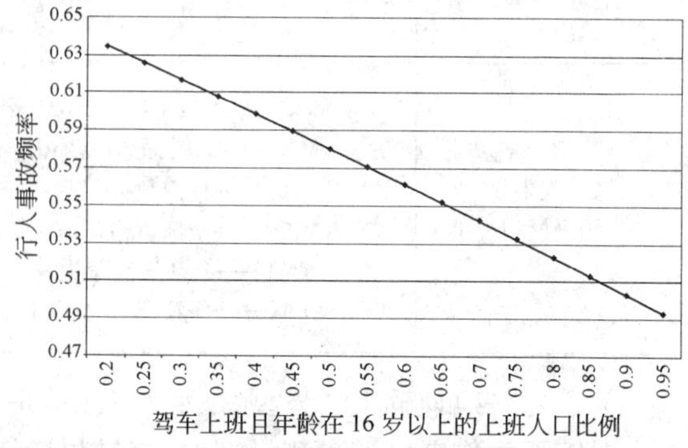

图7-4　驾车上班且年龄在16岁以上的上班人口比例与行人事故的关系

7.2 土地开发

土地开发对路网的安全性有着重要影响。这是因为诱发出行量、出行方式的选择，行程和路线的选择在很大程度上由土地开发的空间结构决定。土地开发中影响交通安全的因素主要包括OD分布、土地开发密度、城市发展模式、路网形式和居住区的规模等。

1)OD分布[2]

(1)Ogden研究发现，工作场所的位置和工作场所的集中程度对交通安全有影响，但影响很小。随意的选择位置会导致危险行车路线的出现，增加事故发生的概率，高密度的居住区和工作区相距较远时会产生较大的出行需求。

(2)Verroen和Hilbers研究发现，工作区和居住区在一起时可以减少小汽车的出行需求，行程也会缩短，而且当行程较短时，其他出行方式会有增加。模拟分析表明，当工作区和居住区在一起时，出行量将比两者分开时降低1.5%，人员伤亡数减少约0.5%。

(3)Frank和Pivo得出[3]，工作区和居住区的密度和混合程度与出行方式的选择有关。出发地和目的地土地开发程度与单一驾驶交通工具的减少及公共交通和步行的增加有关。

(4)Ewing[4]等对美国佛罗里达州某县的出行情况进行了调查，发现各种设施的集中能使同一个家庭将出行合在一起，因此减少了出行的车公里数。

(5)吸引弱势道路使用者的设施，应按以下方式设置：连接设施的路线应短且直接，并不应穿过主要的障碍物，如危险路段或交通量较高的路段。

2)土地开发密度

(1)高密度土地开发的紧凑型城区设计，出发地和目的地之间的距离短。

(2)减短行程可以提高道路安全性。较短的行程导致暴露的风险减小；较短的行程促进了更安全交通出行方式的选择。

(3)较高的土地开发密度引起紧凑的交通模式导致更多的步行和骑车出行，改进了公共交通的基础，因为更多的城市功能位于车站的附近或影响区域内。

(4)与展开式的开发相比，在现有城市建筑物附近的开发会导致较少的事故。

(5)Apel等对德国城市建筑物与安全之间的关系进行了研究，研究结果表明每平方米的居民数量和事故之间有着密切的关系。Becker等的研究也发现土地开发密度的增加会减少受伤人数。

(6)与土地开发密度较低的区域相比，Steiner推断高密度土地开发区域的居民更多使用公共交通或步行，整体上行程较短。Steiner同时还发现土地开发密度较低的区域机动车拥有率要高[5]。

3)发展模式

城市的发展模式主要有三种：周边发展、走廊带发展和卫星城发展。Hilbers研究了城市发展模式对安全的影响，并得到了以下结论：

(1)工作区、居住区和城市设施的混合发展减少了小汽车的出行需求，缩短了工作行程，促进了其他交通出行方式的增加。与功能混合相比，功能分离对机动性和安全的影响如表7-2所示。

功能分离对机动性和安全的影响　　表 7-2

运输模式	出行里程	死亡人数	伤亡人数
城市区域小汽车出行	+0.1%	0.0%	+0.1%
80km/h 公路上小汽车出行	+0.1%	+0.3%	+0.2%
高速公路上小汽车出行	+0.7%	+0.4%	+0.3%
公共交通	+0.3%	0.0%	0.0%
步行和汽车	0.0%	-0.1%	0.0%
全部	+1.2%	+0.6%	+0.6%

(2)与卫星城发展相比,与现有城区相连会导致机动性降低,伤亡数量减少。Ogden 也得到了类似的结论,但两者之间差别非常小。与连接现有城区相比,卫星城对机动性和安全的影响如表 7-3 所示。

卫星城对机动性和安全的影响　　表 7-3

运输模式	出行里程	死亡人数	伤亡人数
城市区域小汽车出行	+0.1%	0.0%	+0.1%
80km/h 公路上小汽车出行	-0.1%	-0.1%	-0.1%
高速公路上小汽车出行	0.0%	0.0%	0.0%
公共交通	-0.3%	0.0%	0.0%
步行和汽车	0.0%	-0.1%	-0.1%
全部	-0.3%	-0.2%	-0.1%

(3)虽然周边发展模式的出行距离略短于走廊带发展模式的出行距离,但两者对机动性影响的差异可以忽略。

(4)在高速公路附近进行土地开发会提高机动性,而且引起的伤亡事故也会减少。增加的出行主要是在高速公路上,并从等级较低的路网上转移走了部分出行行程。与远离高速公路的土地开发相比,高速公路附近的土地开发对机动性和安全的影响如表 7-4 所示。

高速公路附近的土地开发对机动性和安全的影响　　表 7-4

运输模式	出行里程	死亡人数	伤亡人数
城市区域小汽车出行	+0.5%	+0.6%	+0.3%
80km/h 公路上小汽车出行	-1.9%	-3.5%	-4.0%
高速公路上小汽车出行	+4.1%	+2.5%	+3.0%
公共交通	-0.3%	0.0%	0.0%
步行和汽车	-0.2%	-1.5%	-1.2%
全部	+2.2%	-1.9%	-1.9%

4)路网形式

路网形式对安全的影响如下:

(1)随着 T 形交叉口比例的增加,伤亡事故随之减少[6]。

(2)针对 5 种不同类型的居住区域:单个家庭、封闭建筑街区、一排房子、紧凑型高耸建筑和混合型建筑,Cerwenka 和 Henniger-Hager 研究了每 1 000 居民和每公顷的事故数,研究表明每 1 000 居民和每公顷的事故数封闭建筑街区最高,混合型建筑的事故数最少。

(3)3 种基本路网结构(网格型、有限接入型和组织型,见图 7-5)的安全性如下:

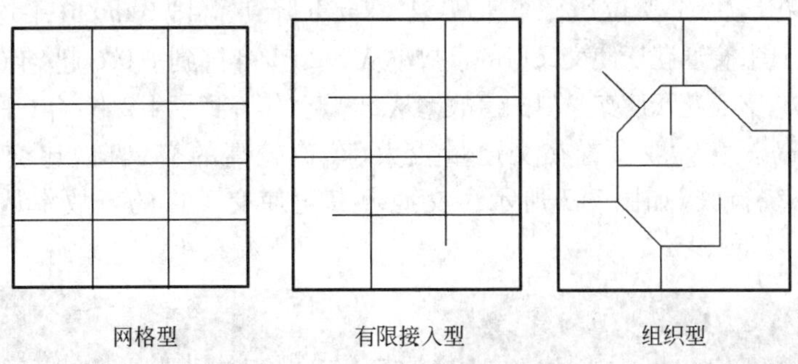

图 7-5　路网结构示意

①网格型。行程最短,直行通过居住区街道;长直线路段允许较高的车速;十字交叉口很多。

②有限接入型。行程比网格型长但比组织型短;因为是断头路,居住区街道上无直行交通,交通量有限;由于直线路段较短,速度比网格型要低;交叉口较少, T 形交叉口的比例比网格型高。

③组织型。行程最长,出行时间比网格型长 30%;居住区街道上无直行交通,交通量有限;由于直线路段长度短,组织型车速最低;组织型交叉口最少,但 T 形交叉口比例最高。

三种基本路网结构中,组织型安全性最好,有限接入型次之,网格型最差。

7.3　交通宁静技术(Traffic Calming)

随着机动车保有量的迅速增长,交通事故数也在增加,这个问题不仅存在于发展中国家,也存在于发达国家。近年来,西方发达国家由于经济发展到一个相对高的程度,对交通安全的关注胜于交通效率。因此,在发展交通时更多地考虑人,即“以人为本”。为了减少交通事故数量,降低事故严重程度以及提高道路交通环境,西方发达国家结合城市规划、交通规划,在社区越来越多地使用交通宁静技术,改善社区的交通、生活环境,提高社区交通安全,并且取得了良好效果。因此,把交通宁静技术引入国内,尤其是规划阶段结合交通规划,并逐渐应用到日益发达的交通系统中,对提高我国交通安全水平,营造和谐的交通环境具有重要意义。

目前我国在这方面的研究和应用很少,仅在一些等级较低的穿村路段进行过初步尝试。交通宁静一般用来降低车速或减少交通量。本手册主要介绍用于降低车速的交通宁静措施,这些措施通过控制水平速度、垂直速度以及窄化车道断面来促使驾驶员以较慢的速度行驶,从而降低事故率和事故严重程度[7,8]。

1)水平速度控制措施

水平速度控制措施是改变传统的直线行驶方式以降低车速。典型的措施包括交通花坛、交通环岛、曲折行车道、变形交叉口。

(1)交通花坛。设置在交叉口中心位置的圆形交通岛,车辆沿其周围环绕行驶,如图 7-6

所示,交通花坛外形呈圆形,并且在其凸起的平台上进行绿化。交通花坛一般适用于社区内部道路,特别是交通量不大、大型车较少,而注重降低车速和交通安全的地点。

交通花坛的速度控制效果及安全效果如下:

①设置交通花坛后,85%位运行车速从54.6km/h降到了48.3km/h(平均降低11%);

②在美国西雅图,交通花坛使交叉口的事故率从2.2起/年降到了0.6起/年(平均降低73%);

③在其他地方,交通花坛使交叉口的事故率从5.9起/年降到了4.2起/年(平均降低29%)。

(2)交通环岛。它一般设置在交通量较大、车速较高的交叉口,比交通花坛大,车辆通过时逆时针环绕行驶,如图7-7所示。交通环岛可使交叉口的事故率从9.3起/年降到5.9起/年(平均降低29%)。

图7-6 交通花坛

图7-7 交通环岛

(3)曲折车行道。交替延伸道路两侧的路缘,从而使得车行道呈S形,如图7-8所示。实现曲折车行道的另一个方法是在道路两侧交替设置斜向或平行的路边停车泊位。它适用于车速和噪声都需要控制的地点。

曲折车行道的速度控制效果及安全效益如下:

①在加拿大多伦多,采用曲折行车道将道路宽度从28ft(8.5m)变窄到21ft(6.4m)后,85%位运行车速从50km/h降到45km/h。

②美国明尼苏达州地方道路研究委员会对其他研究进行了总结,发现曲折行车道能使85%位运行车速降低6%。

2)垂直速度控制措施

垂直速度控制措施是把车行道的一段提高,以降低车速。典型的措施包括减速丘、减速台、凸起的人行横道、凸起的交叉口等。

(1)减速丘(Speed Humps)它是一个横穿车行道的圆拱形凸起区域。一般沿行车方向宽度为3~4.3m,高度为7.6~10cm,如图7-9所示。

减速丘的速度控制效果/安全效果如下:

①美国马里兰州蒙哥马利(Montgomery)县的实践经验表明,减速丘可将85%位运行车速降低6~11km/h,同时事故率也有降低;而在霍华德(Howard)县,减速丘的减速效果更明显,可将85%位运行车速降低14~37km/h。

②在美国加利福尼亚州的阿罕布拉市(Agoura Hills),使用减速丘后,85%位运行车速降低10~15km/h。

图 7-8　曲折车行道

图 7-9　减速丘

③在澳大利亚西部的维多利亚(Victoria)和苏格兰中部斯特灵(Stirling),减速丘可将85%位运行车速降低50%以上。

④对于宽3.65m的减速丘,85%位运行车速从56km/h降到43.8km/h(平均降低22%);平均事故率由2.7起/年降到2.4起/年(降低11%)。

⑤对于宽4.25m的减速丘,85%位运行车速从33.3mile/h降到25.6mile/h(平均降低23%);平均事故率由4.4起/年降到2.6起/年(降低41%)。

(2)减速台(Speed Tables)。它是一种平顶的减速球丘,一般用砖或者具有纹理的材料建造,如图7-10所示。

减速台的速度控制效果/安全效果如下:

①Corkle等对其他研究进行了总结,发现使用减速台后,85%位运行车速降低28%,平均速度降低15%,事故减少28%。

②Hallmark等的研究表明,减速台可将85%位运行车速减少16km/h以上。

③对于宽6.7m的减速台,85%位运行车速从58.7km/h降到48.2km/h(平均降低18%)。平均事故率从6.7起/年降到3.7起/年(平均降低45%)。

(3)凸起人行横道(Raised Crosswalks)。凸起人行横道是配有人行横道标线的减速台,以渠化行人过街,使机动车驾驶员更容易发现过街行人。适用于行人偶然穿越道路和车速过高的地点,如图7-11所示。

图 7-10　减速台

图 7-11　凸起人行横道

Herman F. Huang 和 Michael J. Cynecki 的研究表明，设置凸起人行横道后，50% 位运行车速降低 6.5～19.3km/h。

(4)凸起交叉口(Raised Intersections)。凸起交叉口是把整个交叉口区域全部平凸起的一种交叉口，且四周与各进口道斜坡过渡，平凸部分一般用砖或有纹理的材料建造，如图 7-12 所示。

图 7-12　凸起交叉口

凸起交叉口的速度控制效果/安全效果如下：

①降低了行人和机动车的事故率。

②根据小样本统计结果，85% 位运行车速从 55.4km/h 降到 54.9km/h(平均降低 1%)。

(5)纹理路面(Textured Pavements)。纹理路面和有颜色路面一般用压印图案或者交替使用不同铺路材料来创造不平的道路表面。这种路面往往用在整个交叉口或者人行横道，甚至有时用于社区的全部道路。适用于行人活动频繁，且对噪声不关心的主要街道区域。对于其安全效果目前还没有明确的结论。

3)车道断面窄化措施

车道断面窄化措施包括交叉口瓶颈化、中心岛窄化和路面窄化。

(1)交叉口瓶颈化(Neckdowns)。是指交叉口处两侧路缘向中间延伸，从而减少进口宽度的交叉口。通过缩短行人穿越交叉口距离和凸起的交通岛使得机动车驾驶员更容易注意到行人，如图 7-13 所示。

交叉口瓶颈化的车速控制效果/安全效果如下：

图 7-13　交叉口瓶颈化

①改善了行人的交通空间。

②85% 位运行车速从 55.8km/h 降到 51.7km/h(平均降低 7%)。

(2)中心岛窄化(Center Island Narrowing)。是在街道中线上设置凸起的中心交通岛，以窄化两侧的车行道。中心岛往往进行绿化以提高视觉美感。适用于社区出入口处和街道较宽、行人过街需要较长时间的地点，如图 7-14 所示。

中心岛窄化的速度控制效果/安全效果如下：

①提高了行人的交通安全性。

②与其他车道断面窄化措施一起，能将 85% 位运行车速从 55.8km/h 降到 51.7km/h(平均降低 7%)。

(3)路面窄化(Chokers)。是在行人过街处，通过拓宽人行道或绿化带来延伸路缘，以窄

图 7-14 中心岛窄化

化道路断面的一种方式,如图 7-15 所示。如果配以人行横道标线,则就是所谓的“安全人行横道”。适合于需要限制速度,而且又不缺少路边停车泊位的地点。与其他车道断面窄化措施一起,路面窄化能将 85% 位运行车速从 55.8km/h 降到 51.7km/h(平均降低 7%)。

图 7-15 路面窄化

7.4 接 入 管 理

保障行车安全和提高交通运行效率,始终是交通领域所要解决的核心问题。随着交通需求的急剧增加,交通拥挤、交通事故以及随之而来的社会、经济、环境问题越突出。而由于交通硬件设施建设的高费用和长周期,以及土地使用的紧张状况,促使人们从交通软件,即高效的交通管理手段方面来考虑解决交通问题,接入管理便是其中之一。美国《接入管理手册》(Access Management Manual)对接入管理的定义如下:接入管理是一种对接入车道、中央分隔带开口以及连接干道的支路进行系统管理与控制的方法,包括它们的位置、空间、设计以及操作方式;也涉及到干道上中央分隔带几何形状、辅助车道以及交通信号灯安装位置的设计。接入管理目的在于在不进行大量基础设施投资的前提下,为车辆提供一个高效快捷的出入道路两侧用地的方式,从而消除交通拥挤、改善交通安全、增加道路交通容量,减少交通延误。接入管理适用于一个区域的交通组织和控制,因此在路网规划阶段就予以考虑更有利于接入管理的实施。

目前,接入管理在美国等发达国家得到了广泛的应用,对我国道路安全的改善有重要的参考价值。本节主要探讨了接入密度、中央分隔带方案、转角净空和 U 形转弯等对交通安全的影响。

7.4.1 接入密度

接入间距不足,易造成支路与主干道接驳处交通组织混乱,主干道机动车流受到频繁过街行人的干扰,车速低、延误大,行人穿越车流间隙过街存在严重的安全隐患。从国外的经验来看,保证这一间距,并对沿主干道的接入数量进行控制,可以明显改善交通运行状况。

1)信控接入密度

一些研究评估了交通信号接入密度对安全的影响。20 世纪 50 年代,通过对美国俄勒冈州州内公路进行研究,发现随着每公里接入道路、交叉口和交通信号数量的增加,事故数也随之增加。多元线性回归结果表明,每英里信控交叉口的数量对事故数量的贡献最大。

20 世纪 60 年代,Cribbins 研究发现全部事故率和伤害事故率随每英里交叉口数量的增加而提高[11]。

Squires 和 Parsonson 研究发现[12],随着每英里信号数量的增加,一般来说事故率(百万车公里事故数)也随之增加。当交通信号由每英里(1.6km)2 个增加到 4 个时,美国佐治亚州公路上的事故率上升约 40%。美国佛罗里达州西西里县(Lee),交通信号密度对事故率的影响如图 7-16 所示。当交通信号从每英里(1.6km)2 个增加到 4 个时,事故率增加约 2.5 倍。

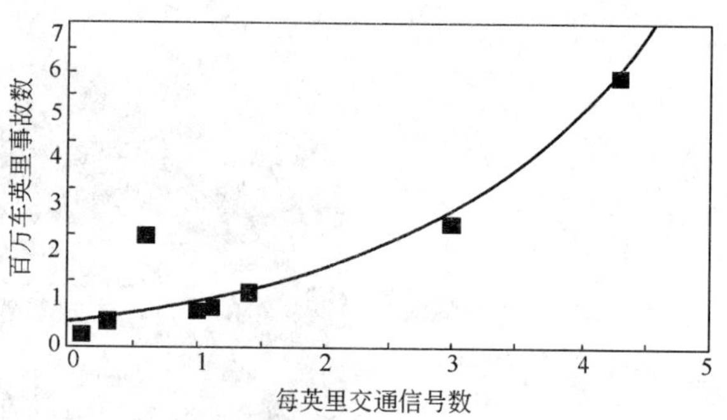

图 7-16 交通信号接入密度与事故率的关系

2)非信控接入密度

20 世纪 80 年代中期以来,研究表明接入频率的增加会对安全造成负面影响。非信控接入间距对城市和郊区道路安全性能的影响也是非常明显的,应给予足够的关注。

在美国佛罗里达州西西里县(Lee),连接线对事故率的影响如图 7-17 所示。从图 7-17 可以看出,当连接线密度从 20 条/mile 增加到 40 条/mile 时,事故率增加 1 倍。

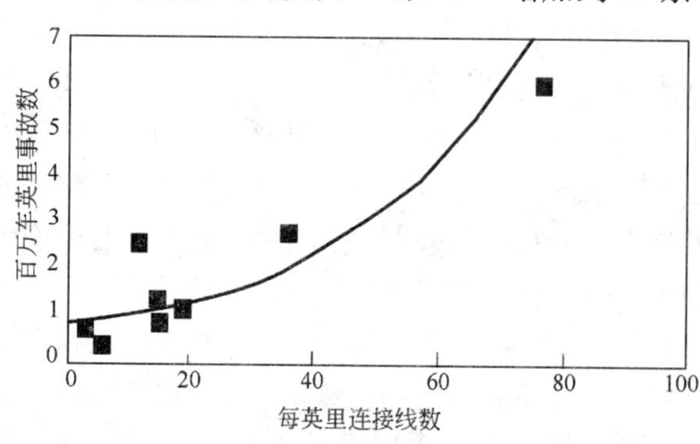

图 7-17 连接线密度与事故率的关系

ARRB 的研究结果表明[13],当交叉口/接入道路的密度增加时,对安全有以下影响:

(1)对于有中央分隔带的城市主干道,当有直接道路接入和频繁的次要交叉口时,相对于很少有道路接入和次要交叉口的主干道事故率要高出 30%。对于无中央分隔带的道路,这种差值将增加 70%。

(2)对乡村双车道公路和四车道公路而言,增加一个次要交叉口事故率分别增加

0.35(百万进入车辆事故数)和0.25。

(3)在乡村地区,将次要交叉口密度从0增加到1个/km,道路上的事故数增加25%;在城区的四车道公路和双车道公路上,将次要交叉口从2个/km增加到6个/km时,事故率分别增加20%~100%和50%~100%。

(4)在城市和乡村地区,每公里增加一条私人接入道路,双车道公路和四车道公路的事故率分别增加1.5%和2.5%。在城区,每条商业接入道路对安全的影响是私人接入道路的5倍。

一般来说,水平线形标准的降低会加大上述提到的各种安全影响,而在有中央分隔带的公路上,这种安全影响将减小。

所有研究得到的结论都是一致的,即接入数量的增加会导致更高的事故率。其相互关系随道路几何要素(如车道宽度、有无转弯车道和中央分隔带类型)、行车速度、接入道路和交叉口的交通量等而变化。图7-18所示为美国和加拿大的研究结果,在任何情况下,事故率均随接入点的增加而上升。

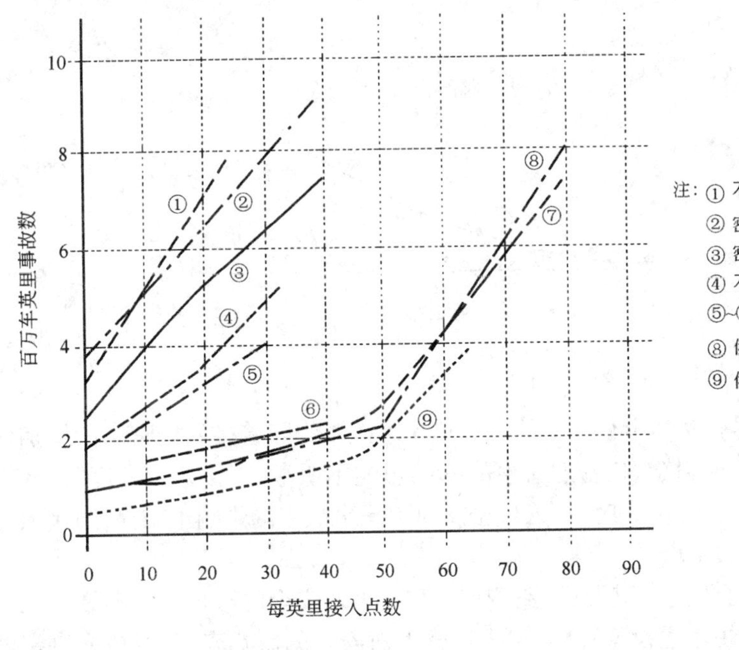

图7-18 接入点密度与事故率的关系

我国关于接入密度对安全的影响也有些研究[14、15、16]。研究成果包括山区双车道公路(无慢车道设置)路侧接入口密度、平原区双车道公路(无慢车道设置)路侧接入口密度、平原区双车道公路(有慢车道设置)路侧接入口密度等对安全的影响。这里要说明的是,研究里"接入口"是指所研究的路段上接入的被交道路是四级以下的公路或道路形成的平面交叉[14、15、16],这些接入口为非信控接入。

(1)山区双车道公路(无慢车道设置)路侧接入口密度对安全的影响

山区双车道公路(无慢车道设置)路侧接入口密度增加,其事故率、路侧事故率、追尾事故率和碰撞事故率均增加。其中接入口密度对路侧事故和碰撞事故尽管有一定的影响,但并不明显，而对追尾事故的影响最为明显。这是由于接入口往往直接影响车辆的行驶、导致减速操作，而追尾事故恰恰是常发生在车辆速度变化大的地点和路段。图7-19表示接入口密度与事故率的关系，图7-20表示接入口密度与追尾事故率的关系。

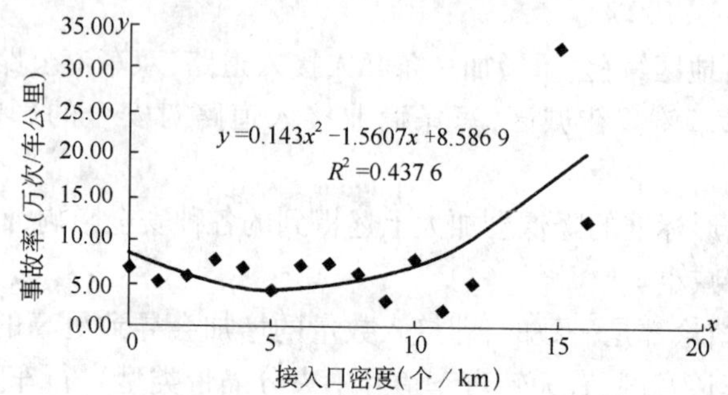

图7-19　山区双车道公路（无慢车道设置）接入口密度与事故率的关系

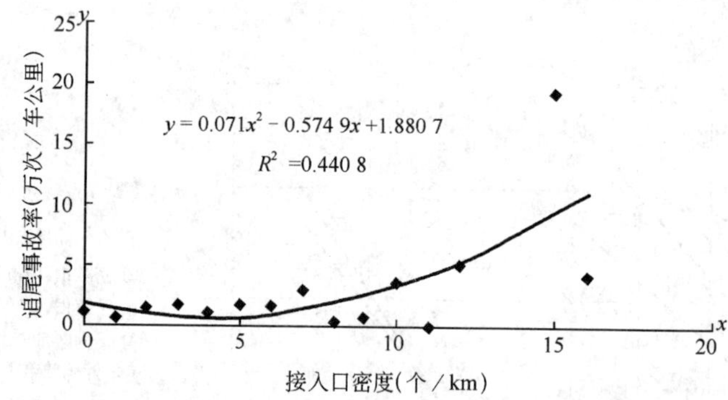

图7-20　山区双车道公路（无慢车道设置）接入口密度与追尾事故率关系

由关系图可以看出，尽管整体上全部事故率和追尾事故率都随着接入口密度的增加而增加，但在接入口密度为0～7时，接入口密度对事故率的影响不明显，当接入口密度大于7后，影响趋势明显；在接入口密度为0～5时，接入口密度对追尾事故率的影响不明显，当接入口密度大于5后，影响趋势明显。

（2）平原区双车道公路（无慢车道设置）路侧接入口密度对安全的影响

平原区双车道公路（无慢车道设置）路侧接入口密度对安全的影响表现为：接入口密度过低时（大于0），突然出现的接入口对驾驶员正常行车有较大的影响，随着接入口密度的增加，驾驶员的警觉性也相应提高。但另一方面较高的接入口密度增加对车辆的干扰，从而导致事故率指标增加。当接入口增大到一定程度后，在这样的路段车辆的行驶速度明显降低，则事故率，尤其死亡率就表现降低趋势。图7-21表示平原区双车道公路（无慢车道设置）接入口密度与事故率关系，图7-22表示平原区双车道公路（无慢车道设置）接入口密度与事故死亡率关系。

由图7-21和图7-22可以看出，在平原区双车道公路（无慢车道设置）上，接入口密度对事故率和死亡率的整体影响趋势一致。对于实际接入口密度值，接入口密度3.39～11时，密度为4.9时事故率最低。而当接入口密度大于11以后，事故率呈现降低趋势。

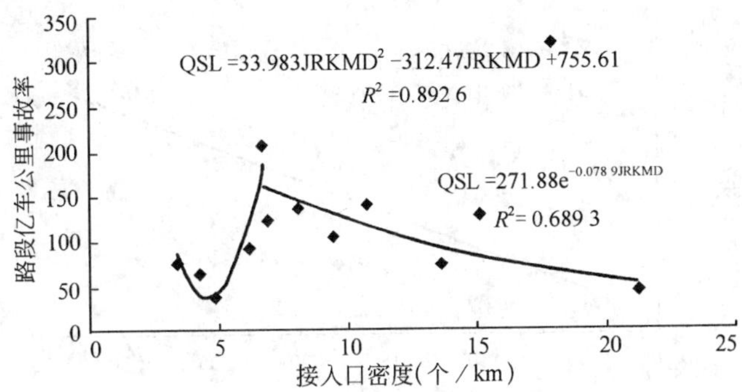

图 7- 21　平原区双车道公路(无慢车道设置)接入口密度与事故率关系

注:QSL-亿车公里事故率;JRKMD-接入口密度

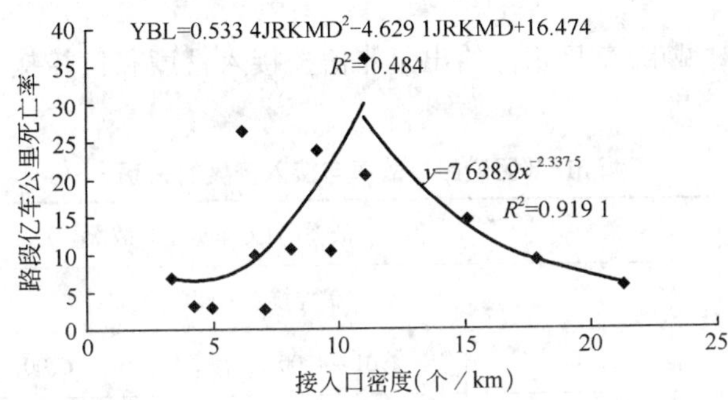

图 7- 22　平原区双车道公路(无慢车道设置)接入口密度与事故死亡率关系

注:YBL-亿车公里死亡率;JRKMD-接入口密度

(3)双车道公路(有慢车道设置)路侧接入口密度对安全的影响

在双车道公路(有慢车道设置)上,事故率随接入口的密度增大而增大,如图 7-23 所示。接入口密度对路段死亡率的影响趋势与事故率的一致,即随着接入口密度的增加,路段死亡率增加,如图 7-24 所示。

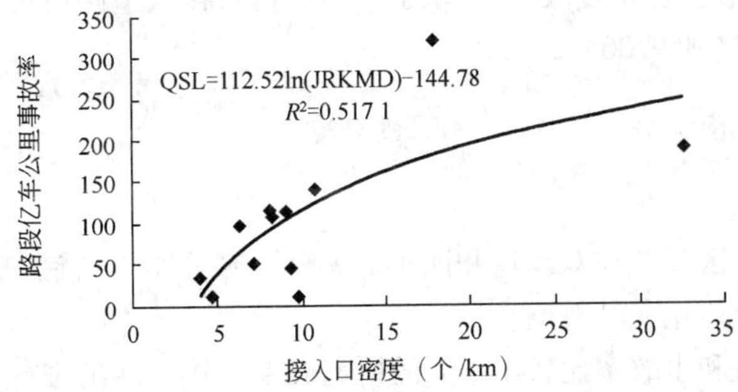

图 7-23　双车道公路(有慢车道设置)接入口密度对应事故率分析图

注:QSL—亿车公里事故率;JRKMD—接入口密度

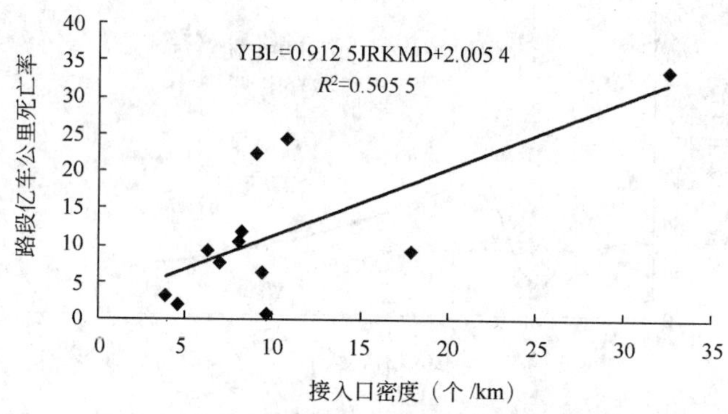

图 7-24　双车道公路（有慢车道设置）接入口密度对应死亡率分析图

注：YBL—亿车公里死亡率；JRKMD—接入口密度

3）综合影响

NCHRP420[17]针对城市/郊区道路给出了非信控接入密度和信控接入密度对事故率的影响，如表 7-5 所示。

城市/郊区道路事故率与接入密度的关系　　表 7-5

非信控接入密度（个/英里）	事故率（百万车英里事故次数）			
	信控接入密度（个/mile）			
	≤2.00	2.01～4.00	4.01～6.00	>6.00
≤20.00	2.6	3.9	4.8	6.0
20.01～40.00	3.0	5.6	6.9	8.1
40.01～60.00	3.4	6.9	8.2	9.1
>60.00	3.8	8.2	8.7	9.5
全部	3.1	6.5	7.5	8.9

另外，针对城市/郊区道路，图 7-25 还给出了信控接入密度一定时非信控密度与事故率的关系。从图中可以看出，信控密度较低时，增加一条非信控接入道路可使事故率增加 0.02；信控密度较高时，事故率增加 0.06～0.11。

7.4.2　中央分隔带

1）双向左转弯车道

双向左转弯车道一般设置在双车道和四车道无分隔带公路上，特别是在商业开发集中和接入频繁的郊区公路上应用尤其普遍。

表 7-6 根据事故数和事故率比较了不同的研究成果。其中存在的差异反映了数据采集和事故报告方式的不同。与无分隔带相比，10 个案例中有 9 个全部事故减少，12 项中有 10 项事故率降低。表 7-7 总结了不同事故类型的减少。结果一致表明追尾碰撞、刮擦、正面碰撞和撞固定物都有减少，左转弯事故普遍减少，其他事故类型的结论不太一致。

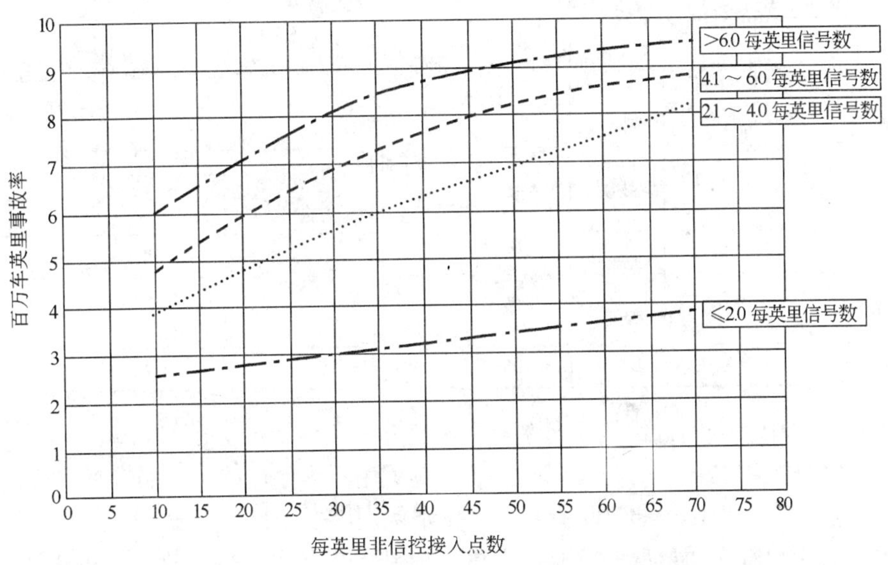

图 7-25　城市/郊区道路一定信控接入密度时非信控接入密度与事故率的关系

双向左转弯车道的安全效果　　表 7-6

研 究 地 点	年　份	事　故　数			事故率（事故次数/百万车英里）		
		无分隔带	双向左转弯车道	差值（%）	无分隔带	双向左转弯车道	差值（%）
Busbee	1974	—	—	-38	—	—	—
Southern Section ITE	1975	—	—	-31	—	—	—
Burritt and Coppula	1978	—	—	-36	—	—	—
Walton, Horne, Texas	1978	—	—	-33	—	—	—
Parker（Virginia）	1983	—	—	—	6.79	6.11	-9
Thakkar（Illinois）	1984	824 222	558 130	-32 -41	90.8 53.3	54.3 28.6	-40 -46
Harwood and St. John	1985	—	—	—	3.14 1.79	0.86 0.26	-73 -85
Harwood（California） Harwood（Michigan）	1986	—	—	—	2.06 1.79	1.28 1.89	-38 -6
ITE	1986	2,479	1,788	-28	—	—	-36
Kuhlmann（Toronto）	1987	—	—	—	—	—	-21
Box（Illinois）	1989	174	104	-40	—	—	—
Long（Florida）	1993	—	—	—	4.44	3.20	-28
Bowman-Vecellio（CA）	1994	2,751 4,487	2,181 15,110	-21 236.7	9.92 4.23	5.56 6.89	-44 63

双向左转弯车道对事故类型的影响　表 7-7

研究地点	年份	比较数据	追尾碰撞	刮擦	直角碰撞	左转弯	正面碰撞	撞固定物	其他
Busbee	1974	事故次数	—	-90	—	—	—	—	—
Burritt and Coppula	1978	事故次数	-45	-100	相同方向	-20	-67	-65	-30
				-52	相反方向				
Walton, Home, Texas	1978	事故次数	-45	—	—	—	-42	—	—
Thakkar (Illinois)	1984	事故率	-34 -40	-26 -45	—	—	—	—	—
Long (Florida)	1993	事故率	-24	-47	-16	-27	-46		37

2)用不可穿过中央分隔带代替双向左转弯车道

当前接入管理关注的一个问题是在何时何地应该用不可穿过中央分隔带来代替双向左转弯车道。双向左转弯车道已经通过从直行车道中消除左转弯来提高安全性。因此它们广泛用来为主干道沿线密集且交通量低的商业接入道路提供接入。但从接入管理角度来讲,它们增加了接入机会而不是对其进行控制。不可穿过中央分隔带为管理多车道公路接入的一种重要方式,它们将行车方向进行物理分离,因此实际上消除了正面碰撞的潜在可能性;控制左转弯(有时消除)和其他穿过中央分隔带的行为,这样可以减少冲突点,提高安全性,主干道上车辆的速度更一致。由于中央分隔带减少了很多的冲突和不规则的驾驶行为,一些公路部门为了更好地管理公路接入而在四车道和六车道公路上设置物理中央分隔带。

20 世纪 80 年代以来,大量资料表明与五车道和七车道公路(中间车道为双向左转弯车道)相比,四车道和六车道带中央分隔带公路具有好得多的安全记录。表 7-8 总结了各种研究中的事故率比较情况。双向左转弯车道的事故率在 3.20 ~ 11.07 起/百万车英里之间变化,平均值为 7.25 起/百万车英里,标准差为 2.64。中央分隔带的事故率在 2.09 ~ 8.15 起/百万车英里之间变化,平均值为 5.17 起/百万车英里,标准差为 1.82。统计检验表明两个平均值之间有着显著的差异。在全部 16 项纪录中有 15 项事故率降低,在 15% ~57% 之间变化,平均降低 27%。

中央分隔带与双向左转弯车道的安全效果比较情况　表 7-8

研究地点	年份	事故数			事故率(事故次数/百万车英里)		
		双向左转弯车道	中央分隔带	差值(%)	双向左转弯车道	中央分隔带	差值(%)
Bretherton (Georgia)	1990	391	385	-2	8.09	6.47	-20
Parsonson (Georgia)	1996	947	523	-45	11.86	7.87	-34
Banks, et al. (Ontario)	1993	45	33	-27	5.91	3.67	-38
Hartman etal (Arizona)	1989	— —	— —	— —	5.85 5.17	5.70 3.99	-3 -22
Bowman et al (Arizona)	1994	2 181 15 110	1 714 7 663	-21 -49	5.56 6.89	6.42 3.79	15 -45
Parker (Virginia)	1983	—	—	—	6.11	4.42	-28

续上表

研究地点	年份	事故数			事故率(事故次数/百万车英里)		
		双向左转弯车道	中央分隔带	差值(%)	双向左转弯车道	中央分隔带	差值(%)
Benac (Michigan)	1988	—	—	—	9.56 11.07	4.07 5.63	-57 -49
Squires et al (Georgia)	1989	—	—	—	8.99 10.82	7.67 8.15	-15 -25
Parsonson (Georgia)	1996	—	—	—	6.23	3.67	-41
Long etal (Florida)	1993	—	—	—	3.20 4.28	2.09 3.20	-35 -25
Margiotta and Chatterjee	1995	—	—	—	6.48	5.96	-8

表7-9所示为中央分隔带和左转弯车道之间不同事故类型的百分差，刮擦事故、追尾事故、直角事故、左转弯事故、正面相撞事故和行人事故均有减少。这反映出中央分隔带对行人和机动车驾驶员的控制更为有效。总体上来讲，中央分隔带比双向左转弯车道更安全。

与双向左转弯车道相比不可穿过中央分隔带对事故类型的影响 表7-9

研究地点	年份	比较数据	追尾碰撞	刮擦	直角碰撞	左转弯	正面碰撞	撞固定物	行人	其他
Memorial Drive, Atlanta	1990	事故次数	-36	-29	-75	-42	-80	-100	-67	-38
Hespeler Road, Cambridge	1993	事故次数	-50	—	-25	—	—	—	—	-33
Atlanta et al.	1994	事故率	-42	—	-45	-54	-47	—	—	-11
Tennessee	1995	事故次数	15	-25	-24	-32	-35	—	—	79
Florida	1993	事故率	-23 0	-38 -31	-30 -	-46 -44	-58 -50	— —	-60 -36	-30 —

在城市和郊区环境中估计不同中央分隔带类型的效果时需要预测车辆和行人事故的减少。本节总结了国外过去几十年中建立的各种事故预测模型，并进行了比较，如表7-10所示。

安全模型比较结果 表7-10

平均日交通量	预期事故率(事故次数/英里/年)											
	10 000			20 000			30 000			40 000		
左转弯处置	无分隔带	双向左转弯车道	凸起中间带	无分隔带	双向左转弯车道	凸起中间带	无分隔带	双向左转弯车道	凸起中间带	无分隔带	双向左转弯车道	凸起中间带
Walton	no	37	no	no	58	no	no	78	no	no	98	no
McCoy	33	31	no	oor	52	no	oor	oor	no	oor	oor	no
Squires	no	no	37	no	31	56	no	69	75	no	108	94
Parker	no	27	18	no	43	32	no	58	45	no	73	59

续上表

平均日交通量	预期事故率(事故次数/英里/年)											
	10 000			20 000			30 000			40 000		
Chatterjee	no	55	46	no	90	81	no	125	116	no	oor	oor
Harwood	36	27	36	72	54	72	109	81	108	145	108	144
Bowman	63	43	25	126	85	50	190	128	75	253	170	101
平均	44	37	32	99	59	58	149	90	84	199	111	100
标准差	16	11	11	38	21	19	57	39	29	76	36	35

注:no-无相应模型;oor-现有交通量超出了模型所适用的交通量范围

根据表中预测结果可以得到以下结论:

(1)对于上述三种中央分隔带型式的安全性,即使各种模型在给定条件下预测得到的事故率稍有不同,但结果基本一致。在给定的交通量范围内,无分隔带道路的事故率最高。模型结果支持前后对比研究中双向左转弯车道或不可穿过中央分隔带可以降低30%~35%事故率的结论。

(2)凸起中央分隔带事故率最低。唯一例外是Harwood模型,在所有的交通量水平下,双向左转弯车道的事故率最低。

(3)Bowman-Vecellio模型预测到凸起中央分隔带和双向左转弯车道相比事故要少,双向左转弯车道和无分隔带相比事故也要少一些。事故预测模型表明事故的增加与平均日交通量成线性关系。然而,对凸起中央分隔带而言,预测到的事故率在日平均交通量30 000~40 000之间保持相对稳定。

(4)与双向左转弯车道相比,对凸起中央分隔带而言,不同模型一般都得出其事故要少,如果将Harwood的数据排除,则这种差别更加明显。图7-26给出了三种不同中央分隔带类型年平均英里事故数和平均日交通量的关系,为实际应用时提供参考。

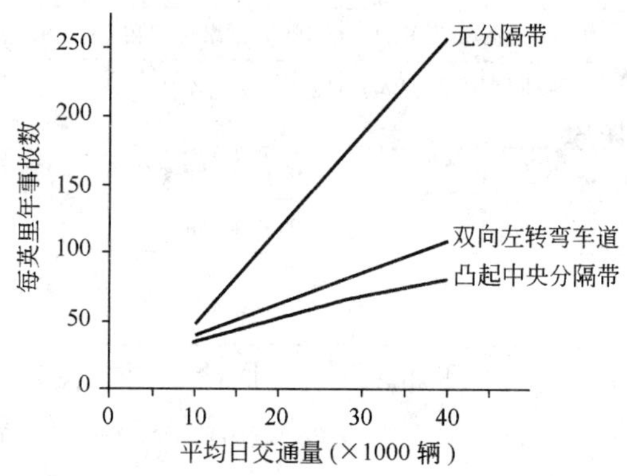

图7-26 平均日交通量与事故率的关系

我国交通部公路科学研究院研究了平原区有中央分隔带四车道公路中央分隔带开口密度对安全的影响[15、16]。

中央分隔带开口处为平原区有中央分隔带四车道公路上事故易发处之一。由于该类公路车辆行驶速度较高,在中央分隔带开口常有慢速转弯的车辆,易导致碰撞事故的发生。此外,一些中央分隔带种植的植物较高,驾驶员不易辨别中央分隔带另一侧是否有车辆或行人穿行,也是事故常发的原因之一。

平原区有中央分隔带四车道公路中央分隔带开口密度对安全的影响表现为,随着中央分隔带开口的数量增多,单位公里事故率增加,如图7-27所示。

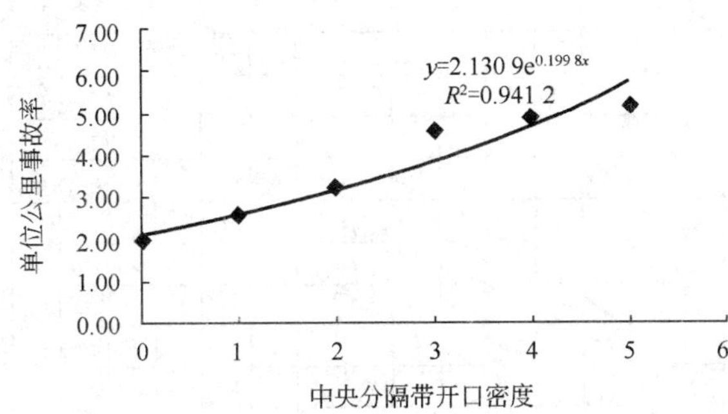

图 7-27　有中央分隔带四车道公路中央分隔带开口安全分析图

7.4.3　接入密度和中央分隔带类型的综合安全影响

前面分别讨论了接入密度和中央分隔带类型对安全的影响。在 NCHRP420 研究报告中，研究人员还给出了接入密度和中央分隔带类型与事故率之间的关系，如表 7-11 所示。

事故率与接入密度及中央分隔带类型之间的关系　　表 7-11

全部接入点（个/mile）	事故率（百万车英里事故率）中央分隔带类型		
	无分隔带	双向左转弯车道	非穿越式中央分隔带
城市和郊区道路			
≤20.00	3.8	3.4	2.9
20.01 ~40.00	7.3	5.9	5.1
40.01 ~60.00	9.4	7.9	6.8
>60.00	10.6	9.2	8.2
全部	9.0	6.9	5.6
乡村道路			
≤15.00	2.5	1.0	0.9
15.01 ~30.00	3.6	1.3	1.2
>30.00	4.6	1.7	1.5
全部	3.0	1.4	1.2

针对城市/郊区道路和乡村道路，图 7-28 和图 7-29 还分别给出了中央分隔带类型、全部接入密度（双向）与事故率的关系曲线。

在城市/郊区，每增加一个接入点（或接入车道），无中央分隔带公路上的年事故率增加 0.11 ~0.18，带双向左转弯车道或非穿越式中央分隔带公路上的年事故率增加 0.09 ~0.13。在乡村地区，每增加一个接入点（或接入车道），无中央分隔带公路上的年事故率增加 0.07，带双向左转弯车道或非穿越式中央分隔带公路上的年事故率增加 0.02。

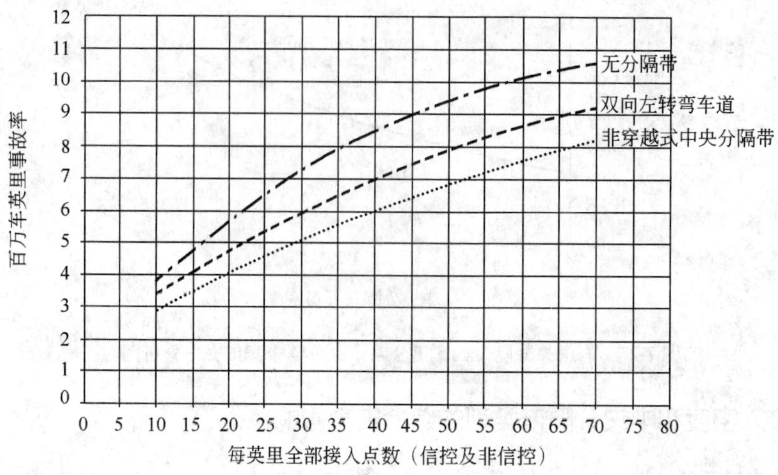

图 7-28　城市/郊区道路全部接入密度(信控和非信控)及中央分隔带类型和事故率的关系

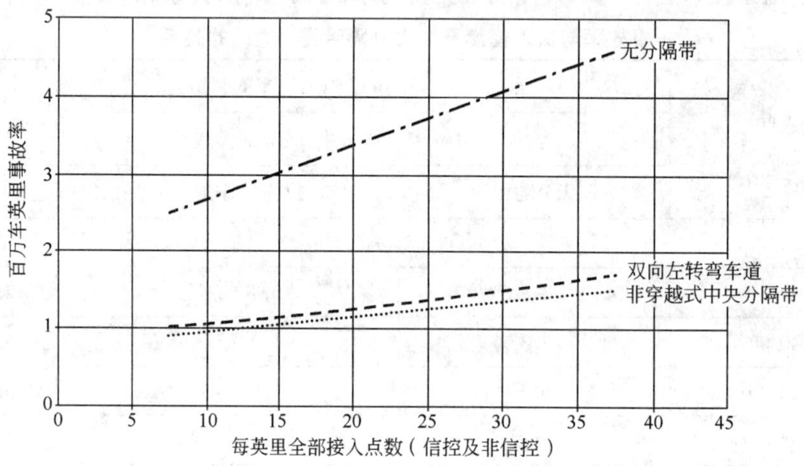

图 7-29　乡村道路全部接入点密度(信控和非信控)及中央分隔带类型和事故率的关系

7.4.4　转角净空

转角净空可以大致分为四类,如图 7-30 所示。

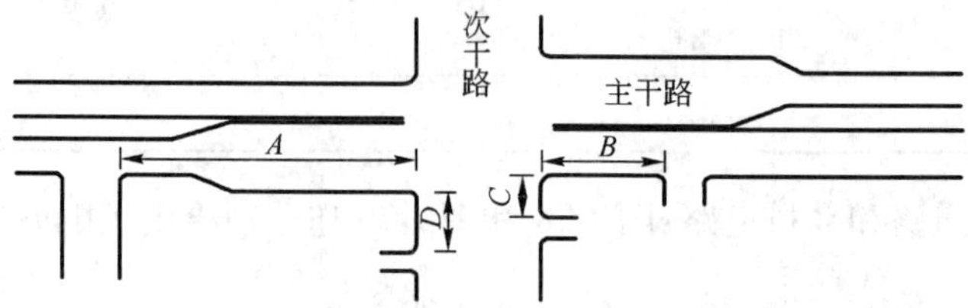

A- 主路转往支路的转角上游净空；*B*- 支路转往主路的转角下游净空；*C*- 支路转往主路的转角上游净空；D- 主路转往支路的转角下游净空

图 7-30　转角净空示意

1)主路转往支路的转角上游净空

其长度包括:转向车辆可能的排队长度、驾驶员反应距离以及车辆减速逐渐汇入的距离。

2)支路转往主路的转角下游净空

该段长度与车速直接相关,其标准可参照非信控接入口的间距标准。

3)支路转往主路的转角上游净空

该段距离主要保证转角处建筑物接入口的车辆不会因为路口的排队而无法进入支路。

4)主路转往支路的转角下游净空

由于转向后直行车辆和进出转角处建筑物接入口的车辆存在速度差,因此该段距离主要保障不会因为车速的差异而影响行车安全。

转角净空不够会导致交通运营、安全及通行能力方面的问题。具体的运营和安全问题包括:

(1)等待转弯进入接入车道的车辆阻挡直行交通;

(2)右转或左转进出接入道路的车辆被阻挡;

(3)接入道路上的车辆无法进入左转弯车道;

(4)在接入道路上倒车时受左转弯车道上停车的影响;

(5)从交叉道路进入主干道的车辆没有足够的间距。

根据国外的案例分析,得出了以下结论:

(1)接入道路距离交叉口太近会导致较高的事故率。事故数据表明,与接入道路有关的事故频发。在英厄姆(Ingham)县的 Okemos-Jolly 交叉口,34% 的事故与接入道路有关。在纽约州 Guilderland 西大街 New Kamer 交叉口,50% 的事故与接入道路有关。然而大部分的事故没有提供足够的信息来判别事故是否与接入道路/转角净空有关。

(2)在同一个交叉口,当多个位置的转角净空不足时,会增加许多冲突点,导致事故概率增加,交叉口运营状况变差。

7.4.5　U 形转弯

U 形转弯用来代替直接左转弯以减少主干道的交通冲突,提高安全性。使用 U 形转弯后,有可能禁止从接入道路左转进入多车道公路,以消除主干道上不合时宜的交通信号。当其含在交叉口设计中时,U 形转弯可使直接左转改线,并简化信号相位。

在美国的一些州,关闭中央分隔带开口,用定向 U 形转弯代替可以提高安全。一些相关研究给出了其安全和运营效果。对定向穿越而言,交叉口平均事故率为 1.388,而双向穿越交叉口事故率为 1.644,减少 15%。相应的交叉口伤害事故率分别为 0.407 和 0.580,减少 30%。研究表明直角碰撞事故、追尾事故、左转弯事故、正面碰撞事故显著减少。

美国密歇根州对定向穿越和双向穿越的安全效果进行了分析。结果表明,在没有交通信号的公路上,定向 U 形中央分隔带穿越的事故率比双向中央分隔带穿越高 14%。然而,当交通信号的密度增加时,定向 U 形中央分隔带穿越的事故率较双向中央分隔带穿越有大幅降低。当平均每个路段的信号超过一个时,定向穿越的事故率大概是双向穿越的一半,如表 7-12 所示。

定向穿越和双向穿越的安全效果比较　　表 7-12

每英里交通信号数	双向穿越	定向穿越(U形)	差值(%)
0	420	480	+14
0~1	533	339	-36
1~3	1 685	856	-49
>3	2 658	1 288	-59

本章参考文献

[1] Simon Washington, Ida Van Schalkwyk, Sudeshna Mitra, Michael Meyer, Eric Dumbaugh, Matthew Zoll. Incorporating Safety into Long-Range Transportation Planning. Washington: National Cooperative Highway Research Program, Transportation Research Board. National Research Council,2006.

[2] Ton Hummel. Land use planning in Safer Transportation Network Planning. Netherlands:SWOV Institute for Road Safety Research,2001.

[3] Frank L D,Pivo G. Impacts of mixed use and density on utilization to three modes of travel: single-occupant vehicle, transit, and walking. Washington: Transportation Research Board,1994.

[4] Ewing R, Haliyur P,Page W. Getting around a traditional city, a suburban planned unit development and everything in between. Washington:Transportation Research Board,1994.

[5] Steiner R L. Residential density and travel patterns: Review of the literature. Washington: Transportation Research Board,1994.

[6] Dijkstra A. A sustainable safe traffic and transport system: déja-vuin urban planning. Leidschendam:SWOV Institute for Road Safety Research,1997.

[7] http://www. trafficcalming. org/index. html.

[8] Herman F Huang,Michael J Cynecki. The Effects of Traffic Calming Measures on Pedestrian and Motorist Behavior. Chapel Hill:Highway Safety Research Center, University of North Carolina,2001.

[9] 王文卿,等.接入管理技术在公路平面交叉口安全设计中的应用.道路交通与安全, 2006.

[10] 张宁,等.公路出入口管理策略研究综述.公路, 2006,6.

[11] Cribbins P D, Horn J W, Beeson F W,Taylor R D,Median Openings on Divided Highways: Their Effect on Accident Rates and Levels of Service. Washington:Highway Research Board, National Research Council,1967.

[12] Squires C A,Parsonson P S. Accident Comparison of Raised Median and Two-Way Left-Turn Lane Median Treatments. Washington: Transportation Research Board, National Research Council,1989.

[13] McLean J. Practical Relationships for the Assessment of Road Feature Treatments-Summary Report. ARRB Transport Research Report,1997.

[14] 唐琤琤,张铁军. 双车道公路接入口安全影响分析. 公路交通科技,2007,6.
[15] 交通部公路科学研究院,等. 2003 年西部交通建设科技项目——西部地区公路交通安全评价,2006,5.
[16] 交通部公路科学研究院,等. 2004 年西部交通建设科技项目——公路交通安全手册研究,2008,3.
[17] Jerome Gluck, Herbert S Levinson, Vergil Stover. Impacts of Access Management Techniques. Washington: National Cooperative Highway Research Program, Transportation Research Board. National Research Council,1999.

[4] [illegible]
[5] [illegible] 2003 [illegible]
2006 [illegible]
[6] [illegible] 2004 [illegible]
2004 [illegible]
[7] [illegible] Impacts of [illegible] Management [illegible]
[illegible] Washington: National Cooperative Highway Research Program [illegible]
[illegible] Board, National Research Council [illegible]

第三篇　道路交通安全性预测方法

第八章　双车道公路

8.1　概　　述

8.1.1　应用范围

本章所述方法适用于双车道公路安全性预测，包括无慢车道设置双车道公路和有慢车道设置双车道公路，由预测对象的道路要素、交通要素等，结合其历史事故发生情况进行交通事故次数、严重程度的预测以及事故类型的分布预测，进而预测其安全性。

实际应用中，事故预测模型既可以针对一条路的安全状况进行预测分析，也可以针对某一路段（普通路段、村庄路段、交叉口）进行预测分析。

8.1.2　特点

本章介绍的安全性预测方法既体现了大量与预测对象类似的公路在历史上表现出的规律特性（基础模型部分），又体现了历史上所有相关研究成果的积累（事故修正因子函数AMF部分）[1]。方法构成保持一定的稳定并可以随AMF等成果的推进而改进。通过标定程序可以提高预测模型在非建模区域内应用的精度，同时也可反映对区域安全特性变化情况的适应。

基于一些村庄沿公路两侧分布的特点，双车道公路事故预测模型把公路分为普通路段、村庄路段和交叉口路段分别进行。事故预测的基础模型包括全部事故次数预测模型、追尾事故次数预测模型、路侧事故次数预测模型、碰撞事故次数预测模型和事故死伤人数预测模型等。预测模型充分反映了我国公路交通特性。

本章介绍的预测方法由于事故预测模型研究经验和积累的不足，以及用于建模的数据积累（包括数据的完整性和质量）较少，基础模型包含的自变量有限。此外，事故修正因子函数（AMF）的成果和积累还不完备，部分AMF借用国外成果。这些模型的特点是：

（1）建模过程中受数据采集条件、工作量和经济条件的限制，用于建模的数据所覆盖的区域范围有限；

（2）由于数据采集、样本的原因，基础模型可能包括的变量数目有限；

（3）受不同区域数据质量和完整性差异影响；

（4）模型应用区域是较广泛的；

（5）模型充分利用了历史事故资料等数据。

8.2 预 测 方 法

8.2.1 构成[1,2]

安全性预测方法包括以下几部分内容：基础模型、事故修正因子（AMF）、标定程序、EB 过程等，各部分为并列关系，见图 8-1。

1）划分路段并应用基础模型

将双车道公路划分为普通路段、村庄路段、交叉口路段等，分别应用基础模型。基础模型认为事故符合泊松分布、负二项等分布，因变量为特定的时间段内各路段发生的平均事故次数，自变量为反映路段交通量特征、道路线形特征、交通控制特征的指标。

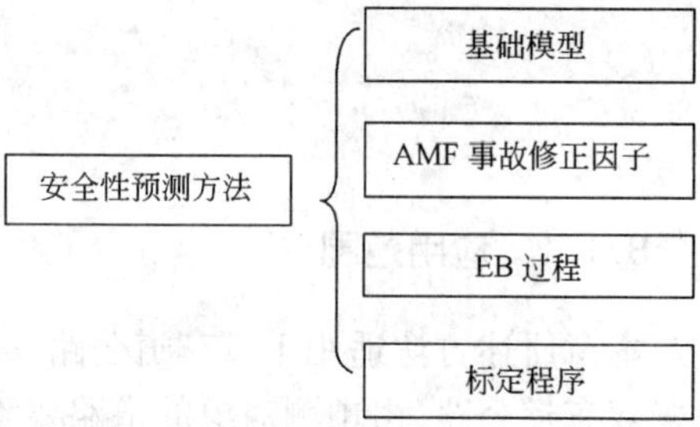

安全性预测方法
基础模型
AMF 事故修正因子
EB 过程
标定程序

图 8-1　安全性预测方法构成图

2）AMF 事故修正因子

基础模型只包括有限的变量指标，无法说明未包含在基础模型中变量指标对安全的影响关系；基础模型是综合统计模型，包含在基础模型中变量指标对安全的影响只能反映递增或递减的趋势，而实际上其影响为非简单的线性关系。因此，用事故修正因子（AMF）来修正不同于基本条件的道路特征、交通控制特征对路段交通事故数的影响。基本条件下各影响因素的 AMF 是 1.00，相对于基本条件某因素使预测对象事故数增加了，此因素的 AMF 就大于 1.00，反之则小于 1.00。例如：普通路段山岭和微丘区双车道公路（无慢车道设置）基本条件中路侧危险度为 2，而要预测路段的山岭和微丘区双车道公路（无慢车道设置）路侧危险度为 3，经计算预测对象路侧危险度的 AMF 是 1.4，意味着山岭和微丘区双车道公路（无慢车道设置）路侧危险度 3 的情况是危险度 2 的情况上的全部事故的 1.4 倍。

3）标定程序

用于建立基础模型的数据来源于有限的几个区域，使用标定程序使模型应用时能够反映预测对象所处区域的整体数据情况，包括气候、驾驶员数量、事故调查等宏观因素。不仅不同地区的安全条件有所差别，即使一个地区的安全条件也是随着时间不断变化的。由此需要用标定程序体现预测模型应用区域整体交通安全特性，一般每 2 ~ 3 年重新标定一次。

4）EB 过程

EB 过程将预测模型预测值与所预测对象的实际事故数据结合起来，提高预测精度。

8.2.2 变量说明

在预测模型及相应的事故修正因子函数中，所涉及的变量含义见表 8-1。

变 量 含 义　　表 8-1

变　量	含　义	备　注
SF	样本所处省份	北京取 1;其他省份取 0
DQ	样本所处地市(或直辖市区县)	
XQ	县区	门头沟取 1;其他区县取 0
YUESHU	样本数据对应月数	
LJ	路基宽度	整个路基宽度
LM	路面宽度	整个硬化路面的宽度
LCHSC	代表路侧有几侧是村庄	1 代表一侧;2 代表两侧
LUDUAN	村庄段性质	1 为村;2 为镇;3 为靠近城区段
ZSPJJTL	折算的平均日交通量	反映的是在样本事故周期内,折算交通量的日平均情况,折算标准见表 8-2
ZSZXC	折算的自行车比例	折算交通量中自行车比例情况,折算标准见表 8-2
ZSMTC	折算的摩托车比例	折算交通量中摩托车比例情况,折算标准见表 8-2
ZSHC	折算的货车比例	折算交通量中货车比例情况,折算标准见表 8-2
ZSJZHC	折算的机动车中货车比例	折算机动车交通量中货车比例情况,折算标准见表 8-2
ZRJTL	自然平均日交通量	反映的是在样本事故周期内,自然交通量的日平均情况
ZRZXC	自然交通量中自行车比例	自然交通量中自行车比例情况
ZRMTC	自然交通量中摩托车比例	自然交通量中摩托车比例情况
ZRHC	自然交通量中货车比例	自然交通量中货车比例情况
ZRJZH	自然交通量中机动车中货车比例	自然机动车交通量中货车比例情况
ZTJRK	整体接入口密度	整个路段上两侧接入口个数之和除以路段长度
ZTCBL	整体村庄比例	整个路段上村庄路段的长度除以路段长度
CD	样本长度	提取后样本路段长度
JRKMD	样本接入口密度	样本路段上两侧接入口个数之和除以样本路段长度 $JRKMD = \frac{JRK}{CD}$ 式中:JRK——样本中接入口个数; CD——样本路段长度
LCQMD	视觉路侧危险度,指冲出路侧车辆首先接触的路侧危险物对应的危险级别。分 4 个级别:1 级为无损害;2 级为轻微损害;3 级为较严重损害;4 级为严重损害	$LCQMD = \frac{ZLCQMD + YLCQMD}{2}$ 式中:ZLCQMD——主线左侧视觉路侧危险度; YLCQMD——主线右侧视觉路侧危险度
LCHMD	实际路侧危险度,指影响冲出路侧车辆最终伤害程度的路侧危险级别。分 4 个级别:1 级为无损害;2 级为轻微损害;3 级为较严重损害;4 级为严重损害	$LCHMD = \frac{ZLCHMD + YLCHMD}{2}$ 式中:ZLCHMD——主线左侧实际路侧危险度; YLCHMD——主线右侧实际路侧危险度

续上表

变　量	含　义	备　注
ZREXPO	自然交通量计算的暴露度	$ZREXPO = \frac{ZRPJJTL \times 30 \times YUESHU \times CD}{10^6}$ 式中：YUESHU——样本数据对应月数； ZRPJJTL——自然平均日交通量； CD——样本长度
ZSEXPO	折算交通量计算的暴露度	$ZSEXPO = \frac{ZSPJJTL \times 30 \times YUESHU \times CD}{10^6}$ 式中：YUESHU——样本事故数据对应月数； ZSPJJTL——折算平均日交通量； CD——样木长度
BRGB	加权的转角相对变化值	$BRGB = \sum \frac{l_i}{CD} \times b\{i\}$ 式中：l_i——样本内第 i 个转角对应的长度； CD——样本长度； $b\{i\}$——样本内第 i 个转角相对变化值
G	加权的坡度值	$G = \sum \frac{l_i}{CD} \times g\{i\}$ 式中：l_i——样本内第 i 个坡度值对应的长度； CD——样本长度； $g\{i\}$——样本内第 i 个坡度值
V	加权的竖曲线弯曲度	$V = \sum \frac{l_i}{CD} \times v\{i\}$ 式中：l_i——样本内第 i 个竖曲线的长度； CD——样本长度； $v\{i\}$——样本内第 i 个竖曲线的曲率
H	加权的平曲线弯曲度	$H = \sum \frac{l_i}{CD} \times h\{i\}$ 式中：l_i——样本内第 i 个平曲线的长度； CD——样本长度； $h\{i\}$——样本内第 i 个平曲线的曲率
X	加权的横坡度	$X = \sum \frac{l_i}{CD} \times x\{i\}$ 式中：l_i——样本内第 i 个横坡值对应的长度； CD——样本长度； $x\{i\}$——样本内第 i 个横坡值
QS	全部事故次数	
ZW	追尾事故次数	追尾和同向刮擦归为追尾事故
LC	路侧事故次数	冲入沟中和冲出路外、撞固定物归为路侧事故
PZ	碰撞事故次数	正面碰撞和对向刮擦、侧碰、二次碰撞归为碰撞事故
YB	一般以上事故次数	有人员重伤或物损 1000 元以上事故

各种车型交通量折算系数表　　表 8-2

类　别	小货	中货	大货	特大货	拖挂车	集装箱	小客	大客	拖拉机	摩托车	畜力车	人力车	自行车
2005.9.1 前折算系数	1.0	1.0	1.0	—	1.5	—	0.5	1.0	1.0	0.5	2.0	0.5	0.1
2005.9.1 后折算系数	1.0	1.5	2.0	3.0	3.0	3.0	1.0	1.5	4.0	1.0	4.0	1.0	0.2

8.2.3 基础模型

基础模型为多元回归模型，模型中的因变量是所预测的路段或交叉口的预测时段内平均事故次数（年事故次数指标平均值），自变量是路段或交叉口的交通量、几何设计要素、交通控制特征等。山岭和微丘区双车道公路（无慢车道设置）事故预测模型中应用的折算交通量指标为 2005 年 9 月 1 日前标准，应用时需按 2005 年 9 月 1 日前标准进行交通量折算；平原区双车道公路（无慢车道设置）和双车道公路（无慢车道设置或有慢车道设置）预测模型中应用的折算交通量指标为 2005 年 9 月 1 日后标准，应用时需按 2005 年 9 月 1 日后标准进行交通量折算。

8.2.3.1　山岭和微丘区双车道公路（无慢车道设置）[2,3]

基础模型有普通路段的全部事故次数、追尾事故次数、路侧事故次数、碰撞事故次数、一般以上事故次数的预测模型，村庄路段的全部事故次数、追尾事故次数、路侧事故次数、碰撞事故次数、一般以上事故次数的预测模型，交叉口路段的全部事故次数预测模型。基础模型形式及变量说明见表 8-3。

山岭和微丘区双车道公路（无慢车道设置）基础模型表　　表 8-3

<table>
<tr><th>对象</th><th>事故形态</th><th>模　型</th></tr>
<tr><td rowspan="2">普通路段</td><td>全部事故</td><td>$$p(Y=y_i)=\frac{\Gamma\left(\frac{1}{0.800\,798\,4}+y_i\right)}{\Gamma\left(\frac{1}{0.800\,798\,4}\right)y_i!}\left(\frac{1}{1+0.800\,798\,4\lambda_i}\right)^{\frac{1}{0.800\,798\,4}}\left(1-\frac{1}{1+0.800\,798\,4\lambda_i}\right)^{y_i}$$
$\lambda_i=\mathrm{ZSEXPO}e^{(-3.530\,389+0.060\,470\,3H+0.042\,631\,9\mathrm{JRKMD}+0.075\,185\,1\mathrm{ZSHC})}$
式中：H——路段平曲线用长度加权的弯曲度；
ZSHC——按折算交通量计算的路段货车比例；
ZSEXPO——按折算交通量计算的暴露度；
JRKMD——单位公里接入口个数</td></tr>
<tr><td>一般以上事故</td><td>$$p(Y=y_i)=\frac{\Gamma\left(\frac{1}{0.534\,151}+y_i\right)}{\Gamma\left(\frac{1}{0.534\,151}\right)y_i!}\left(\frac{1}{1+0.534\,151\lambda_i}\right)^{\frac{1}{0.534\,151}}\left(1-\frac{1}{1+0.534\,151\lambda_i}\right)^{y_i}$$
$\lambda_i=\mathrm{ZSEXPO}e^{(-1.362\,881+0.032\,018\,7H)}$
式中：H——路段平曲线用长度加权的弯曲度；
ZSEXPO——按折算交通量计算的暴露度</td></tr>
</table>

续上表

对象	事故形态	模　型
普通路段	路侧事故	$p(Y=y_i)=\dfrac{\Gamma\left(\frac{1}{1.171\,286}+y_i\right)}{\Gamma\left(\frac{1}{1.171\,286}\right)y_i!}\left(\dfrac{1}{1+1.171\,286\lambda_i}\right)^{\frac{1}{1.171\,286}}\left(1-\dfrac{1}{1+1.171\,286\lambda_i}\right)^{y_i}$ $\lambda_i=\mathrm{ZSEXPO}\times \mathrm{e}^{(-4.480\,812+0.800\,204\,7\mathrm{XQ}+0.070\,474\,3H+0.055\,949\,7\mathrm{ZSHC})}$ 式中：H——路段平曲线用长度加权的弯曲度； ZSEXPO——按折算交通量计算的暴露度； ZSHC——按折算交通量计算的路段交通量中货车比例； XQ——路段所在区县
普通路段	追尾事故	$p(Y=y_i)=\dfrac{\Gamma\left(\frac{1}{0.777\,582\,7}+y_i\right)}{\Gamma\left(\frac{1}{0.777\,582\,7}\right)y_i!}\left(\dfrac{1}{1+0.777\,582\,7\lambda_i}\right)^{\frac{1}{0.777\,582\,7}}\left(1-\dfrac{1}{1+0.777\,582\,7\lambda_i}\right)^{y_i}$ $\lambda_i=\mathrm{ZSEXPO}\times \mathrm{e}^{(-10.017\,09+0.030\,677\,7H+0.112\,446\,4\mathrm{JRKMD}+0.171\,997\,4\mathrm{ZSHC})}$ 式中：H——路段平曲线用长度加权的弯曲度； ZSEXPO——按折算交通量计算的暴露度； ZSHC——按折算交通量计算的路段交通量中货车比例； JRKMD——单位公里接入口个数
普通路段	碰撞事故	$p(Y=y_i)=\dfrac{\Gamma\left(\frac{1}{0.681\,046\,1}+y_i\right)}{\Gamma\left(\frac{1}{0.681\,046\,1}\right)y_i!}\left(\dfrac{1}{1+0.681\,046\,1\lambda_i}\right)^{\frac{1}{0.681\,046\,1}}\left(1-\dfrac{1}{1+0.681\,046\,1\lambda_i}\right)^{y_i}$ $\lambda_i=\mathrm{ZSEXPO}\times \mathrm{e}^{(-4.645\,596+0.063\,192\,7H+0.176\,56\mathrm{LCHMD}+0.056\,025\,4\mathrm{JRKMD}+0.072\,523\,7\mathrm{ZSHC})}$ 式中：H——路段平曲线用长度加权的弯曲度； ZSEXPO——按折算交通量计算的暴露度； ZSHC——按折算交通量计算的路段交通量中货车比例； JRKMD——单位公里接入口个数； LCHMD——路侧实际危险度
村庄路段	全部事故	$p(Y=y_i)=\dfrac{\Gamma\left(\frac{1}{0.825\,662\,4}+y_i\right)}{\Gamma\left(\frac{1}{0.825\,662\,4}\right)y_i!}\left(\dfrac{1}{1+0.825\,662\,4\lambda_i}\right)^{\frac{1}{0.825\,662\,4}}\left(1-\dfrac{1}{1+0.825\,662\,4\lambda_i}\right)^{y_i}$ $\lambda_i=\mathrm{ZSEXPO}\times \mathrm{e}^{(-3.192\,039+0.253\,911\,4X+0.067\,332\,9\mathrm{ZSHC})}$ 式中：X——路段横坡用长度加权的值； ZSEXPO——按折算交通量计算的暴露度； ZSHC——按折算交通量计算的路段交通量中货车比例
村庄路段	一般以上事故	$p(Y=y_i)=\dfrac{\Gamma\left(\frac{1}{0.332\,731}+y_i\right)}{\Gamma\left(\frac{1}{0.332\,731}\right)y_i!}\left(\dfrac{1}{1+0.332\,731\lambda_i}\right)^{\frac{1}{0.332\,731}}\left(1-\dfrac{1}{1+0.332\,731\lambda_i}\right)^{y_i}$ $\lambda_i=\mathrm{ZSEXPO}\times \mathrm{e}^{(-1.224\,102+0.123\,919\,8H)}$ 式中：H——路段平曲线用长度加权的弯曲度； ZSEXPO——按折算交通量计算的暴露度

续上表

对象	事故形态	模型
村庄路段	路侧事故	$p(Y=y_i)=\dfrac{\Gamma\left(\frac{1}{1.292\,546}+y_i\right)}{\Gamma\left(\frac{1}{1.292\,546}\right)y_i!}\left(\dfrac{1}{1+1.292\,546\,1\lambda_i}\right)^{\frac{1}{1.292\,546}}\left(1-\dfrac{1}{1+1.292\,546\lambda_i}\right)^{y_i}$ $\lambda_i=\text{ZSEXPO}\times e^{(-10.200\,17+0.164\,923\,6\text{ZSHC})}$ 式中:ZSEXPO——按折算交通量计算的暴露度; ZSHC——按折算交通量计算的路段交通量中货车比例
	追尾事故	$p(Y=y_i)=\dfrac{\Gamma\left(\frac{1}{0.836\,733\,8}+y_i\right)}{\Gamma\left(\frac{1}{0.836\,733\,8}\right)y_i!}\left(\dfrac{1}{1+0.836\,733\,8\lambda_i}\right)^{\frac{1}{0.836\,733\,8}}\left(1-\dfrac{1}{1+0.836\,733\,8\lambda_i}\right)^{y_i}$ $\lambda_i=\text{ZSEXPO}\times e^{(-7.103\,166+0.130\,022\,9\text{ZSHC})}$ 式中:ZSEXPO——按折算交通量计算的暴露度; ZSHC——按折算交通量计算的路段交通量中货车比例
	碰撞事故	$p(Y=y_i)=\dfrac{\Gamma\left(\frac{1}{0.438\,072\,1}+y_i\right)}{\Gamma\left(\frac{1}{0.438\,072\,1}\right)y_i!}\left(\dfrac{1}{1+0.438\,072\,1\lambda_i}\right)^{\frac{1}{0.438\,072\,1}}\left(1-\dfrac{1}{1+0.438\,072\,1\lambda_i}\right)^{y_i}$ $\lambda_i=\text{ZSEXPO}\times e^{(-3.313\,053+0.301\,963\,7X+0.053\,950\,5\text{ZSHC})}$ 式中:X——路段横坡用长度加权的值; ZSEXPO——按折算交通量计算的暴露度; ZSHC——按折算交通量计算的路段交通量中货车比例
交叉口	全部事故	$p(Y=y_i)=\dfrac{\Gamma\left(\frac{1}{1.002\,005}+y_i\right)}{\Gamma\left(\frac{1}{1.002\,005}\right)y_i!}\left(\dfrac{1}{1+1.002\,005\lambda_i}\right)^{\frac{1}{1.002\,005}}\left(1-\dfrac{1}{1+1.002\,005\lambda_i}\right)^{y_i}$ $\lambda_i=e^{(-7.609\,564+0.000\,209\,2\text{ZSJTL}+0.127\,947\,1\text{ZSHC})}$ 式中:ZSJTL——交叉口路段折算交通量的值; ZSHC——交叉口路段按折算交通量计算的交通量中货车比例

注:λ_i-均值函数,即事故预测基础模型;$p(Y=y_i)$-概率函数,即预测对象路段事故数为0,1……的概率。

8.2.3.2 平原区双车道公路(无慢车道设置)

基础模型普通路段的全部事故次数、追尾事故次数、路侧事故次数、碰撞事故次数、事故死伤人数的预测模型,村庄路段的全部事故次数、追尾事故次数、路侧事故次数、碰撞事故次数、事故死伤人数的预测模型,交叉口路段的全部事故次数预测模型。基础模型形式及变量说明见表8-4。

平原区双车道公路(无慢车道设置)基础模型表　　表 8-4

对象	类　型	模　　型
普通路段	全部事故	$P(Y=y_i)=\frac{\Gamma\left(\frac{1}{2.137\,176}+y_i\right)}{\Gamma\left(\frac{1}{2.137\,176}\right)y_i!}\left(\frac{1}{1+2.137\,176\lambda_i}\right)^{\frac{1}{2.137\,176}}\left(1-\frac{1}{1+2.137\,176\lambda_i}\right)^{y_i}$ $\lambda_i=\mathrm{ZREPO}\times e^{(-1.634\,085+0.212\,394\,1X+0.047\,560\,7\mathrm{ZTJRK}+0.0218\,566\mathrm{ZTCBL}-0.042\,950\,9\mathrm{LJ}-0.155\,247\,2\mathrm{ZRZXC}+0.041\,756\,7\mathrm{ZRJZH})}$ 式中:ZREXPO——自然交通量计算的暴露度; X——加权的横坡度; ZTJRK——整体接入口密度; ZTCBL——整体村庄比例; LJ——路基宽度; ZRZXC——自然交通量中自行车比例; ZRJZH——自然交通量中机动车中货车比例
	追尾事故	$P(Y=y_i)=\frac{\Gamma\left(\frac{1}{3.436\,974}+y_i\right)}{\Gamma\left(\frac{1}{3.436\,974}\right)y_i!}\left(\frac{1}{1+3.436\,974\lambda_i}\right)^{\frac{1}{3.436\,974}}\left(1-\frac{1}{1+3.436\,974\lambda_i}\right)^{y_i}$ $\lambda_i=\mathrm{ZREXPO}\times e^{(-2.283\,478+0.219\,016\,7X+0.037\,58\mathrm{ZTCBL}-0.068\,235\,4\mathrm{LI})}$ 式中:ZREXPO——自然交通量计算的暴露度; X——加权的横坡度; LJ——路基宽度; ZTCBL——整体村庄比例
	路侧事故	$P(Y=y_i)=\frac{\Gamma\left(\frac{1}{6.441\,103}+y_i\right)}{\Gamma\left(\frac{1}{6.441\,103}\right)y_i!}\left(\frac{1}{1+6.441\,103\lambda_i}\right)^{6.441\,103}\left(1-\frac{1}{1+6.441\,103\lambda_i}\right)^{y_i}$ $\lambda_i=\mathrm{ZSEXPO}\times e^{(-1.869\,612+0.291\,971\,8X-0.094\,578\,4\mathrm{LJ}-0.134\,508\,4\mathrm{ZRZXC})}$ 式中:ZSEXPO——折算交通量计算的暴露度; X——加权的横坡度; LJ——路基宽度; ZRZXC——自然交通量中自行车比例
	碰撞事故	$P(Y=y_i)=\frac{\Gamma\left(\frac{1}{3.238\,193}+y_i\right)}{\Gamma\left(\frac{1}{3.238\,193}\right)y_i!}\left(\frac{1}{1+3.238\,193\lambda_i}\right)^{\frac{1}{3.238\,193}}\left(1-\frac{1}{1+3.238\,193\lambda_i}\right)^{y_i}$ $\lambda_i=\mathrm{ZREXPO}\times e^{(0.993\,474\,8-0.148\,867\,1\mathrm{LM}-0.115\,330\,6\mathrm{ZRZXC}-2.119\,712\mathrm{SF})}$ 式中:ZREXPO——自然交通量计算的暴露度; LM——路面宽度; ZRZXC——自然交通量中自行车比例; SF——所处省份

续上表

对象	类　型	模　　型
普通路段	事故伤亡人数	$P(Y=y_i)=\frac{\Gamma\left(\frac{1}{2.060\,188}+y_i\right)}{\Gamma\left(\frac{1}{2.060\,188}\right)y_i!}\left(\frac{1}{1+2.060\,188\lambda_i}\right)^{\frac{1}{2.060\,188}}\left(1-\frac{1}{1+2.060\,188\lambda_i}\right)^{y_i}$ $\lambda_i=\mathrm{ZREXPO}\times e^{(-3.769\,676+0.273\,771\,8X+0.414\,969\,3G+0.091\,014\,8\mathrm{ZTJRK}-0.045\,941\,6\mathrm{LJ}-0.137\,749\,5\mathrm{ZRZXC}+0.085\,526\,6\mathrm{ZRHC}+1.012\,615\,1\mathrm{SF})}$ 式中:ZREXPO——自然交通量计算的暴露度; *X*——加权的横坡度; *G*——加权的坡度值; ZTJRK——整体接入口密度; LM——路面宽度; ZRZXC——自然交通量中自行车比例; ZRJZH——自然交通量中机动车中货车比例; SF——所处省份
交叉口路段	全部事故	$P(Y=y_i)=\frac{\Gamma\left(\frac{1}{2.994\,091}+y_i\right)}{\Gamma\left(\frac{1}{2.994\,091}\right)y_i!}\left(\frac{1}{1+2.994\,091\lambda_i}\right)^{\frac{1}{2.994\,091}}\left(1-\frac{1}{1+2.994\,091\lambda_i}\right)^{y_i}$ $\lambda_i=\mathrm{ZREXPO}\times e^{(7.419\,941-8.697\,971V-1.543\,415X-2.225\,135\mathrm{LCQMD}+0.038\,583\,5\mathrm{ZRJZH})}$ 式中:ZREXPO——折算交通量计算的暴露度; *V*——加权的竖曲线弯曲度; *X*——加权的横坡度; LCQMD——视觉路侧危险度; ZRJZH——自然交通量中机动车中货车比例
村庄路段	全部事故	$P(Y=y_i)=\frac{\Gamma\left(\frac{1}{3.733\,133}+y_i\right)}{\Gamma\left(\frac{1}{3.733\,133}\right)y_i}\left(\frac{1}{1+3.733\,133\lambda_i}\right)^{\frac{1}{3.733\,133}}\left(1-\frac{1}{1+3.733\,133\lambda_i}\right)^{y_i}$ $\lambda_i=\mathrm{ZREXPO}\times e^{(0.648\,475\,1-1.597\,918G-0.088\,927\mathrm{LJ}+0.027\,189\,9\mathrm{ZRMTC}-0.131\,890\,5\mathrm{ZRZXC}+0.050\,777\,1\mathrm{ZRJZH})}$ 式中:ZREXPO——自然交通量计算的暴露度; *G*——加权的坡度值; LJ——路基宽度; ZRMTC——自然交通量中摩托车比例; ZRZXC——自然交通量中自行车比例; ZRJZH——自然交通量中机动车中货车比例
	追尾事故	$P(Y=y_i)=\frac{\Gamma\left(\frac{1}{6.037\,255}+y_i\right)}{\Gamma\left(\frac{1}{6.037\,255}\right)y_i!}\left(\frac{1}{1+6.037\,255\lambda_i}\right)^{\frac{1}{6.037\,255}}\left(1-\frac{1}{1+6.037\,255\lambda_i}\right)^{y_i}$ $\lambda_i=\mathrm{ZREXPO}\times e^{(3.835\,687-2.590\,352G-0.239\,804\,9\mathrm{LI}-7.799\,751\mathrm{ZRZXC})}$ 式中:ZREXPO——折算交通量计算的暴露度; *G*——加权的坡度值; LJ——路基宽度; ZRZXC——自然交通量中自行车比例

续上表

对象	类　型	模　　型
村庄路段	路侧事故	$P(Y=y_i)=\frac{\Gamma\left(\frac{1}{1.097\,475}+y_i\right)}{\Gamma\left(\frac{1}{1.097\,475}\right)y_i!}\left(\frac{1}{1+1.097\,475\lambda_i}\right)^{\frac{1}{1.097\,475}}\left(1-\frac{1}{1+1.097\,475\lambda_i}\right)^{y_i}$ $\lambda_i=\mathrm{ZREXPO}\times \mathrm{e}^{(-3.882\,234+0.442\,490\,4X-8.391\,012\mathrm{ZRZXC}-0.865\,156\,1\mathrm{LCHSC}+1.151\,819\,6\mathrm{LUDUAN})}$ 式中:ZREXPO——自然交通量计算的暴露度; X——加权的横坡度; ZRZXC——自然交通量中自行车比例; LCHSC——路侧有几侧是村庄,1 代表一侧,2 代表两侧
	碰撞事故	$P(Y=y_i)=\frac{\Gamma\left(\frac{1}{4.109\,018}+y_i\right)}{\Gamma\left(\frac{1}{4.109\,018}\right)y_i!}\left(\frac{1}{1+4.109\,018\lambda_i}\right)^{\frac{1}{4.109\,018}}\left(1-\frac{1}{1+4.109\,018\lambda_i}\right)^{y_i}$ $\lambda_i=\mathrm{ZREXPO}\times \mathrm{e}^{(-0.587\,106\,3-1.090\,911G-0.314\,993\,3H-0.094\,032\,9\mathrm{ZRZXC}+0.034\,208\,5\mathrm{ZRMTC})}$ 式中:ZREXPO——自然交通量计算的暴露度; G——加权的坡度值; H——加权的平曲线弯曲度; ZRZXC——自然交通量中自行车比例; ZRMTC——自然交通量中摩托车比例
	死伤人数	$P(Y=y_i)=\frac{\Gamma\left(\frac{1}{4.131\,303}+y_i\right)}{\Gamma\left(\frac{1}{4.131\,303}\right)y_i}\left(\frac{1}{1+4.131\,303\lambda_i}\right)^{\frac{1}{4.131\,303}}\left(1-\frac{1}{1+4.131\,303\lambda_i}\right)^{y_i}$ $\lambda_i=\mathrm{ZREXPO}\times \mathrm{e}^{(6.147\,97-0.089\,519\,3\mathrm{LJ}-0.131\,572\,4\mathrm{ZRMTC}-0.099\,199\,8\mathrm{ZRHC}-6.399\,481\mathrm{SF})}$ 式中:ZREXPO——自然交通量计算的暴露度; LJ——路基宽度; ZRMTC——自然交通量中摩托车比例; ZRZXC——自然交通量中自行车比例; SF——所处省份

注:同表 8-3。

8.2.3.3　双车道公路(有慢车道设置)

基础模型有普通路段的全部事故次数、追尾事故次数、路侧事故次数、碰撞事故次数、一般以上事故次数的预测模型,村庄路段的全部事故次数的预测模型,交叉口路段的全部事故次数的预测模型。基础模型形式及变量说明见表 8-5。

双车道公路(有慢车道设置)基础模型表 表8-5

<table>
<tr><th>对 象</th><th>类 型</th><th>模 型 形 式</th></tr>
<tr><td rowspan="5">普通路段</td><td>全部事故</td><td>

$$P(Y=y_i)=\frac{\Gamma\left(\frac{1}{2.711\,825}+y_i\right)}{\Gamma\left(\frac{1}{2.711\,825}\right)y_i!}\left(\frac{1}{1+2.711\,825\lambda_i}\right)^{\frac{1}{2.711\,825}}\left(1-\frac{1}{1+2.711\,825\lambda_i}\right)^{y_i}$$

$$\lambda_i=\mathrm{ZREXPO}\times e^{(-2.493\,725+0.0275\,79\mathrm{ZRHC}+0.549\,426\,4\mathrm{LCQMD}+3.573\,866V+0.608\,744\,7X-0.075\,880\,6\mathrm{LM})}$$

式中:ZREXPO——自然交通量计算的暴露度;
ZRHC——自然交通量中货车比例;
LCQMD——视觉路侧危险度;
V——加权的竖曲线弯曲度;
X——加权的横坡度;
LM——路面宽度</td></tr>
<tr><td>追尾事故</td><td>

$$P(Y=y_i)=\frac{\Gamma\left(\frac{1}{6.723\,016}+y_i\right)}{\Gamma\left(\frac{1}{6.723\,016}\right)y_i!}\left(\frac{1}{1+6.723\,016\lambda_i}\right)^{\frac{1}{6.723\,016}}\left(1-\frac{1}{1+6.723\,016\lambda_i}\right)^{y_i}$$

$$\lambda_i=\mathrm{ZREXPO}\times e^{(-10.722\,73+1.671\,067X+13.424V+1.278\,192\mathrm{LCQMD})}$$

式中:ZREXPO——自然交通量计算的暴露度;
V——加权的竖曲线弯曲度;
X——加权的横坡度;
LCQMD——视觉路侧危险度</td></tr>
<tr><td>路侧事故</td><td>

$$P(Y=y_i)=\frac{\Gamma\left(\frac{1}{1.679\,237}+y_i\right)}{\Gamma\left(\frac{1}{1.679\,237}\right)y_i!}\left(\frac{1}{1+1.679\,237\lambda_i}\right)^{\frac{1}{1.679\,237}}\left(1-\frac{1}{1+1.679\,237\lambda_i}\right)^{y_i}$$

$$\lambda_i=\mathrm{ZREXPO}\times e^{(3.360\,164+15.951\,22V-11.700\,64G-0.314\,683\,2\mathrm{LM})}$$

式中:ZREXPO——自然交通量计算的暴露度;
V——加权的竖曲线弯曲度;
G——加权的坡度值;
LM——路面宽度</td></tr>
<tr><td>碰撞事故</td><td>

$$P(Y=y_i)=\frac{\Gamma\left(\frac{1}{3.146\,299}+y_i\right)}{\Gamma\left(\frac{1}{3.146\,299}\right)y_i!}\left(\frac{1}{1+3.146\,299\lambda_i}\right)^{\frac{1}{3.146\,299}}\left(1-\frac{1}{1+3.146\,299\lambda_i}\right)^{y_i}$$

$$\lambda_i=\mathrm{ZSEXPO}\times e^{(2.669\,566+0.155\,009\,2\mathrm{ZSHC}-5.368\,052G-0.586\,367\,5\mathrm{LM})}$$

式中:ZSEXPO——折算交通量计算的暴露度;
ZSHC——折算的货车比例;
G——加权的坡度值;
LM——路面宽度</td></tr>
<tr><td>事故伤亡人数</td><td>

$$P(Y=y_i)=\frac{\Gamma\left(\frac{1}{3.693\,663}+y_i\right)}{\Gamma\left(\frac{1}{3.693\,663}\right)y_i!}\left(\frac{1}{1+3.693\,663\lambda_i}\right)^{\frac{1}{3.693\,663}}\left(1-\frac{1}{1+3.693\,663\lambda_i}\right)^{y_i}$$

$$\lambda_i=\mathrm{ZSEXPO}\times e^{(-2.647\,725-0.782\,256\,5\mathrm{LCQMD}-0.231\,071\,8\mathrm{LM}+0.134\,722\,9\mathrm{ZSHC})}$$

式中:ZSEXPO——折算交通量计算的暴露度;
LCQMD——视觉路侧危险度;
LM——路面宽度;
ZSHC——折算的货车比例</td></tr>
</table>

续上表

对　象	类　型	模型形式
交叉口路段	全部事故	$$P(Y=y_i)=\frac{\Gamma\left(\frac{1}{1.999\,07}+y_i\right)}{\Gamma\left(\frac{1}{1.999\,07}\right)y_i!}\left(\frac{1}{1+1.999\,07\lambda_i}\right)^{\frac{1}{1.999\,07}}\left(1-\frac{1}{1+1.999\,07\lambda_i}\right)^{y_i}$$ $$\lambda_i=\text{ZSEXPO}\times e^{(4.731\,443+0.936\,772\,8X-2.280\,964\text{LCQMD}-0.066\,038\,7\text{ZSHC})}$$ 式中:ZSEXPO——折算交通量计算的暴露度; LCQMD——视觉路侧危险度; X——加权的横坡度; ZSHC——折算的货车比例
村庄路段	事故伤亡人数	$$P(Y=y_i)=\frac{\Gamma\left(\frac{1}{2.171\,682}+y_i\right)}{\Gamma\left(\frac{1}{2.171\,682}\right)y_i!}\left(\frac{1}{1+2.171\,682\lambda_i}\right)^{\frac{1}{2.171\,682}}\left(1-\frac{1}{1+2.171\,682\lambda_i}\right)^{y_i}$$ $$\lambda_i=\text{ZSEXPO}\times e^{(-1.674\,826+0.818\,094\,9X-0.024\,772\,1\text{LJ})}$$ 式中:ZSEXPO——折算交通量计算的暴露度; X——加权的横坡度; LJ——路基宽度

注:同表8-3。

8.2.4　事故修正因子(AMF)

国内完成了部分事故修正因子的研究工作,事故修正因子值为一无量纲值。建议对坡度、平曲线等国内研究认为对事故预测结果有影响的指标也使用事故修正因子,因国内暂无成果,应用时可参见国外成果。

8.2.4.1　山岭和微丘区双车道公路(无慢车道设置)

山岭和微丘区双车道公路(无慢车道设置)事故修正因子有接入口密度、路基宽度、路侧危险度,见表8-6。根据应用目标应用表中的事故修正因子。

山岭和微丘区双车道公路(无慢车道设置)事故修正因子表　　表8-6

因　素	应用目标	函数形式	基本条件
接入口密度	全部事故	$\text{QSAMF}=0.027\,54\text{JRKMD}^2-0.300\,69\text{JRKMD}+1.654\,202$	接入口密度8个/km,对应AMF为1
	追尾事故	$\text{ZWAMF}=0.038\,861\text{JRKMD}^2-0.314\,412\text{JRKMD}+1.028\,477$	
路基宽度	全部事故	$\text{QSAMF}=0.476\,576\,1\text{LJ}^2-7.477\,77\text{LJ}+29.697\,33$	路基宽度9m,对应AMF为1
	一般以上事故	$\text{YBAMF}=0.054\,322\text{LJ}^2-0.342\,34\text{LJ}-0.318\,98$	
	追尾事故	$\text{ZWAMF}=0.383\,644\text{LJ}^2-5.978\,5\text{LJ}+23.731\,33$	
	路侧事故	$\text{LCAMF}=2.015\,19\ln(\text{LJ})-3.427\,83\quad \text{LJ}$ $\text{LCAMF}=4.714\,769e^{-0.172\,3\text{LJ}}\quad \text{LJ}$	
	碰撞事故	$\text{PZAMF}=0.571\,07\text{LJ}^2-8.993\,98\text{LJ}+35.689\,11$	
路侧危险度	全部事故	$\text{QSAMF}=0.228\,6\text{LCHMD}^2-0.742\,6\text{LCHMD}+1.570\,6$	路侧危险度2,对应AMF为1
	碰撞事故	$\text{PZAMF}=0.353\,4\text{LCHMD}^2-0.845\text{LCHMD}+1.3048$	
	路侧事故	$\text{LCAMF}=-0.840\,5\text{LCHMD}^2+0.036\,5\text{LCHMD}+1.263\,1$	

8.2.4.2　平原区双车道公路(无慢车道设置)

平原区双车道公路(无慢车道设置)事故修正因子有接入口密度、路面宽度、路基宽度、货车比例,见表8-7。根据应用目标应用表中的事故修正因子。

平原区双车道公路(无慢车道设置)事故修正因子表　　表8-7

因　素	应用目标	函数形式	基本条件
接入口密度	全部事故	$QSAMF=\begin{cases}0.078\,89JRKMD^2-0.725\,39JRKMD+1.754\,124 & JRKMD\leq 6.7\\ 1.879\,865e^{-0.078\,9JRKMD} & JRKMD>6.7\end{cases}$	接入口密度8个/km,对应AMF为1
	一般以上事故	$YBAMF=\begin{cases}0.039\,28JRKMD^2-0.340\,88JRKMD+1.213\,143 & JRKMD\leq 11\\ 1.32E+08e^{-2.337\,5JRKMD} & JRKMD>11\end{cases}$	
路面宽度	全部事故	$QSAMF=\begin{cases}1.45E-89e^{13.637\,18LM} & LM\leq 11\\ 0.023\,518e^{0.25LM} & LM>11\end{cases}$	路面宽度15m,对应AMF为1
	一般以上事故	$YBAMF=0.128\,778LM-0.931\,67$	
路基宽度	全部事故	$QSAMF=\begin{cases}1.21E+38e^{-4.384\,3LJ} & LJ\leq 14\\ 1.74E-36e^{4.117LJ} & LJ>14\end{cases}$	路基宽度20m,对应AMF为1
	一般以上事故	$YBAMF=\begin{cases}2.297\,53E+15LJ^{-11.807} & LJ\leq 14\\ 4.17E-05e^{0.504\,3LJ} & 14<LJ<20\\ 1.872\,78E+12LJ^{-9.4329} & LJ\leq 20\end{cases}$	
货车比例	全部事故	$QSAMF=0.000\,732ZSHC^2-0.040\,08ZSHC+1.267\,458$	货车比例为47%,对应AMF为1
	一般以上事故	$YBAMF=0.002\,047ZSHC^2-0.127\,77ZSHC+2.482\,9$	

8.2.4.3　双车道公路(有慢车道设置)

双车道公路(有慢车道设置)事故修正因子有接入口密度、路面宽度,见表8-8。根据应用目标应用表中的事故修正因子。

双车道公路(有慢车道设置)事故修正因子表　　表8-8

因　素	应用目标	函数形式	基本条件
接入口密度	全部事故	$QSAMF=1.098\,481\ln(JRKMD)-1.413\,61$ 说明:受研究样本限制,只针对接入口密度大于3的进行修正	接入口密度9个/km,对应AMF为1
	一般以上事故	$YBAMF=0.089\,301JRKMD+0.196\,288$	
路面宽度	全部事故	$QSAMF=0.042\,215LM^2-1.954\,33LM+23.563\,5$	路面宽度22m,对应AMF为1
	一般以上事故	$YBAMF=0.052\,957LM^2-2.440\,14LM+29.051\,8$	

8.2.4.4　部分国外AMF成果[1]

考虑平曲线和纵坡对安全有较大影响,但我国尚未形成AMF研究成果,暂介绍部分国外成果,可参照。

1)平曲线

该成果体现平曲线长度、半径和是否设置缓和曲线对安全的影响。平曲线的标准和基础条件是一个直线路段。该AMF适用于全部路段事故,平曲线的长度、半径以及有无缓和曲线与AMF间的关系如式(8-1)所示。

$$AMF=\frac{1.55L_c+\frac{80.2}{R}-0.012s}{1.55L_c} \tag{8-1}$$

式中：L_c——平曲线的长度，mile；对于有缓和曲线的情况，L_c 为平曲线中圆曲线部分的长度；

R——平曲线半径，ft；

s——有缓和曲线取 1，无缓和曲线取 0。

2）坡度

坡度的标准和基础条件为水平路面（坡度为 0）。表 8-9 表示了坡度的事故修正因子，源自 Miaou 对犹他州双车道公路坡度的分析研究结果。表 8-9 中的 AMF 适用于单独的被分析路段，并不考虑坡度的正负（或称为坡向）。坡度正负是不相关的，因为双车道公路的坡度总是一个方向为上坡一个方向为下坡。相邻两个竖曲线交点间的坡段可用同一坡度 AMF 修正。表 8-9 中的 AMF 可用于所有路段事故。

路面坡度的事故修正因子函数　　表 8-9

坡度（%）	0	2	4	6	8
AMF	1.00	1.03	1.07	1.10	1.14

注：坡度增加 1%，AMF 大约增加 1.6%。

8.2.5 标定程序[1]

8.2.5.1 目的

标定程序的使用用于提高模型对不同区域交通安全特性的适应性。应用标定程序确定标定系数，再由标定系数直接修订事故预测模型的计算结果，见式 8-2。

$$\text{标定后预测值} = \text{标定系数} \times \text{预测模型预测值} \tag{8-2}$$

标定系数还可以考虑不同区域事故严重程度、事故形态比例不一致问题。

需要说明的是，标定程序在实际应用中可以选择使用，不应用标定程序时，标定系数为 1。而且在应用事故预测模型进行设计方案对比分析，或者一个区域内公路不同部分安全性对比分析时，标定系数的使用不影响不同设计方案或一个区域内公路不同部分安全性的相对大小。

8.2.5.2 适用条件及需要数据

通常情况下只要应用预测模型对象区域的安全特性与建模区域的安全特性不一致则需要应用标定程序确定标定系数。从建模样本地域条件看，山岭和微丘区双车道公路（无慢车道设置）建模样本来自于北京地区，平原区双车道公路建模样本来自于北京和山东地区。考虑我国不同省份间在交通事故记录方式、经济发展水平等方面的区别，一般情况下，北京以外地区应用山岭和微丘区双车道公路（无慢车道设置）安全性预测模型和北京、山东外地区应用平原区双车道公路（有和无慢车道设置）安全性预测模型要应用标定程序。

标定程序需要的资料有区域内的历史事故数据、道路和交通量数据等，具体如下：

（1）对象区域内的交通量、事故和道路数据；

（2）在不同交通量水平下的道路里程和事故分布情况。

通常以同一个省、直辖市或自治区为一个标定区域。尽管在一个省、直辖市或自治区内还有好多的地级城市等小的区域，各个小区域内的安全特性也有一定的差别，但除非差别较大，否则不需要单独进行标定程序来确定标定系数。

标定程序一般由同一个区域的道路主管部门(如某一省或市公路局)负责进行,每2~3年将标定结果即标定系数提供给用户。

8.2.5.3　标定周期

标定时,一般推荐应用最近3年的事故数据来进行标定,以后每2~3年重新进行一次标定程序即可。

8.2.5.4　标定方法

标定系数的计算要对应到具体的道路,如山岭和微丘区双车道公路(无慢车道设置)等。标定系数的计算从本质上是计算区域内道路上一定周期内(一般3年)年平均实际事故数与预测模型预测事故数比值。事故预测模型预测事故均值的计算中的变量因素为整个区域内道路情况的平均值,在计算中为了提高预测值的计算精度,尽可能按交通量、线形等进行划分,从而标定系数的计算分成了不同的层次。

下面结合平原区双车道公路(无慢车道设置)普通路段事故预测模型包含的变量情况,以平原区双车道公路(无慢车道设置)普通路段标定程序为例进行说明,村庄路段和交叉口的标定方法类似。

用于标定的数据质量、投入不同,标定层次不尽相同,主要取决于以下条件:

(1)掌握的数据要素的种类;

(2)道路要素和交通量要素的质量以及覆盖范围;

(3)事故数据的可用性和质量;

(4)进行标定程序操作的人员的技能水平;

(5)标定程序应用时拟投入的人力资源。

参照表8-10,标定程序应用时不同的层次有相应的最小数据需求。第一层次相对于其他层次,需要最少的数据。第二层次就需要较多的数据,同时也需要更多的投入。

两个标定层次最小数据要求　　表8-10

标定方法	最小数据需求	需要投入的工作量
第一层次	具有所有平原区双车道公路(无慢车道设置)的交通量资料;具有上述双车道公路(无慢车道设置)普通路段的所有事故资料	最小
第二层次	除了具有第一层次需要的数据,还必须具有平原区双车道公路(无慢车道设置)路基宽度资料	较大

标定时具体的数据要求见表8-11。

两个标定层次需要的数据要求　　表8-11

	数据类别	数据要素	第一层次	第二层次
必须的	事故记录	事故与交叉口和村庄路段的相关性	✓	✓
	交通量记录	交通量	✓	✓
	道路基本要素	路基宽度	—	✓
期望的	线形要素	平曲线要素	✓	✓
	接入情况	接入口	✓	✓

注:"✓"-标定时所需要的数据。

两个层次的标定过程都是5步,其流程图见图8-2。第二层次相对第一层次的不同点仅仅在于在第二层次除了按平面进行评估外,还按路基宽度进行评估。

以下说明只应用交通量数据的第一层次标定流程的各步骤。

1)根据平曲线、纵坡等要素评估双车道公路(无慢车道设置)

首先需要根据交通量划分情况评估区域内所有双车道公路(无慢车道设置),具体为:

(1)直线路段的里程;

(2)平曲线路段的里程;

(3)平曲线平均弯曲程度。

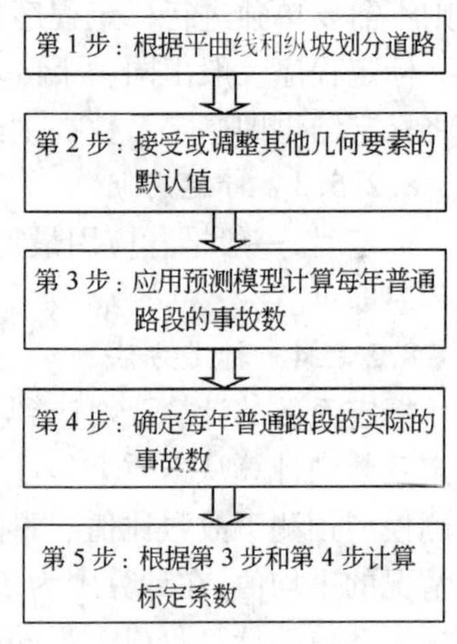

图8-2　标定流程图

应用平曲线数据,可以计算按交通量划分的直线段的里程、弯曲路段的里程、弯曲程度等,参见表8-12。

应用交通量水平和平曲线评估里程　表8-12

交通量(辆/d)	直线段里程(km)	曲线段里程(km)	平均弯曲程度a	曲线平均长度(m)
3 001 ~4 000				
4 001 ~6 000				
6 001 ~8 000				
8 001 ~10 000				
>10 000				

注:a-计算方法参见表8-1中变量H的计算方法。

在没有平曲线线形数据的情况下,应用预测模型研究过程中样本情况确定平曲线参数,如平原区双车道公路(无慢车道设置)曲线段平均比例为19.1%(半径小于1 500m),平均弯曲度为0.518 7。

2)接受或调整几何要素相关的默认要素

除了第一步中需要的线形要素外,本步骤还需要其他一些线形要素。可考虑应用下列情况作为默认情况:

(1)路肩形式为铺设形式;

(2)整体接入口密度为8个/km;

(3)整体村庄比例为12.6%;

(4)路基宽度15m;

(5)自然交通量中自行车比例为12.8%;

(6)自然交通量中机动车中货车比例为23.4%。

表8-13是根据建模区域数据计算的第一层次标定默认情况,在应用时需要根据标定区域的道路数据确定。

基于建模数据的默认值情况　　表 8-13

交通量(辆/d)	第一层次的默认水平	
	交通量(辆/d)	路基宽度(m)
3 001 ~4 000	3 530	17
4 001 ~6 000	5 342	12
6 001 ~8 000	6 825	18
8 001 ~10 000	8 558	15
>10 000	11 390	9

3)根据事故预测模型预测普通路段的事故次数

根据事故预测模型预测普通路段的事故次数,包括直线路段和曲线路段事故的预测,在此基础上计算总和。表 8-14 为事故预测模型预测值的具体情况。

基于交通量分级后预测的每年事故次数　　表 8-14

交通量(辆/d)	平均交通量(辆/d)	双车道公路(无慢车道设置)里程数			预测的普通路段的事故次数[1]		
		直线段(km)	曲线段(km)	合计(km)	直线段	曲线段	合计
3 001 ~4 000	3 530						
4 001 ~6 000	5 342						
6 001 –8 000	6 825						
8 001 –10 000	8 558						
>10 000	11 390						

注:1. 根据表 8-4 平原区双车道公路(无慢车道设置)全部事故均值函数公式进行计算,其中平均交通量和公路里程数按表 8-1 中方法计算 ZREXPO,年数取实际事故记录年数,一般为 3;其他变量可以取默认值,也可以取实际计算值。

4)确定每年实际发生的事故次数

应用最近 3 年发生的事故次数,来计算每年实际发生的事故次数。首先计算总体事故次数,然后把与村庄和交叉口有关的事故剔除。

5)基于第 3 步和第 4 步的计算结果计算标定系数

标定系数为实际事故总数与预测事故总数的比值。

应用交通量、路基宽度数据的第二层次标定程序方法和思路与第一层次一致,只不过除了按交通量划分类别以外,还有按路基宽度等划分的子类别。

村庄路段、交叉口时,标定程序和普通路段基本上完全一致。

8.2.5.5　其他说明

具体事故形态的安全性预测,直接应用表 8-2、表 8-3 和表 8-4 的分形态事故预测模型时,标定程序应针对每一具体形态事故分别进行;当根据“全部事故次数”预测结果直接倍乘事故形态比例来进行具体事故形态的安全性预测时,只需要对全部事故次数的预测模型进行标定。第二种情况标定程序的工作量相对较小,一般推荐使用。

对于一些很大的省区,也可在区域内划分较小区域分别进行标定程序,划分时可以考虑交通量、道路线形特点等要素。但是标定程序的应用需要一定的样本数据保证,要避免样本数据过小的情况。

8.2.6 EB函数[1]

安全性预测模型实际应用中,可综合历史事故资料和预测值提高预测精度。对于有历史事故资料的道路,可应用EB(经验贝叶斯法)模型将预测模型预测值与实际事故情况结合起来,其中预测时间周期和实际事故记录周期一致,见式8-3。

$$Ep = w(Np) + (1 - w)O \tag{8-3}$$

式中:Ep——Np和O加权平均后得到的预测事故数;

Np——某一时期预测对象的事故数(所有路段、交叉口预测事故数之和);

w——权重,见式8-4。

O——某一时段观测的事故数。

$$w = \frac{1}{1 + k(Np)} \tag{8-4}$$

式中:k——预测模型的过度离散系数,我国山岭和微丘区及平原区双车道公路(无慢车道设置)事故预测模型的过度离散系数取值见表8-15和表8-16[3]。

由权重系数的表达式(式8-4)可以看出,预测事故数越大则权重值越低,则整体预测结果对预测值的依赖程度相对减小,而对实际观测值的依赖程度相对提高,预测事故数变小的情况反之。

山岭和微丘区双车道公路(无慢车道设置)预测模型过度离散系数表 表8-15

对　　象	事故形态	基础模型的过度离散系数
普通路段	全部事故	0.80
	追尾事故	0.78
	路侧事故	1.17
	碰撞事故	0.68
	一般以上事故	0.53
交叉口路段	全部事故	1.00
村庄路段	全部事故	0.83
	追尾事故	2.31
	路侧事故	1.29
	碰撞事故	0.44
	一般以上事故	0.33

平原区双车道公路(无慢车道设置)预测模型过度离散系数表 表8-16

对　　象	事故形态	基础模型的过度离散系数
普通路段	全部事故	2.14
	追尾事故	3.44
	路侧事故	6.44
	碰撞事故	3.24
	事故死伤人数	2.06
交叉口路段	全部事故	2.99

续上表

对　　象	事故形态	基础模型的过度离散系数
村庄路段	全部事故	3.73
	追尾事故	6.04
	路侧事故	1.10
	碰撞事故	4.11
	事故死伤人数	4.13

我国双车道公路(有慢车道设置)事故预测模型的过度离散系数取值见表8-17。

双车道公路(有慢车道设置)预测基础模型的过度离散系数表　　表8-17

对　　象	事故形态	基础模型的过度离散系数
普通路段	全部事故	2.71
	追尾事故	6.72
	路侧事故	1.68
	碰撞事故	3.15
	事故死伤	3.69
交叉口路段	全部事故	2.00
村庄路段	全部事故	2.17

8.3　应用流程[3]

8.3.1　数据需求

在事故预测模型中,最理想的情况是体现人、车、路和环境中所有因素对安全的影响规律。考虑事故预测模型研究过程中的局限性,基础模型只能包含部分安全影响因素,即便可包括更多因素的AMF,也仅包含有限的因素。目前,山岭和微丘区双车道公路(无慢车道设置),事故预测基础模型包含的因素见图8-3,平原区双车道公路(无慢车道设置),事故预测基础模型包

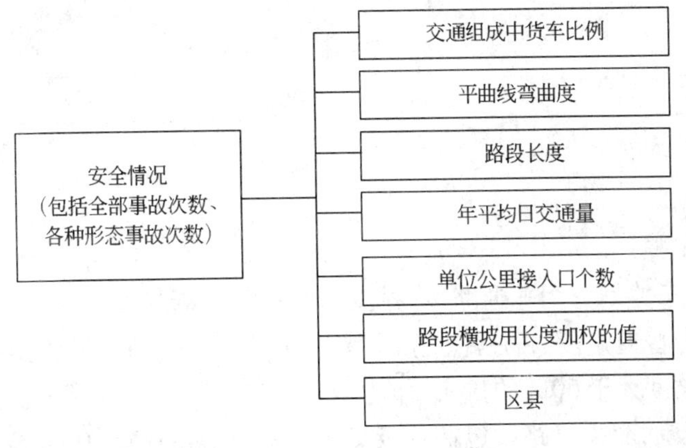

图8-3　山岭和微丘区双车道公路(无慢车道设置)事故预测基础模型数据构成

含的因素见图 8-4,平原区双车道公路(有慢车道设置)与双车道公路(无慢车道设置)事故预测基础模型包含的因素一致,见图 8-4。

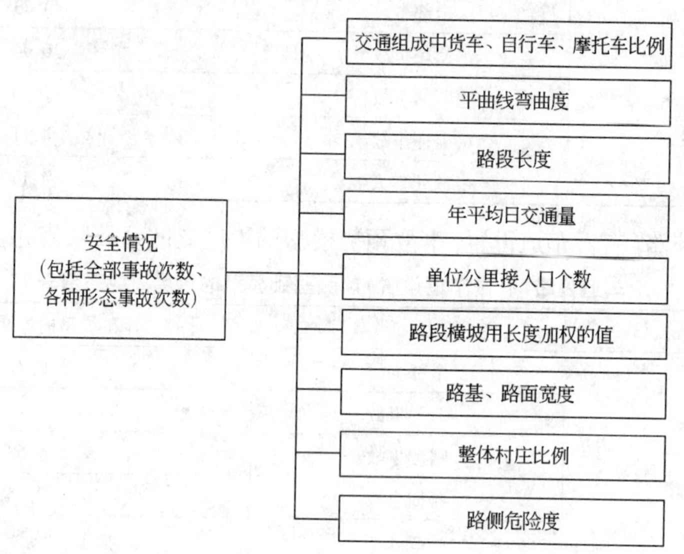

图 8-4　平原区双车道公路事故预测基础模型数据构成

结合当前 AMF 研究成果,山岭和微丘区双车道公路(无慢车道设置)事故预测模型应用中获取交通量数据(分车型记录)、平曲线曲率、接入口位置分布、横坡值、路基宽度、实际路侧危险度等原始数据,有条件的情况下还要获取交通事故数据(要求有里程记录),然后按表 8-1 方法处理成相应的用于模型的变量。

在只能获取部分数据时,事故预测模型依然可以应用,但交通量数据的获取是必须的,应用时缺少因素的选用值可参见表 8-18。

事故预测模型应用时缺少因素的选用值表　　表 8-18

<table>
<tr><th>村庄比例</th><th>平曲线弯曲度</th><th>横坡加权值</th><th colspan="2">单位公里接入口个数
(个/km)</th><th colspan="2">路基宽度
(m)</th><th>路面宽度
(m)</th></tr>
<tr><td rowspan="3">0</td><td rowspan="3">0</td><td rowspan="3">0</td><td rowspan="2">无慢车道设置</td><td rowspan="2">8</td><td>山岭区</td><td>9</td><td rowspan="3">15</td></tr>
<tr><td>平原区</td><td>20</td></tr>
<tr><td>有慢车道设置</td><td>9</td><td>平原区</td><td>22</td></tr>
</table>

8.3.2　流程

主要包括以下步骤:

1)步骤一:将一条路划分为普通路段、村庄路段和交叉口路段

将一条路划分为普通路段、村庄路段和交叉口路段,见图 8-5。沿路至少一侧有直接与公路相邻且沿路分布长度大于 50m 的村庄,作为是否村庄路段判别的标准。其中村庄路段包括两侧各外延 100m 范围,交叉口路段包括直接交叉区和两侧各外延 100m 范围。

2)步骤二:将普通路段进一步划分为预测单元

对普通路段进一步划分形成预测单元。划分时根据下面要素的变化来确定路段的结束和新路段的开始,其中接入口密度和路侧危险度指标的变化结合了经验判定。

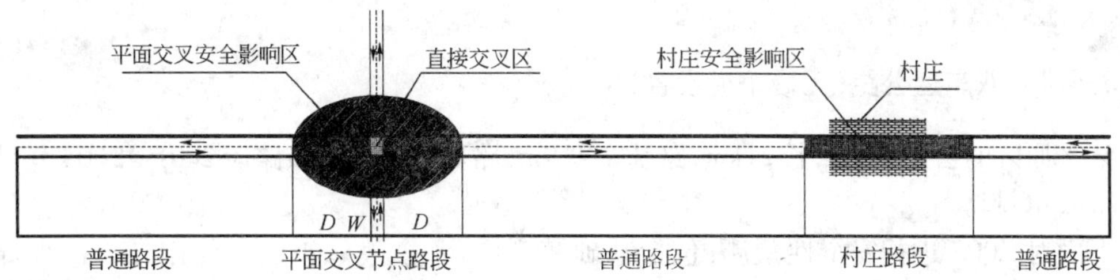

图 8-5　路段划分方法示意图

(1)平均日交通量;
(2)路基宽度;
(3)路肩宽度;
(4)路肩类型;
(5)接入口密度(每公里接入口数);
(6)路侧危险度(左右两侧的平均路侧危险度)。

在前述因素缺失较多的情况下,为了避免过长普通路段的出现,可以根据实际情况把普通路段按 0.5km 或 1km 进行简单路段划分。根据经验山岭和微丘区双车道公路(无慢车道设置)多按 0.5km 标准进行划分;平原区双车道公路长度小于 20km 时也按 0.5km 标准进行划分,否则可按 1km 标准进行划分。

3)步骤三:对每一个预测单元运用安全性预测模型进行预测

对经步骤一和步骤二后的每一个预测单元运用安全性预测模型进行预测。流程见图 8-6,其中有些步骤可以根据实际情况选用。如山岭和微丘区双车道公路(无慢车道设置)事故预测模型应用于北京、平原区双车道公路(有或无慢车道设置)事故预测模型应用于北京和山东以外地区时需要应用标定程序;有 AMF 相关的数据时应用 AMF;有历史事故记录时应用 EB 程序进一步修正。

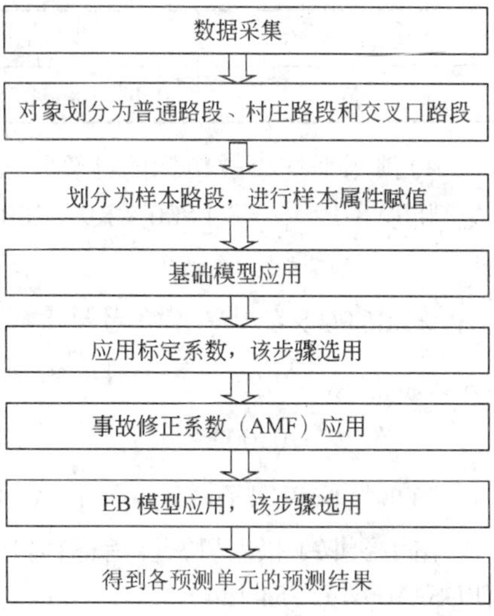

数据采集
⇩
对象划分为普通路段、村庄路段和交叉口路段
⇩
划分为样本路段，进行样本属性赋值
⇩
基础模型应用
⇩
应用标定系数，该步骤选用
⇩
事故修正系数（AMF）应用
⇩
EB 模型应用，该步骤选用
⇩
得到各预测单元的预测结果

图 8-6　具体对象事故预测模型应用流程图

图 8-6 中,基础模型应用包括以下步骤:

(1)数据采集,采集内容见 8.3.1;

(2)按基础模型需要变量情况进行变量计算,相应内容如 8.3.1,计算方法见表 8-1,把计算后的变量带入 8.2 相应基础模型进行预测对象事故均值的计算。

4)步骤四:将所有预测单元的结果相加求和

所有预测单元的预测结果求和。见式 8-5。

$$\text{事故预测次数} = \sum_i \text{普通路段事故数} + \sum_j \text{村庄路段事故数} + \sum_k \text{交叉口路段事故数} \tag{8-5}$$

式中:i、j、k——各预测单元的数目,可以为零。

8.4 示 例

8.4.1 双车道公路(无慢车道设置)

某平原区的县道 X005,长 21km,路基宽度 9m,路面宽度 7m,该路段 2001 ~2004 年共发生交通事故 46 起。

下面对 X005 进行安全性预测,包括基础模型应用、事故修正因子应用、EB 过程等几个部分。

1)数据

由于该路段为平原区双车道公路(无慢车道设置),所以应用事故预测模型时采集的数据包括交通量数据(按车型分类)、路基宽度数据、村庄位置(起点和终点)、道路横坡,接入口分布、路侧危险度等。

2)路段的划分

该路上没有大的交叉口,首先按村庄分布情况,提取出 25 个村庄路段。其次,对剩余的路段按接入口密度和路侧危险度变化情况(交通量、路基宽度等指标无变化),划分成 89 个普通路段。

3)路段变量属性的赋值

根据基础模型需要对各个普通路段和村庄路段进行变量属性的赋值,K8 +800 ~ K9 +200 路段为一普通路段,按表 8-1 所示变量计算方法对变量赋值,变量赋值情况如表 8-19 所示。

K8 +800 ~ K9 +200 普通路段变量赋值情况 表 8-19

变量名称	*X*	ZTJRK	ZTCBL	LJ	ZRZXC	ZRJZH	ZREXPO	JRKMD
值	0.463	4.76	0.178	9	46.8	77.0	0.93	0

4)预测平均事故指标的计算

将表 8-19 中 K8 +800 ~ K9 +200 变量值带入基础模型计算路段平均事故指标,计算结果如下:

$$\lambda_i = \mathrm{ZREPO} \times e^{(-1.634\,085 + 0.212\,394\,1X + 0.047\,560\,7\mathrm{ZTJRK} + 0.021\,856\,6\mathrm{ZTCBL} - 0.042\,950\,9\mathrm{LJ} - 0.155\,247\,2\mathrm{ZRZXC} + 0.041\,756\,7\mathrm{ZRJZH})}$$

$$\begin{aligned}\lambda_{\mathrm{K8+800\sim K9+200}} &= 0.93e^{-1.634\,085 + 0.212\,394\,1\times0.463 + 0.047\,560\,7\times4.76 + 0.021\,856\,6\times0.178 - 0.042\,950\,9\times9 - 0.155\,247\,2\times0.468 + 0.041\,756\,7\times0.770} \\ &= 0.003\end{aligned}$$

5)事故修正因子应用——接入口密度

由于获取了接入口密度指标,对接入口密度进行事故修正因子修正如下,由于 JRKMD =0,则 QSAMF =1.754 124。

$$\mathrm{QSAMF} = \begin{cases} 0.078\,89\mathrm{JRKMD}^2 - 0.725\,39\mathrm{JRKMD} + 1.754\,124 & \mathrm{JRKMD} \leqslant 6.7 \\ 1.879\,865e^{-0.078\,9\mathrm{JRKMD}} & \mathrm{JRKMD} > 6.7 \end{cases}$$

表 8-19 中 K8 +800 ~ K9 +200 修正的预测事故值:0.003 ×1.754 124 =0.005

其余路段计算方法类似。

6)EB 过程

该路段历史事故为0,k 取值为2.14,相关数据带入下式计算

$$
\begin{aligned}
Ep &= w(Np) + (1 - w)O \\
&= \frac{1}{1 + k(Np)}Np + \left(1 - \frac{1}{1 + k(Np)}\right)O \\
&= \frac{1}{1 + 2.14 \times 0.005} \times 0.005 + \left(1 - \frac{1}{1 + 2.14 \times 0.005}\right) \times 0 \\
&= 0.005\,20
\end{aligned}
$$

7)预测结果

修正后的 X005 事故预测情况的分布情况如图 8-7 所示,应用事故修正因子函数修正及 EB 程序后,这条路事故预测结果为 35.58 起,预测平均年事故为 8.90 次。

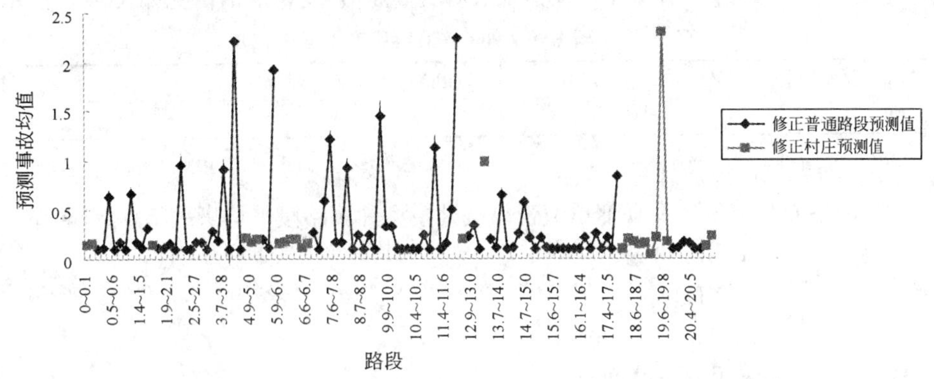

图 8-7 应用接入口事故修正因子函数及 EB 过程后的分布情况

8)预测结果应用

对于一条路上事故预测模型的应用,更关心各个对象(点、路段)间的相对安全性,预测结果可作为安全改进工作的指导。对于预测结果按 A95(第 95 位事故指标)进行事故水平相对较高路段的判定,结果如表 8-20 所示。根据该表的结果,在 X005 上,事故指标比较高的路段皆为村庄路段。

X005 按预测值提取的安全完善重点路段 表 8-20

路 段	路 段 性 质	路 段	路 段 性 质
K20 +700 ~ K21 +000	村庄	K18 +900 ~ K19 +300	村庄
K4 +600 ~ K4 +900	村庄	K19 +300 ~ K19 +600	村庄
K5 +000 ~ K5 +200	村庄	K13 +100 ~ K13 +350	村庄

8.4.2 双车道公路(有慢车道设置)

某平原区的省道 S239,该路为双车道公路(有慢车道设置),该路长 16.2km,路基宽度 17m,路面宽度 15m,该路 2006 ~ 2007 年 3 月共发生交通事故 86 起,在该路上有 5 个交叉口和 1 个村庄路段。

针对 S239 上事故预测模型的预测结果,进行了应用分析,分析包括基础模型和事故修正因子函数的应用等几个部分。

1)数据

由于该路为平原区双车道公路(有慢车道设置),所以应用事故预测模型时采集的数据包括交通量数据(按车型分类)、竖曲线数据、交叉口位置、村庄位置(起点和终点)、道路横坡、路面宽度、接入口分布、路侧危险度等。

2)路段的划分

该路上按交叉口和村庄的分布,首先提取出1个村庄路段和5个交叉口路段。其次,对剩余的路段按接入口密度和路侧危险度变化情况(交通量、路基宽度等指标无变化),划分成33个普通路段。

3)路段变量属性的赋值

根据基础模型需要对各个普通路段和村庄路段进行变量属性的赋值,K90 +600 ~ K90 +900路段为一普通路段,按表8-1所示变量计算方法对变量赋值,变量赋值情况如表8-21所示。

K90 +600 到 K90 +900 普通路段变量赋值情况 表8-21

变量名称	V	ZRHC	ZREXPO	LCQMD	X	LM
值	0.10	12.08	2.73	1	2.60	15

4)预测平均事故指标的计算

把表中K90 +600 ~ K90 +900变量值带入基础模型计算路段平均事故指标,计算结果如下:

$$\begin{aligned}\lambda_{K90+600\sim K90+900} &= \mathrm{ZREXPO} \times e^{(-2.493\,725+0.027\,579\mathrm{ZRHC}+0.549\,426\,4\mathrm{LCQMD}+3.573\,866V+0.608\,744\,7X-0.075\,880\,6\mathrm{LM})} \\ &= \mathrm{ZREXPO} \times e^{(-2.493\,725+0.027\,579\times 12.08+0.549\,426\,4\times 1+3.573\,866\times 0.1+0.608\,744\,7\times 2.6-0.075\,880\,6\times 15)} \\ &= 1.215\end{aligned}$$

5)事故修正因子应用——路面宽度

由于获取了路面宽度指标,对路面宽度进行事故修正因子修正(标准条件为路面宽度22m),如下式,由于LM =15,则QSAMF =3.75。

$$\begin{aligned}\mathrm{QSAMF} &= 0.042\,215\mathrm{LM}^2 - 1.954\,33\mathrm{LM} + 23.563\,5 \\ &= 0.042\,215 \times 15^2 - 1.954\,33 \times 15 + 23.563\,5 \\ &= 3.75\end{aligned}$$

K90 +600 ~ K90 +900修正的预测事故值

$$1.215 \times 3.75 = 4.56$$

其余路段计算方法类似。

6)EB过程

该路段历史事故为1,k取值为2.71,相关数据带入下式计算

$$\begin{aligned}Ep &= w(Np) + (1-w)O \\ &= \frac{1}{1+k(Np)}Np + \left(1 - \frac{1}{1+k(Np)}\right)O \\ &= \frac{1}{1+2.71\times 4.56} \times 4.56 + \left(1 - \frac{1}{1+2.71\times 4.56}\right) \times 1 \\ &= 1.27\end{aligned}$$

其余路段计算方法类似。

7)预测结果

修正后的S239事故预测情况的分布情况如图8-8所示,应用事故修正因子函数及EB程

序修正后，整体事故预测结果为 86.7 起，预测平均年事故为 69.4 次。

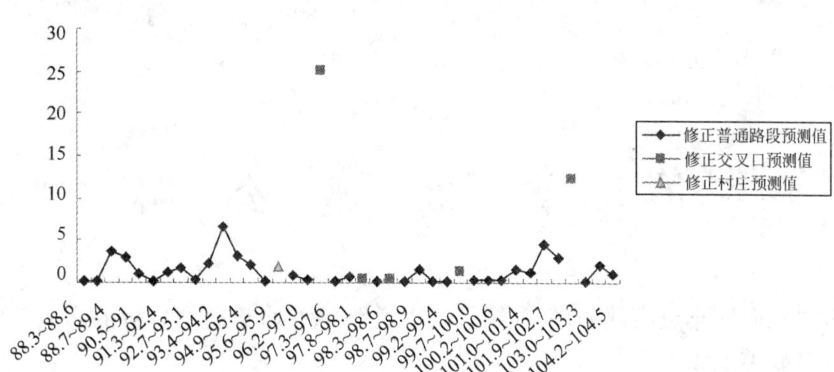

图 8-8　应用路面宽度的事故修正因子函数及 EB 过程后的分布情况

8）预测结果应用

对于一条路上事故预测模型的应用，更关心各个对象间的相对安全性，预测结果可作为安全完善工作的指导。对于预测结果按 A90（第 90 位事故指标）进行事故水平相对较高路段的判定，结果如表 8-18 所示。根据该表 8-22 的结果，在 S239 上，事故指标比较高的路段大多为交叉口路段，普通路段比例很少。

S239 按预测值提取的安全完善重点路段　　表 8-22

路　段	路段性质	路　段	路段性质
K97 +000 ~ K97 +300	交叉口	K103 +300 ~ K104 +200	普通路段
K97 +800 ~ K98 +100	交叉口	K99 +400 ~ K99 +700	交叉口
K98 +300 ~ K98 +600	交叉口	K88 +700 ~ K89 +400	普通路段
K102 +700 ~ K103 +000	交叉口		

本节的示例和 8.4.1 的示例的应用都是对现有道路的安全性分析，从而找出潜在的安全改进地点的。当然，只根据历史事故资料也可以找出事故多发点段。示例的方法不仅考虑了历史事故资料（EB 过程），还应用了基于统计的基础模型和 AMF，从而一定程度上避免了个别点历史事故资料显示事故较多却可能是事故偶发性、随机性的体现。

安全性预测方法还可以应用于图纸阶段的道路，不同设计方案的安全性比选。从而可以和通行效率等要求综合考虑。

本章参考文献

[1] Harwood D W, Council F M, Hauer E, et al. Prediction of the Expected Safety Performance of Rural Two-Lane Highways[R]. FHWA-RD-99-207, 2003.

[2] 何勇，唐琤琤，张铁军. 西部地区公路交通安全评价[R]. 北京：交通部公路科学研究院，2006.

[3] 唐琤琤，张铁军，等. 道路交通安全手册研究(R). 北京：交通部公路科学研究院，2008.

第九章 高速公路

本章针对双向四车道高速公路,介绍了基于道路年平均交通事故数的高速公路事故数预测方法以及事故类型预测方法。

9.1 概 述

高速公路交通事故数预测是从量的方面描述交通事故发生的数与影响因素之间的相互关系,从而揭示事故总体在一定条件下的数量特征和数量关系,该模型是基于负二项分布形式的高速公路交通事故数预测模型。

高速公路交通事故类型模型就是要建立事故类型与自变量之间的关系,本章建立了基于多分变量逻辑回归方法的高速公路交通事故类型的预测类型。

上述两种预测模型是基于双向四车道高速公路的统计数据进行构建的,因此,其适用性也只限于双向四车道高速公路。

鉴于建立模型时研究数据的限制,预测模型中并未完全考虑模型的所有安全影响因素;另外,某些变量的校正取值精度有待提高。

9.2 方 法

9.2.1 构成

高速公路事故预测模型实现步骤包括影响因素确定、路段单元划分、模型参数计算、预测事故数,其模型以道路环境、交通条件、控制条件等具体因素为自变量,以相应区段的事故数为因变量,预测模型应用流程如图 9-1 所示。将高速公路事故按类型分为 3 种:财产损失事故、伤人事故和死亡事故,建立事故类型与自变量之间的相关关系。

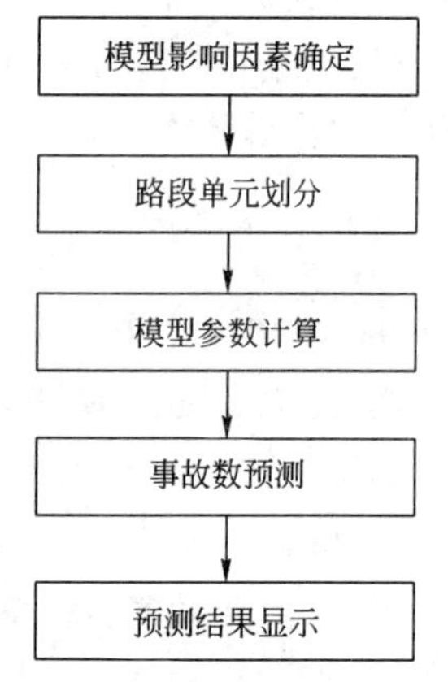

图 9-1 高速公路事故预测流程

9.2.2 路段划分

路段长度的划分是使用高速公路交通事故预测模型的第一步,其准确性直接影响到模型的应用效能[1]。在建模的时候采用了有序聚类分析的方法来划分路段[2,3,4,7],本质上是为了找出对交通安全影响较大的变量，从而更好的建立两者之间的相关关系，在建模样本量不大时优势比较明显。但该方法应用起来比较复杂，建议采用经验和定长法相结合的方式来划分高速公路路段，具体原则如下：

首先，参照模型中含有的变量进行路段划分，将城市与乡村分开，在此基础上再按照定长的原则进行划分；将立交影响区（收费站、服务区）等特殊路段作为单独一段，不再按照定长划分。交通流变量（交通量和大车比例）发生较大变化的，也可作为路段划分的依据。

通常情况下定长划分路段最小长度至少为 1km[5,6]；一些特殊的道路设施（立交桥、服务区等）和可能的不良线形组合（长直线、长大下坡等）的路段均会成为事故多发段，需要综合考虑，平均划分路段长度为 1.5 ~ 3km 为佳[8]。最终确定的分段数要结合具体实际情况，并要综合考虑其他因素。

9.2.3　交通安全性能预测

9.2.3.1　交通事故数预测方法

高速公路交通事故数预测方法包括高拟合度和简约高速公路交通事故预测模型，高拟合度的模型考虑的因素比较多，建立的模型应用在具体样本路段，预测结果精确；而简约模型则是用较少的、常用的变量和较多的样本数据建立起来的，预测结果不如高拟合度的模型精确。

1）高拟合度交通事故数预测模型

高速公路发生交通事故的总数与路段长度、交通量、城市或乡村变量、是否是立交变量以及平曲线的平均转角是正相关的，与速度差等变量无关。模型选择负二项分布的形式。模型的自变量是平曲线的平均转角、是否是城乡、是否是立交区（或收费站、服务区）、货车比例等[9—11]。

高拟合度的事故预测模型如公式 9-1 所示。

$$\lambda_i = \text{EXPO} \cdot \text{EXP}(-2.737\,629 + 1.119\,211 \cdot \text{City-rural} + 0.473\,344\,2 \cdot \text{Interchange} + 0.011\,278\,1 \cdot \text{Ave-angle} + 1.375\,432 \cdot \text{Truck\%} + 0.058\,888\,5 \cdot \text{Spe-stan-truck}) \quad (9\text{-}1)$$

式中：　λ_i——i 段预测事故数；

EXPO——暴露变量，年百万车公里，EXPO = 小时交通量 $\times 365L \times 10^{-6} \times y$；

y——预测持续年份；

L——i 路段长度；

City-rural——城乡变量；

Interchange——立交变量；

Ave-angle——i 路段内平曲线平均转角；

Truck——i 分段内分小时大车比例，%；

Spe-stan-truck——大车速度标准差。

2）高速公路交通事故数的简化预测模型

在数据获取受限的情况下，可以选用交通事故数的简化模型进行预测。简化模型采用较少的、常用的自变量。模型考虑的自变量竖曲线变量、横曲线、大车比例等因素[10—11]。

简约事故模型如公式9-2所示。

$$\lambda_i = EXPO \cdot EXP(-2.676\,614 + 0.007\,109\,5 \cdot \text{Ave-angle} + 0.737\,331 VC + 0.253\,961\,9 \cdot \text{Ave-slope} + 6.149\,63 \cdot \text{Truck\%}) \quad (9\text{-}2)$$

式中： λ_i——i段预测事故数；

EXPO——暴露变量，$EXPO = AADT \times 365 \times L \times 10^{-6} \times y$；

y——预测持续年份；

L——i路段长度；

Ave-angle——i路段内平曲线平均转角；

VC——竖曲线指标，加权后的坡度变化值；

Ave-slope——竖曲线指标，纵断面的加权坡度；

Truck——i分段内年统计的大车比例，%。

9.2.3.2　高速公路交通事故类型预测方法

本章将事故类型分为3种：财产损失事故（PDO）、伤人事故（Injury）和死亡事故（Fatal）。采用多分变量的逻辑回归方法，建立事故类型与自变量之间的相关关系。自变量主要考虑城市或乡村变量（City-rural）、大小车速度差、（Speed-difference）、大车比例变量（truck%）[13—14]在知道事故发生的地点信息、事故发生时段内的一些交通流信息后，就可以根据式9-3判断该起事故可能属于哪种事故类型，模型如公式9-3所示。

$$G_1 = \log\left(\frac{P(\text{PDO})}{P(\text{Fatal})}\right) = 2.028 - 0.779(\text{City-rural}) + 0.108(\text{Speed-difference}) + 0.484(\text{Truck\%})$$

$$G_2 = \log\left(\frac{P(\text{Injury})}{P(\text{Fatal})}\right) = 2.553 - 2.790(\text{City-rural}) + 0.376(\text{Speed-difference}) + 0.275(\text{Truck\%}) \quad (9\text{-}3)$$

式中：P(Fatal)——严重事故比例；

P(Injury)——受伤事故比例；

P(PDO)——仅物产损失事故比例；

City-rural——城乡变量；

Speed-difference——大小车速度差。

Truck——i路段的大车比例，%，大于等于70%取1，小于70%取0。

9.2.4　交通安全性能的影响变量

9.2.4.1　不同路段：城市与乡村

统计数据显示：同一条高速公路，城市路段的事故发生水平比乡村路段大得多，且在城市路段内进城一侧的事故数要高于出城一侧的事故数。高速公路上、下行方向的事故分布也不相同，一般是进入城市的方向事故发生多，而出城市的方向事故发生比较少，尤其是在长距离高速公路的末端体现的更明显。所谓城市路段，一般是指连接两个具有一定人口规模、较大交通出行量的高速公路末端路段，一般长度为10～30km不等。当有事故数据时，城市路段长度可以根据事故数的空间分布来确定;当没有事故数据时,最终选择立交间距和出入口间距作为城市路段和乡村路段的划分指标,具体划分标准如表 9-1 所示。城乡路段变量 City-rural:0 表示 i 路段是城市,1 表示 i 路段是农村。

城市路段和乡村路段划分标准　　表 9-1

路　段	立交间距(km)	出入口间距(km)
城市路段	≤6.0	≤3.0
乡村路段	>6.0	>3.0

9.2.4.2　高速公路立交桥区变量

立交、收费站和服务区是事故分布集中的地点,立交变量取 0 表示路段不在立交(收费站、服务区)影响区,取 1 表示路段在立交(收费站、服务区)影响区,推荐“立交安全影响区”的范围为 1km 或 2km。

9.2.4.3　高速公路道路线形变量

道路线形对高速公路安全的影响从平面、纵断面、横断面等考虑。平面因素包括:曲线半径、曲线长度、曲线转角、曲率变化、曲度因数、缓和曲线、立体交叉;纵断面因素包括:纵坡、竖曲线;横断面因素包括:车道数、路面状况、路肩宽度与结构、路基高度与坡度。

1)平面因素

典型的平曲线如图 9-2 所示。

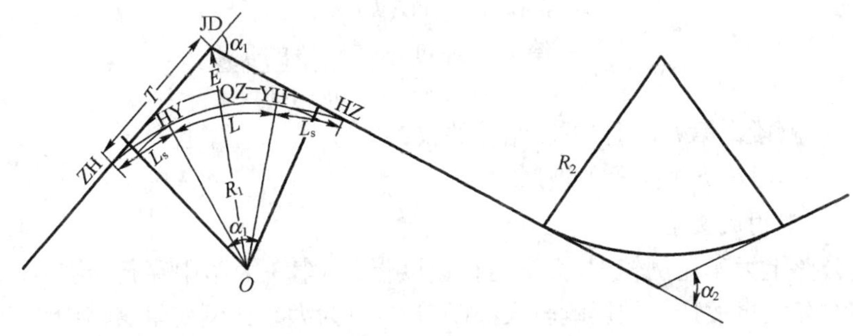

图 9-2　平曲线示意图

平曲线的平均转角

$$\text{Ave-angle} = \frac{\sum|\alpha_i|}{n} \tag{9-4}$$

式中:α_i ——路段内第 i 条平曲线的转角;

n——路段包含平曲线数目。

2)竖曲线变量

典型的竖曲线如图 9-3 所示。

假设每条竖曲线的一个基本变量是 $V(j)$,其单位是每 100m 竖曲线坡度的变化,$V(j)$ 的计算公式见 9-5。

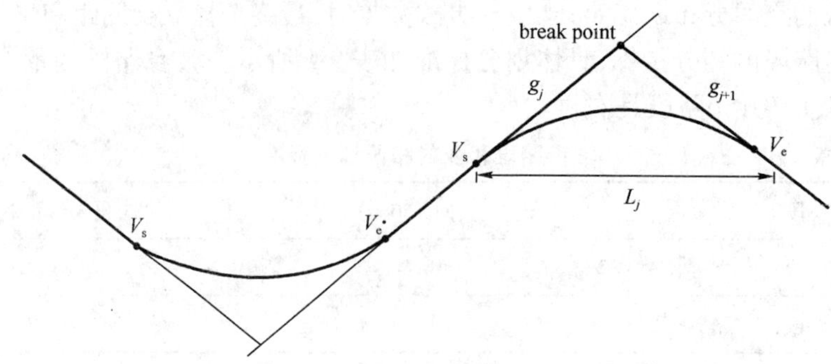

图 9-3　竖曲线示意图

$$V(j) = \frac{|g_j - g_{j+1}|}{L_j} \tag{9-5}$$

式中：g_j ——第 j 条竖曲线的坡度。

竖曲线 j 的权重

$$WV(j) = \frac{\text{竖曲线} j \text{在路段内的长度}}{\text{划分后路段的长度}}$$

VC 为加权后的坡度变化值，如式 9-6 所示。

$$VC = \sum WV(j) \times V(j) \tag{9-6}$$

纵断面的加权坡度 Ave-slope 如图 9-7 所示。

$$\text{Ave-slope} = \sum WG(k) \times |g_k| \tag{9-7}$$

$$WG(k) = \frac{\text{第} k \text{个坡度不变路段的长度}}{\text{划分后路段的长度}}$$

式中：$WG(k)$——路段中第 k 个上/下坡路段的权；

g_k ——路段第 k 个路段的坡度。

9.2.4.4　车型构成变量

我国高速公路上大车比例较大，大车运行速度慢，小车在大车中穿行，构成了交通安全隐患。大车比例对死亡事故造成的影响较大。Truck(%)为大车比例变量。其中小车对应表 9-2 中的小型车，大车对应表 9-2 中的中型车、大型车、拖挂车。

各汽车代表车型的划分标准　　表 9-2

车　型	汽车代表车型	说　明
小车	小型车	≤19 座的客车和载质量≤2t 的货车
大车	中型车	>19 座的客车和载质量 >2t ~ ≤7t 的货车
	大型车	载质量 >7t ~ ≤14t 的货车
	拖挂车	载质量 >14t 的货车

9.2.4.5　其他变量

(1)交通属性变量。大小车速度差变量 Speed-difference，小于等于 20km/h 取 1，大于 20km/h 取 0；大车速度标准差：Spe-stan-truck；小车速度标准差：Spe-stan-car。

(2)方向变量 Direction。0 表示出城市，1 表示进城市。

(3)交通条件对高速公路安全的影响因素有:交通量(饱和度)、车速、占有率。

9.2.5 立交桥区事故修正因子

高速公路的立交桥区、收费站、服务区等是事故多发位置[12—15]。构建高速公路事故修正因子(Accident Modification Factor,简称 AMF),量化立交因素对安全的影响。研究发现,事故水平在5km 立交区范围内的分布是从中心向两侧递减的,即在立交中心发生的事故较多,而立交的两侧发生的事故较少,近似于正态分布。

综合考虑各种影响因素,推荐"立交安全影响区"的范围为两种,分别是 1km 和 2km,视不同的需要选取不同的长度。统计表明基本路段的"事故率"为 0.15/km,而包括立交中心在内的 1km 范围内立交区事故率为 0.30/km;而 2km 范围内立交区事故率为 0.25/km。所以,如果定义"立交安全影响区"的长度是 1km 时,则其事故率就是基本路段的 2 倍(AMF = 2.00,L = 1km);如果定义"立交安全影响区" 的长度是 2km 时,则其事故率就是基本路段的 1.7 倍(AMF = 1.70,L = 2km)[13];如果定义"立交安全影响区"的长度是 3km 时,则其事故就是基本路段的 1.56 倍(AMF = 1.56,L = 3km)。当确定立交影响区以后,查表 9-3 就可以确定相应的 AMF。

5km"立交区"事故分布统计 表 9-3

长度 L(km)	1	2	3
AMF	2.00	1.70	1.56

9.3 流程及示例

9.3.1 事故预测的计算流程及示例

9.3.1.1 考虑小时交通变量的事故预测应用步骤

预测高速公路交通事故数步骤:

(1)确定待预测高速公路条件,收集道路信息,建立平面、纵面、横断面数据,包括:平曲线转角;是否立体交叉。

(2)如果有事故历史数据,使用有序聚类进行路段划分;如果没有,利用定长法进行划分。

(3)收集其他影响预测的因素,包括城市道路还是乡村;交通组成,大车百分比;大小车速度。

(4)确定待预测路段长度,小时交通量等因素。

(5)针对划分的路段进行交通事故预测,如果待预测其他路段,跳转至第(13)步。

(6)针对该路段进行特定年交通事故预测,如果没有年份需要预测,跳转至第(12)步。

(7)使用考虑小时交通变量模型进行特定年份的交通事故预测。

(8)以百万车公里为单位计算暴露变量。

(9)根据式 9-5 计算平曲线转角 Ave-angle。

(10)计算大车速度标准差和大车比例,并将 Spe-stan-Truck 和 Truck% 代入式(9-1),进行事故数预测。

(11)如果需要预测其他年份的交通事故,跳转到第(5)步;否则跳转到第(13)步;

(12)如果需要对其他路段交通事故预测,跳转到第(5)步,否则跳转到第(13)步;

(13)得出高速公路交通事故数预测结果。

流程图如图 9-4 所示。

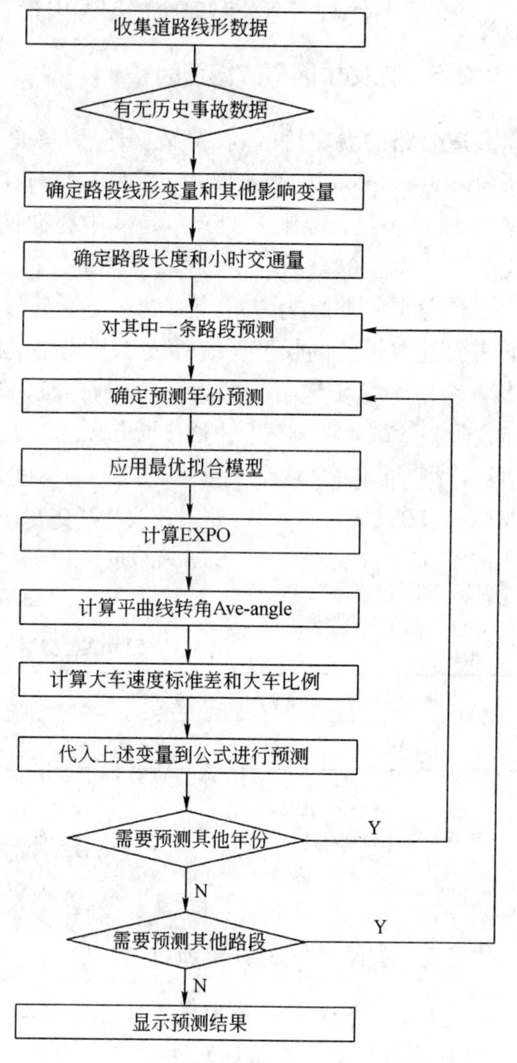

图 9-4 高拟合度模型预测交通事故流程图

9.3.1.2 简约模型事故预测应用步骤

使用简约模型进行事故预测类似运用高拟合度的模型步骤:

(1)第(8)步的暴露变量的计算不同:EXPO 使用 AADT 计算;

(2)第(10)步,指预测路段年统计的大车比例。

9.3.1.3 高速公路事故预测示例

路段基本信息介绍:某平原地区有一条高速公路,路段长度为 1km,方向为出城方向,属于乡村道路,无立交。经过调查,发现大车比例是 65.9%,大车速度差为 9.1667km/h。利用高拟合度的模型预测高速公路交通事故数[15],计算过程见表 9-4。

高拟合度的模型预测交通事故求解表　　表 9-4

<table>
<tr><td colspan="3">高速公路路段交通事故数预测</td></tr>
<tr><td colspan="2">基本信息</td><td>路段信息</td></tr>
<tr><td colspan="2">预测人:</td><td>高速公路:</td></tr>
<tr><td colspan="2">单位:</td><td>路段:0 ~ 9.92</td></tr>
<tr><td colspan="2">预测开始日期:2004.1</td><td>分析年份:2007.4</td></tr>
<tr><td colspan="2">预测周期:</td><td>3</td></tr>
<tr><td>输入参量</td><td>对应变量</td><td>数值</td></tr>
<tr><td>路段长度</td><td>L</td><td>1km</td></tr>
<tr><td colspan="2">小时交通量(辆/h)</td><td>2 259</td></tr>
</table>

续上表

高速公路路段交通事故数预测		
观测时间段(年)	y	3
是否城乡道路	City-rural	1
是否立交	Interchange	1
大车比例	Truck%	0.659
大车速度标准差	Spe-stan-truck	9.166 7
方向	Direction	0(出城)
Step 1		
EXPO	小时交通量 $\times 365\times 10^{-6}\times y$	2.47
Step 2		
平曲线平均转角(式9-4)	$\text{Ave-angle}=\frac{\sum\lvert\alpha_i\rvert}{n}$	12
Step 3		
模型公式	λ_i = EXPO · EXP(− 2.737 629 + 1.119 211 · City-rural + 0.473 344 2 · Interchange + 0.011 278 1 · Ave-angle + 1.375 432 · Truck% + 0.058 888 5 · Spe-stan-truck)	
预测事故数	3.804	

路段信息介绍:假设某平原地区有一条高速公路,路段长度为1km,年平均日交通量为2 115(辆/d),竖曲线纵断面交权坡度为0.38175,大车比例0.1332。利用简约的模型预测高速公路交通事故数,求解过程如表9-5所示。

简约模型预测事故求解表 表9-5

高速公路路段交通事故数预测		
基本信息	路段信息	
预测人:	高速公路:	
预测开始日期:2002.1	分析年份:2005.2	
预测周期:	3	
输入参数	对应变量	数值
路段长度	L	1km
年平均日交通量(辆/d)	AADT	2 115
观测时间段(年)	y	3
Step 1		
EXPO	小时交通量 $\times 365\times 10^{-6}\times y$	2.32
Step 2		
竖曲线变量(式9-5)		

续上表

高速公路路段交通事故数预测		
加权后的坡度变化值	$VC = \sum WV(j) \times V(j)$	1.735 7
纵断面的加权坡度	$\text{Ave-slope} = \sum WG(k) \times \lvert g_k \rvert$	0.381 75
平曲线平均转角(式9-4)	$\text{Ave-angle} = \frac{\sum \lvert \alpha_i \rvert}{n}$	64.015
大车比例	Truck%	0.133 2
Step 3		
模型公式:	$\lambda_i = \text{EXPO} \cdot \text{EXP}(-2.676\,614 + 0.007\,109\,5 \cdot \text{Ave-angle} + 0.737\,331\text{VC} + 0.253\,961\,9\text{Ave-slope} + 6.149\,63\text{Truck\%})$	
预测事故数	6.24	

9.3.2 事故类型预测的计算流程及示例

9.3.2.1 事故类型预测应用步骤

(1)收集影响预测的因素。包括大城市或乡村;大小车速度;交通组成。

(2)计算。大小车速度差;大车百分比。

(3)将三种影响(大城市或乡村、大小车速度差、大车百分比)因素代入Logit模型,见式(9-3),计算属于不同类型事故的概率。

(4)得到对输入的地点特征,预测出该地点发生各种类型交通事故的概率值,分别是财产事故发生概率、伤人事故发生概率和死亡事故概率;

(5)选取交通事故类型预测概率值最大值就是交通事故的类型。流程见图9-5。

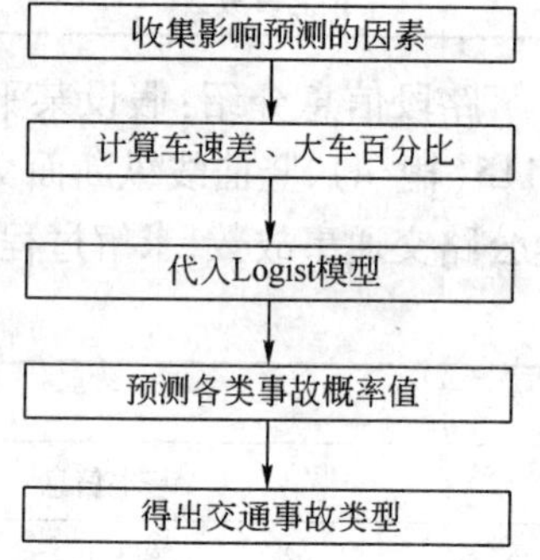

图9-5　事故类型预测流程图

9.3.2.2 高速公路事故类型预测示例

路段介绍:某平原高速公路,属于乡村路段。经过调查,大小车的速度差为11.034km/h,大车比例是34.6%。在预测观测期内发生交通事故类型的过程见表9-6。

交通事故类型预测求解表　　表9-6

高速公路路段交通事故类型预测		
输入参数	对应变量	
大城市或乡村	City-rural	1(乡村)
大小车速度差	Speed-difference	小于等于20km/h时取1, 大于20km/h取0; Speed-difference = 1

续上表

高速公路路段交通事故类型预测		
大车百分比	Truck%	小于等于70%时取1, 大于70%时取0; 本例中 Truck% =1

$$G_1 = \log\left(\frac{P(\text{PDO})}{P(\text{Fatal})}\right) = 2.028 - 0.779(\text{City-rural}) + 0.108(\text{Speed-difference}) + 0.484(\text{Truck\%})$$

$$G_2 = \log\left(\frac{P(\text{Injury})}{P(\text{Fatal})}\right) = 2.553 - 2.790(\text{City-rural}) + 0.376(\text{Speed-difference}) + 0.275(\text{Truck\%})$$

预测各种类型事故发生概率	财产损失事故发生概率(G_1)	95.1%
	伤人事故发生概率(G_2)	3.53%
	死亡事故概率($1-G_1-G_2$)	1.37%
结论:发生的交通事故最可能是财产损失事故		

本章参考文献

[1] Okamoto H,Koshi M A. method to cope with the random errors of observed accident rates in regression analysis. Accident Analysis and Prevention,1989, 21(4): 317-332.

[2] 张尧庭, 方开泰. 多元统计分析引论[M]. 北京: 科学出版社, 1982.

[3] 方开泰. 有序样品的一些聚类方法. 应用数学学报, 1982, 5(1): 94-101.

[4] 徐显海. Fisher 有序聚类法及其在炉管温度异常时段提取中的应用. 广西电力,2005,(5): 12-14.

[5] 朱弘戈. 高速公路交通安全管理决策支持系统研究[D]. 北京:北京工业大学, 1998.

[6] 刘小明, 任福田. 我国交通事故预测. 交通工程, 1992, (1): 7-10.

[7] ZHONG L D, CHEN Y S, SUN X D, LIU X M, HE Y L. Research on Section Division of Freeway with Ordinal Clustering Method. International Conference Transportation Engineering 2007, 2007: 4171-4177.

[8] Park, Hun Myoung. Regression Models for Event Count Data Using SAS, STATA and LIMDEP. The University Information Technology Service (UITS) Center for Statistical and Mathematical Computing, Indiana University, 2005. http://www.indiana.edu/~statmath/stat/all/count/index.html.

[9] U.S. Department of Transportation. National Highway Traffic Safety Administration. Washington: Traffic Safety Facts 2003,2003.

[10] Golob T F,Recker W W. A method for relating type of crash to traffic flow characteristics on urban freeways. Transportation Research Part A,2004, 38(1): 53-80.

[11] 孙小端, 钟连德,等. 道路交通安全手册研究分报告: 高速公路安全性能分析及事故数预测模型研究. 北京: 北京工业大学, 2007: 60-68.

[12] 中华人民共和国交通行业标准 JTG B01—2003 公路工程技术标准[S]. 北京: 人民交通出版社, 2004.

[13] Abdel-Aty M, Pande A. Classification of real-time traffic speed patterns to predict crashes on the freeways. Washington: the 83rd Annual Meeting of the Transportation Research Board (TRB), 2004.

[14] Abdel-Aty M, Uddin N, Abdalla F, Pande A, Hsia L. Predicting freeway crashes based on loop detector data using matched case-control logistic regression. Washington: the 83rd Annual Meeting of the Transportation Research Board (TRB), 2004.

[15] 徐秋实, 孙小端, 陈永胜, 钟连德. 马驹桥互通式立交桥道路安全状况分析. 武汉理工大学学报:交通科学与工程, 2006, 30(6): 954-957.

第四篇　安全改进技术

第十章　数　　据

10.1　概　　述

安全改进前获取的数据越多、越全面,越有利于进行安全分析,并提高分析精度。通过对数据的分析,可充分把握道路安全特性,为安全改进工作提供依据和指导。因此安全改进的数据需求对应于整个交通安全数据系统。

道路交通安全是一个涵盖人、车、路、环境(管理)等多因素的复杂的系统工程,这些因素相互协调、相互作用,任一因素出现问题,都有可能导致交通事故发生。人是道路交通安全系统中最关键、最活跃、最具决定性的一个因素,人的不安全因素(文化素质、教育程度、生理、心理状况等)和不安全行为(超载、超速、疲劳驾驶、逆行等违章行为)是导致交通事故产生的主因;车辆是道路交通系统的重要组成因素,与交通安全有着密切的关系,车辆的状况、安全技术装备状况、车辆类型及其组成的复杂程度等都会对交通安全产生重大影响;在人、车、路、环境构成的道路交通系统中,单纯由路的因素引发的交通事故所占比例很小;环境因素主要包括气候环境、管理环境、社会环境等,气候环境是导致交通事故产生的另一重要因素,而管理因素是控制交通事故产生的主要手段。

对于安全改进来说,最理想的情况就是分析出人、车、路和环境这个系统中所有因素对安全的影响规律。而实际上由于人、车、路和环境四个因素中每个因素又包括众多的构成成分,从经济可行性和可操作性角度来说,通常只能获取部分数据。

本手册阐述的安全改进及其数据需求主要是针对道路工程及设施进行安全分析和改进。一般情况下需要获取的相关资料有:交通事故信息、道路信息(包括主体工程和交通工程)、交通组成信息、车速及冲突信息、路侧信息、环境和管理信息等。

10.2　交通事故数据

交通事故数据的管理部门为公安交通管理部门,目前公安交通管理部门对事故资料有两套数据库管理系统(一般以上事故记录系统和快速处理记录系统),但是由于事故资料电子化工作量过大以及建库目的不同的原因,仅一般以上的事故数据库系统有详细的记录,而对轻微事故(公安交通管理部门记为快速处理)仅记录了事故时间和发生道路,没有事故形态、原因等其他更详细的信息。为获取详尽的交通事故资料,可在公安交通管理部门的允许和协助下获得事故原始档案资料并进行电子化处理。

10.2.1 采集内容

采集内容包括事故发生的时间、地点、伤亡情况、类型、原因、方向、车辆情况、事故参与人情况、气候等尽可能多的信息。具体可考虑:序号、事故类型、年、月、日、小时、时刻、地点、天气情况、A 驾驶员性别、A 驾驶员年龄、A 驾驶车型、A 行驶方向、A 车号、B 驾驶员性别、B 驾驶员年龄、B 驾驶车型、B 行驶方向、B 车号、C 驾驶员性别、C 驾驶员年龄、C 驾驶车型、C 行驶方向、C 车号、事故形态、事故事实、死、重伤、轻伤、直接经济损失、事故主要原因、机动车、事故主要原因、机动车驾驶员、事故主要原因、非机动车驾驶员、事故主要原因、行人乘客、事故主要原因、道路、事故主要原因、其他、行驶状态、路面情况、横断形式、路面线形、路口、路段形式、现场形态、交通控制方式、文件名、道路编号等内容。

10.2.2 不足

目前既有我国现行管理上的问题,也有事故档案电子化过程本身的一些问题,对电子化处理后的事故数据的精度产生很大影响。比如一些重大事故的档案资料(一般是肇事人逃逸形成刑事案件)在公安分局或法院备案而不在交通警察支队,有时可能很难取到全部的资料;事故数据采集过程中可能漏掉个别事故档案;采集来的事故图片存在模糊的情况;电子化过程中不可避免人为失误。除此之外,有些事故(尤其是单车事故)发生后,即使造成了一定的路产损失或者车辆损失,但是驾驶员把车开走了,使事故记录有缺漏的情况。

除了事故缺漏问题外,事故记录中的事故点位置也容易产生问题。事故发生地点通常由交通警察估计出来,记录时有的根据事故发生地点最近的里程桩粗略确定,有的以地名标识。事故点位置问题体现在事故档案里没有里程桩号(比如位置记录为 × × 村)或里程桩号不清;手写事故单的字迹识别困难等。在事故位置确定上产生的误差对安全分析有很大的影响。

基于现有事故记录的技术和情况,存在一些不利于进行安全分析的问题,例如即使由于对向车干扰产生的单车事故,记录的时候,不会记录对向车;超速行为导致的事故很难记录其具体速度等。

因此,在事故资料收集过程中,有条件的情况下尽可能把公安交通管理部门数据库、公安交通管理部门事故记录档案、公路路政部门路产损失记录等综合进行考虑,并且需要公安交通管理部门和路政部门的工作人员的配合对事故位置进行确认。汽车行驶记录仪等设备的使用对于清楚记录事故过程中车辆的行驶特征也是十分有意义的。

10.3 道路数据

道路数据的采集可借助设计图纸、竣工图纸或相关电子化文件等资料,对于没有相关图纸记录的可采用全站仪或线形检测车进行测试。

10.3.1 采集内容

道路数据的采集主要包括道路的主体工程信息和交通工程信息的采集。

1)道路几何线形

包括平面线形、纵断面线形、横断面、平纵横线形组合、桥梁隧道涵洞等结构物线形及其与一般路段的过渡等。

2)路基工程

路基高度的调整、沿河路基的调整、不良地质路段路基的处治、边坡的处理、路基的加宽、路基的排水以及路侧情况等。

3)路面工程

路面表面的防滑能力、路面的排水设计等。

4)桥隧

桥隧横断面与路线横断面的衔接等。

5)附属设施

安全设施(包括标志、标线、护栏、视线诱导设施等)的选用与其功能和安装方式、危险路段与特殊路段的安全设施、服务区和停车区、爬坡车道和避险车道、运营监控设施等。

10.3.2 不足

目前道路数据尤其是一般道路的资料只有基本情况的数据,缺少详细的线形数据和设施数据。一般道路数据基本上需要使用线形采集车进行采集,采集设备和方法本身也存在一些误差和不足。

10.4 路侧信息

路侧信息的采集过程中,路侧数据和交叉口、接入口信息由人工判断和记录,同时拍摄录像辅助判定。

10.4.1 采集内容

采集内容包括路侧边坡的前后坡、边沟、障碍物、交叉口位置、接入口位置、自行车设施、路侧防护设施等信息。

10.4.2 不足

一种情况就是检测操作时,由于数据采集工作时间过长,采集过程中采集人员疲劳或者注意力不集中,遗漏一些接入口记录或者没有能够随时判断路侧信息并及时和准确记录。

另一个问题是不同的采集人员对路侧信息的判定一致性问题。

10.5 交通组成数据

交通量数据主要由道路管理部门管理,对于公路来说,不同行政等级公路交通量的观测特点不同。其中国道交通量由观测站观测,有间歇式和连续式两种。省道和县道为人工观测,省道为每个月在该路上观测一个星期取平均水平,县道为每个季度在该路上观测一天取平均水平。

10.5.1 采集内容

基于当前交通量调查的标准格式,交通组成信息采集内容包括年、填报单位、路线编号、路线名称、观测站代表路段长度、观测站名称、观测站编号、桩号、技术等级、路基宽度、路面宽度、月份、小货、中货、大货、小客、大客、拖挂车、汽车自然数、汽车当量数、小拖、大拖、拖拉机自然数、拖拉机当量数、机动车自然数、机动车当量数、人力车、畜力车、人力畜力车自然数、人力畜力车当量数、自行车自然数、自行车当量数、混合车辆自然数、混合车辆当量数等。

10.5.2 不足

现有交通量观测站(或点)获得的交通量数据一般代表了较长一个路段的交通量。实际上除高速公路外一般公路的一个路段上还有一定数量的交叉口、接入口,这样代表路段范围内交通量大小实际上是有些许区别的。所以几十公里用一个交通量值,可能存在偏差。对于每个路段的确切交通量数据进行测试,目前可能不够经济、实际。

另外,交通量随时空差异性较大,对于县道和省道来说,由于是选择性地进行交通量观测,其数据可能不完全反映实际的交通量情况。

10.6 车速、冲突等信息

对于车速信息的采集可利用预埋线圈检测器检测、现场测速、视频处理等多种方式;冲突信息的采集可采用现场观测、视频处理等方式。

10.6.1 采集内容

根据实际需要设计实验方案采集具体的车速和冲突信息,一般包括按车辆类型的车速、车速变化过程,冲突类型等。

10.6.2 不足

工作量大。冲突观测和判断对观测者的判断能力要求较高,对不同观测者的判断一致性要求也较高。

10.7 环境、管理信息

环境、管理信息数据一般来源于档案数据。

10.7.1 采集内容

沿线水文、地质资料,主要包括地表水和地下水的分布情况以及沿线岩土类别、地形地貌、不良地质、地质构造等情况;气象资料主要包括路线区域内的年平均气温、最高气温、最低气温、年平均降水量、最大日降水量及年平均雨、雾、冰雪日;管理信息主要包括管理模式、养护模式等。

10.7.2 不足

数据记录的不足,尤其是一般公路;另外,这些数据量化较困难。

第十一章　安全改进地点的确定

确定安全改进地点就是要把管理对象(可以是一条路,也可以是一个路网)上有改进潜力或者说通过安全改进可以提高安全性的地点(点或路段)找出来,是道路安全改进的首要步骤。这里的安全改进指的是通过实施工程措施改进道路或设施,提高道路安全性。安全改进地点不等同于事故多发段,事故多发段判别是确定安全改进地点的有力工具或途径,通过对事故多发段的进一步分析、诊断,可以确定是否为安全改进地点。有些事故多发段不一定作为道路安全改进地点,例如某酒店附近的一条当地道路事故多发,通过对酒后驾车的教育和执法可以减少交通事故,一般不将其作为道路安全改进地点。由于事故的随机性和偶然性,没有发生过事故的地点也不一定将来不会发生事故,对于不是事故多发段的地点,经分析也可以作为安全改进地点。

道路安全改进地点的确定大致分为三类,一是充分利用已有事故数据,通过事故多发段判别来分析确定;二是不完全基于已有事故数据,通过结合道路和交通条件的安全性预测(定量或定性)的分析来确定;三是不依赖已有事故数据,通过速度、冲突等的观测分析或通过模拟分析来确定。当然,不排除这些方法的综合方法或多种方法的分别使用。

本章将分别介绍这三类道路安全改进地点确定的国内外方法。

11.1　目的和目标

对于运营期道路的安全改进,首先要确定哪些地点具有安全改进的潜力。安全改进地点的确定是进行道路安全改进的第一步。

在此基础上,针对这些地点进行安全诊断、提出工程(包括交通工程)措施并根据经济效益分析进行排序,最终确定改进方案和实施计划。这将在后续各章阐述。

基于历史事故数据、基于安全性预测、基于速度或冲突观测等来确定道路安全改进地点。不同的方法各有优点,或精确,或经济。不同的方法确定的结果可能重叠、可能不同。我们无法也不应该简单地判定不同方法的优劣和结果的可信度。建议用户在一定条件下选用简单、便于操作的方法,条件允许可以选用复杂一些的方法或同时应用几种方法。同时选用多种方法时,所有结果都应给予考虑,对于重叠的地点应给予更多的关注。

基于安全性预测确定道路安全改进地点的方法首先是对一条路或路网中逐条路的事故情况进行预测,预测后步骤和基于历史事故数据进行事故多发段判别的方法基本一致。

这些方法既可以针对一条路,也可以针对一个路网。

11.2 基于历史事故数据的方法

基于历史事故数据的安全改进地点确定方法是最常用的方法,多称为事故多发段判别方法。事故相对多发路段的判别针对具体的交通事故信息,该方法多应用于稳定运营阶段的道路,要求有一定周期的事故数据(通常2年以上),事故档案有完整的里程记录,在事故记录对应的时间段内道路没有大的改扩建。事故多发路段判别方法对历史事故记录依赖性强,判别精度很大程度取决于历史事故记录的周期和质量,且受"回归到平均"等现象的影响。

基于获取的基础数据情况及判别分析目的,事故多发路段判别分析的指标可以为事故次数、事故率、其他加权的事故指标等。判别的事故指标可以针对全部事故,也可以针对路侧、追尾、碰撞等具体事故形态,还可以针对夜间事故或白天事故。

11.2.1 单条路方法

1)绝对数法和相对数法[1]

绝对数法主要包括事故数法,应用简单直观、易于计算,但由于各类道路的交通特性、交通量差别很大,造成事故数以及其平均数相差悬殊,故其"正常值"指标的界定有一定的难度;相对数法主要包括事故率法,考虑了交通状态条件,相对比较科学。绝对数法应用简单,但未考虑到交通量,路段长度等,判断结果易受人为主观因素影响。

(1)丹麦模型。利用实际观测的事故次数来预测可能发生的事故次数。

$$E(U_j) = \alpha \times N_j^{p} \times L_j$$

式中:$E(U_j)$——路段j的事故预测数;

N_j^{p}——路段j的交通量,辆/d;

L_j——路段j的长度,km;

α、p——回归分析得出的参数。

把实际观测的事故次数U_j与预测值$E(U_j)$用差异值Z联系起来,Z值为

$$Z = \frac{U_j - E(U_j) - 1}{\sqrt{E(U_j)}}$$

如$Z > E(U_j)$,则可定义为危险地点。

(2)意大利方法。根据事故数与交通量求出相对危险度P_{Rc}。

$$P_{Rc} = \frac{aI + bF + cM}{L \times AADT \times 365}$$

式中:I、F、M——在长度L的路段上每年登记的事故次数、受伤人数和死亡人数;

a、b、c——假定分别将1次事故、1位受伤人、1位死亡人折算成常用的经济负担单位的相对加权数;

AADT——年平均日交通量。

(3)德国用事故严重性综合指标。评价总的道路交通事故数。

$$U = p_1n_1 + p_2n_2 + p_3n_3 + p_4n_4$$

式中：n_1、n_2、n_3、n_4——各种类型的事故数量；

p_1、p_2、p_3、p_4——与各种类型事故相应的严重性系数。

(4)泰国方法。规定了在一定的交通量条件下对应的正常事故率，如某一路段的事故率指标超过了此值，则为事故多发路段。事故率按下式计算。

$$\text{事故率} = \frac{\text{事故数(或死亡人数)} \times 1\,002}{\text{平均日交通量} \times \text{路段长度(km)} \times 365}$$

2)质量控制法[1]

美国的质量控制法实际应用了概率统计分布法。假定任何情况下，车辆每公里平均事故次数服从泊松分布，规定了在一定置信度下的事故率大于上限为危险路段，上、下限之间为应注意路段，小于下限为事故较少的路段，即安全路段。该方法虽然理论严密，但使用条件苛刻。上、下限计算公式为：

$$R_c^+ = A + K\sqrt{\frac{A}{M}} + \frac{1}{2M}$$

$$R_c^- = A - K\sqrt{\frac{A}{M}} - \frac{1}{2M}$$

式中：R_c^+——上限值；

R_c^-——下限值；

A——类似路段平均事故率；

K——统计常数；如95%置信度，$K=1.96$；

M——特定地点在调查期间的平均车辆出现数，交叉路口以百万辆机动车计，路段以亿辆机动车计。

3)安全系数法[1]

这种方法最先由前苏联巴布可夫教授提出，是从研究汽车沿危险路段前后速度的差异，引出安全系数作为事故多发位置的评价指标，用安全系数来评价道路是否危险时，同时考虑了道路通行能力以及汽车运输成本。安全系数法、全系数法需要完整的道路数据库和交通数据库，使用过程比较复杂。

4)累计频率法[2]

累计统计法是基于统计学原理的一种方法，以每一单位长度(1km)发生的事故次数为纵坐标，以发生大于某一事故次数的累计频率为横坐标，绘制累计频率曲线。在曲线上有一突变点，突变点下方为事故率最高的部分。图11-1为某道路的事故累计频率曲线和高次多项式拟合公式。

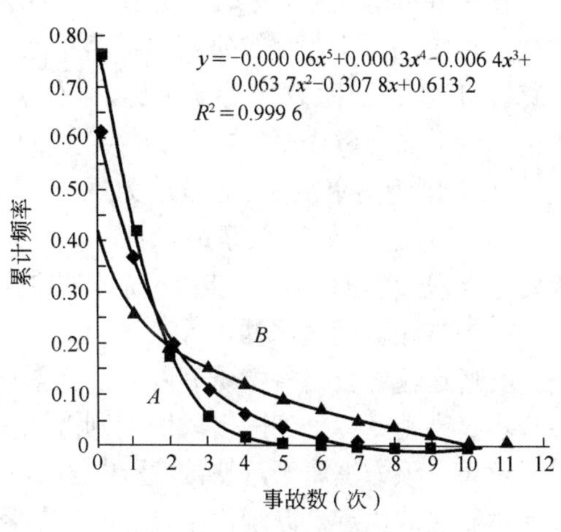

图11-1　事故累计频率曲线

根据在我国多条道路进行交通事故分析，上述曲线在累计频率5%～20%左右有一个突变点，在突变点下面为事故率最高的部分，且事故随累计频率的微小变化而急剧增减，在突变点上面，事故率较小且曲线很平缓，累计频率的较大变化也不会引起事故率的急剧变化,因此,可以将事故累计频率小于5% ~20%的路段作为可能的“事故多发路段”。

该方法确定的事故多发路段并没有把所有道路异常的路段全包括进去,它注重的是以最小的费用,取得最大的安全治理效果,可以说是一种经济判别方法,有很高的实用价值。但也有缺点,一是没有考虑事故的严重情况,二是没有找出所有的道路条件异常路段。

5)事故严重度指数EPDO指数与相对事故严重度指数RSI指数法[1]

事故严重度指数EPDO指数与相对事故严重度指数RSI指数法是在进行事故多发段判别时对事故指标进行折算,从而反映事故严重程度,该指标再应用于其他判别方法中。

EPDO指数与RSI指数的区别是:

(1)EPDO指数以仅财产损失、无人员伤亡的事故为基准,指数值为1,轻微受伤事故指数值为3.5,重伤或死亡事故指数值为9.5。

(2)RSI指数的权重不是由单个事故的严重程度决定,而是由相似条件下发生的若干事故的平均严重程度决定。

关键事故率的计算模型如下:

$$R_{cj} = R_{rp} + K\sqrt{\frac{R_{rp} \times 10^6}{365.25 \times PL_jQ_j}} + \frac{10^6}{730.5 \times PL_jQ_j}$$

式中:R_{cj}——j点的关键事故率,事故数/百万车公里;

R_{rp}——类似地点的平均事故率,事故数/百万车公里;

K——统计常数,置信度85%,$K = 1.036$;置信度90%,$K = 1.282$;置信度95%,$K = 1.645$;置信度100%,$K = 2.326$;

P——时间,年;

L_j——j路段长度,km;

Q_j——AADT,平均日交通量。

6)矩阵法[1]

鉴于事故次数和事故率单独使用对反映事故状况都有片面性。作为一种修正,一些专家提出了将两者结合起来考虑的矩阵法。矩阵法对每一个被研究的道路单元进行事故数和事故率计算,然后将事故次数作为横坐标,车公里事故率为纵坐标,点出两者的分布。整个坐标可分为4个区:1区为高事故率、高事故数区;2区为高事故率、低事故数区;3区为低事故率、高事故数区;4区为低事故率、低事故数区。1区为事故多发路段,4区为安全路段,2、3区需进一步分析后作出判断,见图11-2。

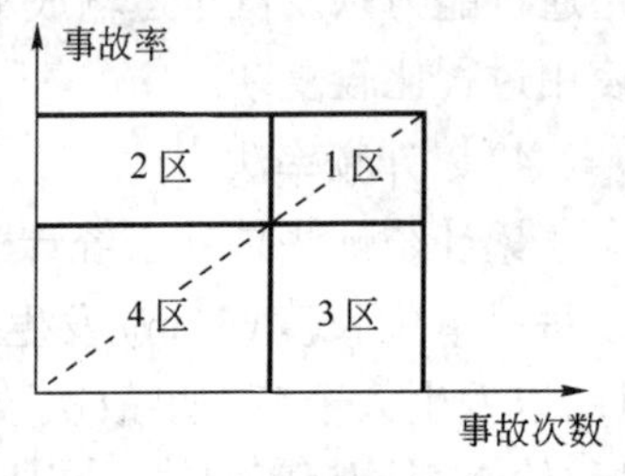

图11-2　事故矩阵

7)双变量区间过滤法[3]

交通运输部公路科学研究院的双变量区间过滤法是从固定步长过滤法、动态步长过滤法一步步提高精度后得到的多发段判别方法,该方法可以完全反映滤出区间在对象路段的随机提取效果。该方法属于过滤法,意思是从道路中过滤出事故相对密集的路段。

过滤法的优点是原理简单,应用方便,容易用程序实现;对滤出路段内事故统计值做事故分布曲线,可以比较直观地分析事故多发段沿道路里程的分布情况;对于事故多发段的治理,可根据资金情况,按滤出路段事故指标从大到小依次处理,相邻有交叉的路段可以整合考虑。过滤法还可以综合事故的严重程度、参与事故的车辆数等指标进行判别,在事故多发段确定后结合多发段的事故、线形、安全管理等数据进行反馈分析,并对多发段进行现场踏勘,有助于总结事故多发段判别、进行安全改进。其不足是不能直接从滤出路段中把交叉口和路段进行区分,精度受事故样本统计中桩号里程的记录情况影响比较大等。随着计算机技术的发展和广泛应用,过滤法的实用性不断得到提高。

整体上,双变量区间过滤法包括推进流程的确定、动态步长的确定、判别标准的确定及多发段提取、双变量的实现几个步骤。

(1)推进流程图

该方法的基本特点是把判别道路内所有确定标准范围内可能的事故情况都判别出来,基本流程图如图 11-3 所示。

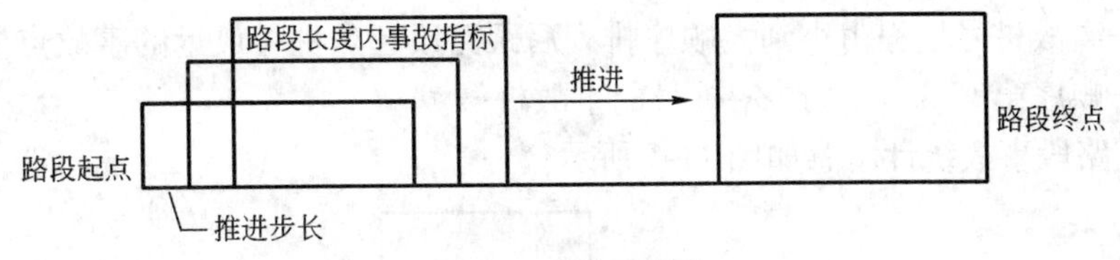

图 11-3　基本流程图

①选定推进步长和路段标准;

②按步长向前推进并记录相应标准路段内的事故;

③记录每个路段的路段里程起始点;

④根据路段起始点桩号和该路段内的事故作出分布图;

⑤按一定的标准比较、提取事故多发段,同时要注意交叉路段的合并。

程序流程如图 11-4 所示。

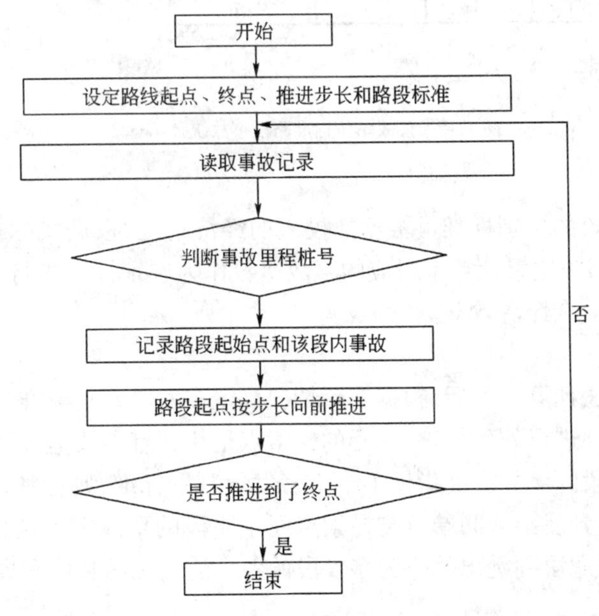

图 11-4　事故按里程推进统计流程图

(2)动态步长的确定

具体方法是先把事故按里程从小到大的顺序排序,然后以动态变化的非 0 的、相邻事故里程桩号间的差值为推进步长,最后应用推进统计流程图示的方法进行单位滤出区间内事故统计,具体原理见下式和图 11-5。

$$\lambda_i = Z_i - Z_{i-1}$$

$$S_{i+1} = S_i + \lambda_i$$

$$\lambda_i = Z_i - Z_{i-1}$$

式中:S_{i+1}——向前推进的标准路段;

S_i——由路段起点开始的标准路段;

λ_i——单位路段标准的动态推进步长;

Z_i——事故桩号里程由小到大顺序排列后距路段起点桩号最近的事故点桩号;

Z_{i-1}——顺序第 $i-1$ 个大于 Z_1 桩号的事故桩号。

单位标准路段事故统计示意如图 11-5 所示。

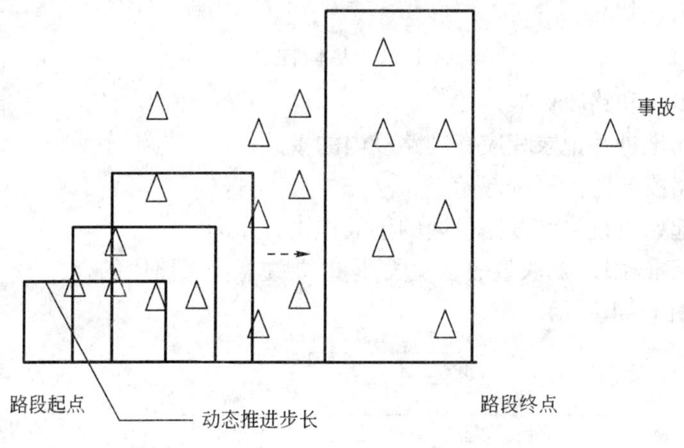

图 11-5　事故单位标准路段事故统计示意图

(3)判别标准确定

事故相对多发路段的判别标准可根据拟投入的经济情况,根据实际情况确定。基于研究经验,通常情况下按 85% 位累计频率对应的事故次数作为判别标准进行事故相对多发路段的判别可以取得较大的安全经济效益。

(4)双变量实现

当动态步长过滤法计算结束后,根据实际情况确定多发段判别标准,把满足判别标准的滤出区间从两个端点向外进行外延处理,外延的探索点是相邻有事故记录的桩号,如果滤出区间端点与探索点间小路段的事故密度指标不小于多发段判别标准,则把滤出区间端点扩大到该探索点,循环此操作直到滤出区间端点与探索点间小路段的事故密度指标小于多发段判别标准,从而使动态步长过滤法判别出的作为多发段的各个滤出区间长度和事故指标都得到调整。其处理示意见图 11-6。

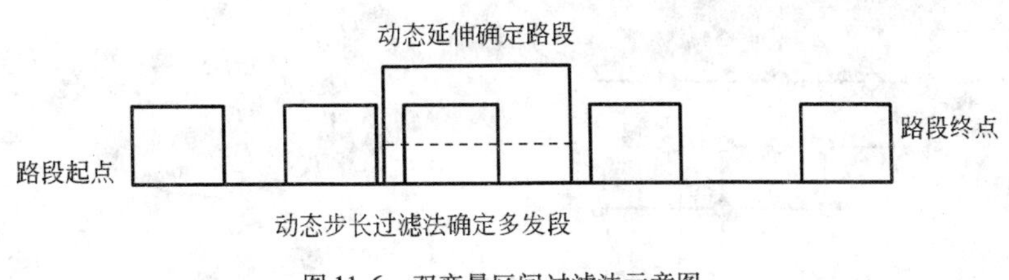

图 11-6　双变量区间过滤法示意图

11.2.2　路网方法[4]

在实际安全管理工作中，除了单条路的事故多发段的判别，路网级的事故多发段判别有其广泛应用需要，路网级事故多发段判别的应用对于大范围的安全管理，对于从战略角度合理配置经济等各方面资源十分有益。

路网事故多发位置判别，目的是从整个对象路网中找出事故相对集中的路段（或者说相对更危险的路段），有些先从路网中识别安全性较差的路再识别此路上的安全性差的段（点）的方法可能会导致一些安全改进地点被忽略，例如：A 路整体事故情况严重于 B 路，但 B 路上某个点的事故情况可能很严重却被忽略了。

交通部公路科学研究院基于公路归一化处理及节点分析的公路路网判别方法重点考虑了两点。一是要将所有路段一同考虑，不按层次分别进行，需前期进行不同等级公路、不同特征点的归一化处理；二是充分考虑平面交叉节点，节点同在相交的各条路上，不能重复判别，而且要确定节点的范围。

因此，此路网事故多发段判别方法的主要优势在于两个方面：一是在对交叉口进行处理，提高了单条路事故多发段判别方法的精度；二是此方法直接把路网中的微观对象放到一起，进行对比分析，避免了现有方法中先提取路网中的事故多发公路，而漏掉一些非事故多发公路上事故多发的点段。

1）路网各等级公路归一化处理

路网事故多发段（点）判别和路网结构密切相关。鱼刺形的路网结构和棋盘状的就有很大的区别。事故多发路段判别时，必须考虑路网内各相交公路间的互相交叉。

如图 11-7 所示，对于公路路网来说，有多种构成形式，在一个已有的公路路网中，包括各种等级的公路（高速公路、一～四级公路、等外公路等），不同等级公路的公路特征、交通流特征和安全特征等都不尽相同，进行路网的事故多发段判别就需要考虑把路网中各种等级的公路放到同一标准下进行判别分析，即进行归一化处理。路网中存在大量的平面交叉节点，相交的公路间是互相影响的，归一化处理首先要做好平面交叉节点的处理。

路网中的高速公路和控制出入的一级公路上对向车辆分隔行驶，两个行车方向几乎无干扰，因此把高速公路和控制出入的一级公路按两条路处理，即两个行车方向各当成一条路。对于不控制出入的一级公路和双车道公路等，对向车辆间存在干扰，且事故记录无法分辨事故发生和原因是哪个方向上车辆，故按一条路处理。

由各等级公路构成的路网中，平面交叉节点的数量巨大。相交公路的等级各不相同，其交通控制方式也各不相同。把所有平面交叉节点都进行处理和分析，既不经济也不实际。因此，相交公路都为四级及以上等级公路的相互交叉定义为平面交叉节点，才作为事故多发段判别

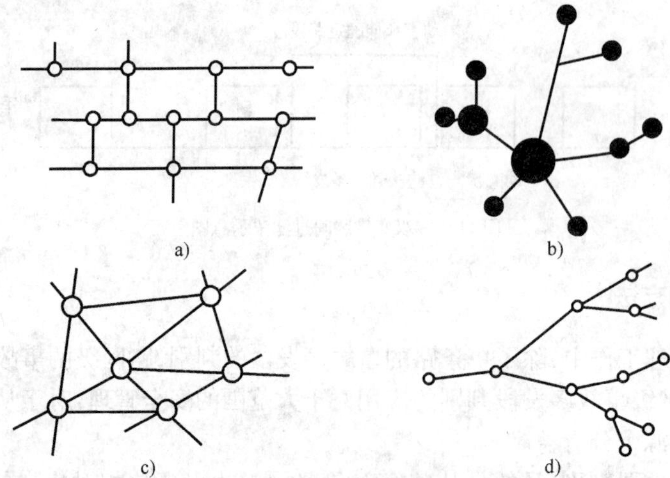

图 11-7　不同路网结构

a）并列形路网；b 放射形路网；c）三角形路网；d 树杈形路网

时需要处理的平面交叉节点。相交公路为等级公路和等外公路相互交叉，定义为接入口，仅处理为所在等级公路上的普通路段。四级及以上等级公路穿过城镇，与城市干路以上道路相交也作为平面交叉节点。

2）平面交叉节点的处理

美国在进行双车道公路安全性分析时，把双车道公路划分为路段和交叉口，把交叉口前后各 76m 对交叉口有影响的路段也划入交叉口范围。我国双车道公路多为国道、省道和县道等，交通组成及车辆状况、事故记录位置信息等与国外明显不同，我国双车道公路安全性分析取交叉口影响范围为 100m[1]。除了双车道公路上的交叉口外，还有双向四车道（一级公路）、单车道（部分四级公路）上存在的一些交叉口。不同等级公路交叉，相交公路功能、交通量不同，平面交叉节点的交通控制方式也不同。因此基于平面交叉节点的安全影响范围，把公路划分成普通路段和平面交叉节点路段。下面讨论各种平面交叉节点的安全影响范围。

（1）安全影响范围构成

在路网中，尤其平原区路网中，存在着大量的平面交叉节点。按公路等级分为一级公路、二级公路、三级公路、四级公路间的平面交叉节点；按交通管理方式分为主路优先交叉、无优先交叉和信号交叉三种。对于平面交叉节点的安全影响区域来说，不仅仅包括两条交叉路直接交叉部分（物理区），也包括平面交叉节点外一定区域范围内的路段（安全影响区）。基于实际观测，平面交叉节点对驶入车辆的影响要大于驶出车辆。根据驶入车辆是否停车将平面交叉节点分为三类阐述，和上述分类略有不同。

①信号交叉

对驶入车辆的安全影响范围，不论主路和支路都包括三部分：

a. 车辆在正常行驶速度下发现平面交叉节点反应时间内行驶的距离；

b. 车辆由正常行驶速度减速到安全停车的距离；

c. 如果平面交叉节点前有车辆等候通行，还包括等候通行的车队长度。

对驶出车辆的安全影响范围，不论主路和支路都为一车辆从停止状态加速行驶到正常车速的距离，如图 11-8 所示。

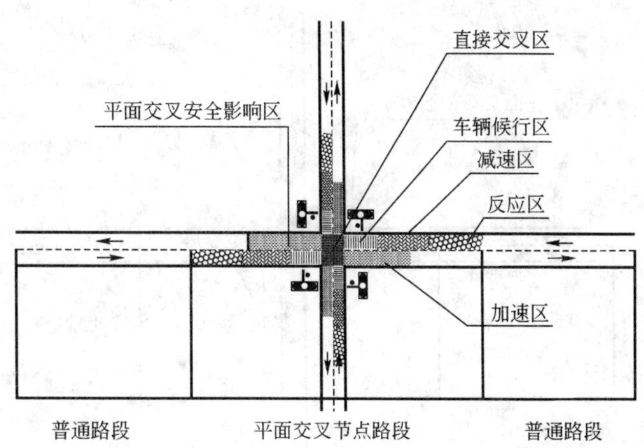

图 11-8　信号交叉的安全影响范围

②支路设有停车让行标志

对驶入车辆，主路安全影响范围包括两部分：

a. 车辆在正常行驶速度下发现平面交叉节点反应时间内行驶的距离；

b. 车辆由正常行驶速度降低到零或某一速度的距离。而支路影响范围包括类似于信号控制平面交叉节点上的三个部分。

对驶出车辆，支路安全影响范围为车辆从停止状态加速行驶到正常车速的距离；主路为车辆从安全速度状态(0 或某一速度值)加速行驶到正常车速的距离，如图 11-9 所示。

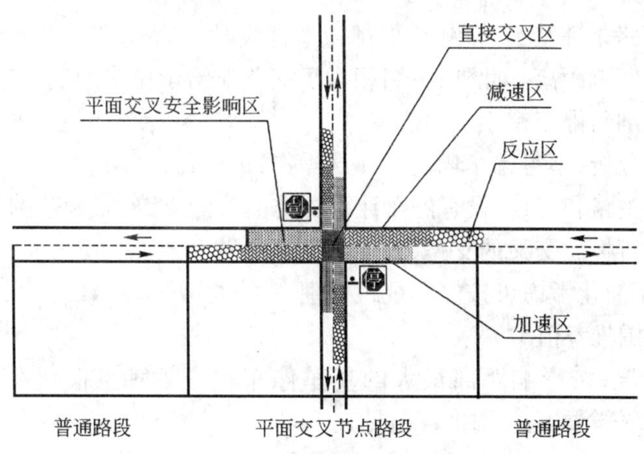

图 11-9　设置停车让行标志的主路优先交叉的安全影响范围

③支路设有减速让行标志或没有设标志

对驶入车辆，主路和支路的影响范围都主要包括两部分：

a. 车辆在正常行驶速度下发现平面交叉节点反映时间内行驶的距离；

b. 车辆由正常行驶速度降低到安全通过速度的距离。

对驶出车辆，主路和支路的安全影响范围都为车辆从安全速度状态加速行驶到正常车速的距离，如图 11-10 所示。

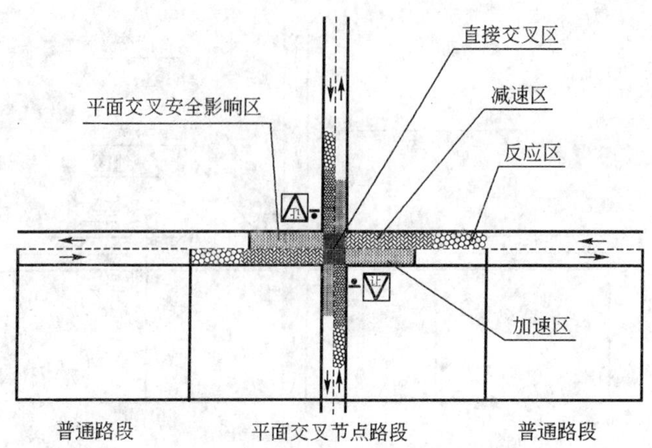

图 11-10　设置减速让行标志或无标志的交叉安全影响范围

(2)安全影响范围确定

平面交叉节点对驶入和驶出车辆的安全影响范围数值除了和上述分析的过程相关,和相交公路的等级、线形条件、视距等多种因素相关。为提高平面交叉节点安全影响范围确定的可操作性,首先需确定主路和支路,再针对主路和支路分别确定安全影响范围的取值。

①主路和支路的确定

主路和支路的划分主要从相交公路的功能、等级、交通量、事故数及严重程度等方面考虑,选取干线公路、公路等级高的公路、交通量大的公路,或事故多、事故严重程度大的公路为主路,另一为支路。

主路和支路道路条件基本一致(比如都为平直线段)的情况下,平面交叉节点对主路影响距离要大于对支路影响距离。此外,主路相对于支路应给予更多的安全考虑。

②安全影响范围与停车视距

根据现场观测分析,不考虑车辆违章和误操作,可以得出:

a. 信号交叉的主路和支路,设有停车让行标志交叉的支路,影响范围与停车视距近似;

b. 设有停车让行标志交叉的支路,其他交叉的主路和支路,车辆不一定停车,其影响范围小于停车视距,出于简化考虑可按停车视距处理。

③安全影响范围推荐值

考虑最不利情况,按影响距离最大的货车停车视距处理。根据《公路工程技术标准》(JTG B01—2003),安全影响范围推荐值见表 11-1。

平面交叉节点对驶入车辆安全影响范围的推荐值　　表 11-1

设计速度(km/h)	100	80	60	40	30	20
货车停车视距(m)	180	125	85	50	35	20

需要说明的是,确定平面交叉节点对不同等级公路驶入车辆的安全影响范围时还可以基于具体的公路做一些观测,选择适合所判别对象路网的实际情况的取值。东南大学陆键[5]等对平面交叉口功能区的定义、组成、计算等有详细的成果,也可以借鉴。

④平面交叉节点安全影响范围的确定

不论主路和支路,平面交叉节点两侧都取平面交叉节点对驶入车辆的安全影响长度,因此平面交叉节点的安全影响范围基本为一椭圆形,如图 11-11 所示。

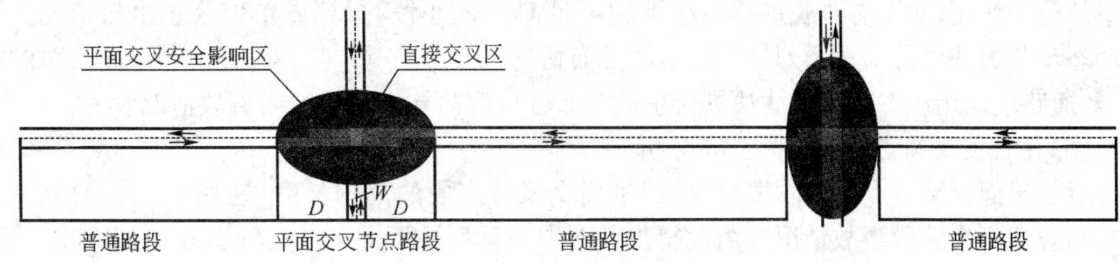

图 11-11　平面交叉节点安全影响范围示意

注:D-平面交叉节点对驶入车辆的安全影响范围;W-交叉区宽度

(3)平面交叉节点处理

平面交叉节点安全影响范围确定后,该平面交叉节点归于主路,且以主路安全影响范围定为该平面交叉节点段的范围;主路和支路影响范围内的事故都为该平面交叉节点段的事故。而在路网中,支路则不再考虑该平面交叉节点影响范围。

结合图 11-10,平面交叉节点段安全影响区域计算公式为:

$$C = 2D + W$$

式中:C——平面交叉节点段长度;

W——支路直接交叉区的宽度;

D——平面交叉节点对主路驶入车辆的安全影响范围。

在一条路事故多发段判别时,W 为该路相交路直接交叉区的宽度,D 为平面交叉节点对该路上驶入车辆的安全影响范围。

3)应用方法及流程

路网中各等级公路的同一化处理及平面交叉节点安全影响范围确定后,即可进行路网事故多发段的判别,具体步骤为:

(1)整理交通事故数据

主要把交通事故数据中以地点名称标志事故位置的形式转化为里程桩号标志事故位置的形式,便于事故分布情况的分析。

(2)路网中不同等级公路的归一化处理

(3)平面交叉节点段和普通路段的划分

如图 11-11 所示,按前述平面交叉节点安全影响范围的确定方法,把路网中的公路分成平面交叉节点段和普通路段两个部分。其中,按平面交叉节点段安全影响区域计算公式确定平面交叉节点安全影响范围后,支路不再进行相交结点的分析;不论是主路上还是支路上邻近的平面交叉节点,安全影响范围有重叠的,要合并成一个平面交叉节点段。平面交叉节点段的事故既包括主路上影响范围内的事故,也包括支路影响范围内的事故。

对象路网实现了 S_{ij}和 C_{ik}的划分,S_{ij}表示路网中第 i 条公路的第 j 个普通路段;C_{ik}表示第 i 条公路的第 k 个平面交叉节点段。

(4)普通路段的事故分布分析

对普通路段应用动态步长过滤法进行事故分布的分析,得出一系列标准路段对应事故分布情况，对于应用动态步长推移后余下的不足标准路段的小段，按一段处理，并按长度对事故进行加权。比如动态步长过滤法设定的路段标准为1km，那么提取出一系列的1km长度路段的事故分布情况；对动态步长推移后余下的不足1km的小段，折算成单位公里事故情况。即用动态步长过滤法得出一系列标准段事故分布情况$\{AS_{ij_1}\cdots\cdots AS_{ij_n}\}$，$AS_{ij_n}$表示第$i$条公路的第$j$个普通路段应用动态步长过滤法进行事故分布分析后第$n$个标准区内事故情况。

(5)平面交叉节点段的事故分布分析

对于平面交叉节点段事故情况，根据平面交叉节点段的范围长度（主路安全影响范围长度），折算成标准路段事故情况。由此得出路网中一系列平面交叉节点段事故分布情况，即所有的平面交叉节点事故$\overline{AC_{ik}}$。

$$\overline{AC_{ik}}=\frac{\sum AC_{ik}}{C_{ik}}$$

式中：$\overline{AC_{ik}}$——第i条公路的第k个平面交叉节点段的事故情况；

$\sum AC_{ik}$——第i条公路的第k个平面交叉节点段内的事故总数；

C_{ik}——第i条公路的第k个平面交叉节点段的安全影响长度。

(6)整合判别

把普通路段按标准路段的事故提取结果和折算后的平面交叉节点段事故分布情况整合在一起，然后在同一标准下进行事故多发段的判别，邻近路段要合并处理。

$$\mathrm{MAX}_m\{AS_{ij_1}KAS_{ij_n},\overline{AC_{i1}}K\,\overline{AC_{ik}}\}$$

式中：MAX_m——在同一判定标准下从平面交叉节点和事故分布段的合集中提取出的m个事故多发段；

K——统计常数。

由于事故发生有一个影响区域，对判别出的路网中的事故多发路段，要辅助现场踏勘，确定最终的需要进行安全改进的路段范围。

11.3 基于安全性预测的方法

基于预测模型的相关判别技术，有对事故率的判别和对事故多发概率的判别等。为解决事故数据质量的影响和“回归到平均”现象的影响等问题，并减少事故多发段判别中对事故数据的依赖。

11.3.1 单条路方法

1)平方根法则[1]

预测法是将事故次数与影响事故的几个因素进行回归分析，求得该地区各路段事故数的预测模型，然后根据统计原理求得在一定置信度的置信区间，从而区分出危险区、中间区和安全区，见图11-12。

$$\left|\frac{Y_i-\hat{Y}_i}{\hat{Y}_i}\right|=\mathrm{K}$$

式中：Y_i——实测值；

$\hat{Y}_i$——预测值；

K——统计常数，如置信度为95%时，$K=1.96$。

Tanner1953 年提出了平方根法则，用于无信号灯十字形交叉口：

$$A=\sqrt{\frac{(Q_1+Q_2)(Q_3+Q_4)}{4}}$$

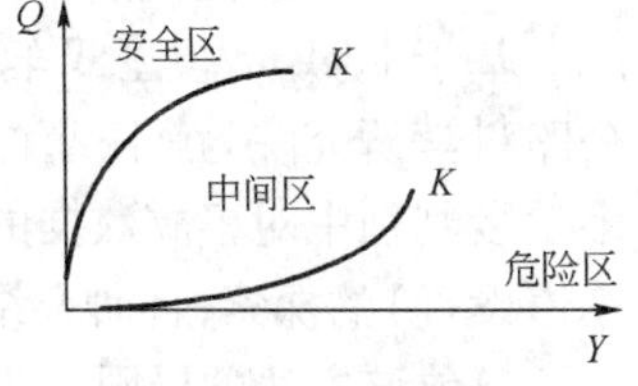

图 11-12　预测置信区间

式中：　A——交叉口事故预测值；

$Q_1 \cdots\cdots Q_4$——交叉口 4 个进口道的流量。

对 T 形交叉口：Pickering，Hall 和 Grimmer1986 年提出模型如下：

$$A=0.24(QP)^{0.49}$$

式中：A——在交叉口 22m 范围内的事故数预测值；

Q——主路进口道的流量，车/d；

P——支路进口道的流量，车/d。

2）多元分级贝叶斯模型[1]

应用多元分级贝叶斯模型来识别道路事故多发点段，首先修正事故的历史统计数据，同时考虑到事故数、死亡人数、重伤人数及轻伤人数，然后用贝叶斯模型来估计路段发生事故的概率，如果概率超过正常值，则此路段（点）为黑点事故多发点。

国外在道路事故多发点的领域开展的研究较早，出现了一些经典的分析模型，如关于易发生事故的弯道的判别模型。1983 年 Glennon 按照道路几何构造、交通量、沿线条件等因素，建立了判别事故高发生率的平面曲线模型，模型表述为：

$$D=0.071\,257D_c+2.060\,9L_c+0.107\,3R_R-0.035\,16P_R-0.145\,04S_w-1.545\,44$$

式中：D——判别点的计算值；

D_c——弯道的曲率；

L_c——曲线长度，mile；

R_R——沿线路侧障碍程度；

P_R——路面抗滑程度；

S_w——路肩宽度，ft。

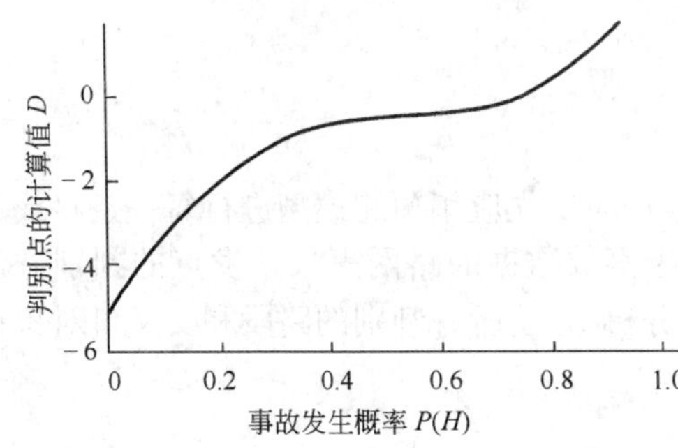

图 11-13　判别点的计算值与事故发生概率 $P(H)$ 的关系

按此模型计算，转弯急、曲线长、路侧比较危险、抗滑能力差、窄路肩等情况下，判别点的计算值高，说明在该处发生交通事故的概率高。该模型的判别精度，在事故发生率高的弯道为75.9%，在事故发生率低的弯道为 60.2%；在全部调查区域内平均为 69.1%，弯道事故发生率与判别的点的关系如图 11-13 所示。如判别点的计算值为 +2，则事故发生概率为 90%。

3）安全性预测模型法[1]

交通部公路科学研究院的安全性预测模型，适用于双车道公路安全性预测。由预测对象的道路要素、交通要素等并可结合其历史事故发生情况进行其交通事故次数、严重程度的预测以及事故类型的分布预测，从而预测其安全性，根据预测结果可进行安全改进地点的分析，详见第八章。

4）LOGIT 预测判别[6]

基于 Logistic 模型双车道公路（无慢车道设置）事故易发路段的探索性预测方法是交通部公路科学研究院为解决事故数据质量的影响和“回归到平均”现象的影响等问题，并减少事故多发段判别中对事故数据的依赖，进行的探索性研究。目前仅进行了山区双车道公路（无慢车道设置）的探索，且研究结果需要进一步验证和完善。

目前该方法的局限在于：具体研究过程中，由于受我国数据积累情况及采集条件的限制，只获取了部分要素的数据；此外，由于建模过程要考虑数理统计和工程实际两个方面的需求，模型构建过程中，也有部分要素没有包含在内。而实际上，对公路交通安全影响的因素众多，还需要对更多因素进行数据积累、采集和扩充性研究。

（1）基于 Logistic 模型的双车道公路（无慢车道设置）事故易发路段探索性预测模型

$$P_1=\frac{\exp(-5.797\,649+0.000\,642\mathrm{ZSJTL}+0.724\,475\mathrm{ZSHC}+0.055\,3771H+0.051\,437\,2\mathrm{JRKMD})}{1+\exp(-5.797\,649+0.000\,642\mathrm{ZSJTL}+0.724\,475\mathrm{ZSHC}+0.055\,3771H+0.051\,437\,2\mathrm{JRKMD})}$$

式中：ZSJTL——交通量；

ZSHC——货车比例；

H——路段平曲线弯曲度；

JRKMD——单位公里接入口个数。

（2）判别标准

判别标准主要是预测事故易发路段概率情况和原有事故易发路段对比分析，见表 11-2。

预测事故易发路段概率情况和原有事故易发路段对应情况表 表 11-2

预测概率范围	≥50%	40% ≤P1 <50%	30% ≤P1 <40%	25% ≤P1 <30%	<25%
事故易发路段比例	100%	70%	60%	50%	20%

预测概率越大，则成为事故易发路段的可能性也越大，当预测概率超过 50% 时，预测对象基本可以确定为事故易发路段。与此对应，预测概率越小，则预测对象成为事故易发路段的概率越小，当预测概率小于 25% 时，预测对象成为事故易发路段的概率已经很小了。由此，在模型应用的时候，预测成为事故易发路段概率在 25% 以上的，应该做重点分析，并采取相应的安全改进措施。

11.3.2 路网方法

上述基于事故预测的方法，同样适用于路网，应用时要先应用预测模型进行每一条路或每一个交叉口的安全性预测，然后参见 11.2.2，与基于事故数据的路网事故多发点的判别方法方法一致，要进行公路归一化处理和平面交叉节点分析，并使所有判别的路段和交叉口对象在同一标准下进行判别。

11.4 基于速度、冲突以及其他方法

1）基于交通冲突技术的方法[1]

为了解决基于统计数据建立的模型存在着“小样本、长周期、大区域、低信度”等问题，确保复杂问题能够得到更好的处理，国外一些学者率先将交通冲突技术（TCT）应用到交通安全评价和事故多发点判别中，由于它具有快速、定量分析的优点，在许多国家得到了开发和应用。国外有些成果应用交通冲突技术对路段交通状况进行冲突观测分析，建立了路段交通事故多发点的判定方法，以对道路交通事故多发点进行判定，有助于提出安全改善措施。

交通冲突的定义是两个或多个道路使用者在一定时间和空间上彼此接近到一定程度，此时若不改变其运动状态，就有碰撞的危险，这种现象称为交通冲突。

BrianL. Alien 等通过对交叉口冲突和碰撞过程的分析，对交通冲突技术进行修改补充，得出交通冲突技术确实能为交通工程师提供可靠的交通事故预测和评价工具的结论；Hauer 等在 1984 年论述了交通冲突技术的有效性，分析了点估计法和极大似然估计法的差别，认为后者效果较好，与实际值较为接近；英国道路交通研究所认为，根据广义的冲突定义不可能找出冲突与事故的关系，但严重冲突却与事故密切相关，所以可以采用冲突技术作为研究交叉口交通安全的快速方法；瑞典通过实验发现受伤事故与交通环境、交通量及车辆密切相关，可用冲突技术识别事故多发点段。因此可以得出冲突与事故的关系，交通冲突实质上是不安全的交通行为的表现形式，其发展结果可能导致事故的发生，也可能由于采取措施得当而避免事故的发生，因而事故与冲突存在某种相似的内容，随着冲突严重性的增加，发生事故的危险性也不断增长。

冲突判定模型利用反映路段冲突严重性指标（TSW）来判断安全改进地点，冲突严重度的计算公式为

$$\mathrm{TSW}=\sqrt{\sum\{\alpha_j W(e_j)\}^2}$$

式中：$W(e_j)$ ——危险度；

α_j ——不同冲突类型对应后果的权重。

2）基于交通仿真技术建立的方法[1]

交通仿真技术能够很好地模拟交通流或者交通个体，那么利用交通仿真也可以模拟事故发生前的行驶状态和道路状况。早期国外学者建立的一些关于车速与事故率关系的模型，可以作为利用交通仿真技术建立事故多发点（段）的基础理论。

（1）1964 年，Solomon 在研究中，将事故诱因归结为速度的变化。Solomon 模型具体描述为

$$I = 10^{0.000\,606\,2\Delta v^2-0.006\,675\Delta v+2.23}$$

式中：I ——路段事故率，每 10^5 辆 · km；

Δv ——速度梯度，即断面的运行车速与平均运行车速的差值，km/h。

Solomon 模型曲线呈 U 形，事故率最低处速度梯度稍大于 0km/h，速度基本无变化；在速度梯度为 0km/h 时，事故发生与否取决于司机操作经验等因素；同时，速度梯度越大，事故率越高。

（2）MUARC（Monash University Accident Research Center）分析显示，当车辆运行车速大于路段平均车速时，MUARC 模型与 Soloman 模型结论一致，即速度梯度越大，交通事故率越高；当车辆运行车速小于路段平均车速时，MUARC 模型认为事故率只有轻微的增加，即运行车速

低于路段平均车速时的速度梯度与事故率无关。

(3)英国学者 A. Buruya 开发了适用于欧洲的速度与事故模型——EURO 模型,研究表明交通事故率与超速行驶有着必然的联系

$$\Delta \ln(I) = \frac{1.536\Delta v}{\bar{v}}$$

式中:I——年平均事故率,每 10^6 辆·km·年;

$\bar{v}$——平均运行车速,km/h;

Δv——速度梯度,km/h。

利用交通仿真技术模拟交通个体各个时段的行驶速度,从而得到道路上车速随线形的连续变化值,得到连续的交通事故率量化值;从而避免了以往判别事故多发位置方法中由于划分路段而导致事故黑点"消峰"或隐藏的缺点。

3)基于仿真技术建立的模型

目前国内将交通仿真技术用于识别事故多发点的研究并不多,国内学者关于此方面研究的新方法即应用仿真模拟技术对一条设计中的道路进行三维数字建模,结合车辆模型、驾驶者控制模型进行全路的汽车运行仿真,模拟汽车在道路上的行驶情况,以获得道路上汽车运行速度,然后运用速度的连续及均衡性理论对该路段实施评价,来识别出事故多发点(段)。

一种方法利用仿真技术,根据整车模型、制动器模型、轮胎模型等一系列数学力学模型,通过编写计算机程序来仿真识别道路事故多发路段。最后用实例验证仿真方法及模型的有效性。

具体的模拟思路是按照初始位置的道路信息计算出初始状态下汽车的运行参数,建立时间序列和位移序列,模拟仿真汽车下各状态的汽车运行参数,利用该状态下的运行参数和对应汽车行驶位置的道路信息,又模拟下一个状态的运行参数。通过各个状态的运行参数判别该行驶位置的稳定性。仿真框图如图 11-14 所示。

整个仿真模型包括两大模块:事故仿真模型和事故多发路段判定模型。事故仿真模型主要包括五个部分:汽车运动学模型,轮胎模型,制动器模型,ABS 模型,轮胎-地面摩擦系数模型。事故多发路段判定模型部分将道路进行分段作为事故观察段,统计各段的仿真事故次数,并计算路段每公里发生的相对数量 c。选择相对数量的计算值作为判断标准,即临界值 e。

$$e = 15\frac{1}{n}\sum_{1}^{n} c_i$$

式中:n——统计路段数;

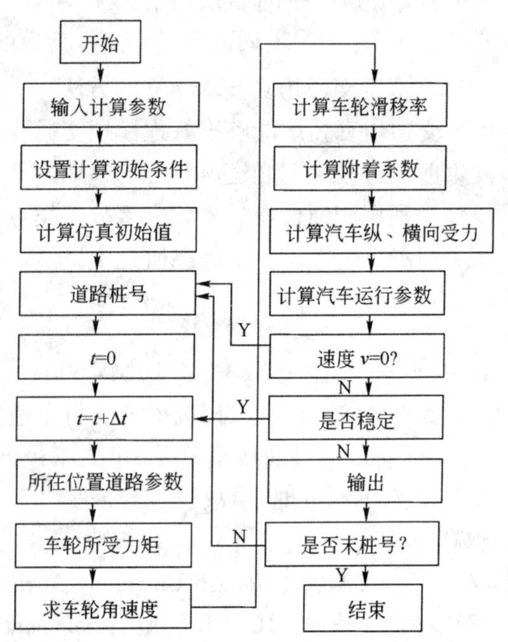

图 11-14 仿真结构框图

c_i——第 i 段事故相对数量。

与临界值进行比较，由此判定各路段是否为多发事故路段。如果该路段事故相对率 $c \geq e$，那么就可以判定为该路段为一个事故多发路段，应该及时进行安全改善。

11.5　结　论

关于事故多发点（段）的判别可以从直接事故统计、安全性预测、冲突技术、仿真等多个方面来进行。各种事故多发段的判别方法都有其优势和不足，已有的事故多发段判别方法，大多针对一条公路进行事故多发路段判别。相关的事故多发段判别方法，不论是平均路段法、累积频率曲线法、泊松判别法、固定步长过滤法、动态步长过滤法，还是精度较好的双变量区间过滤法等都把一条公路看成连续的路段，对平面交叉节点考虑都比较少。简单把平面交叉节点和路段统一处理，并不考虑被交路对判别对象路的干扰，因而削弱了平面交叉节点的安全的重要性，不利于把安全问题突出的点或段判别出来。事故多发段判别方法的核心是在一定标准下从公路上提取出事故分布最密集，或最容易发生事故的部分，所以平面交叉节点的处理不充分，必然影响各种方法实际判别结果的精度。

表 11-3 列出了判定事故多发点（段）的各项指标及优缺点[1]。

事故多发段/点的判定指标　　表 11-3

判定指标	优　点	缺　点
事故数	方法简单，事故高发点肯定能判别出来	1. 对交通量大的地点不公平； 2. 没有考虑事故严重度； 3. 没有考虑事故随机性
事故率	1. 考虑了交通量； 2. 最常用，便于对比	1. 必须知道交通量； 2. 没有考虑事故随机性； 3. 对交通量小的地点不公平； 4. 没有考虑事故严重度； 5. 假定交通量与事故是线性关系（这个假定往往是错的）
关键事故率	1. 考虑了事故随机性； 2. 考虑了交通量	1. 方法比较复杂； 2. 没有考虑事故严重度； 3. 假定交通量与事故是线性关系（这个假定往往是错的）
事故严重度指数	简单，考虑了事故严重度	1. 没有考虑交通量； 2. 没有考虑事故随机性； 3. 对高速的地点（公路）不公平

续上表

判定指标	优点	缺点
相对事故严重度指数	1. 考虑了事故严重度； 2. 减少外在因素对事故严重度的影响	1. 费用矩阵比较复杂； 2. 没有考虑交通量； 3. 没有考虑事故的随机性； 4. 对高速的地点(公路)不公平
事故预测模型、LOGIT 预测判别等事故预测指标	提高预测的精度	1. 相对复杂； 2. 只包含了部分安全影响因素
经验贝叶斯方法结合的预测与实际事故指标	考虑了事故的随机性； 提高了预测的准确度	多与事故预测模型结合使用，较复杂
基于速度、冲突以及其他指标	对事故数据依赖性小	不够直接

11.6 应用示例

用于一条路的双变量区间过滤法及基于路网的事故多发路段的判别方法的应用，下面以一个区域路网和公路为示例。

11.6.1 G220 某段事故相对多发点(段)分析

G220 为一双向多车道公路，有中央分隔带。应用双变量区间过滤法，把 G220(有中央分隔带多车道公路)某段的事故资料里的地点信息转化为桩号以后，分别对 G220 某段的双向汇总、两个方向各进行了事故多发段的分析。经分析发现，G220 某段的事故相对多发段的状况比较明显。G220 双向事故，分方向事故的分布结果分布分别如图 11-15～图 11-17 所示，事故相对多发路段的判别结果见表 11-4～表 11-6。

1)双向事故多发段分析

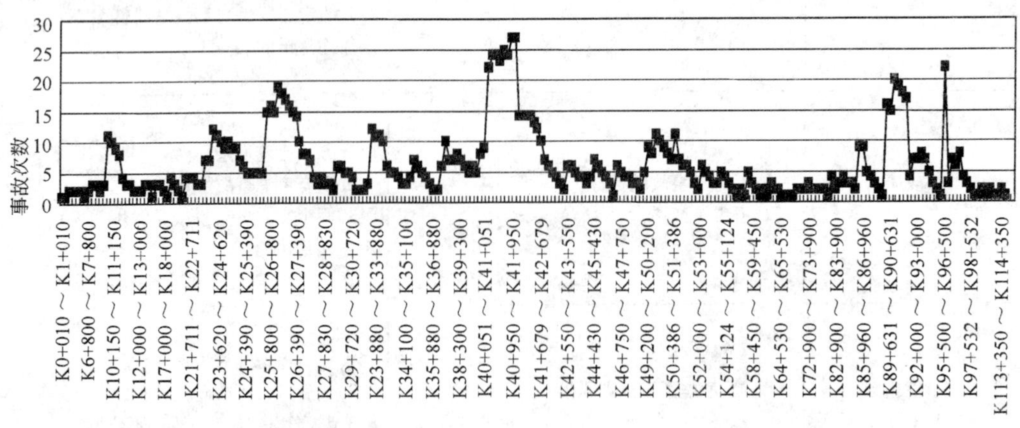

图 11-15 G220 某段双向事故多发段分布情况

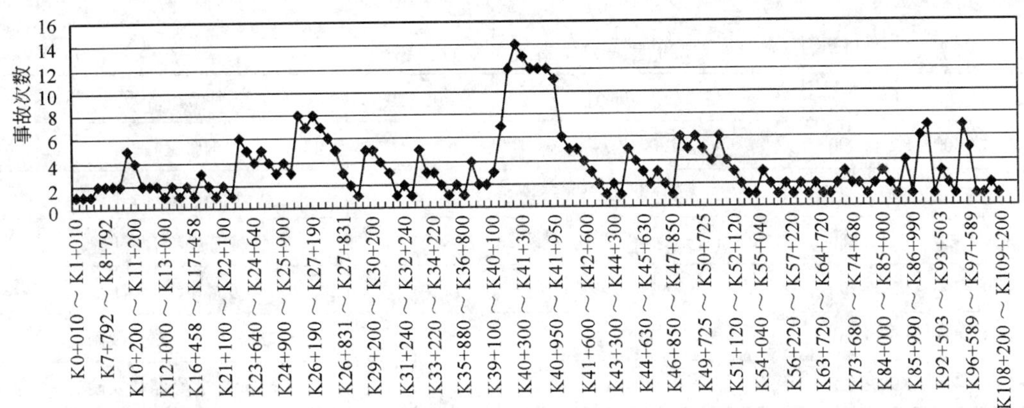

图 11-16　G220 某一方向事故按路段分布情况

G220 某段双向事故多发段分布表　　表 11-4

路　　段	路段长度(km)	事故次数	对应路段
K25 +450 ~ K27 +280	1.830	22	收费站附近综合路段
K40 +051 ~ K42 +296	11.345	39	李庄镇综合路段
K88 +800 ~ K90 +631	1.831	16	与 S249 相交路口及附近
K91 +100 ~ K92 +403	1.303	20	与 S248 相交路口及附近
K95 +500 ~ K96 +500	1.000	22	济太路口及附近
合计	8.209	119	—
百分比	6.96%	48.61%	—

由图 11-15 和表 11-4 可以看出，在 6.96% 的路段长度上发生的事故数在事故总数中所占的比例高达 48.61%，这说明事故相对多发的态势很明显。

2）G220 某一方向事故多发段分析

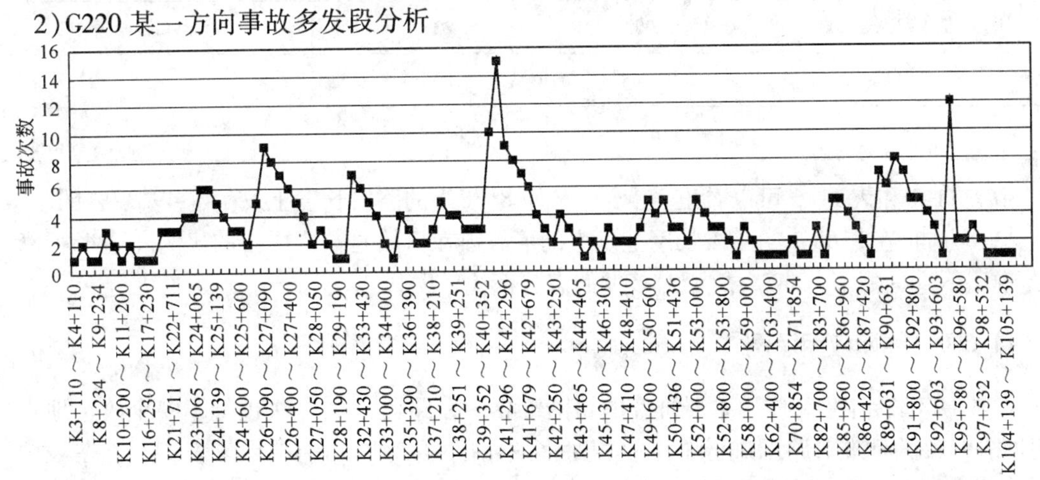

图 11-17　G220 另一方向事故按路段分布情况

G220 某一方向事故多发段分布表　表 11-5

路　段	路段长度(km)	事故次数	所属路段
K23 +400 ~ K24 +400	1.00	6	八沟张穿村路段
K25 +600 ~ K27 +240	1.64	10	收费站附近综合路段
K39 +920 ~ K41 +980	2.06	18	李庄镇综合路段
K49 +200 ~ K51 +390	2.19	12	姜楼镇综合路段
K89 +631 ~ K90 +631	1.00	6	与 S249 相交路口及附近
K91 +400 ~ K92 +400	1.00	7	与 S248 相交路口及附近
K95 +500 ~ K96 +500	1.00	22	济太路口及附近
合计	9.89	81	—
百分比	8.38%	49.39%	—

3) G220 另一方向事故多发段分析

G220 另一方向事故多发段分布表　表 11-6

路　段	路段长度 km	事故次数	对应路段
K23 +600 ~ K25 +000	1.400	8	八沟张村穿村路段
K26 +090 ~ K27 +400	1.310	9	收费站附近
K32 +400 ~ K33 +430	1.030	7	丁家庄路口附近综合路段
K40 +305 ~ K42 +679	2.374	19	李庄镇综合路段
K88 +800 ~ K90 +631	1.831	7	与 S249 相交路口及附近
K91 +100 ~ K92 +403	1.303	8	与 S248 相交路口及附近
K95 +500 ~ K96 +500	1.000	22	济太路口及附近
合计	10.248	80	—
百分比	8.68%	49.38%	—

由表 11-5 和表 11-6 可以看出，在某一方向，8.38% 的路段长度上发生了 49.39% 的事故；对应另一方向，在 8.68% 的路段长度上发生的事故数在事故总数中所占的比例高达 48.38%。由此说明不论是哪个方向，事故相对多发的态势都比较明显。

11.6.2 路网应用示例

在某一区域路网上，应用手册推荐的路网事故多发路段判别方法进行了安全改进地点的判别，按 95% 的标准对路网进行了事故相对多发路段的判别，判别结果见表 11-7。在表中所示的路段、交叉口、村庄等发生的事故占到全部事故的 35% 以上，而里程百分比不足 10%，在较短的里程范围内发生了较多的事故，说明事故相对聚集的态势还是比较明显的。

路网事故相对多发路段分析表　　表 11-7

地区	道路	普通路段	村庄路段	平面交叉	其他
BH	G205	—	张集	—	—
BZ JY	G220	—	李庄镇	S249 交叉口 S248 交叉口 济太交叉口	收费站附近
BZ	S803	—	—	小营交叉口	—
HM	S246	K51 + 100 ~ K53 + 250	孙武 李庄镇 惠民镇	—	—
HM	S239	K94 ~ K95 + 510 K102 + 300 ~ K103 + 300 K108 + 200 ~ K109 + 520 K111 + 900 ~ K112 + 900 K114 + 220 ~ K115 + 840 K117 + 846 ~ K118 + 846	淄角镇 皂户李街	新大济路与永莘路交叉口 大济路与乐胡路交叉口	—
HM	S316	K101 + 400 ~ K102 + 400 K122 + 750 ~ K123 + 780	石庙 大桑镇	新大济路与永莘路交叉口	—
HM	S247	K43 + 600 ~ K44 + 950 K49 + 340 ~ K50 + 390	路麻店镇	新大济路与乐胡路交叉口	—
JY	S248	—	索庙	G220 与 S248 交叉口	—
JY	S249	—		G220 与 S249 交叉口	—
RP	G105	—	乐平镇		—
RP	S257	—		S254 与 S257 交叉口	—
GT	G105	K394 + 300 ~ K396 + 200 K397 + 500 ~ K399 + 200 K408 ~ K409 K415 + 200 ~ K416 + 200 K418 + 300 ~ K419 + 300 K419 + 600 ~ K420 + 600 K422 + 300 ~ K423 + 300	梁村 南镇 姜店	G105 与 S322 交叉口 S308 与 G105 交叉口	韩寨路口
GT	S308	K414 + 100 ~ K415 + 100 K417 ~ K418 + 200 K420 + 700 ~ K421 + 700 K437 + 730 ~ K439 + 100	—	S316 与 G308 交叉口 G308,G105 交叉口	晏高收费站
GT	S316	K285 ~ K287 + 250	小朱寨 固河镇	S322 与 S316 交叉口 G105、S316 交叉口 G308、S316 交叉口	—
GT	S322	K2 ~ K3 + 800 K12 + 810 ~ K15 + 370 K19 + 450 ~ K21 K27 + 300 ~ K28 + 300		G105 与 S322 交叉口 S322 与 S316 交叉口	—

续上表

地区	道路	普通路段	村庄路段	平面交叉	其他
LX	G104	—	凤凰街 陵城镇	—	—
LX	S249	—	宋家镇	—	—
LX	S314	—	前孙镇 边镇	—	—
LX	S315	—	神头镇	—	—
LX	S353	—	薛庄村	—	—
PY	G105	K364 +040 ~ K365 +650 K373 +900 ~ K374 +900	—	G105 与 S315 交叉口	—
PY	S101	K62 ~ K63 +715 K72 +200 ~ K73 +302	—	S101 与 S315 交叉口	101 线工会路口
PY	S315	K255 +800 ~ K258 +350 K258 +915 ~ K260 +910 K261 +650 ~ K262 +650 K263 +100 ~ K264 +100	—	S315 与 S318 交叉口	—
PY	S318	—	—	S315 与 S318 交叉口	—
QH	G308	K373 +900 ~ K375 +066	—	西外环交叉口	永峰钢铁附近 莱钢 晨鸣路口 桑元赵路口 焦斌路口
QH	S324	—	赵官镇	—	—
QH	S804	—	潘店	—	—
DC	G104	—	抬头寺	—	白桥
DC	G105	—	—	G105 与 S101 交叉口	三十里铺大桥
DC	S101	—	—	S101 与 G105 交叉口	—
DC	S314	—	—	晶华大街与 S314 交叉口	—

11.6.3 LOGIT 预测判别模型应用示例

以某公路为例，全长 16km，路基宽度 8.5m，该路 2001 ~ 2003 年共 3 年的原始事故记录中共有事故记录 222 起有明确位置标识的记录。

1）数据

由于该路为平原区双车道公路（无慢车道设置），所以应用事故预测模型时采集的数据包括交通量数据（按车型分类）、平曲线曲率、接入口分布、路侧危险度等。

2）路段的划分

对该路路段按村庄位置、交叉口、交通量、路基宽度、接入口密度和路侧危险度变化情况，划分成 92 个普通路段。

3）路段变量属性的赋值

根据基础模型需要对各个路段进行变量属性的赋值，K24 +200 ~ K24 +900 路段为一普通路段，按表 8-1 所示变量计算方法对变量赋值，变量赋值情况如表 11-8 所示。

K24 +200 ~ K24 +900 普通路段变量赋值情况　　表 11-8

变 量 名 称	ZSJTL	ZSHC	H	JRKMD
值	3 994.67	50.87	1.15	16

4）预测事故多发段概率

把表中 K24 +200 ~ K24 +900 变量值带入模型计算路段事故多发段概率，计算结果如下：

$$P_1 = \frac{\exp(-5.797\,649 + 0.000\,642ZSJTL + 0.724\,475ZSHC + 0.055\,3771H + 0.051\,437\,2JRKMD)}{1 + \exp(-5.797\,649 + 0.000\,642ZSJTL + 0.724\,475ZSHC + 0.055\,377\,1H + 0.051\,437\,2JRKMD)}$$

$$= \frac{\exp(-5.797\,649 + 0.000\,642 \times 3\,994.67 + 0.724\,475 \times 50.87 + 0.055\,377\,1 \times 1.15 + 0.051\,437\,2 \times 16)}{1 + \exp(-5.797\,649 + 0.000\,642 \times 3\,994.67 + 0.724\,475 \times 50.87 + 0.055\,377\,1 \times 1.15 + 0.051\,437\,2 \times 16)}$$

$$= 0.275$$

其余路段计算方法类似。

5）结果

按 LOGISTIC 事故易发路段预测模型进行预测，基于预测结果，提取出 25% 的事故易发路段，提取结果如表 11-9 所示。

按 LOGISTIC 预测模型预测的事故易发路段分布表　　表 11-9

路　　段	预测概率（%）	路段长度（km）	路　　段	预测概率（%）	路段长度（km）
K26 +000 ~ K26 +100	42.44	0.1	K39 +000 ~ K39 +200	26.91	0.2
K28 +600 ~ K28 +800	32.50	0.2	K27 +600 ~ K27 +700	26.82	0.1
K25 +600 ~ K25 +800	30.75	0.2	K24 +900 ~ K25 +000	26.75	0.1
K27 +400 ~ K27 +600	30.28	0.2	K30 +000 ~ K30 +100	26.73	0.1
K25 +800 ~ K26 +000	29.56	0.2	K38 +900 ~ K39 +000	26.67	0.1
K28 +100 ~ K28 +300	28.76	0.2	K34 +000 ~ K34 +300	26.55	0.3
K29 +900 ~ K30 +000	27.78	0.1	K39 +600 ~ K39 +700	26.46	0.1
K31 +000 ~ K31 +100	27.61	0.1	K26 +200 ~ K26 +900	25.75	0.7
K24 +200 ~ K24 +900	27.51	0.6	K37 +200 ~ K37 +300	25.21	0.1
K29 +000 ~ K29 +100	27.19	0.1	K31 +900 ~ K32 +000	25.02	0.1
K37 +100 ~ K37 +200	27.08	0.1			

在表 11-9 中，事故易发路段预测概率大于 25% 的路段共有 21 处，长 4km，里程长度所占比例为 25%，上述路段为判别出的事故相对危险路段，需要进行进一步的安全分析。

本章参考文献

[1] 何勇,唐琤琤,张铁军,等.西部地区公路交通安全性评价[R].北京:2003年西部交通建设科技项目,2006.

[2] 方守恩,郭忠印,杨轸.公路交通事故多发位置鉴别新方法.交通运输工程学报,2001,1(1):90-98.

[3] 张铁军,唐琤琤,张巍汉.双变量区间过滤法进行事故多发段判别[J].公路交通科技,2006(3):139-142.

[4] 唐琤琤,张铁军,等.路网事故多发段判别研究.公路交通科技,2007,8.

[5] 陆键,等.公路平交路口交通安全技术研究[R],2007.

[6] 张铁军,唐琤琤.基于Logistic模型的双车道公路事故易发路段预测研究.公路,2008,1 124-128.

第十二章　安全改进地点的诊断

12.1　目　　的

确定道路安全改进地点后，对这些地点进行安全诊断，分析其不安全的主要原因。

安全诊断是为了提出针对性的安全改进措施，是保证安全改进有效的重要环节。

12.2　安全诊断程序

安全诊断程序如图12-1所示，主要包括5个步骤：组建安全诊断小组、搜集相关背景资料、初步诊断、现场调研和确定主要安全隐患。

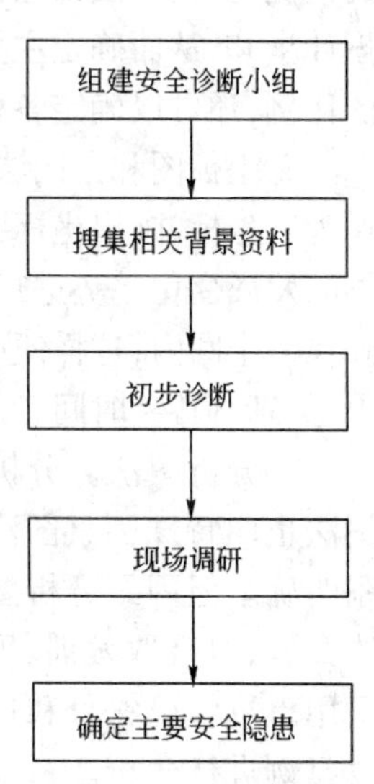

图12-1　安全诊断程序

1）组建安全诊断小组

安全诊断小组的成员组成取决于安全改进地点道路交通环境的复杂程度。对于道路交通环境复杂的安全改进地点，考虑到安全诊断的实施不仅需要道路工程方面的知识，而且还可能需要交通工程、统计学等方面的知识，因此需要跨专业的人员组成安全诊断小组来完成。对于道路交通环境不太复杂的安全改进地点，由1~2位人员组成的诊断小组即可完成相应的诊断工作。诊断小组成员的分工也应在此阶段完成。

2）搜集相关背景资料

第十一章中提到道路安全改进地点的确定大致分为三类：一类是充分利用已有事故数据，通过事故多发段判别来分析确定；一类是不完全基于已有事故数据，通过基于道路条件的安全性预测（定量或定性）的分析来确定；一类是不依赖已有事故数据，通过速度、冲突等的观测分析或通过模拟分析来确定。使用上述方法确定安全改进地点时，安全改进地点的一些背景资料如事故资料、线形资料、交通量数据、运行速度等已经获得。但由于各种方法在确定安全改进地点时需要的资料有所不同，安全改进地点确定后，对其进行安全诊断时需要补充其他方面的资料。比如用基于事故数据的判别方法确定安全改进地点后，我们可能只有它的事故资料，其他资料如线形资料、交通量数据等需要另外补充。因此针对具体的安全改进地点，主要是对相关的背景资料进行补充，以便于对其进行全面的安全诊断。

3）初步诊断[1]

对安全改进地点最近几年(一般为三年)的事故资料进行分析(如统计分析法、分类分析法、图形法等),统计事故发生时间、事故涉及对象、事故形态、事故严重程度等的分布情况,根据不同事故形态的事故数量及严重程度确定主要事故形态,并分析交通事故的可能原因。

(1)统计分析法

统计分析法是依据能够客观反映事实的数据资料(例如交通事故次数、死亡、伤人、损失、原因、地点、时间、道路、车辆、驾驶员、行人等数据资料),进行科学的推理、判断,从而将包含在数据中的规律揭示出来。

(2)分类分析法

分类分析法既是处理数据的一种重要方法,也是分析交通事故原因的一种基本方法。其目的是通过分类把性质不同的数据以及错综复杂的交通事故的原因划分清楚,给出一个明确、直观、规律性的概念。

(3)图形法

图形法是将统计分析法和分类分析法的分析结果以图形的形式更加直观地表达出来。主要有比例图、坐标图和分析图三种方法。

①比例图法。比例图法分饼图法和排列图法两种。饼图法可以直观地看出各个因素所占的比例;排列图法即巴雷特图法,就是将各种因素在总体中所占的比例从大到小依次排列,并累计求和,从而确定主要因素。同饼图法相比,排列图法的优点在于不仅可以看出各因素所占的比例,还可以确定各种因素的主次关系。

②坐标图和圆图法。坐标图法即以事故发生的时间、空间等因素作为横坐标,以事故指标作为纵坐标,画出坐标图来分析交通事故情况。通常用于对交通事故数量的分析,适用于对事故的发展变化趋势进行分析和对事故情况进行横向比较。圆图法就是将要分析项目按照比例画在一个圆内,这样便可以比较直观地看出各个因素的比例。圆图法可以分析交通事故的原因、类别、道路、时间、人员等项目。

③分析图法。分析图法主要包括因果分析图法和交通事故分析图法两种。因果分析图法也叫特殊因素图法,也称鱼刺图法或树枝图法,给人以直观的概念,逻辑性强,因果关系明确。但因果分析图法只能进行定性分析,没有定量分析,用此方法分析交通事故的具体案例,对吸取教训、采取防范措施、防止类似事故的再发生尤为适用。交通事故分析图法采用事故状况符号和道路状况符号,将实际发生的事故填写在地图上,适用于对具体的事故案例进行分析。

(4)因果分析图法

因果分析图也叫特殊因素图,它给人以直观的概念、逻辑性强,因果关系明确,便于采取措施,但它只是定性分析。用此方法分析交通事故的具体案例,对吸取教训、采取防范措施、防止类似事故的再发生尤为适用。

图中的主干是一条长箭头,表示某一事故现象。长箭头两边有若干大箭头,表示与该事故现象有直接关系的各种因素。每个大箭头旁边又有若干小箭头,分别表示与该大箭头直接有关的因素。这样便可将事故的各种大小因素,客观、全面地找出来。

(5)专项分析

专项分析即对道路条件、驾驶员、车辆条件的分析。

4)现场调研

现场调研的目的主要有两个:校核和补充。校核是指对几何线形、交通设施状况、自然环境、交通状况及事故发生地点进行现场核实,以确保搜集到的数据和资料准确无误;补充是对图纸和相关资料没有涵盖的内容进行调研,获取充分的资料,以保证不会遗漏重大的安全隐患。

对于平面交叉口,现场调研的重点包括交叉口交通控制情况、几何线形情况、附近土地开发情况等,如果邻近的交通设施会对交叉口产生影响,那么也应当将其考虑在内。

对于一般道路路段,通过现场调研,能够更清楚地了解路段的实际道路环境及交通状况,对收集到的数据和资料进行现场核实,并补充相关的内容。现场调研的重点应是图纸以及其他资料难以反映的内容,主要包括:

(1)路侧环境。研究表明,路侧环境对交通事故影响很大。路侧环境包括非等级道路交叉口、路边店、加油站、工矿企业进出口、路边村庄、单幢建筑物、树木植被以及影响人心理行为的因素(如阴森的自然环境、过于吸引人注意力的自然或人造景物等),特殊情况下还有路侧一些工厂的污染等。

(2)视距条件。充足的视距是交通安全的重要保障,而只有在现场才能最准确的判断视距条件。现场调研时应重点关注曲线内侧的视距(是否有阻挡视线的障碍物)、竖曲线处的视距以及不良线形组合路段的视距。

(3)横向干扰。一般道路,特别是平原区的公路,两侧往往会出现村镇、加油站、饭店、旅馆等,接入道路较多,横向干扰严重,对安全的影响很大,因此在现场调研过程中必须加以考虑。对横向干扰的类型、干扰的程度都应予以关注。

(4)道路状况。路面随着使用时间的增加,会逐渐出现裂缝、坑槽、泛油、磨光等破损现象,降低行车的安全性与舒适性。路面超高也会因长期使用而变得不足,成为交通事故的诱发因素。因此,现场调研时也应关注道路状况。

必要时,应在不同时间、天气条件和交通状况下进行调研。现场调研的结果将为主要安全隐患的确定奠定基础。另外,现场调研时应对一些典型的安全隐患进行记录,包括拍照和录像。

对高速公路而言,现场调研也是安全诊断的重要组成部分。调研重点包括:

(1)路侧环境。路侧的填挖高度和深度、路侧净区、路侧护栏的过渡、标志立柱的设置位置等是调研重点。

(2)视距条件。充足的视距是交通安全的重要保障,而只有在现场才能最准确的判断视距条件。现场调研时应重点关注挖方路段曲线内侧的视距(边坡、树木是否会阻挡视线)、凸形竖曲线的视距等。

(3)路面状况。路面随着使用时间的增加,会逐渐出现裂缝、坑槽、泛油、磨光等破损现象,降低行车的安全性与舒适性。路面超高也会因长期使用而变得不足,成为交通事故的诱发因素。因此,现场调研时也应关注路面状况。

有条件的情况下可以进行专项调查。走访在一线工作的交警是专项调查的一个重要内容。作为在第一线值勤的交警,他们对辖区内的事故状况、事故多发点都有一个直接的、感性的认识。调查的内容主要包括辖区范围内事故较多点段的位置、事故形态和原因,道路设施存在的问题,典型事故的现场踏勘分析等。

走访驾驶员是专项调查的另一个内容,驾驶员是道路的使用者,从他们对道路的感觉中可以间接地获得道路设施安全性、合理性的程度。

5)主要事故成因的确定

在初步诊断和现场调研完成以后,安全改进地点的大致原因已经确定,但哪些是主要原因,哪些是次要原因可以通过定性分析方法加以明确。

在初步诊断和现场调研完成以后,安全改进地点的大致原因已经确定,但哪些是主要原因,哪些是次要原因?需要加以明确,作为提出安全改善对策的基础。

对于道路交通环境比较简单的安全改进地点,安全诊断小组能够通过事故统计结果及现场调研情况来判别哪种因素是诱发交通事故的主要原因。

对于道路交通环境比较复杂的安全改进地点,需要安全诊断小组会同交通警察以及交通心理学、汽车工程等方面的专家,根据人、车辆、道路环境因素相互作用诱发事故的机理,确定主要事故成因。

12.3 基于事故类型的影响因素

12.3.1 平面交叉口

国内研究成果表明,平面交叉口的主要事故形态是正面碰撞、侧面碰撞、尾随相撞以及机动车与行人/骑车人相撞,其中正面相撞的事故严重程度最高,侧面相撞的频率最高。本手册针对这些主要事故形态给出了相关的安全影响因素,便于在初步诊断时参考。

1)导致交叉口正面相撞的主要因素[2]

(1)通行能力。考虑的内容包括:①交叉口类型是否与目前交通需求相适应。②转弯交通量是否很大。③交通事故是否发生在高峰时段。④交通信号灯相位是否合适。

(2)转弯操作。考虑的内容包括:①转弯半径是否过小而导致车辆转弯困难。②转弯时是否较难估计对向车辆的速度。

(3)驾驶员行为。考虑的内容包括:是否存在超速、超车、占道等危险的驾驶行为。

(4)视距。考虑的内容包括:①交叉口是否位于线形不利路段而导致视距不良。②通视三角区内是否存在妨碍通视的物体。③交通信号是否具有良好的可视性。

(5)交通渠化。考虑的内容包括:①是否对交叉口进行了渠化。②交通渠化是否合理。

(6)道路接入。考虑的内容包括:①接入位置是否合理。②接入的几何线形是否合适。

2)导致交叉口侧面相撞的主要因素

(1)通行能力。考虑的内容包括:①交叉口的通行能力是否满足目前的交通需求。②车道数量是否足够。③信号相位是否合适。

(2)驾驶员行为。考虑的内容包括:是否存在超速、超车、闯红灯等危险的驾驶行为。

(3)视距。考虑的内容包括:①通视三角区内是否存在妨碍通视的物体。②交通信号是否具有良好的可视性。

(4)交叉口的显著性。考虑的内容包括:①交叉口的位置是否出乎不熟悉该路段的驾驶员的意料。②交叉口的设置是否与道路环境一致。

(5)交通标志。考虑的内容包括:①交通标志是否符合现有相关标准和规范。②停让标志是否具有良好的视认性。

(6)道路标线。考虑的内容包括:①车道分界标线是否清晰。②是否设置了停车线,停车线位置是否合理。

(7)转弯半径。考虑的内容包括:①转弯半径是否过大,是否会导致驾驶员转弯时车速过高。②转弯半径是否过小,是否会迫使大型车辆侵入相邻车道。

(8)交通渠化。考虑的内容包括:①是否对交叉口进行了渠化。②交通渠化是否合理。

(9)天气条件。考虑的内容包括:不利天气条件是否是导致侧面相撞的原因之一。

3)导致交叉口尾随相撞的主要因素

(1)通行能力。考虑的内容包括:①转弯交通量是否很大,是否设置了专用的转弯车道。②交叉口的通行能力是否适应目前的交通需求。③是否设置了信号控制,信号相位是否合理。

(2)道路表面状况。考虑的内容包括:①路面抗滑阻力是否足够。②路面是否存在破损或车辙。

(3)驾驶员行为。考虑的内容包括:是否存在超速、车距过短、超车等危险的驾驶行为。

(4)视距。考虑的内容包括:①通视三角区内是否存在妨碍通视的物体。②交通信号灯的高度/尺寸是否能保证其良好的可视性。

(5)交叉口的显著性。考虑的内容包括:①交叉口是否明显。②交叉口的设置是否与道路环境一致。③是否设置有交叉口警告标志。

(6)道路接入。考虑的内容包括:①接入的位置是否合理。②接入的几何线形是否合适。

(7)道路照明。考虑的内容包括:①交通事故是否多发生在晚上。②道路照明系统的设置是否合理。

(8)行人或骑车人。考虑的内容包括:机动车驾驶员能否清楚地看见行人或骑车人穿行。

(9)天气条件。考虑的内容包括:不利天气条件是否是导致尾随相撞的原因之一。

4)导致交叉口机动车与行人/骑车人相撞的主要因素

(1)对行人/骑车人保护不够。考虑的内容包括:①现有设施是否为行人/骑车人提供了足够的保护。②是否设置有行人相位/非机动车相位的交通信号灯。③是否考虑了所有行人,特别是残疾人、老人、小孩的安全需要。④人行横道位置是否合理。⑤是否设置了相应的非机动车道。

(2)视距。考虑的内容包括:①机动车驾驶员是否可以清楚地看见行人/骑车人穿行。②行人是否可以清楚地看见行人信号灯。

(3)道路使用者行为。考虑的内容包括:①机动车车速是否满足安全行车的要求。②机动车驾驶员是否让行,是否遵守交通法规。③行人/骑车人是否在指定位置穿越道路。④行人/骑车人是否在指定时间穿越道路。

(4)道路照明。考虑的内容包括:①行人/骑车人事故是否发生在晚上。②为行人/骑车人提供的设施是否适合于晚间使用。

12.3.2 一般公路路段

根据一般公路路段事故统计分析结果,在所有的事故形态中,单车事故、正面相撞、尾随相撞是三种主要的事故形态。另外由于一般公路上混合交通现象比较严重,机动车与行人/骑车人相撞事故较多。本手册针对这些事故形态给出了相应的安全影响因素。在事故资料分析的基础上,可以根据事故形态初步判断安全改进地点的主要原因。

1)导致一般公路路段单车事故的主要因素[3,4]

(1)平面线形。考虑的内容包括:①平曲线半径是否满足实际行车速度和视距的要求。②是否能预先判断弯道的位置。③接近弯道时是否需要大幅度降低车速。④是否设置了警告标志等交通安全设施。

(2)纵断面线形。考虑的内容包括:①纵坡坡度是否较大。②是否存在潜在的交通冲突点,尤其是在坡底位置。③是否在连续下坡方向设置了警告标志、休息区、避险车道等。④是否会出现制动毂过热的情况。⑤货车下坡速度是否合适。

(3)横断面。考虑的内容包括:①横断面要素是否与道路类型和交通状况相吻合。②路肩宽度是否足够。③横断面变化的位置是否设置了过渡段。④是否在必要的地方设置了振动带。

(4)道路表面状况。考虑的内容包括:①路面是否有足够的抗滑能力。②路面是否存在积水。③路面是否存在破损或车辙。

(5)路侧条件。考虑的内容包括:①路侧条件是否险恶。②弯道外侧是否存在障碍物,是否得到了合适的处理。③危险的边沟是否得到了安全处置。④边坡对于冲出路侧的车辆是否可穿越。⑤路侧险恶路段是否设置有安全护栏。⑥路侧非公路标志是否会影响驾驶员的注意力。

(6)视距。考虑的内容包括:①弯道内侧是否存在影响视距的障碍物。②是否存在其他视距受限的路段。

(7)道路接入。考虑的内容包括:①是否有与接入操作相关的事故。②接入的位置是否合理。③接入的几何线形是否合适。

(8)车速。考虑的内容包括:车速是否满足安全行车的要求。

(9)天气条件。考虑的内容包括:不利气候条件,如雪、雨、雾等是否是引发交通事故的原因之一。

2)导致一般公路路段正面相撞的主要因素

(1)通行能力。考虑的内容包括:①路段通行能力是否满足当前的交通需求。②是否有超车机会。

(2)道路标线。考虑的内容包括:①是否清楚地标出了道路中心线。②危险路段是否禁止超车。③标线是否在所有情况下都清晰可见。

(3)横断面。考虑的内容包括:①横断面要素,特别是车道宽度是否满足道路类型及交通状况的要求。②横断面变化的位置是否设置了过渡段。③是否在道路中央设置了振动带。

(4)交通安全设施。考虑的内容包括:弯道是否设置了限速标志。

(5)驾驶员行为。考虑的内容包括:是否存在超速、超车等危险驾驶行为。

(6)气候条件。考虑的内容包括:不利气候条件,如雪、雨、雾等是否是引发交通事故的原因之一。

3)导致一般公路路段尾随相撞的主要因素

(1)通行能力。考虑的内容包括:路段通行能力是否满足当前的交通需求。

(2)道路接入。考虑的内容包括:①是否有与接入操作相关的事故。②接入的位置是否合理。③接入的几何线形是否合适。

(3)视距。考虑的内容包括:是否存在视距受限的路段。

(4)道路表面状况。考虑的内容包括:①路面是否有足够的抗滑能力。②路面是否有磨光、泛油、污染等现象。

(5)驾驶员行为。考虑的内容包括:是否存在超速、超车、违章占道等危险驾驶行为。

(6)气候条件。考虑的内容包括:不利气候条件,如雪、雨、雾等是否是引发交通事故的原因之一。

4)导致一般公路路段机动车与行人/骑车人相撞的主要因素

(1)对行人/骑车人保护不够。考虑的内容包括:①现有设施是否为行人/骑车人提供了足够的保护。②是否设置了人行横道。③是否设置了非机动车道。

(2)视距。考虑的内容包括:机动车驾驶员是否可以清楚地看见行人/骑车人穿行。

(3)道路使用者行为。考虑的内容包括:①机动车车速是否满足安全行车的要求。②机动车驾驶员是否让行?是否遵守交通法规。③行人/骑车人是否在指定位置穿越公路。

(4)道路照明。考虑的内容包括:①行人/骑车人事故是否发生在晚上。②为行人/骑车人提供的设施是否适合于晚间使用。

12.3.3　高速公路路段

追尾相撞和撞固定物为高速公路交通事故的主要形态,本手册针对这两种事故形态给出了相应的安全影响因素,以供初步诊断时参考。

1)导致高速公路路段尾随相撞的主要因素

(1)道路几何线形。考虑的内容包括:①是否存在陡坡或连续纵坡路段。②是否存在急弯路段。

(2)横断面。考虑的内容包括:硬路肩宽度是否足够。

(3)视距。考虑的内容包括:是否存在视距受限的路段。

(4)道路表面状况。考虑的内容包括:①路面是否有足够的抗滑能力。②路面是否有磨光、泛油、污染等现象。

(5)驾驶员行为。考虑的内容包括:①是否存在超速、超车、超载、违章变道等危险驾驶行为。②跟车距离是否足够。

(6)气候条件。考虑的内容包括:不利气候条件,如雪、雨、雾等是否是引发交通事故的原因之一。

2)导致高速公路路段撞固定物的主要因素

(1)道路几何线形。考虑的内容包括:①是否存在陡坡或连续纵坡路段。②是否存在急弯路段。

(2)路侧净区。考虑的内容包括:路侧净区是否存在障碍物,如标志立柱、孤石等。
(3)道路表面状况。考虑的内容包括:①路面是否有足够的抗滑能力。②路面是否积水。
(4)驾驶员行为。考虑的内容包括:是否存在超速行为。

12.4 基于改进地点的诊断清单

12.4.1 平面交叉口安全诊断清单

现场调研前,应针对安全改进地点制作安全问题诊断清单,可使技术人员在现场调研时免于遗漏某些交通安全问题或因素。特别是当交叉口被认为是潜在的事故多发点,但缺少相应的交通事故资料时,安全问题诊断清单能最大限度的发挥它的作用。我国公路平面交叉口产生交通事故的因素是多方面的,除了道路方面的原因之外,还包括车辆性能、道路使用者的安全意识、交通控制设施等[5]。通过对现有标准、规范、指南和国内平面交叉口存在的主要安全问题进行归纳总结,并结合工程人员的实践经验,本手册设计出了较为完善、详细的平面交叉口安全诊断清单如表12-1所示[6]。具体应用时,可以使用此诊断清单,也可以在此基础上有针对性地编制需要的清单。

平面交叉口安全诊断清单　　表12-1

交叉口总体概况	是	否	注释
交叉口是否位于平曲线上或平曲线附近			
交叉口是否位于较大纵坡上或靠近较大纵坡			
交叉口右转弯半径是否过小而导致大型车辆转弯困难			
交叉口左转弯半径是否过小而导致大型车辆转弯困难			
交叉口交角是否过小			
交叉口面积是否过大;进口与出口之间是否有地面标线;是否有引导线			
交叉口面积是否适合于所有车辆,特别是大型车辆的行驶			
交叉口类型是否与目前交通需求相适应			
交叉口内视距是否充分;通视三角区内是否存在影响通视的物体			
交叉口区域内有不合理的支路接入			
是否对交叉口进行了必要的渠化			
交叉口渠化是否合理			
交叉口渠化设计是否过于复杂			
交叉口是否设置了必要的行人安全岛			
公交站台是否距交叉口太近			
机非车道及人行横道	是	否	注释
车道数量是否合适			
车道宽度是否过窄			
车道宽度是否过宽			

续上表

机 非 车 道 及 人 行 横 道	是	否	注释
是否对车道进行了划分			
车道分布是否合理;转弯交通量较大时是否设置了专用的转弯车道			
左转专用车道长度是否太短			
左转专用车道长度是否太长;并有直行车辆误入左转车道的情况			
右转专用车道长度是否太短			
右转专用车道长度是否太长,并有直行车辆误入右转车道的情况			
是否设置了必要的非机动车道			
是否设置了必要的人行横道			
人行横道位置是否合理			
是否采用了必要的设施将机动车与非机动车及行人分隔开来			
交 通 信 号	是	否	注释
交叉口控制方式是否合理			
交通信号灯是否具有良好的可视性			
信号灯安装方式是否正确			
信号灯亮度是否合适			
信号相位是否合理			
是否设置了必要的左转弯相位			
左转信号相位是否满足左转交通量的要求			
信号配时是否合理			
信号灯高度是否合理			
信号灯尺寸是否合理			
黄灯时间设置是否偏小			
红灯时间是否太长			
绿灯时间是否太短			
信号清场时间是否过短			
信号灯设置是否多余			
行人信号配时是否太短			
标　　志	是	否	注释
标志牌面及支柱是否存在变形、损坏、污秽、腐蚀等			
标志牌是否被沿线的树木、广告牌遮挡等			
标志牌的反光膜是否破损、剥落			
标志牌的大小、形状、颜色等是否正确			
交叉口警告标志牌设置位置是否合适			
交叉口预告标志设置距离是否合理			
交叉口指路标志设置位置是否正确			

续上表

标　志	是	否	注释
标志信息是否过载			
标志信息是否缺乏			
驾驶员是否容易看见设置的标志			
标志牌的夜间可视性和反光性是否足够			
速度较高或视距受限的交叉口是否设置了限速标志			
危险路段是否设置了警告标志			
是否设置了必要的停让标志			
停让标志的位置是否合理			
采取停标志的控制方式是否合理			
标　线	是	否	注释
是否有导向标线			
是否施画了车道分界线			
地面导向箭头和文字标记是否污秽、磨损严重、辨认性能差			
车道分界标线是否清晰;是否损坏			
标线夜间可视性和反光性是否足够			
标线是否有剥落的情况			
渠化标线是否合理			
标线颜色使用是否正确			
人行道设置是否多余			
是否设置了停车线			
停车线是否严重靠后而使交叉口面积过大			
人行横道与停车线距离是否合理			
交通环境	是	否	注释
行人、自行车与机动车辆冲突是否严重			
是否存在机非混行的情况			
车辆速度是否过高			
交叉口延误情况是否严重			
左转弯车辆是否影响了直行车辆的通行			
右转弯车辆是否影响了直行车辆的通行			
公路街道化是否严重			
交叉口处是否有停车的情况			
交叉口是否设置了照明？照明亮度是否足够			
路灯设置是否合理？是否影响交通安全			
照明灯具是否存在损坏、支座倾斜或倒塌的情况			
路肩宽度是否过窄			

续上表

交 通 环 境	是	否	注释
路肩是否有损坏的现象			
路面排水是否通畅；是否有积水的现象			
路面抗滑性能是否足够			
路面状况是否良好；是否存在破损、车辙等			

12.4.2　一般公路路段安全诊断清单

从人、车、路、环境等角度分析来看，一般公路路段安全问题产生的主要原因有：①机动车驾驶员不按规定让行、未保持安全距离、超速行驶、操作不当、违章转弯、违章占道行驶、违章超车、酒后驾车等；骑车人和行人缺乏交通安全意识，自我防范意识差，无视交通规则；②汽车制动性能、转向、照明、轮胎技术状况不良或失效。有些过时甚至带病车辆仍在使用中；③公路线形指标较低、一些路段线形组合较差；路侧危险路段没有设置任何防护措施，或防护设施强度严重不足；标志设置不合理，版面尺寸偏小，标志数量不够；标线缺损，设置不规范；沿线村镇化严重；车速较快，混合交通严重。

通过对一般公路路段存在的主要安全问题进行归纳总结，并结合实践经验，针对一般公路路段设计了较为完善、详细的安全诊断清单，见表12-2。具体应用时，可以使用此诊断清单，也可以在此基础上有针对性地编制需要的清单。

一般公路路段安全诊断清单　　表12-2

交 通 运 营	是	否	注释
是否存在危险的驾驶行为			
车辆间的运行速度差是否很大			
运行速度是否与道路条件匹配			
是否存在交通冲突			
道 路 几 何 线 形	是	否	注释
平曲线半径是否符合现有标准的要求			
平曲线半径是否与实际行驶速度相适应			
纵坡坡度和坡长是否采用了极限值			
纵断面线形是否连续而平顺			
凸形竖曲线的半径和长度是否满足视距要求			
山区公路连续下坡的长度是否满足重载车辆的行车特性			
平曲线路段超高是否合适			
平纵线形组合是否得当			
平纵组合不当的路段是否采取了限速等措施			
视　　距	是	否	注释
行车视距是否满足实际行车速度的要求			

续上表

视　　距	是	否	注释
竖曲线半径较小路段行车视距是否足够			
急弯内侧是否有山体或树木遮挡			
平纵线形组合不良路段视距是否足够			
横　断　面	是	否	注释
横断面要素是否满足给定的道路类型和交通状况			
是否考虑了弱势道路使用者的需求			
横断面是否存在突变			
车道宽度是否适合道路类型及交通状况			
车道宽度是否存在突变			
路肩是否允许偏离行车道的车辆安全返回			
道　路　表　面　状　况	是	否	注释
路面是否有足够的抗滑能力,特别是在小半径平曲线路段和陡坡路段			
路面是否存在破损或变形;是否会影响行车安全			
道路表面是否有松散的材料			
路面是否存在积水现象;是否影响行车安全			
沥青路面是否存在泛油现象;是否会导致路面抗滑性能降低			
道　路　标　志　标　线	是	否	注释
现有交通标志标线是否符合标准、规范的规定			
标志设置不合适或缺少必要的标志是否是导致事故发生的主要原因			
标志版面内容是否正确;标志信息量是否过多			
设置的标志是否存在相互遮挡的情况			
是否对标志立柱进行了适当防护			
标志是否出现破损情况			
是否施画了必要的标线			
标线是否连续			
标线是否出现了磨损			
标线的视认性是否受气候的影响			
路　　侧	是	否	注释
路侧是否存在可能导致失控车辆损坏程度增加的障碍物			
路侧护栏是否完好			
路侧护栏防护能力是否足够			
路侧非公路标志是否会吸引驾驶员的注意力			
行　人/骑　车　人	是	否	注释
现场调研时是否看到了涉及行人或骑车人的交通冲突及危险操作			
人行道/自行车道的宽度是否满足要求			

续上表

行人/骑车人	是	否	注释
是否在必要的位置为行人/骑车人提供了横道线			
为行人/骑车人提供的横道线是否符合标准			
机动车驾驶员是否能清楚地看到横道线			
是否有标志警告机动车驾驶员前方有行人或骑车人穿行			

12.4.3　高速公路路段安全诊断清单

与一般公路路段安全诊断类似，在总结高速公路事故多发路段的主要事故原因及调研的基础上，本章针对高速公路设计出了完善、详细的安全诊断清单，见表12-3。具体应用时，可以使用此诊断清单，也可以在此基础上有针对性地编制需要的清单。

高速公路路段安全诊断清单　　表12-3

问　题	是	否	意见
交通分析			
路段交通量的差异是否较大			
大货车的比例是否较高			
路段通行能力是否满足交通需求			
不同类型车辆间的运行速度差是否较大			
车辆是否存在超载、超速、违章停车等情况			
道路几何线形			
是否存在过长的直线段			
平曲线半径、超高是否与实际运行车速相适应			
是否存在连续下坡路段；底部是否接小半径曲线；是否设置了避险车道、小型停车区等			
弯道路段、挖方路段行车视距是否满足要求			
不利线形组合是否会导致视距不良			
爬坡车道的设置是否合理；能否充分发挥作用			
紧急停车带的间距和尺寸是否合适；是否会影响行车道上正常行驶的车辆			
路基路面			
公路沿线是否存在不良地质现象；是否会影响行车安全；是否采取了合适的防护措施			
寒冷地区路基是否存在冻融翻浆现象从而影响行车安全			
路面是否有足够的抗滑能力，特别是在小半径平曲线路段和陡坡路段			
沥青路面是否存在泛油现象；是否导致路面抗滑性能降低			
路面是否存在积水情况；路面积水是否影响行车安全			
路面是否存在破损或变形；是否会影响行车安全			

续上表

问　题	是	否	意见
交通安全设施			
预告标志是否有足够的提前量			
标志设置是否合理			
是否缺少必要的标志			
标志的视认性是否受气候或公路景观的影响			
标志版面内容是否正确,标志信息量是否过多			
不利线形路段是否设置了限速标志			
冰、雪、雾、雨等不利天气较常出现的路段是否设置了警告标志			
标线是否出现了磨损			
标线的视认性是否受气候的影响			
护栏是否出现了损坏			
护栏防护能力是否足够,特别是在线形不利路段			
损坏的交通安全设施是否得到了及时修复			
路　侧			
路侧设计是否宽恕;是否设置了路侧净区			
路侧护栏端头或过渡段设计是否合理			
路侧危险路段护栏的防撞等级是否满足行车安全的要求			
路侧标志立柱是否会对行车安全构成潜在危险			
路侧是否存在横向干扰			
路侧广告牌的设置是否会吸引驾驶员的注意力			

12.5 应用示例

12.5.1 平面交叉口安全诊断应用示例

根据事故资料确定交叉口 A 为安全改进地点,其 1998 ~ 2000 年的事故统计结果如表 12-4 所示。

交叉口 A 的事故统计情况　　表 12-4

事故类型	财产损失事故	伤亡事故	全部事故
右角碰撞	1	2	3
追尾碰撞	6	3	9
刮擦碰撞	6	0	6
右转弯相关事故	3	0	3
左转弯相关事故	10	9	19
全部	26	14	40

从统计数据可以看出,47.5%(19/40)的事故与左转弯有关,22%(9/40)的事故为追尾事故。21 起事故发生在 6、7、8 月;34 起事故(85%)发生在早上 7 点 ~ 晚上 7 点;29 起事故(72.5%)发生时路面干燥。

根据以上统计结果,可以对交叉口 A 存在的安全隐患作以下推断:既然大部分事故与左转弯有关,因此现场调查时应特别关注左转弯操作;既然大多数事故发生在白天,现场调研应在白天进行,并观测高峰小时的左转弯交通量。

现场调研时发现,交叉口视距没有问题,交通信号满足最小清场和绿灯时间的要求。现场的主要问题是当左转弯车道被左转弯车辆阻塞时,直行车辆经常得变换车道(如图 12-2 所示)。而且在高峰时段,由于左转弯车道时常被左转弯车辆阻塞,右转弯车道会出现明显的排队情况。由于没有专用左转弯车道,交叉口的通行能力不能充分利用。同时发现在交叉口的安全距离内观测时交通信号镜头尺寸不够大。

通过事故分析和现场调研可以看出,交叉口的几何设计没有缺陷,交通信号运营有效。占主导地位的左转弯事故发生的主要原因是缺少专用左转弯车道,导致直行车辆的无规律操作和追尾碰撞。

图 12-2 直行车辆变换车道

12.5.2 一般公路路段安全诊断应用示例[7]

根据几何线形资料(路段平面要素和纵面要素分别如表 12-5 和表 12-6 所示)和现场调研(如图 12-3 和图 12-4 所示),确定某山区双车道公路(无慢车道设置)穿越城镇路段 K44 +530 ~ K45 +780 为安全改进地点。

路段平面要素一览 表 12-5

交点桩号	半 径(m)	缓和曲线长度(m)
K44 +989.400	138.101	40/50
K45 +226.729	107.360	40
K45 +358.605	973.999	—
K45 +489.809	200.000	40

路段纵面要素一览 表 12-6

起点桩号	终点桩号	纵坡坡度(%)	坡长(m)	竖曲线半径(m)
K44 +530	K45 +000	4.319	470	2 500
K45 +000	K45 +320	6.953	320	3 000
K45 +320	K45 +580	6.204	260	8 000
K45 +580	K45 +780	-6.8	200	1 500

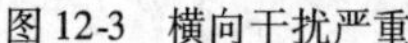

图 12-3 横向干扰严重

图 12-4 连续下坡接小半径平曲线

根据几何线形资料和现场调研情况,该路段存在的主要安全隐患包括:

(1)部分纵坡超过《公路工程技术标准》(JTG B01—2003)规定的最大纵坡值(6%)。

(2)部分平曲线半径小于《公路工程技术标准》(JTG B01—2003)规定的一般最小半径(200m)。

(3)平曲线半径较小导致视距不良。

(4)横向干扰严重(如行人任意横穿公路),如图 12-3 所示。

(5)存在小半径平曲线与连续下坡的组合,且路侧相对危险(图 12-4)。

(6)变坡点桩号为 K45 +580 的竖曲线半径只有 1 500m,行车视距相对受限,驾驶员对前方路段情况缺乏判断。

12.5.3 高速公路路段安全诊断应用示例[8]

1)路段概况

高速公路约 6 000m 的路段位于山区,山区路段设计长度 6 588m,高差 234.33m,平均纵坡 3.56%,最大纵坡超过 4.5%。其下坡方向,由于是连续下坡和弯道,部分平纵线形采用了设计极限指标值,外埠过境超载货车多,至开通以来经常发生交通事故。自开通后大约 5 年时间,此路段共发生各类交通事故 344 起,伤 197 人,死亡 38 人。其中,特大交通事故 21 起,伤 73 人,死亡 31 人;重大交通事故 7 起,伤 27 人、死亡 7 人;一般事故 316 起,伤 97 人。因货运车辆长距离下坡持续使用制动,导致制动失效冲进紧急避险车道的车辆 400 余辆,冲出钢板护栏掉入山谷的 47 辆。2003 年实施安全改造后,事故次数明显下降,事故严重程度显著降低。

2)存在的主要安全隐患

(1)车的因素

引发重大交通事故的车辆全部为货车,主要原因是超载。经2003年度的事故统计表明,核载5t的实际载重超约4.6倍;核载10t的货车实际载重约3.2倍;核载12t的货车实际载重超约1.9倍,加上自身车重,潜在危险十分严重。另外,制动失效引发交通事故的车辆全部为解放、东风、斯太尔等国产车。

(2)人的因素

主要有三方面原因。首先是外地驾驶员对路况不熟悉,制动失效引发交通事故的驾驶员大多是外地的,对此路段的线形、坡度变化不了解,不注意标志,警惕意识差。其次,空挡滑行,频频制动,容易造成制动毂过热,导致制动失效。另外,每辆车虽然配备了两三名驾驶员,但是他们一般都是轮流驾驶昼夜不停车,容易疲劳,也是引发交通事故的原因。

(3)路的因素

道路设计存在缺陷。虽然每项指标都符合原规范要求,但是因为是连续下坡、转弯,不利因素叠加,容易引发交通事故。标志的设置重要信息强调不够,进入隧道前,没有警告隧道内是长距离下坡(隧道长3.45km,2.7%纵坡)。隧道出口前,没有提示隧道出口后仍然是连续下坡,司机出隧道口后容易产生松口气的想法,事实上危险就在眼前。

本章参考文献

[1] 过秀成.道路交通安全学.南京:东南大学出版社,2001.

[2] 东南大学,等.公路平面交叉口交通安全技术,2006.

[3] 李铁洪,吴华金.长直线接小半径曲线公路交通事故成因及预防对策[J].中国公路学报,2007,20(1):35-40.

[4] 蔡果.二级公路成为事故之路的症结[J].中国安全科学学报,2004,14(11):30-37.

[5] 袁黎,陆键,项乔君,王文卿.公路平面交叉口安全诊断改善技术的研究[J].交通运输系统工程与信息,2006,6(5):104-107.

[6] Andrew Pr Tarko,Mayank Kanodia. Hazard Elimination Program-Manual on Improving Safety of Indiana Road Intersections and Sections. Lafayette:School of Civil Engineering,Purdue University,2004.

[7] 交通部公路科学研究院.四川九环线(映秀)至四姑娘山旅游公路施工区设计安全评价报告,2007.

[8] 交通部公路科学研究院.八达岭高速公路进京段安全改造关键技术研究总报告,2007.

第十三章 安全改进对策

13.1 目 的

在对公路安全改进地点进行了安全诊断明确了其不安全的主要原因后，就可以提出有针对性的安全改进对策。

对策和安全诊断密切相关，根据安全诊断结果确定可能的改善对策，比选各种对策或对策组合，判断各种改善对策或对策组合实施的可行性。

定量分析改善对策或对策组合产生的安全效益，最终确定安全改进地点的安全改善对策排序。这部分内容在第十四章阐述。本章将给出基于事故和地点特征的对策清单并说明了选择对策的方法。

13.2 清 单

本章在大量事故多发点(段)调研及工程经验积累的基础上，针对不同安全改进地点的类型和事故形态给出了相应的安全改善对策清单。对于平面交叉口，主要考虑的事故形态包括无信号交叉口的直角侧面碰撞、信号交叉口的直角侧面碰撞、追尾碰撞、左转弯碰撞、右转弯碰撞和与行人相撞。对于一般公路路段，主要考虑的事故形态包括单车事故、尾随相撞、正面相撞和机动车与行人/骑车人相撞。对于高速公路路段，主要考虑的事故形态包括尾随相撞和撞固定物。相应的对策清单见表 13-1 ~ 表 13-3[1,2,3,4]。

一般公路的单个急弯、连续急弯、桥头接小半径曲线路段、陡坡路段、连续下坡路段、急弯陡坡路段、视距不良路段、路侧险要路段、穿越学校、集镇、村庄路段、公路条件变化路段等地点的安全改善对策，见表 13-4[5]。对于高速公路存在的单个急弯、陡坡路段、连续下坡路段、视距不良路段、长隧道等也给出了相应的安全改善对策，见表 13-5。

交叉口基于事故形态的安全改善对策清单 表 13-1

事故形态	事故原因	安全改善对策	CRF(%)
无信号交叉口的直角侧面碰撞	视距受限	清除通视三角区内的视距障碍	50
		设置交叉口警告标志	5
		设置交叉口减速让行标志	25
		设置交叉口停车让行标志	35

续上表

事故形态	事故原因	安全改善对策	CRF(%)
无信号交叉口的直角侧面碰撞	视距受限	在交叉口设置警告作用的闪烁灯	30
		交叉口渠化	25
		改斜交为正交	45
		设置照明	25
		设置信号控制	25
		降低限速值	15
	交通量较大	设置交叉口停车让行标志	35
		设置信号控制	25
		增加车道数量	25
		增加转弯半径	20
	进口道车速较高	降低限速值	15
		设置振动带	25
		在交叉口设置警告作用的闪烁灯	35
信号交叉口的直角侧面碰撞	视距受限	清除视线障碍物	30
		设置交叉口警告标志	5
		降低限速值	15
	交通信号的可视性较差	清除通视三角区内的视距障碍	30
		增加信号镜头的尺寸	10
		重新调整信号的位置	20
		降低限速值	15
	交通信号配时或信号类型不合适	调整黄灯时间	15
		引用全红时间调整清场时间	20
		调整相位配时和周期	10
		调整最小的绿灯时间	10
追尾碰撞	人行横道	改进人行横道标线	N/A
		人行横道照明	25
		提供行人相位	25
		调整人行横道的位置	10
	交叉口显著性较差	设置交叉口警告标志	25
		在交叉口设置警告作用的闪烁灯	25
	路面湿滑	加铺路面抗滑层	25
		对路面刻槽	25
		加强路面排水	20
		降低限速值	15
		设置路面湿滑标志	15

续上表

事故形态	事故原因	安全改善对策	CRF(%)
追尾碰撞	转弯交通量大	增加转弯半径	20
		增加左转弯或右转弯车道	25
		禁止转弯	35
		设置信号控制	25
	交通信号可视性较差	清除障碍物	30
		设置警告设施	25
		增加信号镜头的尺寸	10
		将立柱式信号灯改为悬臂式或悬挂式	45
		降低限速值	15
	不合适的交通信号配时	调整黄灯时间	15
		引用全红时间调整清场时间	20
		调整相位配时和周期	10
		调整最小的绿灯时间	10
	不必要的信号	移走不必要的信号	50
左转碰撞	左转弯交通量较大	交叉口渠化	25
		设置停车标志	35
		增加左转弯相位	70
	视距受限	清除障碍物	30
		设置交叉口警告标志	5
		降低限速值	15
右转碰撞	不合适的转弯半径	增加转弯半径	20
	视距受限	清除障碍物	30
		降低限速值	15
撞行人事故	视距受限	清除障碍物	30
		设置人行横道	25
		设置行人警告标志	15
		调整人行横道的位置	10
	对行人保护不够	增加行人安全岛	15
		设置行人信号	50
		设置人行地道或过街天桥	90
	交通信号不合适	增加行人相位	25
		延长行人过街信号时间	15

注:CRF-事故折减因子。

一般公路路段基于事故形态的安全改善对策清单　　表 13-2

事故形态	影响因素	安全改善对策	CRF(%)
单车事故	平纵线形	改进平面线形设计,如增大平曲线半径、增设缓和曲线等。CRF 与曲线半径的增加值等有关,表中给定的为参考值	40
		改进纵面线形设计,如放缓纵坡,增加竖曲线半径等。CRF 与纵坡坡度的变化、竖曲线半径的变化等有关,表中给定的为参考值	40
		改进平纵组合设计	50
		设置合适的超高。CRF 与超高的变化有关,表中给定的为参考值	40
	横断面要素	加宽路肩。CRF 与路肩的加宽值有关,表中给定的为参考值	20
		加宽车道。CRF 与车道的加宽值有关,表中给定的为参考值	25
		改善路肩条件	15
		设置路肩振动带	20
		设置避险车道	35
		设置制动检查区	45
	道路表面状况	进行表面处治	20
		重新铺面	35
		提高路面排水能力	25
		修复损坏的路面	20
	路侧	移走路侧障碍物	60
		对障碍物进行防护	40
		采用解体消能式结构	0
		边坡放缓。CRF 与边坡的放缓程度有关,表中给定的值为参考值	30
		设置路侧护栏	5
		提高护栏的防撞能力	10
	视距	设置视线诱导设施	15
		设置限速标志	25
		设置强制减速设施	45
		清除山体、树木等遮挡物体	5
	道路标志标线	增加弯道警告标志	10
		弯道路段施画路面边缘线	10
	道路接入	减少接入点的密度。CRF 与接入点的初始密度有关,表中提供的 CRF 仅作参考	30
		改变接入点的控制方式,如由不控制接入点到部分控制出入点或全部控制出入点	80

续上表

事故形态	影响因素	安全改善对策	CRF(%)
单车事故	驾驶员行为	设置限速标志	25
		实施交通宁静措施	15
		加强驾驶员的安全教育	5
		加强交通执法力度	10
		设置监控摄像头	25
	天气条件	提高冬季的路面养护水平	15
		设置警告标志	80
尾随相撞	平纵线形	改进平面设计,如增大平曲线半径、增设缓和曲线等。CRF与曲线半径的增加值等有关,表中给定的为参考值	40
		改进纵面设计,如放缓纵坡,增加竖曲线半径等。CRF与纵坡坡度的变化、竖曲线半径的变化等有关,表中给定的为参考值	40
		改进平纵组合设计	50
	道路接入	减少接入点的密度。CRF与接入点的初始密度有关,表中提供的CRF仅作参考	30
		改变接入点的控制方式,如由不控制接入点到部分控制出入点或全部控制出入点	80
	视距	设置限速标志	25
		提高视距受限路段的视距	5
	驾驶员行为	设置限速标志	25
		实施交通宁静措施	15
		加强驾驶员的安全教育	5
		加强执法力度	10
		设置监控摄像头	20
	道路表面状况	进行表面处治	20
		重新铺面	35
		提高路面排水能力	25
		修复损坏的路面	20
	天气条件	提高冬季的路面养护水平	15
		设置警告标志	1
正面相撞	通行能力	增设超车道	10
		禁止超车	40
	道路标线	弯道路段施划道路中心线	10
		提高道路标线的耐久性	45

续上表

事故形态	影响因素	安全改善对策	CRF(%)
正面相撞	横断面	加宽车道。CRF 与车道的加宽值有关,表中给定的为参考值	25
		加宽路肩。CRF 与路肩的加宽值有关,表中给定的为参考值	20
		改进路肩条件	15
		设置振动带	20
	道路表面状况	进行表面处治	20
		重新铺面	35
		提高路面排水能力	25
		修复损坏的路面	20
	驾驶员行为	设置限速标志	25
		实施交通宁静措施	15
		加强驾驶员的安全教育	5
		加强执法力度	10
		设置监控摄像头	20
	天气条件	提高冬季的路面养护水平	15
		设置可变信息标志	15
机动车与行人/骑车人相撞	对行人/非机动车的保护措施	设置人行横道	50
		调整人行横道的位置	10
		增加人行横道信号灯	20
		设置人行道	65
		设置过街天桥	90
		设置非机动车道	N/A
		在机动车和非机动车之间设置隔离设施	N/A
		实施交通宁静措施	15
	道路使用者行为	加强驾驶员/行人/骑车人的安全教育	5
		加强交通执法力度	10
	行人/骑车人的可视性	移走视线障碍物	45
		设置行人警告标志	15
	道路照明	设置道路照明系统	35
		改进道路照明系统	25

注:CRF-事故折减因子。

高速公路路段基于事故形态的安全改善对策清单

表 13-3

事故形态	影响因素	安全改善对策	CRF(%)
单车事故	平纵线形	优化平面线形指标，如增大平曲线半径、增加曲线间直线段长度等。目前国外的 CRF 值一般针对双车道公路。本报告中关于高速公路的 CRF 值主要借鉴双车道公路的研究成果。以下同	40
		优化纵面线形指标，如放缓纵坡、减小坡长等	40
		设置合适的超高	5
	横断面	弯道路段设置路肩振动带	30
		增加硬路肩宽度	20
		设置避险车道	35
		设置刹车检查区	45
	道路表面状况	进行表面处治	20
		重新铺面	35
		提高路面排水能力	25
		修复损坏的路面	20
	路侧条件	改善路侧状况	5
		提高护栏防撞能力	5
	视距	设置视线诱导设施	15
		设置凸起路标	10
		设置限速标志	25
		设置强制减速设施	45
		清除弯道、挖方路段山体、树木等遮挡物体	45
	道路标志	设置弯道警告标志	10
	驾驶员行为	加强驾驶员的安全教育	5
		加强交通执法力度	10
		设置监控摄像头	20
	天气条件	设置可变信息标志	15
尾随相撞	横断面	增设爬坡车道	20
		增加硬路肩宽度	20
		增加紧急停车带的宽度	20
		改进出入口匝道设计	25
	视距	设置限速标志	25
		提高视距受限路段的视距	45
		改进隧道照明	25
	道路表面状况	进行表面处治	20
		重新铺面	35

续上表

事故形态	影响因素	安全改善对策	CRF(%)
尾随相撞	道路表面状况	提高路面排水能力	25
		修复损坏的路面	20
	驾驶员行为	加强驾驶员的安全教育	5
		加强交通执法力度	10
		设置监控摄像头	20
	天气条件	设置可变信息标志	15

一般公路基于地点的安全改善对策清单　表 13-4

事故地点	安全改善对策
单个急弯	(1)设置弯路、事故多发路段等警告标志。 (2)设置限速标志。 (3)设置强制减速设施。 (4)设置禁止超车标志。 (5)设置视线诱导设施。 (6)设置中心实线或物理分隔设施。 (7)弯道处外侧路面加宽。 (8)根据路侧危险程度和历史事故资料在弯道外侧设置护栏。 (9)根据事故资料和弯道处实际车速,确定是否需要增加超高
连续急弯	(1)选择单个急弯采取的处治措施。 (2)设置"连续弯道"警告标志。 (3)设置限速标志
桥头接小半径曲线路段	(1)桥头设置警示标志,曲线外侧设置视线诱导设施。 (2)根据路侧危险程度可以设置护栏,并注意路基护栏与桥梁护栏之间的过渡。 (3)在车速较快的桥头路段可提前设置强制性减速设施
陡坡路段	(1)设置下陡坡警告标志或其他文字性警告标志。 (2)设置限速标志、减速设施和视线诱导设施。 (3)根据路侧危险程度和历史事故资料设置护栏
连续下坡路段	(1)设置连续下坡警告标志。 (2)设置限速标志、禁止超车标线、减速设施。 (3)在因制动失灵造成事故频发的路段,可根据地形条件设置避险车道。 (4)根据路侧危险程度和历史事故资料设置护栏
急弯陡坡路段	(1)在急弯前的直线路段设置限速标志,宜结合设置其他减速设施,逐步控制车速,使车辆能以较安全的车速通过小半径曲线。 (2)如果路侧较危险且事故较多,可考虑设置护栏并采取强制减速措施
视距不良路段	(1)设置限速标志、禁止超车标线。 (2)设置视线诱导设施、强制减速设施。 (3)根据路侧危险程度和历史事故资料设置护栏。 (4)设置交通凸面镜。 (5)修剪、处治弯道内侧树木,使弯道内侧通视

续上表

事 故 地 点	安全改善对策
路侧险要路段	(1)根据路侧危险程度和历史事故资料设置护栏。 (2)设置视线诱导设施。 (3)根据历史事故资料设置强制减速设施
隧道	(1)隧道入口前根据隧道长度和线形、交通情况、隧道前后路段线形情况,选择设置以下标志:隧道标志、限高标志、限速标志、禁止超车标志等。双向行车的公路隧道内应施画黄色中心实线,所有标线应采用反光标线。隧道内宜配合标线设置反光突起路标 (2)设置必要的视线诱导设施,如主动发光诱导设施 (3)隧道洞口可根据具体情况需要设置必要的安全防护设施,并作好连接过渡处理
穿越学校、集镇、村庄路段	(1)穿越学校路段,设置注意儿童标志和限速标志,在学校学生集中穿越公路的地方应设置人行横道线。视距不良路段还可采取强制减速措施 (2)穿越集镇和村庄路段,设置限速标志、村庄警告标志或注意行人等警告标志。易超速路段可采取强制减速措施 (3)在横向干扰严重的事故多发路段可设置隔离栅等隔离设施。设置隔离设施处应考虑行人、牲畜穿越公路的通道 (4)在街道化较严重的路段,设置信号灯、黄闪灯和安全岛等设施
公路条件变化路段	(1)设置窄路、窄桥、路面障碍物等警告标志。 (2)设置限速和禁止超车标志。 (3)设计良好的过渡段。 (4)在窄桥两端宜设置护栏或设置诱导设施

高速公路基于地点的安全改善对策清单　　表 13-5

事 故 地 点	安全改善对策
单个急弯	(1)设置警告标志。 (2)设置限速标志。 (3)设置强制减速设施。 (4)设置视线诱导设施。 (5)根据实际运行车速,确定是否需要增加超高
陡坡路段	(1)设置警告标志。 (2)设置限速标志。 (3)设置强制减速设施
连续下坡路段	(1)设置连续下坡警告标志。 (2)设置限速标志。 (3)设置强制减速设施。 (4)设置避险车道。 (5)提高护栏防撞能力。 (6)设置小型停车区或检修区

续上表

事 故 地 点	安全改善对策
视距不良路段	(1)设置限速标志。 (2)设置视线诱导设施。 (3)设置强制减速设施。 (4)修剪弯道内侧树木等,提高通视性
长隧道	(1)隧道洞口内外路面一定范围内采用薄层环氧抗滑层材料,并延伸至洞内一定长度。 (2)在隧道洞口横断面轮廓上设置反光立面标记,并将路侧护栏在隧道洞口处连续设置,延伸至隧道口内使之与隧道检修道齐平。 (3)设置必要的视线诱导设施,如主动发光诱导设施

13.3 选择的方法

安全改进地点的主要事故类型确定以后,根据主要事故类型和地点的实际道路情况,可列出相应的改善对策或对策组合。在这些对策或对策组合中,可能有的成本低,有的花费高,有的效果明显,有的效果并不显著。因此,首先应对这些安全改善对策进行初步筛选,筛选时主要考虑以下几个因素:

(1)可操作性。改善对策是否在其他地方实施过,有无已有的经验可供参考。

(2)经济效益性。改善对策是否能有效降低事故率,从而产生一定的经济效益。

(3)成本。改善对策是否能为预算投资所承受,是否有更经济的对策。

在这些初步筛选出来的对策或对策组合中,应找出较优的改善对策或对策组合。这时就需要运用经济分析理论对改善对策进行经济评价。从国内外的应用情况来看,对安全改善对策进行排序的方法主要包括效益成本比(B/C)法、安全指数法和成本有效法。

在上述几种方法中,效益成本比(B/C)法应用最为广泛。鉴于B/C法的应用已经较为成熟,本手册也采用该方法对某一安全改进地点的改善对策或对策组合进行比选。

在对安全改进地点进行交通安全改善时,因为对策或对策组合的选择是针对同一个地点进行的,因此在效益成本比中,效益可以简化为CRF(事故折减因子)值。由于我国对CRF的研究很少,表13-1、表13-2和表13-3的对策清单中给出的多为国外的成果,有些事故折减因子可以查找手册第三~七章的相应内容进行估算。另外,在计算中,安全改善对策的成本也可以简化为土工费用和设备费用的总和。因此,安全改善对策的比选模型可以简化为

$$\text{Rank}=\frac{\text{CRF}}{\text{COST}}=\frac{\text{CRF}}{\text{IC}+\text{CC}}$$

式中:Rank——排序值;

CRF——事故折减因子,在交通系统中由于某一项安全改善措施的实施而引起的交通事故数减少的百分率,简单地,可以由改善对策实施后三年的事故数和改善对策实施前三年的事故数的比值获得;其他方法可参见第十五章的内容;

IC——实施改善对策所需的设备费用;

CC——土工费用值。

按计算结果的大小由高到低对安全改善对策或对策组合进行排序,确定优先选用的安全改善对策或对策组合。

对于一条路或一个路网的安全改善方案的排序,参见第十四章。

13.4 应用示例

13.4.1 平面交叉口对策选择应用示例

接12.5.1中交叉口安全问题诊断示例,针对交叉口存在的主要安全隐患,提出的改善对策如下:

(1)增加专用左转弯车道。

(2)改进现有的交通信号设置,包括增大信号灯镜头的尺寸和提供专用左转弯相位。

(3)改进交叉口的线形设计。

13.4.2 一般公路路段对策选择应用示例

接12.5.2中的一般公路路段安全问题诊断示例,针对该路段存在的主要安全隐患,提出的改善对策如下:

(1)在变坡点前后一定范围内增设线形诱导标志。

(2)设置注意行人等警告标志。

(3)在路段前方设置限速标志,并在坡顶设置连续下坡告示牌标志。

13.4.3 一般公路路段对策选择应用示例

接12.5.3中的高速公路路段安全问题诊断示例,针对该路段存在的主要安全隐患,提出的改善对策如下:

(1)提高路侧护栏防护等级

提高路侧险要、桥头、涵洞、隧道出入口处的护栏等级,护栏形式采用三波护栏,柱间距根据实际情况而定,较危险路段选用1m,相对危险路段选用2m。

(2)警告标志、线形诱导标志更换成视认性更好的LED标志,见图13-1。

图13-1 LED警告标志

LED标志具有很好的发光特性,能给驾驶员较强的视觉感受,对驾驶员的警示效果要好于普通的标志。此外,高速全线即将安装照明,路灯光线对普通标志的反光效能有很大影响。

(3)视距不良路段采用薄层铺装、视错觉标线等控制车速。

(4)在这一段上的多个隧道的侧壁设置主动反光轮廓标,在养护人行道侧壁设置主动反光突起路标。

(5)原有紧急停车带较宽，停车带与行车道间只是用标线进行划分，在诱导车辆行驶上效果不好。在停车带与行车道间靠近紧急停车区一侧用橡胶反光柱进行分隔，靠近行车道一侧，使用振动标线。在出停车带拐角处由于角度较凸，设置警告标志(图13-2)。

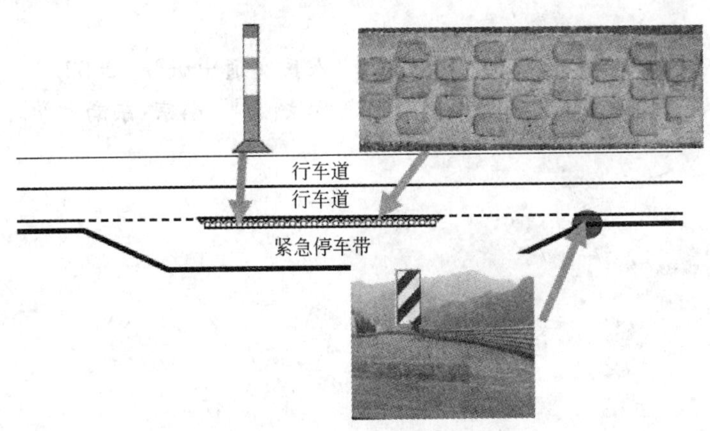

图13-2　紧急停车区改造方案

(6)K50+500~K50+300段路线右侧宽度有10m左右，长度有200m左右，见图13-3。根据制动片温度分析结果，K50+000~K49+400处也是发生制动失灵事故的危险段。因此建议在K50+500~K50+300段修建冷却池，以便及时降低货车制动片温度。

图13-3　K50+500~K50+300段路侧

(7)在进入隧道前设置隧道内下坡的警告标志，在出隧道处(或前)设置连续下坡和弯道的警告标志。

本章参考文献

[1] Andrew P Tarko, Mayank Kanodia. Hazard Elimination Program-Manual on Improving Safety of Indiana Road Intersections and Sections[R], 2004.

[2] Christopher M Monsere, Robert L Bertini, Aaron Breakstone, Carolyn Bonner, Peter Bosa, David de la Houssaye, Zachary Horowitz, Kate Hunter-Zaworski. Update and Enhancement of ODOT's Crash Reduction Factors. oregon Department of Transportation, 2006.

[3] Daniel J Ermer, Jon D Fricker, Kumares C. Sinha. Accident Reduction Factors. 2006.
[4] Kenneth R Agent, Nikiforos Stamatiadis, Samantha Jones. Development of Accident Reduction Factor. 1996.
[5] 唐琤琤, 何勇, 等.《公路安全保障工程实施技术指南》解析[M]. 北京:人民交通出版社, 2007.
[6] 郭忠印, 方守恩. 道路安全工程[M]. 北京:人民交通出版社, 2002.
[7] 孙宝芸. 公路平面交叉口交通安全问题诊断方法[D]. 南京:东南大学.

第十四章 优 先 排 序

公路安全改进的最后一个步骤是从一条路或一个路网的若干候选改造地点和改进方案中确定满足总经济效益最大化的改造地点和改进方案的优先排序。

14.1 目 的

优先排序的目的是提高资金的使用效率,实现资源优化配置。优先排序目标是在资金一定时,通过选择改造点和改进方案,产生最大的经济效益。

14.2 改进方案的经济效益分析

对改造方案进行经济效益分析是优化排序的基础。方案的经济效益是“减损效益”,即改进方案在其寿命期内能减少的总事故成本。设改进方案在第 i 年的安全效果为 θ_i,第 i 年平均每起事故的成本为 $ACRTA_i$,折现率为 d,那么第 i 年的经济效益为 $B_i = \theta_i \times ACRTA_i$,总经济效益等于寿命期内各年经济效益折现值之和 $\sum \theta_i \times ACRTA_i \times (1+d)^i$。因此,经济效益分析的关键是评估安全效果和确定事故平均成本等参数。

14.2.1 事故平均成本测算

对事故成本的计量要满足准确性和可靠性两个基本要求，应明确交通事故成本计量指标的选择原则，使其能够充分反映事故给所有受害对象造成的不利影响。

(1)全面性原则。所谓“全面性”是指事故成本构成体系能够真实、全面地反应事故给受害对象造成的所有损害。“全面性”是从整个社会角度出发,考虑事故给受害者及其亲属、社会和环境造成的影响,要求事故成本构成不能缺漏,也不能重复计量。

(2)可操作性原则。所谓“可操作性”是指能通过采用一些方法对事故的成本项目进行货币计量。经济效益分析采用具体的货币数值,这要求在构建事故成本构成时必须考虑可操作性原则。

(3)可比性原则。所谓“可比性”是指事故成本的计量结果能够与其他国家或地区相互比较,通过对比分析获得有关经验和教训,使我国交通事故成本的评估工作更趋于科学化、程序化,能为交通安全方面的决策提供可靠依据。

14.2.1.1 事故成本的构成

《道路交通事故统计年报》中的直接财产损失是指事故现场造成的车辆、物质损失的折款,不包括人员伤亡、交通延误、社会产出减少、社会机构服务消耗等间接损失。该数据没有充分反映交通事故给全社会造成的损失,不符合事故成本构成的选取原则。

国内外研究表明,各国对事故损失组成内容的认识大体相同,但根据各自的情况采取了不同的归类方式和定价方法,使得事故成本具有很大的差异性。本手册在遵循事故成本构成选取原则的前提下,从整个社会角度确定了我国道路交通事故的成本构成。

1)医疗费用

指所有与伤亡人员的治疗和康复直接相关的费用,包括住院费、治疗费、护理费、药费、设备费用和康复费用等。

2)社会劳动价值损失

指事故造成的人员伤亡,引起社会劳动力或劳动时间的减少,导致社会劳动价值的减少量。

3)精神损失

指伤亡受害者遭受的疼痛、悲伤等精神损失和受害者亲友的悲伤损失。

4)生活质量下降的损失

生活质量指人们生活水平和生活状况的总体描述。从客观方面讲,生活质量是指人们生活条件的充分程度;从主观方面讲,生活质量是人们对自身和自身所处生活条件与环境的各种评价和满意程度。交通事故使受害者遭受肢体丧失或功能缺失,使受害者本人和家属亲友的生活质量下降。

5)财物损失

指事故现场造成的车辆、道路交通设施等财物损毁的实际价值,主要包括货物、车辆和交通设施损失的折款额。

6)社会机构服务损失

指社会机构为处理交通事故的所耗费的人力、物力和财力。这些机构包括:急救中心、交通运输部门、消防机构、保险公司、公检法机关等。

7)交通延误损失

指事故造成交通堵塞引起车辆运输时间减少而产生的社会产出值的减少量。

8)环境污染损失

交通事故发生后,装载货物泄露会对水体、大气、森林、土壤等环境资源造成损害。这部分事故成本在数量上等于将受损环境恢复为正常状况所需的费用。由于统计资料缺失,本手册没有评估事故环境污染的损失成本。

9)丧葬费用

指受害者家属为处理死者的丧葬等后事而需支付的费用。

综上所述,事故成本包括五部分:与人员伤亡有关的损失、社会机构服务消耗损失、交通延误损失、车辆损失、路产损失等。其中与人员伤亡有关的损失包括:医疗费用、社会劳动价值损失、疼痛悲伤精神损失、生活质量下降的损失和丧葬费用。

14.2.1.2 事故成本的具体构成测算

欧美发达国家从20世纪30年代就开始研究交通事故成本,经过长期的研究形成以下六种主要的评价方法。值得注意的是,国外所指的评价方法实际上包含了事故成本构成和成本的计量方法等两方面的内容。

(1)净产出法(Net Output Method)。事故成本是指实际资源损失加上伤亡人员在期望寿命年限内的净产出损失。实际资源损失包括车辆、货物、路产、医疗费用等损失。死亡人员的净产出损失等于预期寿命期内的社会产出减去消费。类似地,可以计算重伤和轻伤人员在歇工期间的净产出损失。

该方法有两方面的缺点:第一,没有从全社会角度考虑事故造成的所有损害,不满足全面性原则;第二,对于生产能力小的受害者,用净产出法测算的伤亡损失可能为负数。实际上,根据凯恩斯的经济理论,消费属于最终需求,是带动经济的增长的重要力量。如果消费减少了,提供消费品的其他行业将承担一定损失,社会总产出会降低。因此用净产出法测算伤亡人员的产出损失是不正确的。

(2)保险赔偿法(Life Insurance Method)。交通事故的损失费用为实际的资源损失加上个人对生命(或肢体健康等)的投保额。

该方法没有从全社会角度出发构建事故成本,不满足全面性原则。而且,采用投保额表示伤亡者对生命或肢体健康损失的方法可能会扩大真实的损失成本。

(3)法院裁决法(Court Award Method)。伤亡的损失费用是法院裁决给伤亡人员或其赡养者的数额,事故损失额等于实际资源损失加上法院裁决额。

该方法的事故成本构成同样存在缺陷,而且法院判决给伤亡人员的数额不一定真实反映伤亡人员及其家属遭受的各种损失。

(4)总产出法(Gross Output Method)。事故成本是实际资源损失加上伤亡人员的社会劳动价值损失现值。类似地,可根据损失的工作时间计算重伤和轻伤人员的社会劳动价值损失现值。

该方法对伤亡人员社会劳动价值损失的测算方法比净产出方法更加合理,但没有考虑疼痛悲伤等精神损失和生活质量下降的损失。

(5)人力资本法(Human Capital Method)。事故成本包括实际资源损失、社会劳动价值损失和受害者及其亲友承受的痛苦和悲伤等精神损失。精神损失的成本在数量上表现为用总产出法损失额的一定比例反映痛苦和悲伤的损失额。

人力资本法的缺点是:第一,没有考虑劳动力向社会提供的支援、帮助、鼓励、幸福等无形价值和生活质量下降的问题;第二,计算疼痛悲伤等精神损失时,比例的选择较为随意。

(6)支付意愿法(Willingness To Pay Method,WTP)。支付意愿法确定的事故成本除包括车辆、路产、物损、医疗费用及社会机构支出的费用等实际资源损失外,还包括疼痛悲伤等精神损失和生活质量下降的损失价值,这种价值反映了人们为降低事故的数量或严重性,确保健康和安全而愿意支付时间及金钱等的意愿。

支付意愿法的事故成本构成较全面地反映了事故对社会造成的损害。在评估疼痛悲伤等精神损失时,不是随意选取总产出法损失额的一定比例作为精神损失的成本,而是采用广泛的社会调查方法,通过模拟真实的市场条件来获得社会公众为确保健康和生命安全而愿意支付的数额。

交通事故成本测算方法取决于政府目标和数据的可获得性。一般地,如果政府目标追求经济增长、最大化国民生产总值,可以采用总产出法;如果政府目标是最大化社会福利,支付意愿法的评估结果更能反映交通事故的社会成本,更适用评估事故成本。

手册采用综合评价法测算我国交通事故的成本：用市场定价法分析交通事故造成的医疗费用、车辆路产等财物损失的成本；用总产出法研究人员伤亡与交通延误造成的社会劳动价值损失成本；用支付意愿法评估伤亡人员的疼痛、悲伤和生活质量下降损失的成本。

国外应用支付意愿法评估死亡人员和伤害人员生活质量下降和遭受的痛苦、悲伤等损失成本时，分别称为统计生命价值（VOSL，Value of Statistical Life）和统计健康价值（VOSH，Value of Statistical Health），其中统计健康价值按受伤严重程度分为统计重伤价值（VOSSI，Value of Statistical Serious Injury）和统计轻伤价值（VOSLI，Value of Statistical Light Injury），本手册沿用这些符号。

1）VOSL、VOSSI 和 VOSLI

（1）北京地区 2006 年度的 VOSL、VOSSI 和 VOSLI

采用支付意愿法研究疼痛悲伤等精神损失和生活质量下降损失的成本，并用条件价值评估法引导社会公众的支付意愿。在北京地区进行有关支付意愿的社会调查，通过统计分析技术，得到北京市 2006 年度的 $VOSL_{BJ,2006}$、$VOSSI_{BJ,2006}$ 和 $VOSLI_{BJ,2006}$ 分别为 51.3 万元、20.5 万元和 3.2 万元。

收入效应系数是指收入的单位变化引起的 VOSL、VOSSI 和 VOSLI 变化量，分别用 κ_1、κ_2、κ_3 表示

$$\kappa_1 = \frac{\partial\,(\mathrm{VOSL})}{\partial\,AI}$$

$$\kappa_2 = \frac{\partial\,(\mathrm{VOSSI})}{\partial\,AI}$$

$$\kappa_3 = \frac{\partial\,(\mathrm{VOSLI})}{\partial\,AI}$$

式中：AI——人均月收入。

分析 2006 年在北京地区进行支付意愿的调查数据，可得：$\kappa_1 = 11$、$\kappa_2 = 4.8$、$\kappa_3 = 1.3$

表示人均月收入每增加 1 元，VOSL、VOSSI 和 VOSLI 分别会增加 115 元、4.8 元和 1.3 元。用 $VOSL_{BJ,2006}$、$VOSSI_{BJ,2006}$ 和 $VOSLI_{BJ,2006}$ 推算其他地区各年度的 VOSL、VOSSI 和 VOSLI 时，收入效应系数发挥了关键作用。

（2）推广应用方法

根据条件价值评估法的理论基础，可知收入水平是影响支付意愿的重要因素。研究表明，VOSL、VOSSI 和 VOSLI 与收入呈近似线性关系。因此，利用收入效应系数和工资收入数据，可得到计算年度内各地区的 $VOSL_{Ar,Year}$、$VOSSI_{Ar,Year}$ 和 $VOSLI_{Ar,Year}$：

$$\mathrm{VOSL}_{Ar,Year} = \mathrm{VOSL}_{BJ,2006} + \kappa_1 \times (AI_{Ar,Year} - AI_{BJ,2006})$$

$$\mathrm{VOSSI}_{Ar,Year} = \mathrm{VOSSI}_{BJ,2006} + \kappa_2 \times (AI_{Ar,Year} - AI_{BJ,2006})$$

$$\mathrm{VOSLI}_{Ar,Year} = \mathrm{VOSLI}_{BJ,2006} + \kappa_3 \times (AI_{Ar,Year} - AI_{BJ,2006})$$

式中：

$AI_{Ar,Year}$——该地区在计算年度内的人均月工资收入；

$AI_{BJ,2006}$——北京地区 2006 年度的人均月工资收入；

$VOSL_{BJ,2006}$、$VOSSI_{BJ,2006}$、$VOSLI_{BJ,2006}$——北京地区 2006 年度的统计生命价值、统计重伤价值和统计轻伤价值。

示例：计算中国2006年度的VOSL、VOSSI、VOSLI。

统计资料表明，2006年度全国和北京的月平均工资收入分别为1 750元和3 343元。因此，2006年度中国的$VOSL_{2006}$、$VOSSI_{2006}$和$VOSLI_{2006}$分别为

$$VOSL_{2006} = 513\,000 + 11 \times (1\,750 - 3\,343) = 495\,480\text{元}$$

$$VOSSI_{2006} = 205\,000 + 4.8 \times (1\,750 - 3\,343) = 197\,350\text{元}$$

$$VOSLI_{2006} = 32\,000 + 1.3 \times (1\,750 - 3\,343) = 29\,930\text{元}$$

2）死亡人员的社会劳动价值损失（LOF）

采用总产出法测算伤亡人员的社会劳动价值损失，并将死亡人员损失的时间分为全劳动力时间和部分劳动力时间。

（1）各个年龄段死亡人员的全劳动力工作时间内的社会劳动价值损失现值

根据总产出法，死亡人员在全劳动力工作时间内的社会劳动价值损失现值为

$$LOF_{1j} = \sum_{i=1}^{n_j} Y \times \frac{(1+g)^i}{(1+q)^i} = Y \times \frac{(1+g)}{q-g} \times \left[1 - \frac{(1+g)^{n_j}}{(1+q)^{n_j}}\right] \tag{14-1}$$

式中：LOF_{1j}——第j年龄段死亡者全劳动时间内的社会劳动价值损失现值，$j=1,L,15$；

n_j——第j年龄段死亡者的全劳动力工作时间（详见表14-1）；

Y——死亡当年的人均国民收入，2006年我国人均国民收入为16 155元；

g——人均国民收入增长率，取8%；

q——社会贴现率，取6%。

（2）各个年龄段死亡人员的部分劳动力工作时间内的社会劳动价值损失现值

根据总产出法，死亡人员在部分劳动力工作时间内的社会劳动价值损失现值为

$$LOF_{2j} = \sum_{i=n_j+1}^{n_j+m_j} K \times Y \times \frac{(1+g)^i}{(1+q)^i} \tag{14-2}$$

式中：LOF_{2j}——第j年龄段死亡者部分劳动时间内的社会劳动价值损失现值，$j=1,L,15$；

m_j——第j年龄段死亡者的部分劳动力工作时间（详见表14-1）；

K——国民收入折减系数，取0.25。

n_j、Y、g、q的含义与式（14-1）相同。

（3）平均死亡一人的社会劳动价值损失现值（ALOF）

死亡人员年龄未知时，平均死亡一人的社会劳动价值损失为

$$ALOF = \sum_{j=1}^{15} p_j \times (LOF_{1j} + LOF_{2j}) \tag{14-3}$$

式中：ALOF——平均死亡一人的社会劳动价值损失现值；

p_j——第j年龄段死亡人数占死亡总数的比例；

LOF_{1j}、LOF_{2j}——第j年龄段的死亡者在全部劳动时间和部分劳动时间内的社会劳动价值损失现值，$j=1,L,15$。

由表14-2可知，2006年度我国平均每死亡一人的社会劳动价值损失为

$$ALOF_{2006} = 542\,276\text{元}$$

各年龄段工作时间损失计算表

表 14-1

序　号	年龄段	计算年龄	全劳动力工作时间(年)	部分劳动力工作时间(年)
1	0～6 岁	3	42	13
2	7～9 岁	8	42	13
3	10～12 岁	11	42	13
4	13～15 岁	14	42	13
5	16～20 岁	18	42	13
6	21～25 岁	23	37	13
7	26～30 岁	28	32	13
8	31～35 岁	33	27	13
9	36～40 岁	38	22	13
10	41～45 岁	43	17	13
11	46～50 岁	48	12	13
12	51～55 岁	53	7	13
13	56～60 岁	58	2	13
14	61～65 岁	63	0	10
15	65 岁以上	70	0	3

事故死亡者的社会劳动价值损失

表 14-2

年龄分组	死亡人数	占总数(p_j)	LO_{1j}	LO_{2j}	$LO_{1j}+LO_{2j}$	$p_j\times(LO_{1j}+LO_{2j})$
0～6 岁	2 415	2.70%	1 040 354	131 531	1 171 884	31 641
7～9 岁	1 029	1.15%	1 040 354	131 531	1 171 884	13 476
10～12 岁	734	0.82%	1 040 354	131 531	1 171 884	9 609
13～15 岁	1 091	1.22%	1 040 354	131 531	1 171 884	14 298
16～20 岁	6 029	6.74%	1 040 354	131 531	1 171 884	78 985
21～25 岁	7 514	8.40%	869 688	119 795	989 484	83 117
26～30 岁	8 167	9.13%	714 251	109 107	823 358	75 173
31～35 岁	10 396	11.62%	572 683	99 372	672 055	78 093
36～40 岁	11 263	12.59%	443 747	90 504	534 251	67 262
41～45 岁	9 625	10.76%	326 315	82 430	408 743	43 980
46～50 岁	7 192	8.04%	219 361	75 074	294 435	23 673
51～55 岁	6 861	7.67%	121 950	68 376	190 325	14 598
56～60 岁	5 036	5.63%	33 231	62 275	95 505	5 377
61～65 岁	3 560	3.98%	0	44 826	44 826	1 784
65 岁以上	8 543	9.55%	0	12 580	12 580	1 201
合计	89 455	100%	—	—	—	542 276

3)重伤人员的社会劳动价值损失(LOSI)

(1)事故重伤者社会劳动价值损失的计算方法

交通事故重伤可分为终生致残性重伤、暂时性致残重伤、非致残性重伤。终生致残是指使人体至少一年时间不能恢复工作,且工作能力终生不能恢复到受伤前的状态的重伤。暂时性致残重伤是指使人体有1个月以上的时间不能恢复工作,但劳动能力在年内能够恢复的重伤。非致残性重伤是指人体在一个月以内不能恢复工作、生活能力的重伤,但不会导致终生残废和暂时致残的重伤。

重伤情况下,其社会劳动价值损失包括两部分:第一部分是完全不能工作时造成的社会劳动价值损失(I);第二部分是受害者工作能力下降而造成的损失(II)。第一部分损失为

$$\mathrm{LOSI}_{\mathrm{I},k} = Y \times \frac{n}{250} \tag{14-4}$$

式中:$\mathrm{LOSI}_{\mathrm{I},k}$——第 k 类重伤者工作能力完全丧失期间的社会劳动价值损失,$k=1,2,3$;

Y——死亡当年的人均国民收入;

n——平均不能工作的时间(见表14-3);

250——1年的工作日。

表14-3

交通事故重伤劳动时间损失情况表

重伤类型	占重伤比例	平均不能工作天数	工作能力降低年数	工作能力降低程度
终身致残性重伤	4.7%	333	终身	43%
暂时性致残性重伤	8.7%	144	5	25%
非致残性重伤	86.6%	73	0	0

重伤情形时,第一部分的社会劳动价值损失见表14-4。

表14-4

重伤人员社会劳动价值损失 I

重 伤 类 型	平均不能工作天数	平均社会劳动价值损失(元)
终身致残性重伤	333	21 519
暂时性致残性重伤	144	9 306
非致残性重伤	73	4 717

第二部分损失为

$$\mathrm{LOSI}_{\mathrm{II},k,j} = \sum_{i=1}^{n_{k,j}} Y \times \frac{(1+g)^i}{(1+q)^i} \times \alpha_k = \alpha_k \times Y \times \frac{(1+g)}{q-g} \times \left[1 - \frac{(1+g)^{n_{k,j}}}{(1+q)^{n_{k,j}}}\right] \tag{14-5}$$

式中:k——终身致残性重伤、暂时致残性重伤和非致残性重伤,k=1,2,3;

$\mathrm{LOSI}_{\mathrm{II},k,j}$——第 k 类重伤者中第 j 年龄段重伤人员因事故使工作能力降低而损失的收入的现值和,$j=1,L,13$;

α_k——平均的工作能力降低系数,终身致残性重伤情况下,$\alpha_1=0.43$,暂时性致残性重伤情况下,$\alpha_2=0.25$,非致残性重伤情况下,$\alpha_3=0$;

$n_{k,j}$——第 k 类重伤者中第 j 年龄段重伤人员工作能力降低的年数,终身致残性重伤情况下,$n_{k,j}$ 为受伤时间到期望寿命之间的年数;暂时性致残性重伤情况下,$n_{k,j}$ 为5年;

Y、g、q 的含义与式(14-1)相同。

终身致残性和暂时致残性重伤人员第二部分的社会劳动价值损失分别见表 14-5 和表14-6。

终身致残性重伤人员社会劳动价值损失 II 表 14-5

分　组	占总数($p_{1,j}$)	损失年数	$LOSI_{I,1}$	$LOSI_{II,1}$	$p_{1,j}\times(LOSI_{I,1}+LOSI_{II,1})$
1～9 岁	3.11%	68	0	962 048	29 920
10～15 岁	2.55%	60	0	776 324	19 797
16～20 岁	8.57%	55	21 519	673 586	79 245
21～25 岁	11.21%	50	21 519	580 013	86 539
26～30 岁	11.84%	45	21 519	494 791	80 103
31～35 岁	13.82%	40	21 519	417 172	79 172
36～40 岁	13.61%	35	21 519	346 479	68 675
41～45 岁	10.79%	30	21 519	282 094	51 957
46～50 岁	7.15%	25	21 519	223 452	37 495
51～55 岁	6.12%	20	21 519	170 045	31 925
56～60 岁	3.99%	15	21 519	121 401	26 363
61～65 岁	2.43%	10	0	77 099	1 874
65 岁以上	4.81%	4	0	29 122	1 401
合计	100%	—	—	—	594 464

暂时致残性重伤人员社会劳动价值损失 II 表 14-6

分　组	占总数($p_{2,j}$)	损失年数	$LOSI_{I,2}$	$LOSI_{II,2}$	$p_{1,j}\times(LOSI_{I,2}+LOSI_{II,2})$
1～9 岁	3.11%	68	0	559 330	17 395
10～15 岁	2.55%	60	0	451 352	11 509
16～20 岁	8.57%	55	9 306	391 619	42 867
21～25 岁	11.21%	50	9 306	337 215	47 108
26～30 岁	11.84%	45	9 306	287 677	43 366
31～35 岁	13.82%	40	9 306	242 541	42 825
36～40 岁	13.61%	35	9 306	201 441	36 722
41～45 岁	10.79%	30	9 306	164 008	27 002
46～50 岁	7.15%	25	9 306	129 915	18 594
51～55 岁	6.12%	20	9 306	98 863	15 356
56～60 岁	3.99%	15	9 306	70 584	12 122
61～65 岁	2.43%	10	0	44 826	1 089
65 岁以上	4.81%	4	0	16 931	814
合计	100%				316 771

(2)平均重伤一人的社会劳动价值损失(ALOSI)

死亡人员年龄未知时,平均重伤一人的社会劳动价值损失为

$$ALOSI = \sum_{k=1}^{3} p_{s_k} \times (LOSI_{I,k} + \sum_{j=1}^{13} p_{k,j} LOSI_{II,k,j}) \tag{14-6}$$

式中:ALOSI——平均重伤一人的社会劳动价值损失现值;

p_{s_k}——第 k 类重伤者占重伤人数的比例;

$LOSI_{I,k}$——第 k 类重伤者工作能力完全丧失期间的社会劳动价值损失;

$LOSI_{II,k,j}$——第 k 类重伤者中第 j 年龄段重伤人员因事故使工作能力降低而损失的收入的现值和,特别地非致残性重伤的第二部分社会劳动价值损失 $LOSI_{II,3,j}=0$;

$p_{k,j}$——第 k 类重伤者中第 j 年龄段重伤人员占第 k 类重伤者的比例。

由表 14-3 ~ 表 14-6 可知,2006 年度我国交通事故平均重伤一人的社会劳动价值损失为

$$ALOSI_{2006} = 4.7\% \times 594\,464 + 8.7\% \times 31\,6771 + 86.6\% \times 4\,809 = 59\,584(\text{元})$$

4)平均轻伤一人的社会劳动价值损失(ALOLI)

用总产出法测算轻伤人员的社会劳动价值损失。有关研究表明:轻伤人员不能工作的时间平均为 20d,因此

$$ALOLI = Y \times \frac{20}{250}$$

式中:Y——人均国民收入。

因此,2006 年度我国交通事故轻伤一人的平均社会劳动价值损失平均为

$$ALOLI_{2006} = 16\,115 \times 20/250 = 1\,289(\text{元})$$

伤亡社会劳动价值损失的计算过程表明,社会劳动价值损失与人均国民收入成正比关系,这对测算其他地区年度伤亡一人的社会劳动价值损失很重要,只需知道该地区年度人均国民收入和中国 2006 年度伤亡一人的平均社会劳动价值损失。

5)死亡人员的医疗费用(AMEF)

(1)上海市 2006 年度死亡人员的平均医疗费用($AMEF_{SH,2006}$)

有关研究表明:交通事故死亡的人员中,约有 1/4 的人在入院治疗后的当日内死亡;约有 1/4 的人在入院治疗后当日存活,但在随后的 6 日内死亡;其余 1/2 的人是当场死亡或在入院过程中死亡。因此,事故死亡者的平均医疗费用为

$$AMEF = \text{入院死亡者人均医疗费用} \times 1/2$$

根据从上海获得关于上海市 2006 年交通事故死亡者医疗费用数据,经计算得到如表 14-7 所示的结果。因此,上海市 2006 年度交通事故中死亡一人的平均医疗费用是

$$AMEF_{SH,2006} = 12\,670.2 \times 1/2 = 6\,335\ \text{元}$$

交通死亡者的医疗费用　　表 14-7

类　型	日均医疗费用[元/(人·d)]	平均住院时间(d)	人均医疗费用(元/人)
当日死亡	7 512.7	1.00	7 512.7
当日存活	3 633.4	4.03	14 656.3
7 日内死亡	3 971.5	3.19	12 670.2

(2)我国2006年度死亡人员的平均医疗费用($AMEF_{2006}$)

医疗服务价格水平与地区的经济发展水平、医疗服务水平和居民的支付能力等存在明显的正相关关系,并集中表现为医疗服务价格水平与居民平均工资收入的正相关关系。为充分利用上海地区的2006年的数据,粗略估计全国及其他地区计算年度交通事故伤亡平均医疗费用的方法是

$$AMEF_{2006} = AMEF_{SH,2006} \times AI_{2006}/AI_{SH,2006}$$

式中:$AI_{SH,2006}$——上海地区2006年的平均工资;

AI_{2006}——地区在计算年度平均工资。

2006年度全国和上海市的年平均工资为21 001和41 188元,因此2006年度全国范围交通事故死亡人员的人均医疗费用为

$$AMEF_{2006} = 6\,335 \times 21\,001/41\,188 = 3\,230 \text{ 元}$$

6)重伤人员的医疗费用(AMESI)

(1)上海市2006年度重伤人员的平均医疗费用($AMESI_{SH,2006}$)

根据从上海获得2006年交通事故重伤者医疗费用数据,经计算得到如表14-8所示的结果。因此,上海市2006年度交通事故中重伤一人的平均医疗费用是$AMESI_{SH,2006} = 27\,458$(元)。

交通受伤者的医疗费用

表14-8

类　型	日均医疗费用[元/(人·d)]	平均住院时间(d)	人均医疗费用(元/人)
重伤	1 422.7	19.3	27 458
轻伤	1 122.3	11.3	12 682

(2)我国2006年度重伤人员的平均医疗费用($AMESI_{2006}$)

参考死亡情形的方法,中国2006年度重伤人员的平均医疗费用为

$$AMESI_{2006} = 27\,458 \times 21\,001/41\,188 = 14\,000 \text{ 元}$$

7)轻伤人员的医疗费用(AMELI)

(1)上海市2006年度轻伤人员的平均医疗费用($AMELI_{SH,2006}$)

根据从上海某医院获得2006年交通事故轻伤者医疗费用数据,经计算得到如表14-8所示的结果。因此,上海市2006年度交通事故中轻伤一人的平均医疗费用是$AMELI_{SH,2006} = 12\,682$(元)。

(2)我国2006年度轻伤人员的平均医疗费用($AMELI_{2006}$)

参考死亡情形的方法,中国2006年度轻伤人员的平均医疗费用为

$$AMELI_{2006} = 12\,682 \times 21\,001/41\,188 = 6\,466 \text{ 元}$$

8)事故平均路产损失(ALR)

依事故类型,将路产损失费用划分为如表14-9所示的四类,其中ALRP表示PDO事故的平均路产损失费用,其余路产损失费用代码的含义以此类推。各种类型事故的平均路产损失费用是对从某道路管理部门获得的数据采用算术平均法得到(见表14-9)。一起交通事故的平均路产损失为:$ALR_{2006} = 2\,928$元。2006年度其他地区每起交通事故的平均路产损失均取为2 928元。

事故平均路产损失　　表 14-9

事 故 类 型	路产损失费用代码	平均路产损失(元)
PDO 事故	ALRP	1 946
死亡事故	ALRF	9 418
重伤事故	ALRS	2 725
轻伤事故	ALRL	890
平均	ALR	2 928

9)事故平均车辆损失(ALV)

依事故类型,将车辆损失费用划分为如表 14-10 所示的四类。各种类型事故的平均车辆损失费用是对从保险公司获得的数据采用算术平均法得到(见表 14-10),保险公司的数据是 2006 年度全国范围内数据。因此,全国范围内 2006 年度一起交通事故的平均车辆损失为:$ALV_{2006}=2\ 784$ 元。

平均车辆损失数据　　表 14-10

事 故 类 型	车辆损失费用代码	平均车辆损失(元)
PDO 事故	ALVP	1 340
死亡事故	ALVF	8 580
重伤事故	ALVS	4 643
轻伤事故	ALVL	2 861
平均	ALV	2 784

10)事故平均社会机构损失(ALS)

社会机构的损失是指交通事故发生后,急救、交通、消防、公检法、保险等五个部门为解决其引起的一系列的后果而引起的物质损耗和劳动服务的增加。社会机构损失费用是指对社会机构损失的货币量化。

急救部门的损失包括急救人员的服务、急救车辆的损耗和油耗、其他急救器材的损耗等。交通部门的损失包括交通事故处理、管理人员的服务、交通事故管理部门运输的车辆损耗和油耗。消防部门的损失包括消防人员的服务、消防材料的消耗、消防车辆的损耗和油耗。公检法部门的损失包括人员的服务、办公器材的损耗等。根据各部门处理交通事故的工作比例,确定这些行政部门处理交通事故的损失费用占行政费用的比重。

保险部门的损失费用包括保险公司在理赔过程中发生的理赔费用和赔偿费用。其中,有关车辆和人员医疗费用的赔偿已分别列入车辆损失费用和人员伤亡医疗费用,不再列入社会机构的损失费用。根据保险公司的 2006 年的数据,平均每起事故的理赔费用为 200 元。

由于难以确定社会机构的行政费用和处理各种类型交通事故的工作比例,不能直接计算这些部门的损失费用。参照保险部门处理事故所产生的理赔费用,取各社会机构处理每起事故的损失费用为 200 元,且处理各种类型事故的损失费用相同。因此,2006 年度平均每起交通事故的社会机构损失费用为 $ALS_{2006}=1\ 000$ 元。2006 年度其他地区每起交通事故的社会机构损失费用均取为 1 000 元。

11）事故平均延误损失（ATD）

交通延误的损失是事故引起的交通阻塞，妨碍了其他车辆的顺利通行，造成运输时间减少的损失，该损失可用车辆小时数表示。国外事故的统计结果表明，特大事故占整个事故的5%，重大事故占事故总数的25%，一般事故占事故的70%。参照北京工业大学贺玉龙等人的研究成果[1]，特大事故延误约为11h，平均每起事故导致3 000辆小时的延误；重大事故延误约1h，每起事故导致1 200辆小时的延误；一般事故延误30min，每起事故导致延迟车辆约600辆小时。类似伤亡人员社会劳动价值损失的计算，用延误时间内减少的国内生产总值表示延误损失费用

$$\mathrm{ATD}=\sum_{i=1}^{3}\mathrm{ATD}_i=\frac{Y}{250\times 8}\times\sum_{i=1}^{3}DT_i\times p_i \qquad i=1,2,3 \tag{14-7}$$

式中：ATD——平均每发生一起交通事故的延误损失费用；

ATD_i——各种类型事故的交通延误损失；

Y——人均年国内生产总值；

DT_i——各种类型事故的延误时间；

p_i——各种类型事故的比例；

250——全年的工作日；

8——每日工作的小时数。

由表14-11可知，平均每起交通事故造成的延误时间为900车辆小时，延误损失费用为：$\mathrm{ATD}_{2006}=6\,976$ 元。

交通延误损失　　表14-11

事故类型	所占事故比例 p_i（%）	延误时间（DT_i）（车辆小时）	ATD_i（元）	$p_i\times\mathrm{ATD}_i$（元）
一般事故	70	600	4 812	3 368
重大事故	25	1 200	9 623	2 406
特大事故	5	3 000	24 128	1 203
合计	100	—	—	6 976

交通事故的延误损失费用的与平均延误时间和人均国内生产总值相关。本研究在测算其他地区的延误损失费用时，平均每起事故的延误时间也取为900小时，但单位时间内的生产总值取地区人均生产总值。

12）死亡的平均丧葬费用（AFu）

丧葬费是指料理交通死亡者丧葬事宜所需的费用。根据有关法律的规定来测算交通事故死亡者的丧葬费用。《最高人民法院关于确定民事侵权精神损害赔偿责任若干问题的解释》规定丧葬费按照受诉法院所在地上一年度职工月平均工资标准，以6个月总额计算。参考《解释》规定的计算方法

$$\mathrm{AFu}=6\times\text{年度职工月平均工资}$$

2006年度全国职工平均工资为21 001元，所以 $\mathrm{AFu}_{2006}=6\times 21\,001/12=10\,500$ 元。

14.2.1.3　人员伤亡的平均成本（ACF&ACI）

根据14.2.1.2中具体构成的测算，可以测算我国人员伤亡的平均成本。

1)我国2006年度伤亡平均成本

伤亡平均成本(ACF&ACI)是指在计算年度内,地区交通事故中每伤亡一人的平均损失费用,包括医疗费用、社会劳动价值损失、疼痛悲伤损失、生活质量下降损失和丧葬费用等。2006年度内全国范围内的伤亡平均成本的计算公式和结果如下

$$\text{死亡一人的平均成本}(\mathrm{ACF}_{2006}) = \mathrm{VOSL}_{2006} + \mathrm{AMEF}_{2006} + \mathrm{ALOF}_{2006} + \mathrm{AFu}_{2006} = 495\ 480 + 3\ 230 + 594\ 464 + 10\ 500 = 1\ 103\ 674\ \text{元}$$

$$\text{重伤一人的平均成本}(\mathrm{ACSI}_{2006}) = \mathrm{VOSSI}_{2006} + \mathrm{AMESI}_{2006} + \mathrm{ALOSI}_{2006} = 197\ 350 + 14\ 000 + 59\ 584 = 270\ 934\ \text{元}$$

$$\text{轻伤一人的平均成本}(\mathrm{ACLI}_{2006}) = \mathrm{VOSLI}_{2006} + \mathrm{AMELI}_{2006} + \mathrm{ALOLI}_{2006} = 29\ 930 + 6\ 466 + 4\ 809 = 41\ 205\ \text{元}$$

2)地区年度伤亡平均成本

地区年度伤亡平均成本是在中国2006年度伤亡平均成本的基础上计算得到。Ar,Year表示地区年度数据,2006表示中国2006年度数据,后面不再另作说明。地区年度伤亡平均成本的测算方法如下

(1) $\mathrm{VOSL}_{\mathrm{Ar,Year}}$、$\mathrm{VOSSI}_{\mathrm{Ar,Year}}$、$\mathrm{VOSLI}_{\mathrm{Ar,Year}}$

$$\mathrm{VOSL}_{\mathrm{Ar,Year}} = \mathrm{VOSL}_{2006} + \kappa_1 \times (AI_{\mathrm{Ar,Year}} - AI_{2006})$$

$$\mathrm{VOSSI}_{\mathrm{Ar,Year}} = \mathrm{VOSSI}_{2006} + \kappa_2 \times (AI_{\mathrm{Ar,Year}} - AI_{2006})$$

$$\mathrm{VOSLI}_{\mathrm{Ar,Year}} = \mathrm{VOSLI}_{2006} + \kappa_3 \times (AI_{\mathrm{Ar,Year}} - AI_{2006})$$

式中:κ_1、κ_2、κ_3——死亡、重伤和轻伤情形的收入效应系数;

AI——月平均工资。

(2) $\mathrm{AMEF}_{\mathrm{Ar,Year}}$、$\mathrm{AMESI}_{\mathrm{Ar,Year}}$、$\mathrm{AMELI}_{\mathrm{Ar,Year}}$

$$\mathrm{AMEF}_{\mathrm{Ar,Year}} = \mathrm{AMEF}_{2006} \times \frac{\mathrm{AI}_{\mathrm{Ar,Year}}}{\mathrm{AI}_{2006}}$$

$$\mathrm{AMESI}_{\mathrm{Ar,Year}} = \mathrm{AMESI}_{2006} \times \frac{\mathrm{AI}_{\mathrm{Ar,Year}}}{\mathrm{AI}_{2006}}$$

$$\mathrm{AMELI}_{\mathrm{Ar,Year}} = \mathrm{AMELI}_{2006} \times \frac{\mathrm{AI}_{\mathrm{Ar,Year}}}{\mathrm{AI}_{2006}}$$

式中:AMEF、AMESI、AMELI——死亡、重伤、轻伤一人的平均医疗费用。

(3) $\mathrm{ALOF}_{\mathrm{Ar,Year}}$、$\mathrm{ALOSI}_{\mathrm{Ar,Year}}$、$\mathrm{ALOLI}_{\mathrm{Ar,Year}}$

$$\mathrm{ALOF}_{\mathrm{Ar,Year}} = \mathrm{ALOF}_{2006} \times \frac{Y_{\mathrm{Ar,Year}}}{\mathrm{Y}_{2006}}$$

$$\mathrm{ALOSI}_{\mathrm{Ar,Year}} = \mathrm{ALOSI}_{2006} \times \frac{Y_{\mathrm{Ar,Year}}}{Y_{2006}}$$

$$\mathrm{ALOLI}_{\mathrm{Ar,Year}} = \mathrm{ALOLI}_{2006} \times \frac{Y_{\mathrm{Ar,Year}}}{Y_{2006}}$$

式中:ALOF、ALOSI、ALOLI——死亡、重伤、轻伤一人的平均社会劳动价值损失。

(4) $\mathrm{AFu}_{\mathrm{Ar,Year}}$

$$\mathrm{AFu}_{\mathrm{Ar,Year}} = \mathrm{AFu}_{2006} \times \frac{AI_{\mathrm{Ar,Year}}}{AI_{2006}}$$

式中：AFu——人均丧葬费用。

(5)地区年度死亡一人的平均成本

死亡一人的平均成本($ACF_{Ar,Year}$) = $VOSL_{Ar,Year} + AMEF_{Ar,Year} + ALOF_{Ar,Year} + AFu_{Ar,Year}$

(6)地区年度重伤一人的平均成本

重伤一人的平均成本($ACSI_{Ar,Year}$) = $VOSSI_{Ar,Year} + AMESI_{Ar,Year} + ALOSI_{Ar,Year}$

(7)地区年度轻伤一人的平均成本

轻伤一人的平均成本($ACLI_{Ar,Year}$) = $VOSLI_{Ar,Year} + AMELI_{Ar,Year} + ALOLI_{Ar,Year}$

14.2.1.4 事故平均成本

根据14.2.1.2中具体构成的测算，可以测算我国道路交通事故平均成本。

本节中，"事故"是概率意义上的平均事故，没有特指是死亡、重伤、轻伤还是PDO事故。根据《道路交通事故统计年报》数据，可计算这种事故的事故死亡率、事故重伤率和事故轻伤率。

事故死亡率(AFPC)是指平均每起事故的死亡人数，事故受伤率(AIPC)是指平均每起事故的受伤人数。本研究分别用1980年以来的事故死亡率平均值和事故受伤率平均值估计AFPC和AIPC。根据《道路交通事故统计年报(2006年)》的数据，AFPC和AIPC的估计值分别为0.207、0.695。根据经验统计，因交通事故受伤的人员中约有30%的为重伤，70%的为轻伤，所以事故重伤率(ASIPC)和事故轻伤率(ALIPC)的估计值分别为0.208 5和0.486 5。据此，本节定义的事故在平均意义上会造成死亡、重伤和轻伤的人数分别为0.207人、0.208 5人和0.486 5人，造成的延误时间损失为900车辆小时。

1)我国2006年度事故平均成本

事故平均成本(*ACRTA*)是指计算年度内，区域内每发生一起交通事故的平均损失费用，包括人员伤亡、车辆、路产、社会机构、交通延误损失等5部分。由交通事故成本构成可知，事故平均成本由人员伤亡成本(AC^1)、车辆损失(AC^2)、路产损失(AC^3)、社会机构损失(AC^4)、交通延误损失(AC^5)等5部分构成。2006年度，全国范围内的各部分损失成本及事故平均成本的计算公式为

$$AC_{2006}^1 = AFPC \times ACF_{2006} + ASIPC \times ACSI_{2006} + ALIPC \times ACLI_{2006}$$

$$AC_{2006}^2 = ALV_{2006}$$

$$AC_{2006}^3 = ALR_{2006}$$

$$AC_{2006}^4 = 1\,000\text{ 元}$$

$$AC_{2006}^5 = ADT_{2006} \times \frac{Y_{Ar,Year}}{Y_{2006}}$$

$$ACRTA_{2006} = \sum_{i=1}^{5} AC_{2006}^i$$

因此，中国2006年度平均每起交通事故的成本为$ACRTA_{2006}$ = 272 305元(表14-12)。

中国2006年度事故平均成本($ACRA_{2006}$)(元) 表14-12

伤亡成本(AC_{2006}^1)	车辆损失(AC_{2006}^2)	路产损失(AC_{2006}^3)	社会机构损失(AC_{2006}^4)	交通延误损失(AC_{2006}^5)	$ACRTA_{2006}$
259 486	2 784	2 928	1 000	6 107	272 305

2)地区年度事故平均成本测算方法

地区年度事故平均成本也是由人员伤亡成本(AC^1)、车辆损失(AC^2)、路产损失(AC^3)、社会机构损失(AC^4)、交通延误损失(AC^5)等5部分构成,但各部分成本是在中国2006年度事故平均成本的基础上计算得到。

地区年度事故平均成本的测算方法如下

$$AC^1_{\mathrm{Ar,Year}} = \mathrm{AFPC} \times \mathrm{ACF}_{\mathrm{Ar,Year}} + \mathrm{ASIPC} \times \mathrm{ACSI}_{\mathrm{Ar,Year}} + \mathrm{ALIPC} \times \mathrm{ACLI}_{\mathrm{Ar,Year}}$$

$$AC^2_{\mathrm{Ar,Year}} = \mathrm{ALV}_{\mathrm{Ar,Year}} = \mathrm{ALV}_{2006} \times \frac{AI_{\mathrm{Ar,Year}}}{AI_{2006}}$$

$$AC^3_{\mathrm{Ar,Year}} = \mathrm{ALR}_{\mathrm{Ar,Year}} = \mathrm{ALR}_{2006}$$

$$AC^4_{\mathrm{Ar,Year}} = 1\,000\ 元$$

$$AC^5_{\mathrm{Ar,Year}} = ADT_{\mathrm{Ar,Year}} = ADT_{2006}$$

$$\mathrm{ACRTA}_{\mathrm{Ar,Year}} = \sum_{i=1}^{5} AC^i_{\mathrm{Ar,Year}}$$

14.2.2 改进方案的经济效益

改进方案在其寿命期内每年都发挥其安全作用,因此其经济效益具有"重复性",即每年都产生经济效益。

14.2.2.1 改进方案的安全效果

本手册用事故折减因子(CRF)来表征改善对策的预期安全效果。事故折减因子是指在交通系统中由于某一项安全改善对策的实施而引起的交通事故数减少的百分率。CRF确定方法参见手册第十五章内容。

根据手册提供的CRF,就可以估计各种改善对策的安全效益。当在安全改进地点采用安全改善对策时,其产生的安全效益通过它消除或预防的事故来量化,计算公式如下

$$\Delta N = -N_{\mathrm{w/o}}\mathrm{CRF}$$

式中:ΔN——由于安全改善对策的实施而导致的事故减少量,负号表示事故的减少。

一些国家基于已有的安全研究成果针对各种安全改善对策给出了相应的事故折减因子,有些还针对不同事故类型给出了相应的事故折减因子,而目前国内在这方面的研究很少,因此,在参考国外研究成果,特别是美国的一些研究成果的基础上,本手册针对不同的安全改造对策给出了相应的CRF值。在本手册的第三章~第七章里也提供了相应的道路因素、控制因素和运营因素等对安全性的影响,也可以用来估计安全改进的事故减少量。

实施改进方案前后事故指标的减少即是安全效果,经济效益评价中事故指标指每年事故的事故起数。经济效益分析中,安全效果是指改进方案在寿命期内的减少的事故起数的总和。用θ_i表示改进方案投入使用后第i年的安全效果。

14.2.2.2 改进方案的经济效益

改进方案的经济效益是"减损效益",在投入使用后第i年的经济效益为

$$B_i = \theta_i \times \mathrm{ACRAT}_{\mathrm{Ar,Year_0}+i}$$

式中:Year_0——基准年份,即改进方案正式投入使用的年份。

设折现率为d,改造方案的总经济效益等于寿命期内各年经济效益折现值之和$\sum \theta_i \times$

$ACRAT_{Ar,Year_0+i}\times(1+d)^i$。因此，经济效益分析的关键在于评估安全效果和确定地区年度的事故平均成本 $ACRAT_{Ar,Year_0+i}$。

未来年份人均月工资和国民收入。计算未来年份的事故平均成本时，需要未来年份的人均月工资和国民收入数据，取人均月工资和国民收入的增长速度为8%，则未来年份 $Year_0+i$ 的人均月工资和国民收入分别为

$$AI_{Ar,Year_0+i}=1.08^i\times AI_{Ar,Year_0} \text{ 和 } Y_{Ar,Year_0+i}=1.08^i\times Y_{Ar,Year_0}$$

设 $kAI_i=1.08^i\times AI_{Ar,Year_0}/AI_{2006}$ 及 $kY_i=1.08^i\times Y_{Ar,Year_0}/Y_{2006}$ 分别表示地区 $Year_0+i$ 年度人均月工资与人均国民收入与全国2006年度人均月工资与人均国民收入的比例，工业品价格增长速度为5%。利用中国2006年度道路交通事故成本数据，依次按以下步骤计算，可得到地区年度事故平均成本（$ACRAT_{Ar,Year_0+i}$）：

（1）计算 $VOSL_{Ar,Year_0+i}$、$VOSSI_{Ar,Year_0+i}$、$VOSLI_{Ar,Year_0+i}$

$$VOSL_{Ar,Year_0+i}=VOSL_{2006}+\kappa_1\times(AI_{Ar,Year_0+i}-AI_{2006})$$

$$VOSSI_{Ar,Year_0+i}=VOSSI_{2006}+\kappa_2\times(AI_{Ar,Year_0+i}-AI_{2006})$$

$$VOSLI_{Ar,Year_0+i}=VOSLI_{2006}+\kappa_2\times(AI_{Ar,Year_0+i}-AI_{2006})$$

（2）计算 $AMEF_{Ar,Year_0+i}$、$AMESI_{Ar,Year_0+i}$、$AMEL_{Ar,Year_0+i}$

$$AMEF_{Ar,Year_0+i}=AMEF_{2006}\times kAI_i$$

$$AMESI_{Ar,Year_0+i}=AMESI_{2006}\times kAI_i$$

$$AMELI_{Ar,Year_0+i}=AMELI_{2006}\times kAI_i$$

（3）计算 $ALOF_{Ar,Year_0+i}$、$ALOSI_{Ar,Year_0+i}$、$ALOLI_{Ar,Year_0+i}$

$$ALOF_{Ar,Year_0+i}=ALOF_{2006}\times kY_i$$

$$ALOSI_{Ar,Year_0+i}=ALOSI_{2006}\times kY_i$$

$$AMLOI_{Ar,Year_0+i}=ALOLI_{2006}\times kY_i$$

（4）计算 $AFu_{Ar,Year_0+i}$

$$AFu_{Ar,Year_0+i}=AFu_{2006}\times kI_i$$

（5）计算 $ACF_{Ar,Year_0+i}$

$$ACF_{Ar,Year_0+i}=VOSL_{Ar,Year_0+i}+AMEF_{Ar,Year_0+i}+ALOF_{Ar,Year_0+i}+AFu_{Ar,Year_0+i}$$

（6）计算 $ACSI_{Ar,Year_0+i}$

$$ACSI_{Ar,Year_0+i}=VOSSI_{Ar,Year_0+i}+AMESI_{Ar,Year_0+i}+ALOSI_{Ar,Year_0+i}$$

（7）计算 $ACLI_{Ar,Year_0+i}$

$$ACLI_{Ar,Year_0+i}=VOSLI_{Ar,Year_0+i}+AMELI_{Ar,Year_0+i}+ALOLI_{Ar,Year_0+i}$$

（8）计算 $AC^1_{Ar,Year_0+i}$

$$AC^1_{Ar,Year_0+i}=AFPC\times ACF_{Ar,Year_0+i}+ASIPC\times ACSI_{Ar,Year_0+i}+ALIPC\times ACLI_{Ar,Year_0+i}$$

（9）计算 $AC^2_{Ar,Year_0+i}$

$$AC^2_{Ar,Year_0+i}=ALV_{Ar,Year_0+i}=ALV_{2006}\times kI_i$$

（10）计算 $AC^3_{Ar,Year_0+i}$

$$AC^3_{Ar,Year_0+i}=ALR_{Ar,Year_0+i}=ALR_{2006}\times 1.05^i$$

2）地区年度事故平均成本测算方法

地区年度事故平均成本也是由人员伤亡成本（AC^1）、车辆损失（AC^2）、路产损失（AC^3）、社会机构损失（AC^4）、交通延误损失（AC^5）等5部分构成，但各部分成本是在中国2006年度事故平均成本的基础上计算得到。

地区年度事故平均成本的测算方法如下

$$AC^1_{\mathrm{Ar,Year}} = \mathrm{AFPC} \times \mathrm{ACF}_{\mathrm{Ar,Year}} + \mathrm{ASIPC} \times \mathrm{ACSI}_{\mathrm{Ar,Year}} + \mathrm{ALIPC} \times \mathrm{ACLI}_{\mathrm{Ar,Year}}$$

$$AC^2_{\mathrm{Ar,Year}} = \mathrm{ALV}_{\mathrm{Ar,Year}} = \mathrm{ALV}_{2006} \times \frac{AI_{\mathrm{Ar,Year}}}{AI_{2006}}$$

$$AC^3_{\mathrm{Ar,Year}} = \mathrm{ALR}_{\mathrm{Ar,Year}} = \mathrm{ALR}_{2006}$$

$$AC^4_{\mathrm{Ar,Year}} = 1\ 000\ \text{元}$$

$$AC^5_{\mathrm{Ar,Year}} = ADT_{\mathrm{Ar,Year}} = ADT_{2006}$$

$$\mathrm{ACRTA}_{\mathrm{Ar,Year}} = \sum_{i=1}^{5} AC^i_{\mathrm{Ar,Year}}$$

14.2.2 改进方案的经济效益

改进方案在其寿命期内每年都发挥其安全作用，因此其经济效益具有“重复性”，即每年都产生经济效益。

14.2.2.1 改进方案的安全效果

本手册用事故折减因子（CRF）来表征改善对策的预期安全效果。事故折减因子是指在交通系统中由于某一项安全改善对策的实施而引起的交通事故数减少的百分率。CRF确定方法参见手册第十五章内容。

根据手册提供的CRF，就可以估计各种改善对策的安全效益。当在安全改进地点采用安全改善对策时，其产生的安全效益通过它消除或预防的事故来量化，计算公式如下

$$\Delta N = -N_{\mathrm{w/o}}\mathrm{CRF}$$

式中：ΔN——由于安全改善对策的实施而导致的事故减少量，负号表示事故的减少。

一些国家基于已有的安全研究成果针对各种安全改善对策给出了相应的事故折减因子，有些还针对不同事故类型给出了相应的事故折减因子，而目前国内在这方面的研究很少，因此，在参考国外研究成果，特别是美国的一些研究成果的基础上，本手册针对不同的安全改造对策给出了相应的CRF值。在本手册的第三章～第七章里也提供了相应的道路因素、控制因素和运营因素等对安全性的影响，也可以用来估计安全改进的事故减少量。

实施改进方案前后事故指标的减少即是安全效果，经济效益评价中事故指标指每年事故的事故起数。经济效益分析中，安全效果是指改进方案在寿命期内的减少的事故起数的总和。用θ_i表示改进方案投入使用后第i年的安全效果。

14.2.2.2 改进方案的经济效益

改进方案的经济效益是“减损效益”，在投入使用后第i年的经济效益为

$$B_i = \theta_i \times \mathrm{ACRAT}_{\mathrm{Ar,Year_0}+i}$$

式中：$\mathrm{Year_0}$——基准年份，即改进方案正式投入使用的年份。

设折现率为d，改造方案的总经济效益等于寿命期内各年经济效益折现值之和$\sum \theta_i \times$

$ACRAT_{Ar,Year_0+i} \times (1+d)^i$。因此，经济效益分析的关键在于评估安全效果和确定地区年度的事故平均成本 $ACRAT_{Ar,Year_0+i}$。

未来年份人均月工资和国民收入。计算未来年份的事故平均成本时，需要未来年份的人均月工资和国民收入数据，取人均月工资和国民收入的增长速度为8%，则未来年份 $Year_0+i$ 的人均月工资和国民收入分别为

$$AI_{Ar,Year_0+i} = 1.08^i \times AI_{Ar,Year_0} \text{ 和 } Y_{Ar,Year_0+i} = 1.08^i \times Y_{Ar,Year_0}$$

设 $kAI_i = 1.08^i \times AI_{Ar,Year_0}/AI_{2006}$ 及 $kY_i = 1.08^i \times Y_{Ar,Year_0}/Y_{2006}$ 分别表示地区 $Year_0+i$ 年度人均月工资与人均国民收入与全国2006年度人均月工资与人均国民收入的比例，工业品价格增长速度为5%。利用中国2006年度道路交通事故成本数据，依次按以下步骤计算，可得到地区年度事故平均成本（$ACRAT_{Ar,Year_0+i}$）：

（1）计算 $VOSL_{Ar,Year_0+i}$、$VOSSI_{Ar,Year_0+i}$、$VOSLI_{Ar,Year_0+i}$

$$VOSL_{Ar,Year_0+i} = VOSL_{2006} + \kappa_1 \times (AI_{Ar,Year_0+i} - AI_{2006})$$
$$VOSSI_{Ar,Year_0+i} = VOSSI_{2006} + \kappa_2 \times (AI_{Ar,Year_0+i} - AI_{2006})$$
$$VOSLI_{Ar,Year_0+i} = VOSLI_{2006} + \kappa_2 \times (AI_{Ar,Year_0+i} - AI_{2006})$$

（2）计算 $AMEF_{Ar,Year_0+i}$、$AMESI_{Ar,Year_0+i}$、$AMEL_{Ar,Year_0+i}$

$$AMEF_{Ar,Year_0+i} = AMEF_{2006} \times kAI_i$$
$$AMESI_{Ar,Year_0+i} = AMESI_{2006} \times kAI_i$$
$$AMELI_{Ar,Year_0+i} = AMELI_{2006} \times kAI_i$$

（3）计算 $ALOF_{Ar,Year_0+i}$、$ALOSI_{Ar,Year_0+i}$、$ALOLI_{Ar,Year_0+i}$

$$ALOF_{Ar,Year_0+i} = ALOF_{2006} \times kY_i$$
$$ALOSI_{Ar,Year_0+i} = ALOSI_{2006} \times kY_i$$
$$AMLOI_{Ar,Year_0+i} = ALOLI_{2006} \times kY_i$$

（4）计算 $AFu_{Ar,Year_0+i}$

$$AFu_{Ar,Year_0+i} = AFu_{2006} \times kI_i$$

（5）计算 $ACF_{Ar,Year_0+i}$

$$ACF_{Ar,Year_0+i} = VOSL_{Ar,Year_0+i} + AMEF_{Ar,Year_0+i} + ALOF_{Ar,Year_0+i} + AFu_{Ar,Year_0+i}$$

（6）计算 $ACSI_{Ar,Year_0+i}$

$$ACSI_{Ar,Year_0+i} = VOSSI_{Ar,Year_0+i} + AMESI_{Ar,Year_0+i} + ALOSI_{Ar,Year_0+i}$$

（7）计算 $ACLI_{Ar,Year_0+i}$

$$ACLI_{Ar,Year_0+i} = VOSLI_{Ar,Year_0+i} + AMELI_{Ar,Year_0+i} + ALOLI_{Ar,Year_0+i}$$

（8）计算 $AC^1_{Ar,Year_0+i}$

$$AC^1_{Ar,Year_0+i} = AFPC \times ACF_{Ar,Year_0+i} + ASIPC \times ACSI_{Ar,Year_0+i} + ALIPC \times ACLI_{Ar,Year_0+i}$$

（9）计算 $AC^2_{Ar,Year_0+i}$

$$AC^2_{Ar,Year_0+i} = ALV_{Ar,Year_0+i} = ALV_{2006} \times kI_i$$

（10）计算 $AC^3_{Ar,Year_0+i}$

$$AC^3_{Ar,Year_0+i} = ALR_{Ar,Year_0+i} = ALR_{2006} \times 1.05^i$$

(11)计算 $AC^4_{\mathrm{Ar,Year_0}+i}$

$$AC^4_{\mathrm{Ar,Year_0}+i}=1\ 000\times1.05^i$$

(12)计算 $AC^5_{\mathrm{Ar,Year_0}+i}$

$$AC^5_{\mathrm{Ar,Year_0}+i}=\mathrm{ADT}_{\mathrm{Ar,Year_0}+i}=\mathrm{ADT}_{2006}\times1.08^i$$

(13)计算 $\mathrm{ACRTA}_{\mathrm{Ar,Year_0}+i}$

$$\mathrm{ACRTA}_{\mathrm{Ar,Year_0}+i}=\sum_{i=1}^{5}\mathrm{AC}^i_{\mathrm{Ar,Year_0}+i}$$

对于每个 i 重复步骤(1)~(13),可得到地区 $\mathrm{Year_0}+1\sim\mathrm{Year_0}+n$ 年份的事故平均成本。所以,总经济效益为

$$PB=\sum\theta_i\times\mathrm{ACRAT}_{\mathrm{Ar,Year_0}+i}\times(1+d)^i$$

式中:d——折现率。

14.3 优先排序的方法

1)问题描述

公路安全改进中改造点和改造方案的选择问题。在安全经济效益最大化的原则下,该问题实际上就是在给定候选改造点、改造方案(每个改造点有多种改造方案)及其成本效益和资金总额的条件下,确定改造点和改造方案,使资金的使用效率最大化,即产生最大化的经济收益。

实践中,由于种种原因,存在改造点选择约束问题,即部分改造点必须选择,这类改造点就只剩下改造方案的选择。根据改造点的可选择性,可以将原问题分为三种情况:①所有候选改造点都必须改造,此时原问题演化为方案选择问题;②部分候选改造点必须选择,其余候选改造点可选择;③所有候选改造点可选择,没有必须改造的点。

2)排序模型

建立同时考虑改造点和改造方案选择的资金优化配置模型(M)

$$(M)\begin{cases}\max & f=\mathrm{CX^T}\\ \mathrm{s.t.} & \mathrm{A}\cdot\mathrm{X}\leqslant\mathrm{b}\\ & \mathrm{Aeq}\cdot\mathrm{X}=\mathrm{beq}\\ & x_{ij}=0\quad或\ 1\quad i=1,\Lambda,n\quad j=1,\Lambda,m_i\end{cases}$$

式中:$\mathrm{X}=[x_{1,1},L,x_{1,m_1},x_{2,1}L,x_{2,m_n},L,L,x_{n,1}L,x_{n,m_n}]$——方案向量;

x_{ij}——第 i 个改造点地第 j 个改造方案;

$\mathrm{C}=[c_{1,1},L,c_{1,m_1},c_{2,1}L,c_{2,m_n},L,L,c_{n,1}L,c_{n,m_n}]$——收益向量;

c_{ij}——第 i 个改造点的第 j 个改造方案的经济收益;

A 和 Aeq——不等式和等式约束矩阵;

b 和 beq——不等式和等式约束向量。

对于问题描述里提到的三种情况,排序模型见示例。

(1)设有 4 个改造点,每个改造点有 3 个改造方案,所有点必须改造。排序选择模型为

$$\begin{cases}\max \quad f=\sum_{i}\sum_{j}c_{ij}x_{ij} \\ \text{s.t.} \quad \sum_{i}\sum_{j}a_{ij}x_{ij}\leqslant B \\ \qquad \sum_{j}x_{ij}=1, i=1,2,3,4 \\ \qquad x_{ij}=0 \quad 或 \quad 1 \quad i=1,2,3,4 \quad j=1,2,3\end{cases}$$

式中：c_i 和 a_i——第 i 个改造点的第 j 个改造方案的经济效益和成本；

B——资金总额。

(2)设有 4 个改造点，每个改造点有 3 个改造方案，其中第一个点必须改造，其余各点可选择改造。排序选择模型为

$$\begin{cases}\max \quad f=\sum_{i}\sum_{j}c_{ij}x_{ij} \\ \text{s.t.} \quad \sum_{i}\sum_{j}a_{ij}x_{ij}\leqslant B \\ \qquad \sum_{j}x_{1j}=1, j=1,2,3 \\ \qquad x_{ij}=0 或 1 \quad i=1,2,3,4 \quad j=1,2,3\end{cases}$$

(3)设有 4 个改造点，每个改造点有 3 个改造方案，没有必须改造的点。排序选择模型为

$$\begin{cases}\max \quad f=\sum_{i}\sum_{j}c_{ij}x_{ij} \\ \text{s.t.} \quad \sum_{i}\sum_{j}a_{ij}x_{ij}\leqslant B \\ \qquad x_{ij}=0 或 1 \quad i=1,2,3,4 \quad j=1,2,3\end{cases}$$

3)求解方法

模型(M)有 $2^{i\times j}$ 个候选解，当 $i\times j$ 较小时，可用枚举法求解。但当 $i\times j$ 较大时，候选解很多，枚举法太耗时。如 $i\times j=12$ 时，有 4 096 个候选解。

可采用分枝定界法求解该模型。也可以应用 Matlab 或相应的软件进行计算求解。

分枝定界算法由 Land Doig 等人于 20 世纪 60 年代提出，是解整数规划问题的重要方法。其基本思想是采用了类似分而治之的算法策略，在分析一个组合最优化问题的一切可行解的过程中，采取了必要的限制条件，设法排除可行域中大量非最优解区域，从而能够有效求解一些规模较大的问题。分枝定界法在处理整数规划问题时，可借用线性规划单纯形法的基本思想，在求解相应的线性规划问题时，逐步加入对各变量的整数要求限制，从而把原整数规划问题通过分枝迭代求出最优解。

所谓分枝，就是逐次对解空间进行划分；而所谓定界，是指对于每个划分后的解空间(即每个分枝)，要计算原问题的最优解的上界(对极大化问题)。这些上界用来在求解过程中判定是否需要对目前的解空间(即分枝)进一步划分，也就是尽可能去掉一些明显的非最优点，从而避免完全枚举。定界方法中经常采用的有 Lagrange 松弛方法和线性规划松弛方法等。根据模型(M)的特点，本文采用线性规划松弛方法定界。

对于排序模型(M)，若放弃某些约束条件得到问题(M)，称之为(M)的松弛问题。放弃(M)的 0-1 整数约束，得到松弛问题

$$(\widetilde{M}_0)\begin{cases}\max & f=CX^T\\ s.t. & A\cdot X\leqslant b\\ & Aeq\cdot X=beq\\ & 0\leqslant x_{ij}\leqslant 1 \quad i=1,\Lambda,n \quad j=1,\Lambda,m_i\end{cases}$$

该问题是线性规划问题。

根据分枝定界法的思想，求解模型(M)的程序的具体算法为：

求解$(\widetilde{M}_0)$，如果$(\widetilde{M}_0)$无解，则(M)无可行解，停止；如果$(\widetilde{M}_0)$的最优解符合0-1整数的要求，则得到(M)的最优解，停止；否则令$m=j=f_L=0$，转(2)。

(1)判断松弛问题$(\widetilde{M}_m)$是否为活问题，如果是，则转(3)，否则转(5)。

(2)选$(\widetilde{M}_m)$解中不符合0-1整数条件的分量x_j进行分枝，作$(\widetilde{M}_m)$的分枝问题$(\widetilde{M}_j)$和$(\widetilde{M}_{j+1})$。$(\widetilde{M}_j)$在$(\widetilde{M}_m)$的基础上增加约束$x_j=0$，$(\widetilde{M}_{j+1})$在$(\widetilde{M}_m)$的基础上增加约束$x_j=1$。

(3)求解$(\widetilde{M}_j)$和$(\widetilde{M}_{j+1})$，如果有更好整数解，替换f_L，否则f_L不变；$j\Leftarrow j+2$。

(4)$m\Leftarrow m+1$。

(5)判断$m\leqslant j$是否成立，如果成立，转(2)，否则转(7)。

(6)判断$f_L=0$是否成立，如果成立，原问题无最优解，否则原问题最优解就是当前f_L对应的解。

其中，活问题是指没有分枝且不满足剪枝条件的问题。如果某个松弛问题无可行解或有整数解或有最优解但最优目标值小于当前下界，则需要剪枝。通过该算法，可得到改造点和改造方案的优化选择结果。

14.4 应 用 示 例

某国道安全保障项目。共四个安全改进地点，桩号依次分别为：K364 +060 附近、K364 +619 ~ K364 +760、K364 +890 附近、K375 +250。项目于2006年初投入使用，各改造方案安全效果及成本见表14-13。

各改造方案安全效果 表14-13

改 造 点		2005年事故数	2006年事故数	δ_i	成本(万元)
改造点1	方案1	4	0.75	3.25	40
	方案2	4	2.00	2.00	3.2
改造点2	方案1	5	2.25	2.75	54
	方案2	5	3.00	2.00	4.32
改造点3	方案1	3	1.00	2.00	9.955
改造点4	方案1	5	1.65	3.35	104.05
	方案2	5	1.83	3.17	14.2
	方案3	5	3.00	2.00	4.16

假设各改造方案的使用寿命均为 10 年,2006 ~ 2015 年期间每年的安全效果均相同。2006 年国道所在省职工平均工资为 19 936 元/人·年,人均地区生产总值为 22 509 元/年,并设工资增长速度、人均总产出增长速度都为 8%,价格指数为 105,折现率 $d=6\%$。

1)测算事故平均成本

采用第 14.2.2 的方法,测算某省 2006 ~ 2015 年的事故平均成本,见表 14-14。

某省 2006 ~ 2015 年事故平均成本(元)　　表 14-14

	2006	2007	2008	2009	2010	2011	2012	2013	2014	2015
ACRTA	389 662	408 509	428 854	450 814	474 520	500 111	527 735	557 557	589 749	624 502

2)计算经济效益

根据各方案的安全效果数据及各年事故平均成本,可计算各方案寿命期内每年的经济效益,见表 14-15。将每年的经济效益折现到 2006 年年初,并求和得到各方案经济效益的现值,见表 14-16 第 4 列。

改造方案在寿命期内每年的经济效益(元)　　表 14-15

改造点	方案	2006	2007	2008	2009	2010	2011	2012	2013	2014	2015
改造点 1	1	1 266 402	1 327 654	1 393 776	1 465 146	1 542 190	1 625 361	1 715 139	1 812 060	1 916 684	2 029 632
	2	779 324	817 018	857 708	901 628	949 040	1 000 222	1 055 470	1 115 114	1 179 498	1 249 004
改造点 2	1	1 071 571	1 123 400	1 179 349	1 239 739	1 304 930	1 375 305	1 451 271	1 533 282	1 621 810	1 717 381
	2	779 324	817 018	857 708	901 628	949 040	1 000 222	1 055 470	1 115 114	1 179 498	1 249 004
改造点 3	1	779 324	817 018	857 708	901 628	949 040	1 000 222	1 055 470	1 115 114	1 179 498	1 249 004
改造点 4	1	1 305 368	1 368 505	1 436 661	1 510 227	1 589 642	1 675 372	1 767 912	1 867 816	1 975 659	2 092 082
	2	1 235 229	1 294 974	1 359 467	1 429 080	1 504 228	1 585 352	1 672 920	1 767 456	1 869 504	1 979 671
	3	779 324	817 018	857 708	901 628	949 040	1 000 222	1 055 470	1 115 114	1 179 498	1 249 004

改造方案的成本和经济效益　　表 14-16

改 造 点		δ_i	PVC(万元)	PVB(元)	选 择 结 果
改造点 1	方案 1	3.25	40	16 094 044	✓
	方案 2	2	3.2	9 904 026	
改造点 2	方案 1	2.75	54	13 618 038	
	方案 2	2	4.32	9 904 026	✓
改造点 3	方案 1	2	9.955	9 904 026	✓
改造点 4	方案 1	3.35	104.05	16 589 244	
	方案 2	3.17	14.2	15 697 881	
	方案 3	2	4.16	9 904 026	✓

3）优先排序

优先排序模型如下

$$
\begin{cases}
\max \quad f=\sum_{i}\sum_{j}c_{ij}x_{ij} \\
\text{s.t.} \quad \sum_{i}\sum_{j}a_{ij}x_{ij}\leqslant B \\
\qquad x_{ij}=0 \text{ 或 } 1 \quad i=1,2,3,4 \quad j=1,2,3
\end{cases}
$$

其中 $B=60$ 万元表示资金总额。成本 a_{ij}见表 14-16 中的 PVC 数据，经济效益 c_{ij}见表 14-16 中的 PVB 数据。

用 Matlab 求解，得到改造点和改造方案的选择结果（见表 14-16 最后一列），其中"✓"表示选择对应改造点的改造方案。总成本是 58.435 万元，总经济效益的现值为 4 580.67 万元。

本章参考文献

贺玉龙. 道路交通事故经济损失研究[D]. 北京：北京工业大学，1995.

第十五章　效果后评价

15.1　目　　的

安全改进效果评价是道路安全改进的工作中的重要一环。通过事故指标(事故率、事故数等)在安全改进前后的变化来评估安全改进措施的安全效果,也可以通过某一类事故在安全改进前后的变化来评估安全改进措施的安全效果,比如行人事故、夜间事故。

在道路安全改进的工作中,安全改进效果评估既可以应用于一个路网或一条路的安全改进,也可以应用于某一具体安全改进地点的效果评估,还可以应用于某一具体对策或具体设施的安全效果进行评估,如设置的护栏、分道体、标志和标线等。

安全改进效果评估一方面有助于提高安全改进措施的针对性和有效性,另一方面有助于事故修正因子(AMF)[1]、事故减少因子(CRF)等的研究,从而提高整个道路交通安全改进技术。

15.2　评 估 方 法

安全改进效果的评估,直接理解是前后的对比分析。前是安全改进措施实施前安全情况,后是在安全改进措施实施后安全情况。但是,有一种情形,一个地点发生过多起事故,即使没有采取任何安全改进措施,其安全性也可能发生好转,比如通车时间久了,人们更熟悉这个地点的路况和交通情况。这种现象称为"回归到平均现象"。所以更科学的理解应该是有与无的对比分析,即是安全改进措施实施之后的安全情况与没有实施的安全性对比分析。例如,一个地点安全改进前 3 年的平均事故是 3 起/年,如果不实施安全改进,其接下来 3 年的平均事故假设为 2 起/年;如果实施安全改进,其接下来 3 年的平均事故为 1.5 起/年;安全改进的效果是安全性提高了 0.5 起/年(有无对比),而不是提高了 1.5 起/年(前后对比)。

目前比较经典的安全改进效果的评估方法有直接比较法、经验贝叶斯法(Empirical Bayes approach)[2]回归模型法(regression technique)[3]等,各种方法的不同主要在于:如果没有实施安全改进措施,对评估对象可能的安全性的估计方法不同。

15.2.1　直接对比法

15.2.1.1　*方法*

将安全改进实施前后的事故指标进行直接的对比和分析是简单和通常采用的方法,分析结果多采用百分比的形式表达。我国《公路安全保障工程实施技术指南》[4]就采用这种方法。

该方法假设没有安全改进措施实施情况下评估对象的事故率等于安全改进措施实施前的事故率。一般直接应用事故的均值及方差等特性的前后对比分析进行评估。

1)计算期望值的均值和方差

(1)当$r_d(j)$都不相同时

$$\hat{\lambda} = \sum L(j)$$
$$\hat{\pi} = \sum r_d(j) K(j)$$
$$\hat{VAR}\{\hat{\lambda}\} = \sum L(j)$$
$$\hat{VAR}\{\hat{\pi}\} = \sum r_d(j)^2 K(j)$$

(2)当$r_d(j)$都相同时

$$\hat{\lambda} = \sum L(j)$$
$$\hat{\pi} = \sum K(j)$$
$$\hat{VAR}\{\hat{\lambda}\} = \sum L(j)$$
$$\hat{VAR}\{\hat{\pi}\} = r_d^2 K(j)$$

2)计算效果的均值和方差

$$\delta = \pi - \lambda$$
$$VAR\{\hat{\delta}\} = VAR\{\hat{\pi}\} + VAR\{\hat{\lambda}\}$$
$$\theta^* = (\lambda/\pi)/[1 + VAR\{\hat{\pi}\}/\pi^2]$$
$$VAR\{\hat{\theta}\} = \theta^2[(VAR\{\hat{\lambda}\}/\lambda^2) + (VAR\{\hat{\pi}\}/\pi^2)]/[1 + VAR\{\hat{\pi}\}/\pi^2]^2$$

式中：π——对于特定对象上没有实施安全措施后的事故；

λ——对于特定对象上实施安全措施后的事故；

$\delta = \pi - \lambda$——改进前后事故指标的减少；

$\theta = \lambda/\pi$——改进前后事故指标的比例，当$\theta > 1$时表示安全改进没有起到作用，反之则起到作用。

改进措施应用于标号为1,2,……j……n个对象上，在改进前事故记录表示为$K(1)$，$K(2)$，……$K(n)$，在改进后事故表示为$L(1)$，$L(2)$，……$L(n)$，改进前的时间周期和改进后可以不同，用时间周期比来表示

$$r_d(j) = \frac{\text{改进对象}\, j\, \text{改进后时间周期}}{\text{改进对象}\, j\, \text{改进前时间周期}}$$

15.2.1.2　特点

此方法的最大优点在于操作简单，易于实现。不足之处主要在于对事故特征的把握不够。具体地说，由于事故本身的时间序列性分布和随机性分布等原因，此方法不能精确体现事前的安全性不能准确代表在不进行任何安全改进的情况下将来的安全性，而改进后事故情况也不能充分反映出其是一个稳定的、能充分代表改善后的交通环境的安全性。因此此方法的精确性受到很大限制。

15.2.1.3　示例

在国道109北京段上进行了公路安全保障工程的安全改善工作。安全改进效果后评估是

通过公路安全保障工程前后事故严重程度的分布情况的变化来进行的。图15-1为国道109北京段1999年12月~2004年4月事故类型组成图,图15-2为国道109北京段2004年5月~2005年4月事故类型组成图。

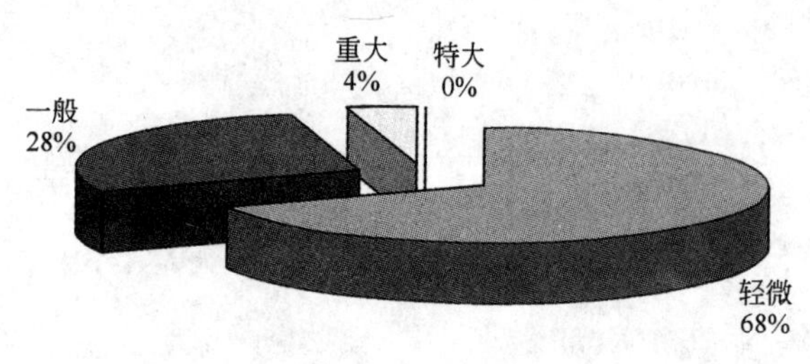

图15-1 国道109北京段1999.12~2004.4事故组成图

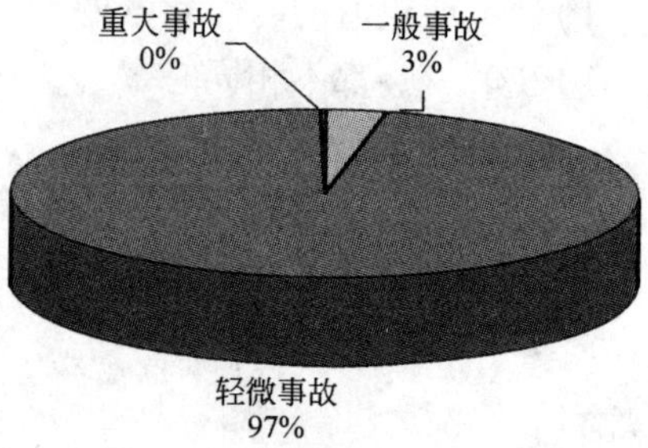

重大事故
0%
一般事故
3%
轻微事故
97%

图15-2 国道109北京段2004.5~2005.4事故组成图

由图15-1和图15-2的对比可以看出,公路安全保障工程实施前后事故类型比例构成有了明显变化,重大和一般事故比例显著降低,事故严重程度显著降低,一般以上事故率降低29%。

15.2.2 经验贝叶斯法(Empirical Bayes approach)[1,2]

15.2.2.1 方法

应用经验贝叶斯(EB)法时,评估的对象组中对象要具有类似性,如在结构上和交通流指标等方面的类似。此外为了减少随机性的影响,在每个评估对象组中对象的数目要足够大。经验贝叶斯(EB)法的公式如下

$$E\{k/K\} = \alpha E\{k\} + (1-\alpha)K$$

式中: k——一个对象上期望事故情况;

$E\{k\}$——对象组期望事故的整体情况;

K——对象组上措施实施前实际记录的事故情况;

$E\{k/K\}$——事故记录为K的对象组期望事故;

α——0和1之间的系数,如果α接近于1,则$E\{k\}$其主要作用,接近0则K起主要作用。

$$\alpha = \frac{1}{1+\dfrac{\mathrm{VAR}\{k\}}{E\{k\}}}$$

如果k和K代表的时间周期不同,那么在上面公式中要加上时间系数

$$\alpha = \frac{1}{1+r\dfrac{\mathrm{VAR}\{k\}}{E\{k\}}}$$

式中:r——K代表时间周期与k代表时间周期的比例。

15.2.2.2 特点

由于EB模型考虑了期望值与实际值的结合,一定程度上解决了"回归到平均现象"。但相对于直接对比分析法,EB法应用相对复杂一些。

15.2.2.3　示例[1]

一公路和铁路平交路口，该路口每天有2列货车通过，汽车交通量为550辆/d，设置了信号灯。在1981～1985年，一共发生了2起事故，本例计算该路口在该时间段内期望值k。

该路口事故均值为

$$\hat{E}\{k\}=0.0239\text{ 次/年},$$

$$\hat{\mathrm{VAR}}\{k\}=0.0011(\text{次/年})^2$$

对于5年周期

$$\hat{E}\{k\}=5\times0.0239=0.1195\text{ 次}$$

$$\hat{\mathrm{VAR}}\{k\}=5^2\times0.0011=0.0275\text{ 次}^2$$

$$\hat{\alpha}=\frac{1}{1+\dfrac{\hat{\mathrm{VAR}}\{k\}}{\hat{E}\{k\}}}=\frac{1}{1+\dfrac{0.0275}{0.1195}}=0.81$$

$$\hat{k}=0.81\times0.1195+0.19\times2=0.48$$

15.2.3　回归模型法(regression technique)[3]

15.2.3.1　方法

应用回归模型技术进行前后对比分析，主要在于回归模型技术体现了预测对象交通环境下普遍的安全规律，从而对安全改进有无的评估更加客观。

应用回归模型技术进行前后对比分析时，对于“无”的事故，按“无”时道路条件等对应的交通因素进行预测，并应用“无”时事故资料应用EB进行修正；对于“有”的事故，同样，按“有”时道路条件等对应的交通因素进行预测，并应用“有”时事故资料应用EB进行修正。

EB模型在事故预测模型中考虑历史事故资料的情况选择使用，该方法将基础模型预测方法与所预测公路实际的事故数据结合起来。

$$Ep = w(Np) + (1-w)O$$

$$w = \frac{1}{1+k(Np)}$$

式中：Ep——Np和O加权平均后得到的预测事故数；

Np——某一时期某条路预测的事故数(所有路段、交叉口预测事故数的和)；

w——权重；

O——某一段时间观测的事故数；

k——预测模型基础的过度离散系数。

由权重系数的表达式可以看出，预测事故数越大则权重值越低，则整体预测结果对预测值的依赖程度相对减小，而对实际观测值的依赖程度相对提高，预测事故数变小的情况反之。

手册已经构建的事故预测模型有双车道公路(无慢车道设置)事故预测模型、四车道无中央分隔带事故预测模型和四车道高速公路事故预测模型，参见手册第八章。

15.2.3.2　特点

由于回归模型体现了预测对象交通环境下普遍的安全性，并通过EB过程将地点的已经表现出的安全特性综合考虑了,从而对某一条件("无"或"有")的评估比较客观,一定程度上解决了"回归到平均现象"。但相对于直接对比分析法,回归模型应用相对复杂。此外,由于目前的回顾模型中的因素有限,对其使用有些影响。

15.2.3.3 示例

在某山区双车道路段进行了安全改善工作,具体对策是把该路段内的接入口从3个变成了1个,观测发现改造后交通量和交通组成等信息都没有改变。

下面对改路段进行安全性预测来实现前后对比分析。

1)数据

由于该路段为一山区双车道路段,所以应用事故预测模型时采集的数据包括改造前后的交通量数据(按车型分类)、平曲线数据、接入口分布等。

2)路段变量属性的赋值

根据基础模型需要对路段进行变量属性的赋值,该路段为一普通路段,按第八章表8-1所示变量计算方法对变量赋值,变量赋值情况如表15-1所示。

路段变量赋值情况 表15-1

改造前	变量名称	H	ZSHC	ZSEXPO	JRKMD
	值	0.075	38.91	3.49	5
改造后	变量名称	H	ZSHC	ZSEXPO	JRKMD
	值	0.075	38.91	3.49	1.67

3)预测平均事故指标的计算

把表中该段改造前后变量值带入基础模型计算路段平均事故指标,改造前计算结果如下

$$\begin{aligned}\lambda_{前} &= \mathrm{ZSEXPO} \times e^{(-3.530\,389 + 0.060\,470\,3H + 0.042\,631\,9\mathrm{JRKMD} + 0.075\,185\,1\mathrm{ZSHC})} \\ &= 3.49e^{-3.530\,389 + 0.060\,470\,3 \times 0.075 + 0.042\,631\,9 \times 5 + 0.075\,185\,1 \times 38.91} \\ &= 2.37\end{aligned}$$

改造后计算结果如下

$$\begin{aligned}\lambda_{后} &= \mathrm{ZSEXPO} \times e^{(-3.530\,389 + 0.060\,470\,3H + 0.042\,631\,9\mathrm{JRKMD} + 0.075\,185\,1\mathrm{ZSHC})} \\ &= 3.49e^{-3.530\,389 + 0.060\,470\,3 \times 0.075 + 0.042\,631\,9 \times 1.67 + 0.075\,185\,1 \times 38.91} \\ &= 2.05\end{aligned}$$

则改善后安全效果为

$$\lambda_{后} - \lambda_{前} = 2.37 - 2.05 = 0.32$$

15.3 经济评价

经济评价是指在项目实施一段时间后,在进行安全效果评估的基础上,从经济角度分析项目的成本与经济效益的关系,目的是考察项目的经济价值和效率。

效益成本分析方法(CBA)在经济评价中得到广泛应用,CBA从经济角度考察项目的成本和经济效益,并采用评价指标分析项目的经济价值和效率。评价指标包括:净现值(NPV)、效益成本比率(B/C)、内部收益率(IRR)。其中净现值是价值型评价指标,效益成本比率和内部收益率是效率型评价指标。

综合考虑 CBA 的特点，本手册采用 CBA 进行经济评价，以下结合示例说明 CBA 的方法和步骤。

15.3.1　成本分析

成本是从耗费角度衡量项目在整个寿命期内各种投入的基本指标，可用货币直接表示，包括初始投入成本、追加投入成本、运营成本和后续维护费用等。

根据货币时间价值理论，不同时间点上的成本现金流必须用折现率转换到基准时间点上才能进行比较分析。基准时间点是指项目正式投入使用的日期。项目在整个寿命期内投入成本的现值是

$$\mathrm{PVC} = \sum_{i=0}^{n} \mathrm{PVC}_i = \sum_{i=0}^{n} C_i \times (1+d)^{-i}$$

式中：d——年折现率，取为 6%；

C_i——第 i 年投入的成本；

PVC_i——第 i 年投入的成本在基准时间点的现值；

PVC——各年投入成本在基准时间点的现值和。

示例 15.3.1：假设一项安全改进措施在 2006 年初正式投入使用，其概预算成本为 20 万元，使用寿命为 6 年，投入使用 1 年后需要追加投入 5 万元，每年支付的运营成本 1 万元，每两年的维护费用为 0.8 万元。各项成本的现值如表 15-2 所示。

成本现值计算表（万元）　　表 15-2

年份 投入	0	1	2	3	4	5	6
初始投入成本	20						
追加投入成本		4.716					
运营成本		0.943	0.890	0.840	0.792	0.747	0.705
维护成本			0.712		0.634		0.564
PVC	31.543 万元						

15.3.2　经济效益分析

15.3.2.1　经济效益分析方法

经济效益分析是根据项目的安全效果和事故平均成本等，计算项目的经济效益。本章前部分已经给出安全效果评价的方法，第十四章给出 2006 年度中国道路交通事故平均成本和伤亡平均成本以及如何测算其他地区、年度事故平均成本和伤亡平均成本的方法。以下说明进行经济效益分析的方法和步骤：

(1) 采用第十四章的方法，测算寿命期内各年的事故成本参数，如 ACRTA_i、ACF_i、ACSI_i、ACLI_i 和 ACO_i 等。

(2) 根据安全效果评价的结果，计算寿命期内各年的安全效果指标 δ_i。

(3) 使用(1)和(2)的结果计算寿命期内各年的安全经济效益。如

$$B_i = \delta_i \times \mathrm{ACRTA}_i \quad i = 1, L, n$$

(4)计算各年安全经济效益的折现值并求和。如

$$PB_i = \delta_i \times \mathrm{ACRTA}_i \times (1+d)^{-i}$$

$$PB = \sum_{i=1}^{n} \delta_i \times \mathrm{ACRTA}_i \times (1+d)^{-i}$$

式中：n——安全改进措施的寿命，年；

d——年折现率，取为6%；

δ_i——第 i 年减少的事故数(或伤亡人数等)；

ACRTA_i——寿命期限内第 i 年的事故平均成本；

PB_i——项目第 i 年经济效益的现值；

PB——项目各年经济效益的现值和。

示例15.3.2：假设示例15.3.2中的安全效果评价的结果如表15-3第2行所示，表15-3第3~5行显示了寿命期内各年的经济效益。

经济效益现值计算表(元) 表15-3

项目 \ 年份	2006	2007	2008	2009	2010	2011
δ_i	0.2	0.3	0.15	0.25	0.1	0.3
ACRTA_i	389 662	408 509	428 854	450 814	474 520	500 111
B_i	77 932	122 553	64 328	112 704	47 452	150 033
PB_i	73 521	109 071	54 011	89 272	35 459	105 768
PB	467 102					

15.3.2.2 示例

1)示例(1)

S省G105上某个事故多发点，于2005年底完成改造，初始投入成本为40万元。2006年的安全效果如表15-4所示。项目的寿命为10年，且寿命期内各年的安全效果与2006年的安全效果相同，即每年减少4起道路交通事故和4人轻伤。

2006年的安全效果 表15-4

	2005年(改造前)	2006年(改造后)	δ_i
事故数	5	1	4
轻伤	5	1	4

中国2006年度轻伤一人的平均成本为41 205元，平均每起事故的其他成本见表15-5。2006年S省职工平均工资为19 936元/人·年，人均地区生产总值为22 509元/年，并设工资增长速度、人均总产出增长速度都为8%，价格指数为105。测算该改造项目经济效益的方法和步骤如下：

中国2006年度事故成本(元) 表15-5

ACLI_{2006}	ALR_{2006}	ALV_{2006}	ALS_{2006}	ADT_{2006}
41 205	2 928	2 784	1 000	6 976

(1)采用第十四章的方法,测算寿命期内各年的事故成本参数 $ACLI_i$ 和 ACO_i(见表15-6)。

S省2006~2015年度事故和轻伤成本(元) 表15-6

	2006	2007	2008	2009	2010	2011	2012	2013	2014	2015
ACLI	41 205	43 853	45 149	46 548	48 060	49 692	51 455	53 359	55 416	57 637
ALR	2 928	3 074	3 228	3 389	3 559	3 736	3 924	4 120	4 326	4 542
ALV	2 784	2 923	3 069	3 222	3 383	3 553	3 731	3 917	4 113	4 319
ALS	1 000	1 050	1 102	1 157	1 215	1 276	1 340	1 407	1 477	1 551
ADT	6 976	7 534	8 137	8 788	9 491	10 250	11 070	11 956	12 912	13 945
ACO	13 688	14 581	15 536	16 556	17 648	18 815	20 065	21 400	22 828	24 357

注:ACO = ALR + ALV + ALS + ADT,表示不包含人员伤亡的平均事故成本。

(2)根据安全效果评价的结果,计算寿命期内各年的安全效果指标 δ_i(见表15-4第4列)。

(3)计算寿命期内各年的安全经济效益(见表15-7)。

2006~2015年的安全经济效益(元) 表15-7

	2006	2007	2008	2009	2010	2011	2012	2013	2014	2015
$\delta \times$ ACLI	164 820	175 412	180 596	186 192	192 240	198 768	205 820	213 436	221 664	230 548
$\delta \times$ ACO	54 752	58 324	62 144	66 224	70 592	75 260	80 260	85 600	91 312	97 428
合计	219 572	233 736	242 740	252 416	262 832	274 028	286 080	299 036	312 976	327 976

(4)计算各年安全经济效益的折现值,得到项目寿命期内总安全经济效益的现值为2 072 051元。

2)示例(2)

S省某县G105事故多发点的改造项目,于2005年底完成改造,初始投入成本为350万元。改造前后的事故指标如表15-8所示。改造措施的寿命为10年,且寿命期内各年的安全效果与2006年相同。中国2006年度事故成本见表15-9,其他相关参数与示例(1)相同。测算该改造项目经济效益的方法和步骤如下:

2006年的安全效果 表15-8

	2005年(改造前)	2006年(改造后)	δ_i
事故数	11	6	5
死亡	3	1	2
重伤	3	0	3
轻伤	7	3	4

中国2006年度事故成本(元) 表15-9

ACF_{2006}	$ACSI_{2006}$	$ACLI_{2006}$	ALR_{2006}	ALV_{2006}	ALS_{2006}	ADT_{2006}
1 103 674	270 934	41 205	2 928	2 784	1 000	6 976

(1)采用第十四章的方法,测算寿命期内各年的事故成本参数(见表15-10)。

S省2006~2015年度伤亡平均成本和不含人员伤亡的事故成本(元)　　表15-10

	2006	2007	2008	2009	2010	2011	2012	2013	2014	2015
ACF	1 103 674	1 405 156	1 479 470	1 559 729	1 646 409	1 740 023	1 841 127	1 950 318	2 068 246	2 195 607
ACSI	270 934	301 577	310 587	320 318	330 827	342 177	354 436	367 675	381 973	397 414
ACLI	41 205	43 853	45 149	46 548	48 060	49 692	51 455	53 359	55 416	57 637
ALR	2 928	3 074	3 228	3 389	3 559	3 736	3 924	4 120	4 326	4 542
ALV	2 784	2 923	3 069	3 222	3 383	3 553	3 731	3 917	4 113	4 319
ALS	1 000	1 050	1 102	1 157	1 215	1 276	1 340	1 407	1 477	1 551
ADT	6 976	7 534	8 137	8 788	9 491	10 250	11 070	11 956	12 912	13 945
ACO	13 688	14 581	15 536	16 556	17 648	18 815	20 065	21 400	22 828	24 357

注:ACO = ALR + ALV + ALS + ADT,表示不包含人员伤亡的平均事故成本。

(2)根据安全效果评价的结果,计算寿命期内各年的安全效果指标 δ_i(见表15-8第4列)。

(3)计算每年的安全经济效益,结果见表15-11。

2006~2015年的年度安全经济效益(元)　　表15-11

	2006	2007	2008	2009	2010	2011	2012	2013	2014	2015
ACF	2 207 348	2 810 312	2 958 940	3 119 458	3 292 818	3 480 046	3 682 254	3 900 636	4 136 492	4 391 214
ACSI	812 802	904 731	931 761	960 954	992 481	1 026 531	1 063 308	1 103 025	1 145 919	1 192 242
ACLI	164 820	175 412	180 596	186 192	192 240	198 768	205 820	213 436	221 664	230 548
ACO	68 440	72 905	77 680	82 780	88 240	94 075	100 325	107 000	114 140	121 785
合计	3 253 410	3 963 360	4 148 977	4 349 384	4 565 779	4 799 420	5 051 707	5 324 097	5 618 215	5 935 789

(4)计算各年安全经济效益的折现值,得到项目寿命期内总安全经济效益的现值为35 680 165元。

15.3.3 效益成本分析

1)效益成本比率(BCR)

效益成本比率是指在基准时间点上的经济效益现值与成本现值之比。它是考察项目的效率型指标,其计算公式为

$$\mathrm{BCR} = PB/PC$$

式中:BCR——效益成本比率;

PB——安全改进措施在寿命期内经济效益的现值;

PC——安全改进措施所有投入成本的现值。

一般而言,安全改进措施的BCR大于1,表明该项目具有足够的社会经济效益。示例(2)中改造项目的*BCR*为10.2,表明该项目具有足够的社会经济效益。

2)净现值

净现值是指按设定的折现率,将安全措施寿命期内各年成本和经济效益折现到基准时间

点的现值之和。它是考察安全改进措施的价值型指标,其计算公式为

$$\mathrm{NPV}=\sum_{i=0}^{n}(\delta_i\times \mathrm{ACRTA}_i-C_i)\times(1+d)^{-i}$$

式中:NPV——净现值;

n、δ_i、C_i、d、ACRTA_i 含义同上。

NPV 越大,安全改进措施相对越优。示例(2)中改造项目的 NPV 为 35 680 165 元。

3)内部收益率

使安全改进措施寿命期内净现值为 0 时的折现率就是内部收益率,它是考察安全改进措施的效率型指标。内部收益率可通过解下述方程求得

$$\mathrm{NPV}(\mathrm{IRR})=\sum_{i=0}^{n}(\delta_i\times \mathrm{ACRTA}_i-C_i)\times(1+\mathrm{IRR})^{-i}=0$$

IRR 需要大于市场利率,才能表明该改进措施具有足够的社会经济效益。IRR 越大,表明改进措施相对越优。用 Excel 的财务函数 IRR 计算示例(2)改造项目的 IRR 为 1 612%。由于 IRR 远大于市场利率,表明该改造项目具有足够的社会经济效益。

本章参考文献

[1] Hauer, observation before-after studies in road safety,1997.

[2] Estimating Safety by the Empirical Bayes Method: A Tutorial,2004.

[3] Estimating safety effects of cross-section design for various highway types using negative binomial regression,1995.

[4] 公路安全保障工程实施技术指南[M].北京:人民交通出版社,2006.

名词术语中英文对照表

序号	名　词	英文缩写	英　文
1	事故修正因子	AMF	Accident modification factor
2	事故率(亿车英里)	HMVM	Hundred million vehicle mile
3	平均日交通量	ADT	Average daily traffic
4	路侧危险等级	RHR	Roadside hazard rate
5	路肩振动带	SRS	Shoulder rumple stripe
6	联邦公路局	FHWA	Federal Highway Administration
7	智能交通系统	ITS	Intelligent transportation system
8	横向力系数常规测试仪	SCRIM	
9	英国运输研究试验室	TRL	Transportation research labs
10	国际照明委员会	CIE	International Commission on Illumination
11	美国国家公路研究合作项目	NCHRP	National cooperative highway research program
12	美国交通合作研究项目	TCRP	Transit Cooperative Research Program
13	美国公路交通安全研究中心	HSRC	Highway safety research center
14	交通宁静		Traffic Calming
15	减速丘		Speed Humps
16	减速台		Speed Tables
17	凸起人行横道		Raised Crosswalks
18	凸起交叉口		Raised Intersections
19	纹理路面		Textured Pavements
20	瓶颈化		Neckdowns
21	中心岛窄化		Center Island Narrowing
22	路面窄化		Chokers
23	无中央分隔带		Undivided
24	带双向左转弯车道	TWLTL	Two way left turn lane
25	非穿越式中央分隔带		Non-Traversable Median
26	美国公路交通安全数据系统	HSIS	Highway safety information system
27	事故严重度	EPDO	Equivalent property damage only accident
28	相对事故严重度	RSI	Relative severity index
29	交通冲突技术	TCT	Traffic conflict technique

续上表

序号	名　　词	英文缩写	英　　文
30	事故折减因子	CRF	Crash reduction factor
31	经验贝叶斯法	EB	Empirical Bayes approach
32	回归模型法		Regression technique
33	效益成本分析方法	CBA	
34	净现值	NPV	
35	效益成本比率	B/C	
36	内部收益率	IRR	
37	效益成本比率	BCR	
38	全改进措施在寿命期内经济效益的现值	PB	
39	安全改进措施所有投入成本的现值	PC	
40	净现值	NPV	